Pommerehne/Frey
Musen und Märkte

Musen und Märkte

Ansätze zu einer Ökonomik der Kunst

von
Werner W. Pommerehne
und
Bruno S. Frey

Verlag Franz Vahlen München

Die Deutsche Bibliothek – CIP-Einheitsaufnahme

Pommerehne, Werner W.:
Musen und Märkte : Ansätze zu einer Ökonomik der Kunst / von Werner W. Pommerehne und Bruno S. Frey. – München : Vahlen, 1993
ISBN 3-8006-1700-5
NE: Frey, Bruno S.:

ISBN 3 8006 1700 5

© 1993 Verlag Franz Vahlen GmbH, München
Umschlagentwurf: Bruno Schachtner, Dachau,
unter Verwendung einer Gouache von Ilse Stuzel, Wangen
Satz und Druck: Appl, Wemding
Gedruckt auf säurefreiem, aus chlorfrei gebleichtem Zellstoff hergestellten Papier.

Vorwort

Kunstökonomie – ist das nicht Blasphemie? Im Gegenteil! Wir sind überzeugt, daß die Ökonomie einen wichtigen Beitrag zum besseren Verständnis zahlreicher Aspekte der bildenden und der darstellenden Künste leisten kann. Das vorliegende Buch versucht unter anderem, auf folgende Fragen Antworten zu geben:

- Lohnt sich die Geldanlage in Kunst?
- Warum erzielen einige zeitgenössische Maler sehr hohe, andere dagegen vergleichsweise niedrige Preise?
- Leben Künstler in Armut? Falls ja – was soll man dann über Picasso denken, dessen Nachlaß 600 Millionen DM übersteigt?
- Müssen Opernhäuser und Festspiele notwendigerweise ständig steigende Defizite hervorbringen?
- Können die Künste dem freien Markt überlassen werden? Wenn nicht – welche Rolle spielt dann der Staat?
- Sollten Bürger über Fragen, die die Kunst betreffen, direkt entscheiden dürfen?

Das Buch ist in fünf Teile untergliedert. Es führt den Leser, ausgehend von einer eher allgemeinen Betrachtung menschlichen Verhaltens über die Erörterung unterschiedlicher institutioneller Arrangements hin zur Analyse der Besonderheiten von Märkten für Kunstwerke und Künstler und untersucht am Ende, wie eine unseres Erachtens wünschenswerte Kunstpolitik in der Demokratie aussehen könnte. Wir haben uns sehr darum bemüht, die Materie auch für den interessierten Laien (ohne ökonomische Vorkenntnisse) verständlich zu machen. Probleme technischer Art, insbesondere die empirische Analyse, die sich ökonometrischer Methoden bedient, werden daher in einem Anhang zu den einzelnen Kapiteln erörtert. Dieses Buch richtet sich nicht nur an Ökonomen, sondern an alle, die gerne erfahren wollen, unter welchen Bedingungen künstlerische Werke entstehen. Es dürfte für Kunstökonomen, Kunsthistoriker, Politiker und Mitarbeiter der öffentlichen Verwaltung von Nutzen sein; ebenso kann es als Arbeitsgrundlage für Kunst-, Musik- und Theaterhochschulen herangezogen werden. Darüber hinaus wendet es sich an Kunsthändler und Kunstinstitutionen sowie an Kunstkritiker und Journalisten.

Das Buch beruht auf einer nun schon gut zehn Jahre währenden Gemeinschaftsarbeit. Einige der entwickelten Gedanken wurden bereits auf internationalen Konferenzen dargelegt und in Zeitschriften und als Konferenzbeiträge veröffentlicht (Frey 1986a; Frey und Pommerehne 1987a, 1987b, 1987c, 1987d; Pommerehne 1982, 1992; Pommerehne und Frey 1980a, 1980b, 1987, 1989, 1990). Seither wurden jedoch neue Aspekte aufgenommen. Einige Kapitel sind daher völlig neu gefaßt, andere Teile enthalten Informationen, die wir hier erstmals veröffentlichen.

Unsere Arbeit hat sehr von der Diskussion mit der wachsenden Zahl von Ökonomen, die sich der Analyse von Kunst und Kultur widmen, profitiert. Diese Gespräche fanden vor allem an der Freien Universität Berlin und den Universitäten Paris-I-Panthéon-Sorbonne, Paris-IX-Dauphine, Paris-X-Nanterre, Saarbrücken, Wien und Zürich statt. Sir Alan Peacock, Ruth Towse und Alain Wolfelsperger haben uns mit detaillierter Kritik des Manuskripts unterstützt. Robert Anderson, Klaus Baesler, Giorgio Brosio, James Buchanan, Xavier Dupuis, Georges Gallais-Hamono, Steven Globerman, William Grampp, Xavier Greffe, Hans W. Holub, Gebhard Kirchgässner, Pierre-Michel Menger, Michael Montias, John O'Hagan, Michael O'Hare, Mark Schuster, Tibor Scitovsky, Bruce Seaman, Irving Sirken, David Throsby, Patricia Vornetti, Hannelore Weck-Hannemann und Glenn Withers haben zu verschiedenen Teilaspekten unserer Arbeit wertvolle Vorschläge unterbreitet. Friedrich Schneider danken wir für die Erlaubnis, Beiträge aus gemeinsamen Arbeiten hinzuzuziehen. Nicht zuletzt gilt unser Dank Marina Börkey, Markus Gabel, Marcelo Gandaras, Susanne Gerecht, Beat Gygi, Cornelia Haist, Sylvia Kainz, Bodo Schirra, Catherine Schroeder, Georg Seeck, Angel Serna und Antonia Simon, die mit großem Einsatz und viel Mühe zum Gelingen dieses Buches beigetragen haben.

Saarbrücken und Zürich   *Werner W. Pommerehne*
im April 1993   *Bruno S. Frey*

Inhalt

Vorwort		V
Erster Teil:	*Einführung*	1
Kapitel 1:	Kunst aus Sicht des Ökonomen	2
Kapitel 2:	Kunst zwischen Markt und Staat	17
Zweiter Teil:	*Verhalten von Kunstinstitutionen*	33
Kapitel 3:	Sprechtheater und Oper	34
Kapitel 4:	Salzburger Festspiele	52
Kapitel 5:	Museen und Galerien	65
Dritter Teil:	*Märkte für die Kunst*	85
Kapitel 6:	Warum ist ein Rauschenberg so teuer?	86
Kapitel 7:	Lohnt die Geldanlage in Gemälde?	110
Kapitel 8:	Internationaler Handel mit Kunstwerken	133
Vierter Teil:	*Märkte für Künstler*	151
Kapitel 9:	Einkommen von Künstlern	152
Fünfter Teil:	*Kunst- und Kulturpolitik*	189
Kapitel 10:	Kunst in der Demokratie	190
Kapitel 11:	Staatliche Förderung von Kunst und Kultur	204
Literaturverzeichnis		213
Personenregister		243
Sachregister		253

Erster Teil
Einführung

Grundlage einer ökonomischen Betrachtung von Kunst und Kultur ist die Analyse des Verhaltens von Individuen als Kunstschaffende und -konsumenten. Sie beschränkt sich dabei nicht auf die wirtschaftlichen (oder gar kommerziellen) Gesichtspunkte, sondern untersucht, wie Individuen im Rahmen ihrer geschichtlich, gesellschaftlich und politisch gegebenen Möglichkeiten handeln und welche Entscheidungen sie treffen.

Kapitel 1 macht den Leser mit der ökonomischen Betrachtungsweise gesellschaftlicher Phänomene vertraut und verdeutlicht, wie sie auf das Angebot von und die Nachfrage nach Kunst angewendet wird. Schwerpunkt von Kapitel 2 bilden die gesellschaftlichen, politischen und ökonomischen Spannungen, die aus der Tatsache erwachsen, daß Kunst einerseits auf dem freien Markt angeboten wird, andererseits vom Staat gefördert und unterstützt wird.

Kapitel 1: Kunst aus Sicht des Ökonomen

I. Zunehmende Bedeutung der Kunstökonomik

Noch vor wenigen Jahren wußten selbst unter Ökonomen nur wenige, daß es eine *ökonomische Analyse der Kunst* gibt. Bis dahin lagen nur vereinzelte Beiträge zu diesem Thema vor, meist von Wissenschaftlern mit einem persönlichen Interesse an Kunst und Kultur verfaßt. Lediglich die Frage, inwieweit die Kunst von staatlicher Seite zu subventionieren sei, wurde im Rahmen der Finanzwissenschaft intensiv diskutiert (Robbins 1963, 1971; Peacock 1968, 1969). Allerdings gab es im deutschsprachigen Raum bemerkenswert früh einige Kunstökonomen,[1] die von angelsächsischen Wissenschaftlern aber schlicht übersehen wurden (ein Los, das sie mit Vertretern anderer Forschungsrichtungen und anderer Sprachräume teilen).

Den ersten Schritt zu einer modernen Ökonomik der Kunst und Kultur bildet ohne Frage die breit angelegte Analyse der darstellenden Künste von Baumol und Bowen (1966). Sie kommen zu dem Schluß, daß die Kosten der Theater und Orchester schneller wachsen als die Einnahmen aus Kartenverkäufen. Deshalb seien staatliche Subventionen zugunsten der Kunst wohlbegründet [vgl. auch Baumol und Baumol (1985)].

Mittlerweile hat sich die Kunstökonomik als Forschungsrichtung etabliert. Seit einigen Jahren erscheint eine Fachzeitschrift, das *Journal of Cultural Economics*. Die *Association of Cultural Economics* organisiert in zwei- bis dreijährigem Abstand Kongresse.[2] Darüber hinaus hat eine Reihe von Treffen interessierter Wissenschaftler stattgefunden.[3] Zahlreiche Bücher[4] und

---

[1] So insbesondere Kindermann (1903), Lux (1906), Drey (1910), Seelig (1914), Haalck (1921), Reusch (1922), Bröker (1928), Weiser (1938); siehe auch die Sonderausgabe der *Volkswirtschaftlichen Blätter* (1910) zum Thema ‚Kunst und Volkswirtschaft: Die Stellung der Kunst in der Volkswirtschaft'.

[2] Die Beiträge, die auf den Kongressen in Edinburgh (1979), in Maastrich (1982), in Akron (1984), in Avignon (1986), in Toronto (1988) und in Umea (1990) vorgestellt wurden, finden sich in: Hendon, Shanahan und MacDonald (1980), Hendon, Shanahan, Hilhorst und van Straalen (1983a, 1983b), Shanahan, Hendon, Hilhorst und van Straalen (1983a, 1983b), Hendon, Grant und Shaw (1984), Waits, Hendon und Horowitz (1985), Owen und Hendon (1985), Grant, Hendon und Owen (1987), Hendon, Hillman-Chartrand und Horowitz (1987), Shaw, Hendon und Waits (1987), Dupuis und Rouet (1987), Girard (1988), Rouet (1989), Hillman-Chartrand, McCaughey und Hendon (1989), Shaw, Hendon und Owen (1989), Waits, Hendon und Schuster (1989) und Towse und Khakee (1992).

[3] Siehe Mulcahy und Swaim (1982), Kamerman und Martorella (1983), McFate

sehr viele Artikel in allgemeinen ökonomischen Fachzeitschriften sind erschienen. In jüngerer Zeit haben sich zunehmend Wissenschaftler aus dem deutschsprachigen Raum sowie aus Frankreich und Italien mit der Thematik befaßt.[5]

Dieses Kapitel soll einerseits einen Überblick über den gegenwärtigen Stand der Kunstökonomik geben, andererseits einige Aspekte erörtern, die für die wirtschaftswissenschaftliche Art der Analyse von Kunst und Kultur charakteristisch sind.

Die Diskussion wird nicht der traditionellen Unterscheidung zwischen darstellenden Künsten (Theater, Oper, Ballett etc.) und bildenden Künsten (Museen, Gallerien) folgen. Vielmehr werden solche Aspekte in den Vordergrund gestellt, die aus ökonomischer Sicht als Gemeinsamkeiten gelten können, während die Besonderheiten der einzelnen Bereiche zunächst vernachlässigt werden (sie werden im zweiten Teil analysiert). So werden wir darlegen, daß die Wirkung einer staatlichen Förderung künstlerischen Schaffens im allgemeinen dieselbe ist, unabhängig davon, ob sie der Oper, einem Orchester, bildenden Künstlern, dem Film oder der Literatur zugute kommt. Ähnlich stellt sich aus ökonomischer Sicht das Problem von Eigen-

---

(1984), Baumol und Baumol (1984), Lowry (1984), Hendon, Richardson und Hendon (1985), Girard (1985), Daedalus (1986) Cummings und Katz (1987), Behr, Gnad und Kunzmann (1989), Feldstein (1991), Kavanagh (1991) sowie die Beiträge in *Ricerche Economiche* (1992).

[4] Einige Beispiele: Moore (1968), Poggi (1968), Austen-Smith (1978), Netzer (1978), Throsby und Withers (1979), Peacock, Shoesmith und Millner (1983), Globerman (1984), West (1985) sowie O'Hagan und Duffy (1987) über die darstellenden Künste; Lee (1975), DiMaggio, Useem und Brown (1978), Hendon (1979), Gassler (1986), Hendon und Costa (1988) sowie Grauwe (1990) über Kunstmuseen; Mann (1975), Peacock und Weir (1975) und Raynor (1976) über Musik. Blaug (1976) enthält eine Sammlung früher Beiträge.

[5] Für den deutschsprachigen Raum siehe insbes. Manzl (1956), Jaquet (1962), Reichhardt (1962), Wagenführ (1965), Hänseroth (1976), Frey und Neugebauer (1976), Wahl-Zieger (1978), Meyer (1979), Siede-Hiller (1981), Harth (1982), Lips (1982), Frangen (1983), Andreae (1983a), Abele und Bauer (1984), Hohenemser (1984), Hutter (1983, 1986, 1987), Abele (1987), Blaukopf (1989) sowie Andreae und Smekal (1992). Die staatliche Unterstützung der Kunst wurde im deutschsprachigen Raum bereits innerhalb der Finanzwissenschaft behandelt, siehe z.B.: Epstein (1914), Marggraff (1922), Herterich (1937), Andrée (1956), Wezel (1964), Bahn (1972), Jonas (1972), Horlacher (1984), Hofecker (1985).

Repräsentativ für französische Beiträge sind unter anderen Moulin (1967), Bertouille (1969), Gallais-Hamonno (1972), Vessilier (1973), Miège (1974), Bernier (1977), Attali (1977), Hennion und Vignolle (1978), Leroy (1980), Dupuis (1980), Menger (1980, 1983), Mercillon (1983), Sagot-Duvauroux (1985), Greffe (1985, 1990), Dupuis und Greffe (1985), Busson (1986) sowie Guy und Mironer (1988).

Für italienische Studien siehe z.B. Mazzocchi (1971), Gerelli (1974), Majocchi (1974), Villani (1978, 1988), Osculati (1983), Trimarchi (1985, 1986, 1990a, 1990b), Pennisi (1986), Brosio (1987a, 1987b, 1989), Bodo (1989), I.R.E.S. (1989), Oteri und Trimarchi (1990) sowie Brosio und Santagata (1992).

tumsrechten in Zeiten billiger Reproduktionstechniken dar: Die grundsätzlichen Probleme sind in den meisten Bereichen der Kunst die gleichen.

Wir beginnen mit der Frage nach den Charakteristika einer *ökonomischen* Analyse der Kunst im Gegensatz zu einer kunsthistorischen, einer politikwissenschaftlichen, einer soziologischen, einer psychologischen oder einer juristischen Untersuchungsweise. Welche Aspekte haben für die Anwendung ökonomischer Denkansätze beziehungsweise ökonomischer Analyseinstrumente besondere Bedeutung? Wo liegen die Stärken und Schwächen des ökonomischen Ansatzes? Dabei wollen wir zeigen, in welchen Bereichen die ökonomische Sicht der Kunst eine sinnvolle *Bereicherung* der Forschung darstellen kann, denn wir behaupten nicht, daß die ökonomische Analyse anderen Ansätzen überlegen sei.

Die Ökonomik der Kunst beschränkt sich keineswegs nur auf die materiellen oder monetär erfaßbaren Aspekte kultureller Institutionen.[6] Vielmehr wird Kunst ganz allgemein aus einer wirtschaftswissenschaftlichen Perspektive betrachtet. Damit bewegt sich die ökonomische Analyse außerhalb ihrer traditionellen Grenzen, ähnlich wie im Rahmen der ökonomischen Theorie der Politik (Public Choice),[7] der Umweltökonomik,[8] der ökonomischen Theorie des Rechts,[9] der ökonomischen Theorie der Familie und der sozialen Interaktion,[10] des ökonomischen Ansatzes in der Psychologie[11] und der Ökonomik des Sports.[12] Die Anwendung wirtschaftswissenschaftlicher Analyseinstrumente auf diese Problemfelder wurde von den Vertretern der damit traditionell befaßten Forschungsrichtungen zwar keineswegs immer

---

[6] Dementsprechend beschäftigt sich dieses Buch auch nicht mit dem eng begrenzten Gebiet des Kunstmarketings. Allgemeine Analysen des Kunstmarketings finden sich in Raymond und Greyser (1978), Mokwa, Dawson und Prieve (1980) und Semenik und Bamossy (1985). Für Anwendungen auf den Bereich der darstellenden Künste siehe Laczniak und Murphy (1977), Weinberg und Shachmut (1978), Currim, Weinberg und Wittink (1981), Hilger (1985) sowie Luksetich, Lange und Jacobs (1985) und für den Bereich der Kunstmuseen Cramer und Beam (1979), McHugh (1980), Clarkson (1981), Luksetich, Jacobs und Lange (1984), Blumentritt (1984), Fronville (1985), Bowden (1986), Garner (1985), Luksetich, Lange und Jacobs (1987), Schuck-Wersig und Wersig (1988, 1991, 1992a, 1992b), Dickenson (1989), Dube und Schauerte (1989), Schenker (1990), Blattberg und Broderick (1991) sowie eine Reihe von Beiträgen zur *Revue Française de Gestion* (1984).

[7] Siehe Downs (1957), Buchanan und Tullock (1962), Olson (1965) und für Übersichten Pommerehne und Frey (1979), Frey (1977, 1981) und Mueller (1989).

[8] Siehe Kneese und Schultze (1975), Dorfman und Dorfman (1977) sowie Baumol und Oates (1988).

[9] Siehe Posner (1973), Becker und Landes (1974) und Ehrlich (1975).

[10] Siehe Becker (1981), Ferber und Blau (1986) sowie Bergman (1986).

[11] Siehe Simon (1957), Scitovsky (1976), Akerlof und Dickens (1982), MacFadyen und MacFadyen (1986).

[12] Siehe Demmert (1973), Noll (1974), Cairns, Jennett und Sloane (1986).

begrüßt, kann aber trotzdem in dem Sinne als Erfolg gelten, als neue Fragen aufgeworfen, neue Aspekte analysiert und damit auch neue Einsichten gewonnen werden. In einigen Bereichen ist der ökonomische Ansatz inzwischen sogar in die herkömmliche Forschung integriert. Dies gilt insbesondere für die Politikwissenschaft und die Soziologie, die den ökonomischen Ansatz menschlichen Verhaltens teilweise übernommen haben.[13]

Der von Ökonomen verwendete Ansatz zur Analyse gesellschaftlicher Phänomene[14] beruht auf zwei Prämissen:

- Die betrachteten Akteure sind *Individuen*. Man nimmt an, daß sie – zumindest implizit – Nutzen und Kosten kalkulieren, die bestimmte Handlungen für sie beinhalten, sie also in der Lage sind, alternative Handlungen gegeneinander abzuwägen. Ziel individuellen Handelns ist annahmegemäß die Verfolgung eigener Interessen, was nicht ausschließt, daß dabei auch der Nutzen anderer Personen, insbesondere von Verwandten und Freunden, eine Rolle spielt. Es wird bei alledem nicht unterstellt, daß jeder über allumfassende Informationen verfügt. Tatsächlich ist es häufig durchaus rational, nur wenige Anstrengungen zur Gewinnung von Informationen zu unternehmen. So werden nur solange Informationen gesammelt und ausgewertet, wie der zusätzliche Nutzen die zusätzlichen Kosten übersteigt.

  Änderungen des individuellen Verhaltens werden auf Veränderungen der Einschränkungen zurückgeführt, unter denen Individuen wählen, nicht aber auf Änderungen der individuellen Präferenzen, da sich letztere nur längerfristig ändern und überdies kaum isoliert erfaßt werden können (Stigler und Becker 1977; Pommerehne 1987). Die Einschränkungen, denen die Individuen bei ihrem Handeln unterworfen sind, sind nur zum Teil ökonomischer Natur – wie im Falle des Einkommens oder der relativen Preise. Daneben gibt es physische Beschränkungen (wie Zeit und Entfernung) oder auch soziale Einschränkungen in Gestalt formaler Gesetze oder informeller Regeln [wie z. B. Moralvorstellungen, siehe Frey und Foppa (1986), Frey und Pommerehne (1992), Pommerehne und Frey (1992)].

- Der zweite Baustein der von Ökonomen verwendeten Theorie der Rationalwahl besteht in der *vergleichenden institutionellen Sichtweise*. In der Realität sind alle Institutionen in der einen oder anderen Weise mit Mängeln behaftet. Ein Vergleich der Realität mit Idealvorstellungen erscheint daher ziemlich unergiebig (Demsetz 1969). Statt dessen sollten für Vergleiche nur tatsächlich bestehende Institutionen als Referenz herangezogen werden. Angenommen, wir wollten die Funktionsweise eines Theaters analysieren,

---

[13] Siehe Coleman (1964), Riker und Ordeshook (1973), Opp (1979) und Lindenberg (1983).
[14] Für einen allgemeinen Überblick siehe den bahnbrechenden Beitrag von Becker (1976) sowie die Arbeiten von McKenzie und Tullock (1975), Hirshleifer (1985), Frey (1990) und Kirchgässner (1991).

welches – als Teil des öffentlichen Sektors – eine staatliche Unterstützung in bestimmter Höhe erhält. Zum Vergleich werden wir nicht ein idealtypisches Theater heranziehen, in welchem alle Mitarbeiter vollständig informiert und bestrebt sind, sich für das Wohl dieser Institution aufzuopfern. Vielmehr werden wir als Referenz ein privates Theater wählen, das keine staatliche Unterstützung erhält, oder ein staatliches Theater, das abhängig von der Zahl der Besucher unterstützt wird (einen solchen Vergleich werden wir im zweiten Teil vornehmen).

Diese wenigen Ausführungen sollen vorerst genügen, um dem Leser von dem hier gewählten Ansatz einen Eindruck zu vermitteln. Es würde wenig Sinn machen, an dieser Stelle ausführlich auf methodologische Fragen einzugehen. Statt dessen vertrauen wir darauf, daß unsere Analyse selbst den Leser vom Sinn des zugrundegelegten Ansatzes überzeugen wird. Dieser geht über die bloße Beschreibung von Phänomenen unter Verwendung neuer Konzepte hinaus, weil er erlaubt, Vorhersagen zu formulieren, die ihrerseits an der Realität überprüft werden können.

Im nächsten Abschnitt wenden wir uns der Frage zu, weshalb und im Hinblick auf welche Aspekte die Anwendung wirtschaftswissenschaftlicher Methoden im Bereich von Kunst und Kultur überhaupt möglich ist. Sodann zeigen wir, daß es sich auch bei künstlerischen Werken um knappe Güter handelt und daß deshalb eine ökonomische Analyse der Kunst als legitim erachtet werden kann. Im darauf folgenden Abschnitt werden wir das Angebot von und die Nachfrage nach Kunst und Kultur untersuchen. Abschließend werden der soziologische und der ökonomische Ansatz gegenübergestellt.

II. Worin besteht der ökonomische Ansatz?

Sehr oft wird behauptet, Kunst bewege sich außerhalb jeglichen ökonomischen Kalküls und sei daher für materielle Überlegungen nicht geeignet. Viele, aber keineswegs alle Künstler[15] würden diese Behauptung unterschreiben. Kunst ist jedoch ein ebenso abstraktes Konzept wie Schönheit, Freiheit oder Gerechtigkeit. Sie läßt sich nicht direkt messen, und es gibt sie letztlich nur in der Wahrnehmung des Betrachters. Seit Jahrhunderten steht die Frage ‚Was ist Kunst?' im Raum, ohne daß ein Konsens gefunden worden wäre.

Zweifellos sind die Bestimmungsfaktoren der Herstellung und des Konsums im Kunst- und Kulturbereich erheblich zahlreicher – und die Beziehungen

---

[15] So wird z.B. Salvador Dali die Bemerkung zugeschrieben: „Das einzige, was mich interessiert, ist Geld."

zwischen ihnen erheblich komplexer – als beispielsweise die der Herstellung und des Verbrauchs von Brot. Ausschlaggebend für die Analyse ist aber nicht, ob ein Forschungsbereich komplex ist, sondern, ob sich Kausalitäten und Gesetzmäßigkeiten im Verhalten der beteiligten Personen aufzeigen lassen. Im Hinblick auf die Kunst lautet die entscheidende Frage daher nicht, ob eine Vielzahl von Faktoren das individuelle Verhalten bestimmt, sondern vielmehr, ob sich Verhaltensmuster finden lassen, die der Bereitschaft zugrundeliegen, für eine Theaterkarte zu bezahlen, ein Bild zum späteren Verkauf herzustellen oder auch zur eigenen Freude Klavier zu spielen. Anhand solcher Verhaltensmuster lassen sich die ökonomischen Konzepte von Angebot und Nachfrage anwenden.

Die ökonomische Sicht der Kunst eröffnet eine Vielzahl von Einsichten, wobei wir hier nur auf die beiden wichtigsten eingehen wollen:

(1) Kunst unterliegt der Knappheit. Kunst und Kultur werden durch die Verfügbarkeit über ökonomische Ressourcen begrenzt. Sie sind keine freien Güter, die im Überfluß zur Verfügung stehen. Die Herstellung eines Kunstwerks erfordert den Einsatz knapper Ressourcen in Form von Arbeit, Kapital (Material), Zeit, Einfallsreichtum und Originalität.

(2) Kunst ist das Ergebnis individuellen Handelns. Künstlerische Leistungen gehen auf das Handeln von Einzelpersonen zurück, und die Nachfrage nach Kunst läßt sich auf individuelle Entscheidungen zurückführen. Dies gilt ebenso für staatliche Stellen (oder andere Kollektive), die Kunst nachfragen, denn auch staatliches Handeln ist Ergebnis der Handlungen von Wählern, Bürokraten und Politikern, d.h. von Individuen. In der Kunst, wie überall, reagieren Personen in ihrer Eigenschaft als Anbieter und Nachfrager systematisch auf Anreize.

III. Auch Kunst unterliegt der Knappheit

Künstlerische Schöpfungen erbringen einen Nutzen für Individuen und sind deshalb Gegenstand individueller Nachfrage. Ihre Herstellung erfordert den Einsatz knapper Ressourcen. Hieraus lassen sich zwei Folgerungen ziehen, die im einzelnen erörtert werden sollen.

1. Die Wünsche der Individuen zählen

Normalerweise definieren Künstler und andere Insider, was als Kunst zu gelten hat, während man von Laien erwartet, daß sie diese Definitionen anerkennen. Gelegentlich wird auch von staatlicher Seite entschieden, was Kunst ist und was nicht.

Demgegenüber vertreten Ökonomen die Ansicht, daß die Individuen selbst entscheiden sollen, was sie für „Kunst" halten wollen. Natürlich sind die individuellen Einstellungen auch von Traditionen und dem sozialen Umfeld geprägt und stehen häufig im Widerspruch zu den Vorstellungen der Eliten. Gleichwohl sollte die individuelle Einschätzung der letzte Bezugspunkt sein.

Wie aber können Individuen ihre Einschätzung der Kunst artikulieren? Sie verfügen über verschiedene gesellschaftliche Mechanismen, die es ihnen in unterschiedlichem Maße erlauben, ihrer Einschätzung Ausdruck zu verleihen. Direkten monetären Ausdruck findet ihre Nachfrage auf Märkten, etwa auf Auktionen, bei Bücherkäufen oder Theaterbesuchen. Präferenzen für Kunst können jedoch auch indirekt artikuliert werden. Sind Individuen bereit, in einer kulturell ansprechenden Region zu geringeren Löhnen zu arbeiten, so kann dies als monetärer Ausdruck ihrer Präferenz für die Bereitstellung von Kunst in dieser Region gedeutet werden. Aus dem gleichen Grund können Mieten und Häuserpreise in Gegenden höher sein, in denen die Versorgung mit Kunst und Kultur den Wünschen der Bewohner besser entspricht.[16] Präferenzen für Kunst werden darüber hinaus auch im politischen Bereich geäußert. Die Wertschätzung der Wähler für verschiedene Formen kultureller Erzeugnisse kann im Wege demokratischer Entscheidungen über öffentliche Ausgaben zum Ausdruck kommen. In direkten Demokratien können Individuen möglicherweise in Referenden über die Ausgaben für die Bereitstellung von Kunst entscheiden (siehe auch Kap. 10).

Umfragen bieten eine weitere Möglichkeit, um die Wertschätzung der Individuen für die Kunst zu erfassen, wenn zum Beispiel deren Zahlungsbereitschaft für den Besuch kultureller Veranstaltungen ermittelt werden soll. Dagegen ließe sich anführen, daß derartige Befragungen lediglich auf eine

---

[16] Siehe z. B. Clark und Kahn (1988), die aus Unterschieden in den (gleichgewichtigen) Löhnen und Mieten zwischen amerikanischen Großstadtregionen eine Schätzung des Nutzens von Kulturinstitutionen (Zugangsmöglichkeiten zu Museen, Opern-, Ballett-, Theater- und Orchesterdarbietungen) vornehmen. In der Tat, das Ausmaß des Verzichts auf einen anderenorts höheren erzielbaren Lohn und die Zahlung einer vergleichsweise höheren Miete in einer Region mit bedeutendem kulturellem Angebot legen nahe, daß eine Ausweitung der Kulturinstitutionen eine beträchtliche Nutzensteigerung zur Folge hat. Letztere wird im Fall des Theaters auf mehr als 1 Million Dollar und für ein weiteres Orchester auf nahezu 30 Millionen Dollar geschätzt (jeweils auf eine repräsentative amerikanische Großstadtregion bezogen). In ähnlicher Weise hat Coffin (1989) aus Mietzinsunterschieden den Nutzen ermittelt, in einem historischen Stadtbezirk zu wohnen. Die Wertschätzung von Kunst und Kultur kann auch aus einem Ungleichgewichtsansatz abgeleitet werden, indem Wanderungsbewegungen untersucht werden, die auf Unterschiede im Angebot von Lebensqualität zurückgehen (Liu 1975; Sinden 1982). Für einen detaillierten Überblick mit kritischer Diskussion dieses wie auch der folgenden Ansätze zur Ermittlung der Wertschätzung von Kunst siehe Pommerehne (1987).

hypothetische Situation Bezug nehmen und daß die Entscheidungen der Befragten in der Realität anders ausfallen können. In mehreren Studien [z.B. Nielsen, McQueen und Nielsen (1976), A.C.A. (1980), McDonnell (1988) sowie Felton (1989)] konnte jedoch gezeigt werden, daß die ermittelten Zahlungsbereitschaften nur geringfügig niedriger ausfallen, wenn die Befragten explizit auf die mit ihrer Entscheidung verbundenen Kosten aufmerksam gemacht werden (im Falle der Entscheidung über staatliche Subventionen wäre dies eine höhere Steuerbelastung).

Die Frage ‚Was ist Kunst?' läßt sich unter Berufung auf die Wünsche des Publikums beantworten. Eine Unterscheidung in *populäre* und *ernste Kunst* macht unter dieser Voraussetzung keinen Sinn. Würde man die ‚erleuchtete' kulturelle Elite darüber entscheiden lassen, was als Kunst anzusehen ist, so würde der ökonomische Grundsatz verletzt, daß letzten Endes nur die individuellen Präferenzen zählen sollen.

2. Kunst ist nichts Absolutes

„Die Kunst bewegt sich jenseits eines ökonomischen Kalküls; wegen ihrer Einzigartigkeit läßt sie sich mit nichts anderem vergleichen". Oft werden derartige Argumente einer ökonomischen Betrachtung der Kunst entgegengehalten. Ein solcher Absolutheitsanspruch der Kunst begegnet in der Realität jedoch schwerwiegenden Problemen. Genaugenommen ist er nicht haltbar. Dies wird besonders deutlich, wenn öffentliche Subventionen für die Kunst gefordert werden. Diese stehen immer im Wettstreit mit anderen öffentlichen Ausgaben (z.B. Gesundheits- oder Bildungsausgaben), und die Aufwendungen zur Förderung eines bestimmten Bereichs der Kunst (etwa der Oper) konkurrieren mit Fördermitteln für andere künstlerische Bereiche.

Das grundlegende ökonomische Prinzip der Knappheit besagt, daß, wenn man sich für eine Sache entscheidet, eine andere dafür aufgegeben werden muß. Werden Arbeit und Kapital (in Gestalt von Gebäuden oder technischer Ausrüstung) für die Herstellung von Kunst eingesetzt, so können dieselben Produktionsfaktoren nicht gleichzeitig für andere Zwecke verwendet werden. Die so entstehenden *Opportunitätskosten* bestimmen den Wert der eingesetzten Ressourcen. Neben Arbeit und Kapital stellt insbesondere auch die Zeit eine knappe Ressource dar. Jeder muß sich entscheiden, ob er seine Zeit der Kunst widmet (sei es als Produzent oder als Konsument) oder einen alternativen Verwendungszweck wählt.

Knappheit spielt aber auch innerhalb der Kunst eine nicht zu unterschätzende Rolle. Ein Theaterdirektor kann nicht alle von ihm gewünschten Stücke während einer Saison aufführen, er muß vielmehr eine bestimmte Auswahl treffen. Auf diese Weise erfahren die verschiedenen Alternativen (zumindest implizit) immer eine monetäre Bewertung, die jedoch klar von einer Kommerzialisierung der Kunst im Sinne von rein profitorientiertem Ein- und Verkauf zu unterscheiden ist.

IV. Wahlhandlungen im Bereich der Kunst

Die Ökonomie hat immer Individuen und deren Verhalten im Auge. Alle Handlungen werden auf Anreize zurückgeführt, die auf die beteiligten Personen einwirken. Auch das Verhalten kultureller Institutionen wird letztlich auf die Entscheidungen von Individuen zurückgeführt. Mit der Nachfrage nach und dem Angebot an Kunst und Kultur wollen wir im folgenden zwei Aspekte dieser Sichtweise erörtern.

1. Die Nachfrage nach Kultur

Betrachten wir die Nachfrage nach Theateraufführungen: Offenkundig ist der Nutzen aus einem Theaterbesuch umso höher, je höher das Bildungsniveau des Besuchers ist und je mehr Erfahrungen dieser mit dem Theater im allgemeinen hat. Beides – Bildungsniveau und Theatererfahrung – sind im allgemeinen positiv mit dem individuellen Einkommen korreliert. Folglich werden die Bezieher höherer Einkommen häufiger ins Theater gehen als die Bezieher niedrigerer Einkommen. Auf der anderen Seite wird die Nachfrage nach Theaterkarten umso niedriger sein, je höher deren Preis ist. Die Gesamtkosten eines Theaterbesuchs beinhalten neben dem Geldpreis der Eintrittskarte jedoch auch die Opportunitätskosten einer alternativen Verwendung der Zeit (etwa zum Arbeiten oder für andere Freizeitaktivitäten), und schließlich dürften auch die Preise solcher Güter in die Nachfrageentscheidung eingehen, die von den Individuen als Substitute für einen Theaterbesuch angesehen werden (z.B. Ausstellungen, Kinovorstellungen).

Diese Hypothesen lassen sich mit ökonometrischen Verfahren überprüfen. Detaillierte Ergebnisse der Nachfrage nach darstellender Kunst (Theater, Ballett, Symphonie- und Kammerorchester) in den Vereinigten Staaten im Zeitraum von 1929 bis 1973 finden sich im Anhang zu diesem Kapitel. Sie bestätigen die obigen Aussagen: Eine einprozentige Erhöhung des Pro-Kopf Einkommens erhöht die Zahl der Besuche von Institutionen darstellender Künste (pro Erwachsenem) um etwa drei Prozent. Eine entsprechende Erhöhung der Eintrittspreise senkt dagegen die Zahl der Besuche um 0,7 Prozent. Höhere Opportunitätskosten der Zeit führen ebenfalls zu tendenziell sinkenden Besucherzahlen. Steigende Preise der Substitutionsgüter wiederum erhöhen die Attraktivität der darstellenden Künste. Schließlich zeigt die

Untersuchung, daß die Besuchshäufigkeit während der großen Depression besonders hoch war. Ähnliche Ergebnisse lassen sich sowohl für frühere Perioden (während des amerikanischen Bürgerkriegs) als auch für spätere Zeiten (die 70er Jahre) nachweisen (Baumol und Baumol 1984) sowie in Frankreich für den Zeitraum zwischen den beiden Weltkriegen (Leroy 1980, Kap. 3).

Entsprechende Untersuchungen sind ebenso für andere Länder und Perioden durchgeführt worden.[17] Sie verdeutlichen darüber hinaus, daß zwischen verschiedenen Bereichen der darstellenden Künste unterschieden werden sollte. So erweist sich der (positive) Einfluß des Einkommens auf die Opern- und die Orchesternachfrage im allgemeinen stärker als der auf die Schauspielnachfrage. Umgekehrt üben Preiserhöhungen einen schwächeren (negativen) Effekt auf die Opern- als auf die Schauspielnachfrage aus. Dahinter verbirgt sich zunächst die Tatsache, daß Opern- und Orchesteraufführungen in überdurchschnittlichem Ausmaß von älteren Personen (mit im allgemeinen höherem Einkommen) besucht werden. Dies gilt aber nicht für den Besuch von Schauspielen. Eine mit zunehmendem Alter höhere Nachfrage nach Opern- anstatt Schauspieldarbietungen mag wiederum Folge zweier Phänomene sein. Zum einen kann sie darauf zurückgehen, daß mit zunehmendem Alter auch die Risikoscheu zunimmt. Zusätzlich kommt das vergleichsweise enge, weitgehend bekannte und subjektiv leicht einschätzbare Opernrepertoire älteren Menschen eher entgegen als das eher breite und a priori weniger gut abschätzbare Schauspielangebot. Zum anderen ist das Opernangebot mit seinem festen Bestandteil an Klassikern in besonderer Weise geeignet, beim Konsumenten eine „Sucht" hervorzurufen, d. h. eine endogene, also mit der Häufigkeit des Besuchs einhergehende Präferenzänderung zugunsten des traditionellen Repertoires zu bewirken.[18] Hierfür spricht unter anderem, daß die Nachfrage nach Oper und Orchester in markanter Weise von der Bekanntheit der Stücke und ihrer Komponisten ab-

---

[17] Für die Vereinigten Staaten siehe Moore (1966, 1968, 1978), Houthakker und Taylor (1970), Globerman und Book (1977), Globerman (1978), Netzer (1978, Kap. 2), Semenik und Young (1980), Kelejian und Lawrence (1980), Andreasen und Belk (1980), Touchstone (1980), Currim, Weinberg und Wittink (1981), Gapinski (1981, 1986, 1988b), Bamossy (1982), Bruce (1983), Semenik (1983), Lange und Luksetich (1984), Cwi (1985), Bajic (1985), Evrard (1987), Greckel und Felton (1987), Robinson (1987), Carson und Mobilia (1989) sowie Felton (1989); für die Niederlande siehe Goudriaan und de Kam (1983); für die Bundesrepublik Deutschland siehe Pommerehne und Kirchgässner (1987) sowie Krebs und Pommerehne (1992); für Schweden siehe Khakee und Nilson (1980); für die Schweiz siehe Abbé-Decarroux (1990) sowie Abbé-Decarroux und Grin (1992); für Kanada siehe Morrison und West (1986b) sowie Dobson und West (1989); für Italien siehe Bonato, Gagliardi und Gorelli (1990) und für Großbritannien Mann (1975) sowie Oteri und Trimarchi (1990).

[18] Vgl. im einzelnen Stevens (1985), Becker und Murphy (1988), Cameron und Welford (1992) sowie Kap. 2 dieses Buches.

hängt – was beim Theater weit weniger der Fall ist. Umgekehrt hat die Medienkritik im Falle der Oper nahezu keinen Einfluß auf die Nachfrage, während sie die Schauspielnachfrage deutlich beeinflussen kann (vgl. Abbé-Decarroux 1990, Kap. 7).

Überdies gilt, daß bei der Oper, aber auch beim Theater, die Reaktion auf Preiserhöhungen bei „populären" Stücken stärker ausfällt als bei „ernsten" Aufführungen, vermutlich weil sich für populäre Stücke leichter Substitute, etwa in Gestalt von Fernseh- und Kinoaufführungen finden lassen (Pommerehne und Kirchgässner 1987). Das gleiche trifft auf technische Museen und allgemeine Erholungsparks (die beide als „populär" gelten können) im Vergleich zu ethnologischen oder Kunstmuseen (Goudriaan und van't Eind 1985) beziehungsweise zu historischen Stätten (Hendon 1983) zu.

2. Das Angebot an Kultur

Das Angebot an Kultur läßt sich im Fall kommerzieller Theater, Galerien oder historischer Stätten mit Hilfe der traditionellen ökonomischen Theorie erklären. Größtenteils wird Kultur jedoch von nicht gewinnorientierten, staatlich subventionierten Institutionen angeboten. Dies gilt insbesondere in Europa. Bei gegebenem Budget wird man davon ausgehen können, daß das Ziel des jeweiligen Managements in möglichst hoher Qualität des bereitgestellten künstlerischen Produkts besteht. Es muß jedoch auch eine ausreichende Besucherzahl sichergestellt sein (Throsby und Nielsen 1980). Modelle, denen solche Überlegungen zugrundeliegen, wurden von Le Pen (1982) und Dupuis (1983, 1985) verwendet, um die Auswirkungen öffentlicher Mittel für die Opéra de Paris und die Comédie Française zu untersuchen. Sie kommen zu dem Schluß, daß beide Institutionen unter den bestehenden ökonomischen Restriktionen dazu neigen, eine höhere Qualität bereitzustellen als aus Sicht der Besucher optimal wäre.

Für die Entscheidungsträger (eingeschlossen Kuratoren) in Museen sind in den meisten Fällen wissenschaftliche Anerkennung und Prestige wichtiger als hohe Besucherzahlen. Der Grund dafür liegt auf der Hand: Erzielt das Museum höhere Einnahmen aus dem Kartenverkauf, so gehen die staatlichen Fördermittel zurück. Gemäß den in Europa vorherrschenden kameralistischen Budgetprinzipien werden den Museumsdirektoren die zusätzlich erwirtschafteten Mittel gewöhnlich nicht überlassen, sondern von der öffentlichen Hand eingezogen. Dies erklärt, weshalb für öffentliche Museen in Europa geringere Anreize bestehen, attraktive Veranstaltungen zu organisieren als etwa für private amerikanische Museen wie beispielsweise das Museum of Modern Art oder das Metropolitan Museum of Art in New York. Das Verhalten der institutionellen Kulturanbieter erklärt sich somit aus ihren spezifischen administrativen und finanziellen Einschränkungen. In

Teil 2 dieses Buches werden wir diesen Ansatz ausführlicher auf private und öffentliche Theater sowie auf Museen und Festspiele anwenden.

Bislang haben wir nur das Kulturangebot von Institutionen betrachtet. In vielen Bereichen der Kunst, so z. B. in der Literatur, der Malerei oder der Musik, spielt jedoch der einzelne kreative Künstler eine viel bedeutendere Rolle. In der nicht-ökonomischen Literatur wird gewöhnlich davon ausgegangen, daß Künstler einer intrinsischen Motivation folgen, unbelastet von Märkten und materiellen Motiven. Ihr Verhalten, so wird behauptet, sei erratisch schwankend, extravagant und unvorhersehbar. Die ökonomische Sichtweise legt dagegen nahe, daß sich das Verhalten von Künstlern nicht grundsätzlich von dem anderer Individuen unterscheidet. Auch Künstler tragen den Kosten und Nutzen alternativer Handlungen systematisch Rechnung, wobei neben dem bloßen Einkommen auch nicht-monetäre Nutzen und Kosten berücksichtigt werden. Wenn zu beobachten ist, daß sich ein bestimmter Künstler nicht ausschließlich an meßbaren monetären Nutzen und Kosten orientiert, so widerlegt dies den ökonomischen Ansatz keineswegs. Es besteht beträchtliche Evidenz dafür, daß führende Künstler sich durchaus monetärer Überlegungen bewußt waren und sind. So berichtet schon Vasari (1568, Band II, 122 ff.) über Luca della Robbia, der für seine Arbeiten mit emaillierter Terrakotta berühmt war:

> „Als der Meister zusammenrechnete, wieviel er eingenommen hatte, und dies mit der Zeit verglich, die er dafür aufgewandt hatte, stellte er fest, daß sein Gewinn im Verhältnis zu seinem Arbeitseinsatz sehr bescheiden war; er entschloß sich deshalb, Marmor und Bronze aufzugeben und stattdessen zu versuchen, aus anderer Quelle einen einträglicheren Gewinn zu ziehen" (indem er mit Terrakotta arbeitete; Anm. d. Übers.).

Die Bedingungen, denen das Verhalten kreativer Künstler unterliegt, sind Gegenstand einer Reihe von Studien im Rahmen der Kulturökonomik. Besondere Aufmerksamkeit gilt dabei dem Einfluß, der von den verschiedenen Formen von Eigentumsrechten an künstlerischen Produkten auf Schriftsteller und Komponisten ausgeübt wird.[19] So wird beispielsweise berichtet, Georg Friedrich Händel habe wegen der zu seiner Zeit mangelhaft definierten Autorenrechte seine Kompositionen ständig überarbeitet, wodurch er in der Lage war, seine Werke als erster aufzuführen, bevor andere dies tun konnten, ohne Tantiemen an ihn zu zahlen (Lang 1979, 508). Schließlich ist bekannt, daß viele Schriftsteller wohlspezifizierte Verträge mit ihren Verlagshäusern hatten und haben, mit dem Ziel, exklusive Veröffentlichungen zu garantieren.[20]

---

[19] Siehe z. B. Peacock und Weir (1975), Peacock (1968, 1973, 1979), Singer (1981), O'Hare (1980, 1982), Waits und McNertney (1983), Pethig (1988) sowie Koboldt und Schmidtchen (1990). Art und Ausmaß des Copyrights in der Kunst in verschiedenen Ländern untersucht Fohrbeck (1981).

[20] Dies gilt auch für Maler: Viele Impressionisten haben sogar ihre gesamten Werke exklusiv einzelnen Galerien zur Verfügung gestellt, insbesondere Durand-Ruel

Mitunter haben Schriftsteller auch versucht, Kartelle zu bilden, wie zum Beispiel deutsche Lyriker zwischen 1902 und 1933 unter der Führung so berühmter Dichter wie Detlev von Liliencron und Hugo von Hoffmannsthal. Das Lyriker-Kartell sollte verhindern, daß die Arbeiten der beteiligten Autoren ohne Zahlung eines Entgeltes in Anthologien nachgedruckt würden. Das Kartell forderte den – für die damalige Zeit beachtlichen – Preis von 50 Pfennig pro Zeile, der jedoch nicht durchgesetzt werden konnte, da die Kartellbestimmungen von Nicht-Mitgliedern unterlaufen wurden (Martens 1975).

V. Soziologische und ökonomische Sicht der Kunst

Die wirtschaftswissenschaftliche Art der Analyse von Kunst unterscheidet sich deutlich von den Ansätzen anderer Sozialwissenschaften. Insbesondere ist der Unterschied zum soziologischen Ansatz hervorzuheben, der diesen Bereich dominiert.[21] Die Soziologie befaßt sich in diesem Zusammenhang fast ausschließlich mit der Nachfrage nach Kunst. Die Kostenseite wird dagegen meist vernachlässigt. Im Vordergrund stehen die Auswirkungen von Bildung und Einkommen auf den Besuch von Aufführungen sowohl darstellender als auch bildender Kunst. Der ökonomische Ansatz bezieht dagegen Angebot von und Nachfrage nach allen Arten von Kunst mit ein und, nicht zuletzt, auch deren Zusammenspiel. Auf der Nachfrageseite werden neben dem positiven Effekt eines höheren Einkommens (und damit eng zusammenhängend eines höheren Bildungsniveaus) explizit die negativen Effekte steigender Besucherkosten betrachtet und zwar sowohl der monetären (z.B. Eintrittskartenpreise, Fahrtkosten, Kosten für Babysitter) und der nichtmonetären (psychischen) Kosten, als auch der Kosten, die durch den Zeitaufwand entstehen. Auch die Auswirkungen, die von Preisänderungen in anderen Bereichen der Freizeit auf die Teilnahme an kulturellen Aktivitäten ausgehen, werden berücksichtigt.

Was die Angebotsseite der Kunst angeht, so verwenden die wenigen soziologischen Studien, die sich damit näher befassen, bestimmte „Rollen"-Konzepte, um das Verhalten von Kunstanbietern, eingeschlossen die individuellen Künstler, zu erklären. Folgt man dieser Sichtweise, so werden die Anbieter von Kunst einerseits von ihrer Vorstellung von einem ihrer gesell-

---

(Vater und Sohn), was mitunter zu sehr engen – ökonomischen, aber auch sozialen – Verbindungen zwischen Künstlern und Kunsthändlern führte; siehe White und White (1965), Moulin (1967) sowie Haskell (1963).

[21] Siehe Toffler (1973), Wolff (1981), Ehrlich (1985) sowie die frühe Bibliographie von Silbermann (1973).

schaftlichen Rolle angemessenem Verhalten geleitet, werden jedoch andererseits über verschiedene gesellschaftliche Mechanismen sanktioniert, sobald sie von diesem akzeptierten Verhalten abweichen.

Der ökonomische Ansatz stellt dagegen klar heraus, daß auch Künstler, wie jedermann sonst, zunächst ihre eigenen Interessen verfolgen: Monetäre und nicht-monetäre Nutzen und Kosten der verschiedenen sich bietenden Handlungsalternativen werden miteinander verglichen, wobei die Nutzen und Kosten ihrerseits durch eine Reihe historischer, sozialer und institutioneller Bedingungen bestimmt werden. Veränderungen (beziehungsweise Unterschiede) im Verhalten von Individuen, etwa von Theater- oder Museumsdirektoren, die sich im Laufe der Zeit (oder bei einem Vergleich von mehreren Institutionen) beobachten lassen, werden damit auf zeitliche Veränderungen der (bzw. Unterschiede in den) institutionellen Gegebenheiten zurückgeführt. In Teil 2 werden wir ausführlich das Phänomen diskutieren, daß Direktoren ein deutlich unterschiedliches Verhalten aufweisen, je nachdem ob ihre Häuser in vollem Umfang von staatlicher Seite finanziert werden oder ob sie gezwungen sind, ihre Kosten in größerem Maße durch Eintrittserlöse zu tragen. Dies zeigt sich ganz deutlich, wenn Kunstanbieter von einem Bereich in einen anderen wechseln. Obwohl die Rolle eines Theaterdirektors wie auch seine persönlichen Präferenzen unverändert bleiben, wird er schon bald erkennbar anders handeln, wenn er von einer privaten in eine öffentliche Kunstinstitution überwechselt.

Außerdem sollte deutlich geworden sein, daß sich die ökonomische Analyse der Kunst keinesfalls nur auf das Geschehen auf Märkten beschränkt. Vielmehr wird mit gleicher Intensität die Kunst im halböffentlichen und im öffentlichen Sektor untersucht: Die Theorie des Marktes wird um die politische Ökonomie ergänzt. Schließlich ist der ökonomische Ansatz empirisch ausgerichtet, d. h. es wird versucht, beobachtete Beziehungen zu quantifizieren.

Anhang

Die Wirkung der verschiedenen Einflußfaktoren auf die Nachfrage nach Aufführungen darstellender Kunst (Theater, Oper, Ballett, Symphonie- und Kammerorchester) wurde mit Hilfe von Daten für die Vereinigten Staaten im Zeitraum von 1929 bis 1973 überprüft (Withers 1980). Die Gleichung erklärt die Anzahl der Pro-Kopf Besuche der erwachsenen Bevölkerung. Unter Verwendung der gewöhnlichen Methode der kleinsten Quadrate (OLS) ergeben sich folgende Parameterwerte

Anzahl Besuche (pro Kopf der = − 23,1   Konstante
erwachsenen Bevölkerung)

+ 2,7* (2,3)	steuerbares Einkommen pro Kopf.
− 0,7** (− 4,6)	durchschnittlicher Eintrittspreis
− 1,6 (− 1,5)	Opportunitätskosten der Zeit (Preisindex in Bezug auf die Freizeit)
+ 1,1* (2,5)	Durchschnittspreis substitutiver Freizeitgüter
+ 0,2** (2,8)	Hilfsvariable für die „große Depression" (= 1, sonst = 0)
+ 0,3** (3,1)	Anzahl Besuche in der Vorperiode

$\bar{R}^2 = 0{,}97$, F.G. = 38, h-Statistik = 1,84.

Alle Variablen (mit Ausnahme der Hilfsvariable) sind in Logarithmen ausgedrückt, so daß die geschätzten Koeffizienten direkt als Elastizitäten interpretiert werden können. In den Klammern sind die t-Werte ausgewiesen; ein Stern gibt an, daß der entsprechende Koeffizient bei einem Signifikanzniveau von 95 Prozent von Null verschieden ist; bei zwei Sternen beträgt das Signifikanzniveau 99 Prozent. $\bar{R}^2$ ist das um die Anzahl Freiheitsgrade (F.G.) bereinigte multiple Bestimmtheitsmaß. Die h-Statistik zeigt an, daß keine Autokorrelation der Residuen vorliegt.

Kapitel 2: Kunst zwischen Markt und Staat

In Diskussionen über Kunst und Kultur wird häufig jedes künstlerische Schaffen, das unter Marktbedingungen zustande kommt, als ‚kommerziell' abqualifiziert. Gelegentlich seien die Ergebnisse zwar akzeptabel, keinesfalls aber innovativ oder experimentell. Unvermeidlich müsse sich im Marktzusammenhang ein undifferenzierter, dem Geschmack der Massen angepaßter Stil einstellen. Daraus wird dann gerne der Schluß gezogen, der Staat solle eingreifen, um der Kunst das nötige Ansehen zu sichern und für ein Mindestniveau an Qualität zu sorgen. Allerdings hat von staatlicher Seite beeinflußte oder gesteuerte Kunst immer einen unangenehmen Beigeschmack, und man muß befürchten, daß der Staat versucht, über bürokratische Interventionen Einfluß auf die Inhalte der Kunst zu nehmen. Auf diese Weise wird die wichtigste Grundlage künstlerischer Arbeit, die Freiheit der Kunst, gefährdet.

I. Markterfolg und Marktversagen

1. Erfolge des Marktmechanismus

In vielen Bereichen der Kunst ist der Markt durchaus in der Lage, Ergebnisse herbeizuführen, denen auch Experten hohe, wenn nicht höchste Bedeutsamkeit bescheinigen. In Kapitel 9, das sich mit den Einkommen von Künstlern beschäftigt, wird ausführlich dargelegt, daß von den größten Künstlern jeder Epoche viele ein ansehnliches Einkommen aus marktkonformem Schaffen bezogen haben. Dies gilt für Kunstschaffende aus allen Bereichen, für Maler und Musiker ebenso wie für Schriftsteller. Kapitel 6 beschäftigt sich mit der Kunst des zwanzigsten Jahrhunderts und zeigt, daß diejenigen Maler, deren Bilder die höchsten Preise erzielen, von Kunstkennern auch am höchsten geschätzt werden. Heutzutage sollten, wenn von Erfolgen des Marktmechanismus die Rede ist, auch industrielle Kunst – dazu lassen sich unter anderem Produkte von Braun, Citroën und Olivetti zählen – sowie die Werbe- und Plakatkunst nicht vergessen werden.[1] Eher massenorientierte Kunst wird für den Musikmarkt, für Film und Kabarett, für Zirkus und Volkstheater, selbst

---

[1] Das Museum of Modern Art in New York City stellt in seiner Abteilung für Architektur und Design sogar einen Helikopter des Typs Bell-47 DL aus dem Jahre 1945 aus.

für Warenhäuser produziert. Auch hierbei entsteht einiges von herausragender Qualität – man denke an die Musik eines Louis Armstrong oder Miles Davis und an Filme von Federico Fellini oder Ingmar Bergman.

Gleichzeitig gibt es einen Markt privater Galerien, der vielleicht nicht immer höchste Qualität hervorbringt, jedoch innovativen Künstlern und Kunstformen eine Einstiegschance bietet. Schon oft hat sich neue und unkonventionelle Kunst auf diesem Wege Anerkennung erworben: ‚Kulturunternehmer‘, wie sie bereits Schumpeter (1946) beschrieben hat, haben progressive Entwicklungen gefördert in der Hoffnung, daß ihnen später einmal die steigende Nachfrage materiellen Profit bescheren würde. Der New Yorker Galerist Leo Castelli z. B. unterstützte die Arbeit von Robert Rauschenberg, der heute zu den Hauptvertretern der Prä-Pop Art zählt. Castellis Engagement wurde lange Zeit sowohl von den kunstinteressierten Laien als auch von professionellen Kunstexperten angefeindet und verspottet. Ein weiteres wichtiges Beispiel für Kunsthändler, die Künstler und Kunstformen förderten, bevor diese allgemein anerkannt waren, ist Daniel-Henry Kahnweiler. Er hatte unter anderen Picasso unter Vertrag genommen, bevor dieser Erfolg erzielte (siehe Moulin 1967, 109f.).

Sofern Kunsthändler am späteren Erfolg der von ihnen entdeckten Künstler teilhaben, können sie bei der Förderung noch unbekannter Künstler eine Politik der Risikostreuung betreiben – einige wenige Projekte müssen sich allerdings tatsächlich als finanzieller Erfolg herausstellen. Diese durchaus marktgemäße Politik der Risikostreuung ermöglicht mithin, neue und kreative Impulse in die Entwicklung der Kunst einzubringen. Die Erwartung oder die Hoffnung, noch unbekannte Künstler könnten später die Anerkennung des Marktes finden und ihre Arbeiten daher im Wert steigen, ist ein wichtiges Motiv für Investitionen in die moderne Kunst und damit auch Antrieb für das Bemühen, neue Entwicklungen aufzuspüren und zu fördern.

Ähnlich wirken auch Investitionen in die allgemein anerkannte Kunst: Je höher die Preise sind, die für die Werke unbestrittener Künstler bei Sotheby's und Christie's gezahlt werden, umso attraktiver wird es, mit noch unbekannten Künstlern zu spekulieren, da bei deren Durchbruch Wertsteigerungen zu erwarten sind, die an den heutigen Auktionserlösen gemessen werden (Singer 1992). Die Frage, inwieweit sich die Geldanlage in Kunst finanziell lohnt, wird ausführlich in Kapitel 7 erörtert: Wir werden dort eine Untersuchung der Ertragsraten von auktionierten Gemälden vorstellen, wobei wir uns auf einen Zeitraum von mehr als 350 Jahren beziehen.

Auch in anderen Bereichen der Kunst sollte man eine marktgemäße Produktion nicht von vornherein verurteilen. Die Leistung von Theatern und Museen, die sich ausschließlich über Kartenerlöse finanzieren müssen, wird von den tatsächlichen und den potentiellen Besuchern beurteilt. Institutionen, denen es nicht gelingt, eine ausreichende Besucherzahl zu einem angemessenen Eintrittspreis zu gewinnen, müssen letztlich schließen. Man bedenke, daß es nicht erforderlich ist, die maximale Zahl von Besuchern anzuziehen, denn der Bestand der Institution kann durchaus gesichert werden, wenn das Programm nur Minderheiten in der Bevölkerung anspricht, sofern diese bereit sind, einen ausreichend hohen Preis zu zahlen. Marktgemäße Produktion im Bereich der Kunst muß keineswegs immer ‚Massenware' hervorbringen. Ein Beispiel aus dem Verlagswesen soll dies illustrieren: In vielen Ländern gibt es ein breitgefächertes Angebot an ausgesprochen niveauvollen Kunstzeitschriften, die sich meistens nur an ein sehr begrenztes Publikum wenden, aber dennoch ohne staatliche Unterstützung bestehen können.

Moderne Kunst, die auf Märkten gehandelt wird, eilt jener, die in Museen gesammelt und ausgestellt wird, oft sogar weit voraus. Die Arbeiten von Joseph Beuys, Robert Rauschenberg, Roy Lichtenstein und Andy Warhol waren bereits anerkannt und erzielten hohe Preise, als viele Museen moderner Kunst nicht einmal in Betracht zogen, sie zu erwerben. Einige außergewöhnlich innovative Künstler, die völlig neue künstlerische Ausdrucksformen entwickelt haben, wären dazu ohne die Unterstützung des Marktes niemals in der Lage gewesen. Man denke nur an André Hellers *Luna-Luna-Park* in Hamburg oder an Javacheff Christo mit seinem *running-fence* (laufenden Zaun) oder seinen Verpackungskunstwerken wie die *Pont Neuf* in Paris. Beide Künstler werden von privaten Unternehmen gesponsort und beziehen beachtliche Einkommen aus anderen marktgemäßen Aktivitäten.[2]

2. Der Markt ist nicht unfehlbar

Es ist keine Frage, daß der Markt in bestimmter Hinsicht auch einschränkend auf die Anbieter von Kunst wirken kann und daß er – wenn auch, wie gesehen, nicht notwendigerweise – mitunter Innovationen verhindert. Dies scheint zum Beispiel für private amerikanische Opernhäuser (wie die Metropolitan Opera in New York City oder die Lyric Opera in Chicago) zu gelten, die zur Deckung ihrer Kosten auf weitgehend ausverkaufte Vorstellungen angewiesen sind. So geht die Metropolitan Opera in ihrer Budgetplanung davon aus, daß 96 Prozent der Platzkarten verkauft werden. Finanziell riskante moderne Aufführungen sind damit weitgehend ausgeschlossen. Die meisten Opernbesucher bevorzugen das klassische Repertoire, d.h. praktisch werden nur Verdi, Puccini, Rossini und Wagner aufgeführt.

Gegen eine rein marktgemäße Bereitstellung von Kunst spricht hauptsächlich, daß die Anbieter nicht in der Lage sind, sich den Nutzen, den ihre

---

[2] Christo zum Beispiel verkauft die Skizzen seiner Pläne und finanziert seine aufwendigen künstlerischen Unternehmungen ohne jede staatliche Unterstützung; vgl. auch Glazer (1982) und Kapitel 6 dieses Buches.

künstlerische Leistungen stiften, gänzlich anzueignen. Der Grund liegt darin, daß diese in Anspruch genommen werden können, ohne daß ein adäquates Entgelt entrichtet wird. Folglich wird der Anbieter weniger von den betreffenden künstlerischen Leistungen bereitstellen, als gesellschaftlich wünschenswert ist. Solche ‚positive externe Effekte' oder ‚öffentliche Güter' (d. h. Güter und Dienste, für die es keine Märkte gibt) lassen sich in der Tat im Bereich der Kunst vermuten [vgl. auch Vornetti (1989), Pommerehne und Frey (1990) sowie Duffy (1992)]:

(1) Möglicherweise ziehen Individuen (auch) in der Zukunft einen Nutzen aus dem sicheren Angebot von Kunst und Kultur, selbst wenn sie es gegenwärtig gar nicht in Anspruch nehmen. Dieser *Optionswert* schlägt sich auf dem Markt nicht nieder, weil keine effektive Nachfrage entfaltet wird.

(2) In ähnlicher Weise können Kunstwerke auch für Individuen, die diese niemals nutzen, einen *Existenzwert* haben. Dies könnte insbesondere für historische Bauten gelten, die aus rein kommerziellen Gründen nicht erhalten oder in ihrer ursprünglichen Form wiederaufgebaut werden.

(3) Der Erhalt von Kunstwerken könnte im Hinblick auf die nachfolgenden Generationen einen positiven *Vermächtniswert* haben. Da zukünftige Generationen ihre Präferenzen auf gegenwärtigen Märkten nicht zur Geltung bringen können, gehen manche wertvollen künstlerischen Traditionen unwiderbringlich verloren, weil sie nicht weiter ausgeübt und an nachfolgende Generationen weitergegeben werden.

(4) Kulturelle Institutionen können auch für diejenigen, die das Angebot nicht in Anspruch nehmen und die möglicherweise überhaupt kein Interesse an Kunst haben, einen positiven *Prestigewert* besitzen. Beispiele hierfür sind die Opéra de Paris oder die Scala di Milano. Einrichtungen dieser Art begründen einen gewissen Nationalstolz und stärken die kulturelle Identität der Bürger.

(5) Künstlerische Aktivitäten haben schließlich einen positiven *Bildungswert* für die Gesellschaft: Sie unterstützen die kulturelle Integration ihrer Mitglieder und fördern deren Kreativität sowie die Bildung ästhetischer Maßstäbe, was jedem einzelnen zugute kommt.

Die so entstehenden Nutzen sind nur schwer, wenn überhaupt, über den Markt zu internalisieren. Auch die Massenmedien und andere Industriezweige profitieren von der Kunst, indem sie sich deren positive externe Effekte zunutze machen, ohne sich direkt an den Kosten zu beteiligen, die bei der Ausbildung der Künstler anfallen, die diese Kunst bereitstellen.

Tabelle 2.1 legt den Schluß nahe, daß (zumindest in Australien) die Individuen die öffentliche-Güter-Komponente der Kunst anerkennen. Fast zwei Drittel der Befragten vertraten die Ansicht, daß die Kunst auch demjenigen einen Nutzen verschaffe, der nicht direkt an künstlerischen Aktivitäten teilnimmt oder als Zuschauer auftritt. Zwischen 95 und 97 Prozent bestätigten

Tabelle 2.1: Öffentliche-Güter-Komponenten der Kunst: Umfrageergebnisse, Australien, 1982 (N = 827)

Aussage	ja (in %)	nein (in %)	keine Aussage (in %)
(a) Allgemeine Frage: Die Kunst kommt nur jenen zugute, die sich um sie kümmern oder an ihr teilhaben.	34,9	64,1	1,0
(b) Existenzwert: Kunst darf nicht aussterben.	97,0	2,3	0,7
(c) Prestigewert: Der Erfolg australischer Maler, Sänger, Schauspieler usw. vermittelt den Bürgern ein Gefühl des Stolzes auf die Leistungen Australiens.	94,8	4,4	0,8
(d) Bildungswert: Es ist für Schüler wichtig, Musik, Malerei, Dramen usw. als Teil ihrer Schulbildung zu erfahren.	96,4	3,2	0,4

Quelle: Zusammengestellt aus Throsby und Withers (1983, 184); N ist die Anzahl der Befragten.

einen positiven Existenz-, Prestige- und Bildungswert der Kunst. Zu ganz ähnlichen Ergebnissen kommen auch zwei Studien für Großbritannien (A.C.G.B. 1983) und Kanada (Morrison und West 1986a). Zusätzlich zu den positiven externen Effekten, die sich für Australien nachweisen lassen, zeigt die kanadische Studie, daß auch dem Optionswert der Kunst große Bedeutung beigemessen wird – und dies sogar von jenen Steuerzahlern, die das Angebot der Kulturinstitutionen überhaupt nicht in Anspruch nehmen. Diese Ergebnisse weisen darauf hin, daß die Bevölkerung staatliche Eingriffe zur Korrektur dieser Arten von Marktversagen im großen und ganzen begrüßt.

II. Erfolge und Versagen des Staates

1. Staatliche Maßnahmen und ihre Bewertung

Regierungen waren immer an der Förderung von Kunst beteiligt, insbesondere in Mitteleuropa, wo sich deren Unterstützung durch weltliche und kirchliche Autoritäten bis ins Mittelalter zurückverfolgen läßt. In Deutschland und Österreich förderten die Landesfürsten seit Ende des siebzehnten Jahrhunderts den Bau von Theatern und Opernhäusern und unterstützten Theatergruppen [häufig in Form von Wandertheatern; siehe auch Wahl-Zieger (1978)].

Auch heutzutage unterstützen Regierungen die Kultur mit erheblichen finanziellen Mitteln. Tabelle 2.2 verdeutlicht den Umfang der öffentlichen Ausgaben für diesen Bereich auf Zentral- und Länderebene in zehn europäischen Ländern (nur diese Ebenen sind international vergleichbar).

Tabelle 2.2: Öffentliche Ausgaben für Kultur: Zehn europäische Länder, Ausgaben auf Zentral- und Länderebene, 1985 in ECU[a]

	Ausgaben (in Mio.)	Pro-Kopf-Ausgaben (Kaufkraftparität)
Belgien	224	27,4
Bundesrepublik Deutschland (1983)	1368	22,7
Dänemark	184	34,9
Frankreich	1454	28,9
Großbritannien (1984/85)	447	9,5
Irland (1984)	22	8,0
Italien	1274	27,5
Niederlande	497	37,2
Portugal	50	7,6
Spanien	564	22,0

[a] 1 ECU entsprach 1985 dem Gegenwert von 44,6 belg.Fr., 2,30 DM, 7,97 dän.Kr., 6,82 franz.Fr., 0,61 £, 0,73 irische £, 1368 Lire, 2,51 niederl. Fl., 86,5 Escudos, 123 Peseten.
Quelle: Ca'Zorzi (1987, Tabelle Europa I, 197 sowie verschiedene Ländertabellen).

Wie diese Tabelle zeigt, belaufen sich die öffentlichen Ausgaben für Kunst in den großen europäischen Ländern auf eine bis eineinhalb Milliarden ECU (European Currency Unit). Eine Ausnahme bildet Großbritannien mit Ausgaben von weniger als einer halben Milliarde, was etwa den Ausgaben in den Niederlanden oder in Spanien entspricht.

Um den beträchtlichen Unterschieden in den Bevölkerungszahlen Rechnung zu tragen, weist die Tabelle außerdem die Pro-Kopf-Ausgaben aus, wobei zugleich auch Kaufkraftparitäten verwendet werden, um die realen Kostenunterschiede zu berücksichtigen. Die Zentral- und Länderregierungen der Niederlande und Dänemarks wenden pro Kopf zwischen 35 und 40 ECU zur Kulturförderung auf; für die großen Länder, einschließlich Spanien, liegen die entsprechenden Zahlungen bei zwischen 20 und 30 ECU und für Großbritannien, Irland und Portugal bei unter 10 ECU pro Kopf.

Die Ausgaben der nachrangigen Gebietskörperschaften – Gemeinden, Landkreise und andere regionale Ebenen – sind in Tabelle 2.2 nicht enthalten. Für eher zentralistisch regierte Länder wie Frankreich bereitet dies kein allzu großes Problem. In föderativen Ländern wie der Bundesrepublik Deutschland (sowie Österreich und der Schweiz) sind die gesamten öffentlichen Ausgaben für Kunst und Kultur dagegen erheblich höher als in der Tabelle ausgewiesen, da Theater, Opern und Museen im allgemeinen von Gemeinden betrieben beziehungsweise unterstützt werden. Schätzungen von Ca'Zorzi (1987, 145) zufolge stammten in der Bundesrepublik Deutschland 1983 mehr als die Hälfte aller öffentlichen Ausgaben für Kunst und Kultur aus Gemeindemitteln.[3]

Allerdings gibt es von Land zu Land erhebliche Unterschiede hinsichtlich der Frage, was eigentlich als Ausgabe für Kunst und Kultur anzusehen ist. Es wurde deshalb versucht, die Definition eines Landes auf andere zu übertragen. Dies bereitet jedoch, wie die folgenden Überlegungen zeigen, ebenfalls Schwierigkeiten. In den Vereinigten Staaten beispielsweise betrugen die Gesamtausgaben aller Regierungsebenen im Fiskaljahr 1983/84 rund 700 Mio. $ (Schuster 1985, Tabellen 3 und 4). Dies ist zwar mehr als in Großbritannien mit 360 Mio. $ (umgerechnet zum offiziellen Wechselkurs), aber weniger als in Kanada (1981/82) mit 940 Mio. $ und nur ein Drittel der Ausgaben in Schweden (2,23 Mrd. $). Die Situation in den Vereinigten Staaten stellt sich jedoch günstiger dar, wenn auch die indirekte öffentliche Unterstützung in Form von ‚Steuerausgaben' berücksichtigt wird. Steuerausgaben sind nicht erhobene Steuereinnahmen infolge von steuerabzugsfähigen Spenden der steuerpflichtigen Individuen an gemeinnützige Institutionen, zu denen auch kulturelle Einrichtungen zählen. Für die Vereinigten Staaten werden diese Steuerausgaben für 1983/84 auf 2,36 Mrd. $ geschätzt, d. h. auf das Dreifache der direkten staatlichen Unterstützungsleistungen.

Bislang haben wir die Förderung des kulturellen Geschehens durch die Regierungen nur anhand der gesamten öffentlichen Ausgaben für diesen Bereich gemessen (sowohl absolut als auch auf Pro-Kopf Basis). Die Rolle des öffentlichen Sektors läßt sich unseres Erachtens jedoch besser verdeutlichen, wenn der prozentuale Beitrag der öffentlichen Haushalte zu den Betriebseinnahmen der verschiedenen Institutionen (Theater, Orchester, Ballett) betrachtet wird (Tabelle 2.3).

In Hinblick auf die Anteile des Staates an den Betriebseinnahmen von Institutionen im Bereich der darstellenden Künste zeigt die Tabelle erhebliche Unterschiede zwischen kontinentaleuropäischen und angelsächsischen Ländern. Insbesondere besteht eine deutliche Unterscheidung zu den Vereinigten Staaten. In den kontinentaleuropäischen Ländern machen staatliche Unterstützungsleistungen zwei Drittel oder mehr der jeweiligen Betriebs-

---

[3] Angaben für andere Länder und Zeiträume finden sich bei Zuzaneck (1983), Nissel (1983), Myerscough (1984, 1986), Schuster (1985, 1987), Towse (1987), Futuribles (1987), verschiedene Beiträge in Cummings und Katz (1987), Rouet (1988) sowie, beschränkt auf die darstellenden Künste in Europa und in den Vereinigten Staaten, bei Montias (1986). Zu den Kulturausgaben in den deutschen Bundesländern und Gemeinden siehe Hummel und Waldkircher (1990). Statistische Angaben für Frankreich finden sich in Girard (1980) und in den monatlichen Mitteilungen des französischen Kultusministeriums (Développement Culturel).

Tabelle 2.3: Direkte staatliche Unterstützung der Theater, Orchester und des Balletts; ausgewählte Länder[a], 1983

	aatliche Unterstützung (in % der gesamten Betriebseinnahmen)		
	Theater	Orchester	Ballett
Bundesrepublik Deutschland	85	81	74
Frankreich	91	78	62
Großbritannien (1984/85)	53	39	59
Italien	78	55	95
Kanada	26	39	51
Niederlande	87	79	62
Schweden	83	72	91
Vereinigte Staaten	5	4	5

[a] Eine ausgewählte Institution pro Land – für die Bundesrepublik Deutschland z. B. das Schauspielhaus Bochum für Theater, die Münchner Philharmonie für Orchester und die Hamburger Staatsoper für Ballett.

Quelle: Zusammengestellt anhand verschiedener Tabellen in Cwi und Quine (1985).

einnahmen aus (mit Ausnahme von Italien, wo der entsprechende Anteil aber immer noch mehr als 50 Prozent beträgt). Im Falle der Theater tragen staatliche Stellen normalerweise etwa 80, in Frankreich sogar 90 Prozent. Der Medianwert[4] für diese Länder liegt bei 85 Prozent für Theater, 78 Prozent für Orchester und 74 Prozent für Ballett. Deutlich niedriger ist der Anteil der Regierungsleistungen in den Vereinigten Staaten: Er liegt bei fünf Prozent in den drei genannten Bereichen. Kanada und Großbritannien nehmen eine mittlere Position ein. Hier beläuft sich die staatliche Unterstützung auf ein Viertel (für Theater in Kanada) bis 60 Prozent (für das Ballett in Großbritannien).

Die Tatsache, daß Regierungen Kunst und Kultur außerordentlich stark fördern, bedeutet aber nicht notwendigerweise, daß die Konsumenten und die Steuerzahler mit der Höhe der staatlichen Unterstützung bzw. deren Aufteilung auf die verschiedenen Bereiche einverstanden sind. Um dies herauszufinden kann man auf zweierlei Weise vorgehen:

- In *Repräsentativumfragen* können die Steuerpflichtigen befragt werden, ob sie mit dem gegenwärtigen Niveau an staatlicher Unterstützung der Kunst einverstanden sind und wenn nicht, ob sie ein höheres oder ein nied-

---

[4] Im Gegensatz zum arithmetischen Mittel (Quotient aus Summe der öffentlichen Zuschüsse und Summe der Betriebsausgaben aller Länder) stellt der Medianwert auf das Land mit jenem Subventionsanteil ab, der – geordnet nach der prozentualen Höhe der öffentlichen Zuschüsse – genauso viele Länder mit einem tieferen Anteil unter sich wie Länder mit einem höheren Anteil über sich hat. Auf den Median bezogene Größen sind häufig aussagekräftiger als statistische Durchschnittsangaben.

rigeres Niveau vorziehen. Diese Methode ist in der Theatersaison 1984/85 in Kanada angewendet worden, wobei 463 Bewohner der Provinz Ontario, die mindestens 18 Jahre alt waren, nach dem Zufallsprinzip ausgewählt und per Telephon interviewt wurden (West 1985; Morrison und West 1986a). Etwas mehr als 50 Prozent der Befragten hielten das damals bestehende Niveau an staatlicher Unterstützung der darstellenden Künste (ca. 3,4 $ pro Kopf) für ‚gerade richtig‘. Nur sechs Prozent fanden diese Ausgaben ‚zu hoch‘, 42 Prozent dagegen ‚zu niedrig‘. Innerhalb der Gruppe der Unzufriedenen wünschten jene, die die mittlere Position (Median) einnahmen, eine Erhöhung auf etwa sechs bis neun Dollar pro Kopf, d. h. auf etwa das Zwei- bis Dreifache des tatsächlichen Ausgabenniveaus. Befragt nach der gewünschten Höhe der Ausgaben aller Regierungsebenen und für sämtliche Arten von kulturellen Aktivitäten (einschließlich Kunstmuseen, Fernsehen und Rundfunk sowie der Bewahrung historischer Denkmäler), stufte wiederum eine Mehrheit von 55 Prozent die damals bestehenden Pro-Kopf-Ausgaben (ca. 128 $) als ‚gerade richtig‘ ein. Eine Minderheit von 21 Prozent hielt diese Ausgaben für ‚zu hoch‘, und 24 Prozent fanden sie ‚zu niedrig‘. Gewichtet man die geäußerten (marginalen) Zahlungsbereitschaften der Individuen mit diesen Prozentanteilen, ergibt sich, daß das gewünschte Niveau an staatlicher Kulturförderung (pro Kopf) zwischen 100 und 145 $ liegt. Ganz allgemein bestätigen diese Ergebnisse, daß sich die steuerfinanzierten staatlichen Ausgaben für Kunst und Kultur weitgehend mit den Vorstellungen und Wünschen der kanadischen Bürger decken: Der (marginale) gesellschaftliche Nutzen der künstlerischen Aktivitäten scheint den damit verbundenen (marginalen) gesellschaftlichen Kosten zu entsprechen.

- Die *Beobachtung des tatsächlichen Verhaltens* von Individuen bietet eine zweite Möglichkeit herauszufinden, ob diese mit den Anstrengungen der Regierungen zur Förderung der Kunst einverstanden sind. Zu diesem Zweck wird das Wahlverhalten der Stimmbürger untersucht (Withers 1979; Seaman 1981). Grundsätzlich kann ein Wähler seiner Vorstellung über staatliche Ausgabenpolitik dadurch Ausdruck verleihen, daß er bei der Wahl seine Stimme derjenigen politischen Partei gibt, deren Programm seinen Wünschen am nächsten kommt. Direkter und damit informativer ist eine Analyse der Ergebnisse von Volksabstimmungen, welche Fragen der Kulturförderung zum Gegenstand haben (Pommerehne 1982). In Kapitel 10 werden die Ergebnisse einer Volksabstimmung über den Ankauf zweier Picasso-Gemälde sowie einer Reihe von Referenda über öffentliche Theaterförderung untersucht.

2. Mängel staatlicher Kunstförderung

Man kann der öffentlichen Hand mangelnde Aufgabenerfüllung vorwerfen, wenn Fälle von Marktversagen nicht befriedigend korrigiert werden. Wie bereits erörtert, kann die staatliche Unterstützung von Kunst und Kultur einerseits zu umfangreich oder zu gering, andererseits zwischen den verschiedenen Kunstbereichen unbefriedigend verteilt sein. Ein solches ‚Staatsversagen' kann zum Beispiel dadurch verursacht werden, daß Individuen versuchen, den politischen Prozeß zu ihrem eigenen Nutzen (beziehungsweise Güter zur rein privaten Inanspruchnahme) einzusetzen, d. h. ‚Renten abzuschöpfen' (Buchanan, Tollison und Tullock 1980; Grampp 1989a, 1989b; Lingle 1992; Mossetto 1992a). Den Ergebnissen der oben zitierten kanadischen Umfrage zufolge scheint die Mehrheit der Bürger eine staatliche Förderung von Kunst und Kultur zu wünschen. Dabei ist es möglich, daß einige der Befragten aus rein strategischen Motiven höhere öffentliche Ausgaben befürwortet haben, mit anderen Worten, daß sie ihr Eigeninteresse vor mutmaßliche positive externe Effekte stellten. Einer australischen Studie (Throsby 1984; Throsby und Withers 1986) zufolge können nur etwa 50 bis 60 Prozent des ermittelten gewünschten Niveaus staatlicher Kunstförderung dem Ausgleich echter externer Effekte zugeschrieben werden; der Rest geht auf die Verfolgung individueller Eigeninteressen zurück und könnte von daher ohne weiteres dem Marktmechanismus überlassen werden (siehe auch DeGroot und Pommer 1989). Ein weiterer Grund für das Versagen staatlicher Bemühungen in der Kunstförderung kann in den überhöhten Kosten der Bereitstellung des kulturellen Angebots bestehen. In Teil 2 dieses Buches werden wir zeigen, daß bei Theatern, Museen und Opernhäusern ein Grund für überhöhte Kosten darin liegt, daß staatliche Subventionen in einer bestimmten Art und Weise gewährt werden.

Ob die staatliche Unterstützung kultureller Einrichtungen in dem heute bestehenden Ausmaß wirklich notwendig ist, kann noch aus einem weiteren Grund bezweifelt werden: Die Auswahl der Darbietungen, die gewöhnlich von den – insbesondere im deutschsprachigen Raum – hochsubventionierten Institutionen vorgenommen wird, ist oft nur schlecht nachvollziehbar. Sollen öffentliche Unterstützungsleistungen tatsächlich die Kunstanbieter für die von ihnen geschaffenen (aber nicht im Marktprozeß entgoltenen) externen Effekte kompensieren, könnte man eigentlich erwarten, daß die subventionierten Häuser wenigstens stimulierende Werke noch weitgehend unbekannter Schriftsteller und Komponisten zur Aufführung bringen, da die Kosten gerade dieser Stücke allein über die Kasse nicht zu decken sind. Gleichzeitig dürfte man erwarten, daß die hochsubventionierten Häuser keine populären Klassiker aufführen, da diese ein ausreichend großes Publikum anziehen und damit auch ohne staatliche Unterstützung realisiert werden könnten.

Aus Tabelle 2.4 läßt sich entnehmen, daß diese Erwartungen von den mehr als 50 bundesdeutschen Opernhäuser, die ihre Kosten zu über zwei Drittel aus der Staatskasse decken, nicht erfüllt werden. Hier kommen weitgehend die gleichen Komponisten zur Aufführung wie in der privat geführten Metropolitan Opera in New York, die sich ausschließlich aus Karteneinnahmen

Tabelle 2.4: Komponisten der am häufigsten gespielten Opern

Rang	Deutsche Opernhäuser, von der öffentlichen Hand unterstützt[a] (1947–1975)	Metropolitan Opera, New York, finanziert aus Karteneinnahmen und privaten Spenden[b] (1971–1976)
1	Verdi	Verdi
2	Mozart	Puccini
3	Puccini	Rossini
4	Wagner	Donizetti
5	Lortzing	Wagner
6	R. Strauss	Mozart
7	Rossini	Gounod
8	Donizetti	R. Strauss

[a] Anzahl Aufführungen.
[b] Anzahl Produktionen.
Quelle: Zusammengestellt anhand von Honolka (1986, 23f.) und Martorella (1977, 359).

und privaten Spenden finanziert. In beiden Fällen dominiert ganz eindeutig Verdi; er, Mozart, Puccini sowie Wagner finden sich unter den acht am häufigsten gespielten Komponisten. Kurz gesagt: Sowohl in den rein privaten wie auch in den hochsubventionierten Häusern umfassen die Opern der acht am häufigsten gespielten Komponisten zwei Drittel aller Aufführungen. Unter diesem Gesichtspunkt kann man ernsthaft in Frage stellen, ob es gerechtfertigt ist, die deutschen Opernhäuser so hoch zu subventionieren. Skepsis erscheint auch angesichts der Opernstücke angebracht, die in den Häusern der Bundesrepublik Deutschland, in Österreich und im deutschsprachigen Teil der Schweiz von 1947/48 bis 1989/90 am häufigsten aufgeführt wurden (in Klammern Name des Komponisten/Zahl der Aufführungen):[5]

1. *Die Zauberflöte* (Mozart/10 005)

2. *Die Hochzeit des Figaro* (Mozart/8065)

3. *La Bohème* (Puccini/6975)

4. *Carmen* (Bizet/6921)

5. *Madame Butterfly* (Puccini/6741)

6. *Die Entführung aus dem Serail* (Mozart/6654)

7. *Zar und Zimmermann* (Lortzing/6622)

8. *Tosca* (Puccini/6583)

9. *Der Barbier von Sevilla* (Rossini/6478)

10. *Fidelio* (Beethoven/6319)

11. *Hänsel und Gretel* (Humperdinck/6050)

---

[5] Zusammengestellt anhand von Koch (1983, Tab. 1) sowie Werkstatistik (Deutscher Bühnenverein, Köln, verschiedene Jahre).

12. *Der Freischütz* (Weber/6049)
13. *Rigoletto* (Verdi/5955)
14. *La Traviata* (Verdi/5791)
15. *Der Troubadour* (Verdi/5358)

Diese fünfzehn Opern, die mehr als ein Viertel aller Aufführungen seit Kriegsende ausmachten, können allesamt zur ‚populären Klassik' gerechnet werden – zumindest repräsentieren sie nicht die ‚zeitgenössische Oper'. Wie Tabelle 2.5 zeigt, werden sogar zunehmend alte Opern gespielt: Für die 1911/12 gespielten Opern betrug das Jahr ihrer Uraufführung 1858, d.h. sie hatten ein Durchschnittsalter von 53 Jahren. Die in der Saison 1965/66 aufgeführten Opern erreichten sogar ein Durchschnittsalter von 107 Jahren. Moderne Komponisten konnten sich dagegen nie wirklich durchsetzen. Die erfolgreichsten von ihnen waren Orff mit *Die Kluge* (mit 1490 Aufführungen, Rang 49) und Gershwin mit *Porgy and Bess* (622 Aufführungen, Rang 59). Weit hinter diesen beiden befanden sich Berg, Hindemith, Weill, Britten, Bartók, Strawinsky, Egk, Menotti und Henze. Die elf erfolgreichsten modernen Komponisten lagen mit zusammen 10800 Aufführungen noch hinter Lortzing (12300 Aufführungen). Sie brachten es auf ein Drittel der Aufführungen von Verdi (30050).

Tabelle 2.5: Alter der in den deutschsprachigen Ländern aufgeführten Opern, 1911/12 – 1965/66

Saison	Mittleres Jahr der Erstaufführung der gespielten Opern [a]	Durchschnittsalter der gespielten Opern (in Jahren)	Anteil der staatlichen Unterstützung an den Gesamtkosten (in %)
1911/12	1858	53	27
1926/27	1860	66	32
1936/37	1862	74	43
1942/43	1859	83	k.A. [b]
1956/57	1860	96	60
1965/66	1858	107	73

[a] Die Gesamtzahl der Aufführungen betrug: 1911/12: 8765; 1926/27: 12748; 1936/37: 11391; 1942/43: 13896; 1956/57: 14645; 1965/66: 13993.
[b] Keine Angaben.
Quelle: Zusammengestellt anhand von Köhler (1968, Tabellen 7/C und 15/G), Montias (1986, 281) und Theaterstatistik (Deutscher Bühnenverein, Köln, verschiedene Jahre).

Gleichzeitig hat sich zumindest in Deutschland der Staat zunehmend an der Finanzierung der (Musik-)Theater beteiligt: Betrug der von der öffentlichen Hand gedeckte Anteil an den Gesamtkosten vor dem ersten Weltkrieg lediglich 27 Prozent, so ist er im Laufe der Zeit ständig gestiegen und hat 1965/66 mehr als 70 Prozent (85 Prozent in 1989/90) erreicht. Es scheint, als bestehe ein Zusammenhang zwischen dem ständig wachsenden Anteil des Staates an der Finanzierung der Opernhäuser und Theater und deren zunehmender Neigung, sich nur auf etablierte Opern und Komponisten zu verlassen, kontroverse und möglicherweise weniger populäre Komponisten dagegen zu meiden. Dies dürfte unter anderem daran liegen, daß risikoscheue Kulturbeamte, die über die Vergabe der öffentlichen Gelder entscheiden, einen wachsenden direkten oder – über die Bezuschussung gemäß Platzauslastung – indirekten Einfluß auf die Programmauswahl ausüben.[6]

Werden externe Effekte als Hauptgrund für das Engagement des Staates im Kulturbereich angesehen, könnte man fragen, ob eine Unterstützung von experimentellen Opern nicht ausreichend wäre. Auf diese Weise ließe sich die Schaffung und Aufführung avantgardistischer Stücke ermöglichen, die – wenn sie einmal etabliert sind – schließlich auch ihren Weg auf die Bühnen der großen Häuser und zu einem größeren Publikum fänden. Wie bereits in Kapitel 1 erwähnt wurde, kommen mehrere Untersuchungen zu dem Ergebnis, daß die Nachfrage nach Klassikern auf steigende Preise kaum reagiert,[7] so daß sich die Kosten für deren Aufführungen aus dem Kartenverkauf decken lassen müßten. Simulationsrechnungen von Touchstone (1980) zufolge würde in den Vereinigten Staaten der Entzug der staatlichen Unterstützungsleistungen die Eintrittspreise um 125 Prozent erhöhen, was gleichwohl zu einem Nachfragerückgang von nur 18 Prozent führen würde.

III. Eine vergleichende Betrachtung

Wie wir gesehen haben, ist auch die staatliche Unterstützung der Kultur mit Problemen verbunden: Analog zum Versagen des Marktprozesses versagen mitunter ebenso der politische Prozeß und der Verwaltungsapparat. Die Entscheidungsträger in Politik und Verwaltung unterliegen keinen wirklichen Anreizen, das ‚Wohl der Allgemeinheit' zu fördern. Vielmehr verfolgen sie unter den ihnen auferlegten institutionellen und ökonomischen Beschränkungen weitgehend ihre eigenen Ziele. Dies gilt auch für ihr Engagement in der Kulturförderung. Politiker und Kunstbürokraten neh-

---

[6] So besteht der Untersuchung von Krebs und Pommerehne (1992) zufolge für die Bundesrepublik Deutschland (1960/61 bis 1989/90) ein positiver und statistisch signifikanter Einfluß der Platzauslastung auf die Höhe der öffentlichen Subvention (sowohl pro Sitz als auch pro Besucher), wobei die Auslastung selbst wiederum in positiver Weise davon abhängt, wie hoch der Anteil populärer Werke und Aufführungen ist.

[7] Vgl. z. B. Touchstone (1980) für die Vereinigten Staaten und van Gemerden (1989), Abbé-Decarroux (1990, Kap. 6) sowie Pommerehne und Krebs (1992) für eine Zusammenstellung der Ergebnisse für weitere Länder.

men gern – und aus durchaus rationalen Gründen – für sich in Anspruch, ‚im Interesse der Kunst' zu handeln. Dahinter verbirgt sich aus zwei Gründen jedoch meist etwas ganz anderes:

(1) Das ‚Wohl der Allgemeinheit' läßt sich in kaum einem gesellschaftlichen Bereich eindeutig bestimmen, am wenigsten in dem der Kunst und Kultur. Es gibt lediglich subjektive Vorstellungen der staatlichen Entscheidungsträger darüber, welche Art von Kunst förderungswürdig ist. Im allgemeinen sind sich die beteiligten Personen des subjektiven Elements bei derlei Interpretationen gar nicht bewußt, so daß sie, selbst wenn sie zum Wohl der Allgemeinheit oder im Interesse der Kunst handeln wollten, dies immer nur in einer stark persönlich geprägten Art und Weise tun.

(2) Außerdem haben politische Entscheidungsträger auch persönliche Interessen im kulturellen Bereich. Sie haben zu bestimmten Künstlern oder kulturellen Institutionen die verschiedensten persönlichen, politischen, sozialen und regionalen Bezüge, zu anderen dagegen keine. Folglich werden sie dazu neigen, öffentliche Unterstützungsleistungen in ihnen besonders vertraute Bereiche zu lenken. Dies gilt umso mehr, als die beachtlichen Summen, die in die Kunst fließen, auch ausgeprägt ökonomische Interessen begründen. Die Bedeutung derartiger wirtschaftlicher Interessen spiegelt sich in der Behauptung, Kunst habe einen belebenden Einfluß auf die Wirtschaft, indem sie die Beschäftigung anrege und somit zusätzliches Einkommen schaffe, wieder. Dies kann zweifellos zutreffen: Man denke nur an die Salzburger, Edinburgher oder Stratforder Festspiele oder an Wien mit seiner Staatsoper und dem Burgtheater.[8] Doch besteht die entscheidende Frage nicht darin, ob die Kunst das wirtschaftliche Geschehen stimulieren kann, sondern ob sie dies *besser* kann als alternative Verwendungen der jeweiligen öffentlichen Gelder (z.B. Subventionierung bestimmter Industriezweige oder Förderung von Sportveranstaltungen). Um das Argument, die Kunstförderung habe einen positiven Einfluß auf die Wirtschaft, zu untermauern, müßte sich folglich nachweisen lassen, daß die verfolgten Ziele – wie beispielsweise Abbau der Arbeitslosigkeit oder Förderung der regiona-

---

[8] Siehe Schmidjell und Gaubinger (1980), Wimberger (1983) sowie Kyrer (1987) zu den Salzburger Festspielen, Vaughan (1980, 1984) zum Festival in Edinburgh, Mitchell und Wall (1989) zum Festival in Stratford, O'Hagan (1992) zum Wexford Festival sowie Abele und Bauer (1984) zu den Bundestheatern in Wien. Für weitergehende Analysen der ökonomischen Wirkungen bestimmter Kunstformen wie z.B. Ausstellungen siehe Wall und Roberts (1984) sowie van Puffelen (1986). Scanlon und Longley (1984), Hillman-Chartrand (1984), Radich (1987), Hummel und Berger (1988), Pappermann (1988), Myerscough (1988), verschiedene Beiträge in Behr, Gnad und Kunzmann (1989) sowie Ritschard (1990) analysieren den Gesamteffekt der Ausgaben im Kunst- und Kulturbereich auf die Volkswirtschaft. Einen Versuch, für die Bundesrepublik Deutschland die Wechselwirkungen zwischen kultureller und wirtschaftlicher Entwicklung herauszuarbeiten, findet sich bei Hummel und Brodbeck (1991).

len Wirtschaftsentwicklung – auf diese Weise besser als mit anderen Mitteln erreicht werden können.

Ein ausschließlich auf materiellen Nutzen verweisendes Argument ist ohnehin sehr bedenklich. Würde man es ernst nehmen, müßte man jede staatliche Kunstförderung ablehnen, sobald sich zeigt, daß die genannten Ziele auf andere Weise besser zu erreichen wären. Wer Kunst liebt und deshalb für staatliche Unterstützung eintritt, sollte seine Forderung deshalb auf haltbarere Argumente stützen. Insbesondere sollte er sich bemühen, andere Mitglieder der Gesellschaft von den positiven externen Effekten der Kunst zu überzeugen und diese quantifizieren.

Viele Entscheidungen im Bereich der Kunstförderung werden letztlich von der öffentlichen Verwaltung getroffen, wodurch jene Künstler und Institutionen bevorzugt werden, die den Erwartungen und Vorstellungen der verantwortlichen Bürokraten entsprechen. Die Beamten müssen ihrerseits zumindest implizit definieren, was sie für ‚Kunst' halten. Sie werden dazu bereit sein, da dies für sie Macht und Einfluß bedeutet und weil sie durch die gesetzlichen Rahmenbedingungen ohnehin dazu verpflichtet sind. Auf jeden Fall wird die künstlerische Freiheit unweigerlich eingeschränkt. Dies stellt ein ernstes Problem dar, sollte sich die künstlerische Arbeit doch weder nach dem ‚durchschnittlichen' Geschmack der Massen noch nach den Vorstellungen derer richten, welche die verantwortlichen Positionen besetzen. Die Tatsache, daß ‚klassische' Kunst (im Sinne von Kunst, die innerhalb des interessierten Publikums weitgehend anerkannt ist) bevorzugt wird, muß nicht notwendigerweise bedeuten, daß avantgardistische Kunst vernachlässigt wird. Die verantwortlichen Beamten werden jedoch nicht danach drängen, außergewöhnliche Experimente zu unterstützen (wie jene von André Heller oder Javacheff Christo), mit denen sie womöglich Skandale und Konflikte mit bedeutenden Interessengruppen (z.B. mit der Kirche) riskieren würden.

Wir vertreten die Ansicht, daß allein mit der Existenz externer Effekte ein staatliches Eingreifen im Bereich der Kunst und Kultur noch nicht zwingend begründet werden kann, da ein solches Handeln mit schwerwiegenden Problemen behaftet sein kann, die die Spontaneität und die Freiheit künstlerischer Arbeit erheblich einschränken können. Dies bedeutet jedoch keineswegs, daß die Regierung die Kunst überhaupt nicht unterstützen sollte, sondern lediglich, daß bei der Frage, wie dies im einzelnen geschehen soll, mit einem hohen Maß an Sachverstand vorgegangen werden muß. Wir werden diese Frage im abschließenden elften Kapitel wieder aufgreifen, wollen hier dagegen das Problem der Kunst zwischen Markt und Staat noch einmal unter einer etwas erweiterten Perspektive betrachten: Es gibt nämlich andere Bereiche des gesellschaftlichen Lebens, die grundsätzlich mit den gleichen Problemen behaftet sind – wie etwa der Sport und weitere Freizeitaktivitäten –, auch wenn die angeführten Bedenken dort nicht so schwerwiegend erscheinen. In modernen Industriegesellschaften gibt es nur noch wenige

Gebiete, die nicht durch starke staatliche Einflußnahme geprägt sind. Oft wird in ausweglos scheinenden Situationen staatliche Intervention gefordert, aber nach Jahren massiver Einflußnahme und dem Einsatz enormer Beträge aus dem öffentlichen Haushalt stellt sich heraus, daß auch der Staat die ursächlichen Probleme nicht lösen kann, sondern sie häufig sogar verschlimmert. Warnende Beispiele sind die Subventionierung der Landwirtschaft sowie der Kohle- und Stahlindustrie. Im nachhinein hat sich gezeigt, daß eine andere Politik für alle Beteiligten – Landwirte, Stahlproduzenten, Kohle- und Stahlarbeiter, Konsumenten und Steuerzahler – besser gewesen wäre.

Es ist richtig, die staatliche Kulturförderung in Relation zu den von der Regierung anderweitig verwendeten Mitteln zu sehen. Unter diesem Gesichtspunkt könnte man sagen, die Gelder würden besser für Kunst als für einen anderen, möglicherweise weniger sinnvollen Zweck, verwendet. Damit läuft man jedoch Gefahr, im Bereich der Kunst die gleichen Fehler wie in anderen gesellschaftlichen Bereichen zu wiederholen: Es ist nicht sinnvoll, enorme öffentliche Gelder aufzuwenden, um im nachhinein festzustellen, daß das Ziel, dessen Verfolgung sie ursprünglich dienen sollten (in diesem Fall die Sicherung der Existenzbedingungen einer lebendigen Kunst gegen die Beschränkungen und Versäumnisse des Marktes), nunmehr vollends unerreichbar geworden ist.

Eines der Hauptanliegen dieses Buches ist es deshalb, die Mechanismen und Beziehungen zwischen Kunst, Wirtschaft und Gesellschaft zu analysieren, um auf diese Weise dazu beizutragen, daß die Kunst in diesem spannungsreichen Umfeld überleben und gedeihen kann.

Zweiter Teil
Verhalten von Kunstinstitutionen

In diesem Teil wird das Verhalten der Anbieter von Kunst und Kultur – Theater, Galerien und Museen – aus einer institutionell-vergleichenden Sicht untersucht. Wir gehen davon aus, daß die Produzenten von Kunst in systematischer und vorhersehbarer Weise der Organisationsform ihrer Institutionen – sei sie privater, öffentlicher oder anderer Art – entsprechen.

Kapitel 3 untersucht drei mögliche institutionelle Formen von Theatern: die kooperative, die profitorientierte und die staatlich subventionierte Produktion. In Kapitel 4 betrachten wir als besonderes künstlerisches Ereignis die Salzburger Festspiele. An ihrem Beispiel wird verdeutlicht, wie eine staatlich garantierte unbegrenzte Defizitdeckung zu vielfältigen Preis- und Einkommensverzerrungen und zur Vergeudung künstlerischer Möglichkeiten führt. Kapitel 5 analysiert die Nachfrage nach Kunstmuseen und Galerien und arbeitet die verschiedenen in Frage kommenden Nutzen- und Kostenfaktoren heraus. Es zeigt sich, daß durch das Verhalten von Direktoren, Verwaltern, Spendern und politisch Verantwortlichen das Angebot von Museen in starkem Maße beeinflußt wird.

Kapitel 3: Sprechtheater und Oper

Entscheidungsträger in Theatern und Opernhäusern verhalten sich den gegebenen institutionellen Rahmenbedingungen entsprechend unterschiedlich. Im einzelnen werden Produktionsweise, aber auch Quantität und Qualität der Aufführungen davon abhängen, ob es sich um eine kooperativ betriebene, eine gewinnorientierte (private) oder eine staatlich subventionierte Institution handelt. Darüber hinaus wird die Form staatlicher Unterstützungszahlung – sei es als fester Betrag, in Abhängigkeit vom Kartenerlös oder sei es zur Defizitdeckung – das Verhalten des Theatermanagements beeinflussen.

Kooperativ betriebene Theater können nur bestehen, solange sie eine gewisse Betriebsgröße nicht überschreiten, d.h. solange die Beziehung zwischen Arbeitseinsatz und Entlohnung überschaubar ist. Werden sie größer, vollzieht sich gewöhnlich ein Wandel zu profitorientierten oder zu öffentlich subventionierten Institutionen, wobei sich unvermeidlich hierarchische Strukturen herausbilden.

Im folgenden Abschnitt werden wir die kooperative Produktionsweise diskutieren, danach befassen wir uns mit der profitorientierten, kapitalistischen Organisation und im letzten Abschnitt mit den staatlich subventionierten Theatern.

I. Kooperativ betriebene Theater

In der Regel bestimmt der Faktor Kapital die Nachfrage nach dem Faktor Arbeit. Im Theater und in der Oper, beim Ballett und beim Film verhält es sich dagegen oft umgekehrt: Der Faktor Arbeit wirbt um den Faktor Kapital. Typisch hierfür sind kooperativ organisierte Gruppen von Schauspielern (etwa vier oder fünf Personen) mit gleichen Stimmrechten, die sich zur Realisierung einer gemeinsamen Idee um Kapital bemühen. Derartige Gruppen sind in hohem Maß informell strukturiert. Die Managementaufgaben werden geteilt. Eine Art Theater-Kooperative war die Gruppe, für die Shakespeare schrieb und der er auch als Schauspieler angehörte. Sie blieb über mehr als ein Vierteljahrhundert als partnerschaftlich organisierte Schauspielergruppe und als enger Freundeskreis zusammen.

In solchen Zusammenschlüssen darstellender Künstler kann die gemeinschaftliche Produktion im Team sehr wirkungsvoll sein. Das Problem der

Kontrolle von Arbeitseinsatz und Entlohnung (Alchian und Demsetz 1972) wird im Wege gegenseitiger Aufsicht gelöst. Dies ist insofern effizient, da alle oder fast alle bedeutenden Informationen innerhalb des Teams verarbeitet werden (Williamson 1975, 1980): Der Arbeitseinsatz wird intern überwacht und Unstimmigkeiten können auf freundschaftliche Weise beigelegt werden. Ein zentralisiertes Kontrollsystem würde hohe Kosten der Informationsgewinnung verursachen und hätte darüber hinaus auch negative Effekte auf die Produktivität und die Qualität der Aufführung, da die Mitglieder der Gruppe ein solches System prinzipiell nicht akzeptieren würden. Ein allzu geschäftsmäßiges Umfeld kann der künstlerischen Arbeit in einem solchen Rahmen nur abträglich sein. Schließlich werden eventuell anfallende Gewinne aus dem Gemeinschaftswerk problemlos auf die Mitglieder der Gruppe verteilt.

Derartige Gruppen können, sofern sie überschaubar bleiben, sehr lange bestehen. Gewöhnlich werden jedoch im Zeitablauf hierarchische Strukturen die rein kooperative Form verdrängen. Dabei übernimmt ein Mitglied die geschäftlich und künstlerisch leitende Funktion. Je mehr sich der anfängliche Enthusiasmus der Beteiligten verflüchtigt, desto problematischer wird die Beziehung zwischen Arbeitseinsatz und Entlohnung. Besonderes Gewicht gewinnt das Kontrollproblem, wenn die Gruppe Erfolg hat, d.h. wenn sie größer wird und der ‚Umsatz' steigt. Eine freundschaftliche interne Abwicklung der Entlohnung des Arbeitseinsatzes wird dann oft unmöglich, da die Aufgabenbereiche der einzelnen Mitglieder mehr und mehr differenziert werden müssen. Künstlerische, technische und verwaltungsmäßige Aufgaben werden getrennt, und es erweist sich als immer schwieriger, den individuell geleisteten Arbeitseinsatz zu gewichten und zu vergleichen. Schließlich wird sich die Gruppe in diejenigen, die den eigentlichen künstlerischen Erfolg der Produktion verursachen und diejenigen, die die weniger angesehenen Funktionen hinter der Bühne, in der Verwaltung und im technischen Bereich wahrnehmen, spalten. Aus diesen Gründen wird es dann auch zunehmend schwieriger, den Gewinn in einer Weise zu verteilen, mit der sich alle Gruppenmitglieder anfreunden können.

Die auftretenden Probleme lassen sich auf dreierlei Weise beheben:

(1) Die kooperativ organisierte Gruppe löst sich auf und die Mitglieder mit mehr Unternehmungsgeist bilden ein neues (kooperatives) Team.

(2) Die Schauspieler stellen einen Manager ein mit der Aufgabe, den Arbeitseinsatz der einzelnen Mitglieder zu überwachen und zu beurteilen (Putterman 1984). Gelegentlich kann auch einer der Schauspieler diese Rolle übernehmen. So war zum Beispiel Molière im 17. Jahrhundert in Frankreich zunächst nur Schauspieler, später jedoch auch Manager und Dramatiker. Wenn jedes Mitglied einer Gruppe an seinem Stimmrecht festhält, besteht allerdings kein wirksamer Anreiz, den Manager zu kontrollieren, denn eine

derartige Kontrolle beinhaltet für jeden einzelnen zunächst Kosten, während an den entstehenden Vorteilen alle in gleicher Weise teilhaben können. Dies erlaubt dem Manager, seine eigenen Ziele zu verfolgen – zum Beispiel sich selbst ein höheres Einkommen zu sichern –, die nicht immer mit denen der Gruppe übereinstimmen müssen, sondern möglicherweise sogar im Gegensatz zu diesen stehen. Eine Möglichkeit zur Lösung dieses Kontrollproblems besteht darin, eine klassisch-kapitalistische Firmenstruktur aufzubauen, innerhalb derer die Gruppenmitglieder die Aktionäre bilden und die Gewinne untereinander aufteilen. In diesem Fall unterliegt das Management zusätzlich der Kontrolle durch den (Finanz-) Markt, wodurch sich der Spielraum für willkürliches Verhalten möglicherweise einschränken läßt.[1]

Die erste Oper, in Venedig 1637 von Ferrarri gegründet, war in der Tat ein Gewinnbeteiligungsunternehmen der Mitglieder des Ensembles. Händels Opernensemble in London (zwischen 1720 und 1728) wählte die Rechtsform einer Aktiengesellschaft.

Es ist zweifellos ein großer Schritt von einer kooperativen Gruppe von Schauspielern zum Theater in Form einer Kapitalgesellschaft. Dabei bleibt offen, ob eine solche Umwandlung das Überleben des Projekts gewährleistet. Es ist durchaus denkbar – wenn auch nicht zwangsläufig –, daß das geschäftsmäßige Umfeld einer kapitalistischen Organisationsform die künstlerische Atmosphäre zerstört.

(3) Eine dritte Möglichkeit, den drohenden hierarchischen Strukturen zu entgehen, besteht darin, sich um öffentliche Unterstützung zu bemühen.

II. Profitorientierte Theater

1. Existenzbedingungen

Möglicherweise sind die Kosten für Regie, Proben, Bühnenbild, Kostüme sowie die Instandhaltungskosten der Gebäude, die nicht mit der Zuschauerzahl variieren, so hoch, oder die Nachfrage ist so gering, daß sich keine hinreichenden Einkünfte erzielen lassen, um die Existenz des Theaters zu sichern. Die fixen Kosten können auf keine ausreichend hohe Zuschauerzahl (mit einer entsprechenden Zahlungsbereitschaft) verteilt werden. Eintrittspreise, mit denen sich die gesamten Kosten decken lassen, wären zu hoch.

Dies bedeutet aber *nicht*, daß eine gewinnbringende Produktion in der darstellenden Kunst gänzlich unmöglich ist – ein Sachverhalt, der in der Literatur häufig verkannt wird.[2] Tatsächlich gibt es viele Beispiele dafür, daß auch

---

[1] Siehe auch Jensen und Meckling (1979) sowie Grossman und Hart (1980).
[2] Die angesehene ‚Encyclopaedia Britannica' (Vol.18, 1980, 216) schreibt ganz unbe-

gewinnorientierte Kunstinstitutionen bestehen können, sofern die folgenden Bedingungen – einzeln oder gemeinsam – erfüllt sind:

(1) *Niedrige Fixkosten*: Reisende Theatergruppen haben unabhängig von der Größe ihrer Produktionen relativ geringe fixe Kosten, da der hohe Aufwand für die Instandhaltung eines eigenen Hauses und dessen technischer Ausstattung entfällt. Darüber hinaus können sie sich oft die Verwaltung sowie die Technik der Häuser zunutze machen, in denen sie Gastspiele geben. Grundsätzlich erlaubt eine bessere Auslastung gegebener Kapazitäten die Durchschnittskosten zu senken.

(2) *Hohe Zuschauerzahlen*: Wenige Stücke mit langen Laufzeiten erschließen ein größeres Publikum als ein breit gefächertes Repertoire. Hohe Besucherzahlen garantieren vor allem größere Städte und deren Agglomeration. Baumol (1971) hat gezeigt, daß die Bevölkerung des antiken Athens zu klein war, um die Aufführung griechischer Dramen, etwa von Aristophanes, Euripides oder Aischylos, zu ermöglichen, selbst wenn diese nur einmal aufgeführt wurden. Möglich wurden die Darbietungen nur deshalb, weil sie von öffentlichen und privaten Spendern aus religiösen Gründen unterstützt wurden (anläßlich des Festes der Lenaia im Januar und des Dionysos im März). Ein großes Publikum kann auch dadurch gewonnen werden, daß das Theater selbst die potentiellen Zuschauer aufsucht. Diese Möglichkeit wählen Tourneetheater.

(3) *Preisdiskriminierung*: Zahlen alle Zuschauer einen einheitlichen Eintrittspreis, so erzielen diejenigen, die eine höhere Zahlungsbereitschaft haben, eine sogenannte Konsumentenrente (als Differenz, zwischen eigener Zahlungsbereitschaft und tieferem Preis). Verlangt man von jenen mit höherer Zahlungsbereitschaft einen höheren Preis, so läßt sich die (dadurch vereinnahmte) Konsumentenrente teilweise zur Kostendeckung des Theaters verwenden. Dies setzt allerdings voraus, daß die Preisdiskriminierung an der Theaterkasse stattfindet und nicht auf Sekundärmärkten [beispielsweise auf dem Schwarzmarkt, siehe Seaman (1985)].

Es gibt viele Möglichkeiten, die Konsumentenrente abzuschöpfen: Plätze mit besserer Sicht auf die Bühne oder mehr Bequemlichkeit können teurer sein, ebenso Premierenkarten, die wegen des gesellschaftlichen Ereignisses oder der Erst- und Einmaligkeit der Premiere besonders begehrt sind. Kartenpreise können auch je nach Wochentag und Saison („Spitzenlast-Preise') oder nach Art der Aufführung (Drama oder Oper, Kammermusik oder Symphonieorchester) differenziert werden. Schließlich können die Preise auch

---

fangen, Subventionen seien eine Notwendigkeit: „Hinter solchen Subventionen steht die realistische Annahme, daß ernsthafte Theater heute zu teuer sind, als daß sie sich selbst finanzieren könnten." Das Argument hoher Fixkosten wird jedoch meist in Verbindung mit Kunstmuseen und Galerien genannt; siehe z. B. Peacock und Godfrey (1974), Jackson (1988).

erhöht werden, wenn der Intendant, Dirigent oder die aufführenden Künstler besonders prominent sind. In den genannten Fällen geht man davon aus, daß Zuschauer mit einer besonderen Präferenz für bestimmte Plätze, für Premieren, für bestimmte Arten von Aufführungen oder für bestimmte Künstler eine höhere Zahlungsbereitschaft haben und auf Preiserhöhungen nur wenig reagieren. Marktstudien, die sich auf Befragungen in verschiedenen amerikanischen Städten stützen, sprechen für diese Vermutung.[3]

(4) *Andere Einnahmequellen*: Neben dem Kartenverkauf lassen sich weitere Einnahmequellen erschließen, von denen die wichtigste und erfolgversprechendste der Verkauf von Aufführungen an die Massenmedien – Radio, Fernsehen, Film und Video – ist. Ein bekanntes Beispiel ist die Inszenierung des *Faust*, mit Gustav Gründgens in der Hauptrolle. Im historischen Vergleich erreichen die modernen Massenmedien in der Tat ein gewaltiges Publikum. Eine einzige Ausstrahlung des *Hamlet* im amerikanischen Fernsehen hat selbst bei relativ niedriger Einschaltquote ein größeres Publikum erreicht, als alle entsprechenden Theateraufführungen seit dem Jahr 1601 erreichen konnten. Das größte Problem bei dieser Form der Vermarktung besteht darin, daß die Film- und Fernsehgesellschaften dazu neigen, ihre eigene Version der Stücke zu produzieren. Dies schränkt die Möglichkeiten der Theater, ihre Produktionen zu verkaufen, ein.

Für eine wirtschaftliche Produktion darstellender Kunst unter den genannten Bedingungen gibt es in der Vergangenheit und in der Gegenwart sowie in verschiedenen Ländern und Epochen zahlreiche Beispiele. In Großbritannien haben private Theater eine große Tradition. Dies gilt nicht nur für volkstümliche Theater, sondern auch für solche, in denen ‚ernste' Stücke von unbestreitbar höchster Qualität – etwa von Shakespeare – aufgeführt werden. Während der Regierungszeit von Elizabeth I. (1558 – 1603) wurden in London die ersten ständigen Aufführungsstätten eingerichtet, unter anderen das Globe-, das Swan- und das Red-Bull-Theater. Die Lizenzen für den Betrieb wurden gewöhnlich an Unternehmer vergeben, deren Anliegen es war, Gewinne zu erzielen. Auch heute noch gibt es in Großbritannien eine beachtliche Zahl privater Theater. Ein Grund für deren Existenzfähigkeit liegt in den langen Spielzeiten besonders erfolgreicher Stücke – *Die Mausefalle* von Agatha Christie läuft beispielsweise ununterbrochen seit 1952.

In den Vereinigten Staaten waren private Häuser bis zum zweiten Weltkrieg die Regel. Auch heute noch können die großen Broadway-Theater ohne öffentliche Unterstützung auskommen, auch wenn ihre Rentabilität erheblichen Schwankungen unterliegt. Ähnlich steht es um die Lebensfähigkeit der

---

[3] Siehe z.B. Nielsen, McQueen und Nielsen (1976) sowie Belk und Andreasen (1980). Blaug (1978) kommt zu ähnlichen Folgerungen für britische und Abbé-Decarroux (1990) für schweizerische Theater.

meisten Off-Broadway-Produktionen, wie auch der sogenannten ‚Summer-, Dinner- und Road-Theater' (Netzer 1978, 198).

Auf dem europäischen Kontinent können vor allem Boulevard- und Tournee-Theater dank eines ausreichend großen Publikums ihre Kosten decken. Gewöhnlich spielen sie populäre Stücke – meistens Komödien – *en suite*. In Großstädten, etwa in Berlin, haben wirtschaftlich arbeitende Theater ihre eigenen Häuser; ansonsten begeben sich die Bühnen gewöhnlich auf Tournee, wobei der Auftritt eines aus Film oder Fernsehen bekannten Stars den nötigen Zuschauerstrom bewirkt.

2. Verhalten

Gewinnorientierte Privatunternehmen im Bereich der darstellenden Kunst wählen die Quantität und Qualität ihres Angebots sowie die einzusetzende „Produktionstechnologie" entsprechend den Wirkungen, die diese Parameter auf Kosten und Erlöse haben. Die Bedingungen für ein Gewinnmaximum lassen sich ohne weiteres auf formale Weise darstellen. Zunächst jedoch werden die drei Größen Quantität, Qualität und Produktionstechnologie und deren besondere Eigenschaften im Bereich der darstellenden Kunst etwas genauer untersucht.

- *Quantität*: Als quantitatives Element betrachten wir jeweils die Zahl der Aufführungen während eines Jahres. Ein und dieselbe Zuschauerzahl kann dadurch erreicht werden, daß die Zahl der aufeinanderfolgenden Aufführungen eines bestimmten Stückes, die Zahl der aufgeführten Stücke pro Saison sowie das Repertoire, d. h. die Auswahl der aufgeführten Stücke, auf verschiedene Weise miteinander kombiniert werden.

Die Wahl zwischen diesen möglichen Kombinationen richtet sich nach den jeweiligen Eigenschaften von Kosten und Nachfrage. Wie schon erwähnt, haben gewinnorientierte Theater gewöhnlich ein begrenztes Repertoire: Einzelne Stücke werden solange gespielt, bis keine ausreichende Nachfrage mehr besteht, so daß oft nur wenige Stücke während einer Saison aufgeführt werden. Lange Laufzeiten wurden in der Vergangenheit überhaupt erst durch das Wachstum der Großstädte möglich. So galten in London während des siebzehnten Jahrhunderts acht Aufführungen schon als Erfolg; im Jahre 1728 dagegen machte John Gays *Beggars Opera* mit 62 Aufführungen Theatergeschichte. In jüngerer Zeit hat die Zahl der Stücke mit langer Laufzeit deutlich zugenommen – wobei andere Größenordnungen gelten: In der Saison 1927/28 wurden nur drei der 156 am Broadway aufgeführten Stücke mehr als 400 Mal gespielt. Seitdem haben die Produzenten sich mehr und mehr auf den zunehmenden Kostendruck eingestellt, indem sie Produktionen wieder sehr schnell absetzen (manchmal nach einem oder zwei Abenden) oder sie sehr lange laufen lassen. In der Saison 1957/58 wurden zum

Beispiel 14 von 116 Stücken mehr als 400 Mal gespielt. Diese Zahlen zeigen auch, daß während des genannten Zeitraums die Zahl der aufgeführten Stücke insgesamt abgenommen hat (Moore 1968, 10f.).

Eine noch größere Nachfrage kann erreicht werden, wenn Theatergruppen an mehreren Orten spielen (dabei handelt es sich meistens um Städte, die sich an den Kosten beteiligen). Schließlich können Gastspiele auch in Städten gegeben werden, die über kein eigenes Theater verfügen. Amerikanische Produzenten spielen ihre Shows gewöhnlich am Broadway in der Hoffnung, die Herstellungskosten einzuspielen. Gewinne werden dagegen erst für die anschließenden Tourneen erwartet.

- *Qualität*: In der darstellenden Kunst spielt der qualitative Aspekt eine überragende Rolle. Auch ‚schwierige‘ Stücke oder Opern, deren Qualität das potentielle Publikum als hoch erachtet, können ein wirtschaftlicher Erfolg werden, falls sich eine ausreichende Zuschauerzahl findet, die bereit ist, hohe Eintrittspreise zu zahlen.

Aber wie läßt sich die ‚Qualität‘ der darstellenden Kunst messen? Die Beantwortung dieser Frage ist außerordentlich schwierig. Entsprechend verwirrend sind deshalb auch die Definitionen, die uns die Insider der ‚Kunstwelt‘ liefern, namentlich Regisseure, darstellende Künstler, andere direkt Beteiligte, aber – natürlich – auch die berufsmäßigen Kritiker lokaler und überregionaler Zeitungen. Innerhalb dieser Elite, die um Qualitätsbegriffe nie verlegen ist, werden diese Begriffsbestimmungen zur dogmatischen Frage erhoben und durchaus akzeptiert. Ökonomen dagegen legen einen anderen Qualitätsmaßstab zugrunde: die individuelle Zahlungsbereitschaft. Diese Einschätzung ist wahrscheinlich nicht unbeeinflußt von dem Qualitätsbegriff besagter Elite – identisch ist sie deshalb keinesfalls. Dies hat sich auch in verschiedenen Untersuchungen gezeigt. So findet beispielsweise Throsby (1983), der die Qualität des Angebots dreier Theater in Sydney unter anderem anhand von Kritiken in den Medien zu erfassen versucht, keinen Zusammenhang zwischen diversen, an den Meinungen von Insidern orientierten Qualitätsindikatoren und der Zuschauernachfrage. Jenkins und Austen-Smith (1987) dagegen kommen für englische Repertoiretheater und Krebs und Pommerehne (1992) für die öffentlichen Theater in Deutschland zum Ergebnis, daß Qualität im Sinne von individueller Zahlungsbereitschaft (und entsprechend hoher Besucherzahl) in einer anderen Beziehung zueinander stehen.

- *Technologie*: Wir haben bereits darauf hingewiesen, daß die Produktions- und Kostenfunktionen, die die Zusammenhänge zwischen Inputs und der *Qualität* des Outputs theoretisch beschreiben, kaum bekannt sind und stark von zufälligen Einflüssen abhängen. Die Zuschauer, und dies gilt auch für Insider der Kunstszene, haben in der Regel Schwierigkeiten, die Qualität einer Aufführung zu beurteilen. Dies kann dazu führen, daß die subjektiv wahrgenommene Qualität der Inputs, insbesondere der Grad der Berühmtheit von Regisseuren und Schauspielern, als Qualitätsmaßstab herangezogen wird. Damit umfaßt der Begriff ‚Technologie' in der darstellenden Kunst nicht mehr allein technische Fragen, sondern ebenso subjektive Werturteile der Nachfrager.[4]

Über die Produktionsfunktion, welche die Beziehungen zwischen Inputs und *Umfang* des Outputs abbildet, wissen wir dagegen mehr. Untersuchungen über die Produktions- und Kostenfunktion von 33 Symphonieorchestern und 27 Theatern in Kanada haben gezeigt, daß die Kosten pro Zuschauer mit zunehmendem Output abnehmen (Globerman und Book 1974). Das gleiche Ergebnis wurde für Theater und Orchester in den Vereinigten Staaten (Baumol und Bowen 1966; Netzer 1978; Gapinski 1980, 1984; Lange, Bullard, Luksetich und Jacobs 1985), in Dänemark (Hjorth-Andersen 1992) und in Norwegen (Gray 1992) ermittelt. Schätzungen der langfristigen Kostenfunktionen für 42 Theater in Großbritannien (1968/69) sowie für 34 Theater in Australien (1971–74) weisen auf abnehmende Durchschnittskosten bis zu einer Zahl von etwa 150 000 Besuchern pro Jahr in Großbritannien und bis zu 100 000 Besuchern in Australien hin. Darüber hinaus steigen die Kosten pro Zuschauer progressiv an. Für Oper, Ballett und Orchester sind derartige ‚zunehmende Skalenerträge' sogar noch deutlicher ausgeprägt, weitgehend unabhängig von der Unternehmensgröße. Die niedrigsten langfristigen Durchschnittskosten liegen bei einer Besucherzahl von 260 000 pro Jahr.[5]

Im allgemeinen wird unterstellt, daß in der darstellenden Kunst die Produktion durch ein festes Verhältnis der verschiedenen Inputfaktoren gekennzeichnet ist, so daß Änderungen der relativen Faktorpreise die eingesetzte Kombination nicht beeinflussen. Tatsächlich sind für ein *bestimmtes* Bühnenstück die Möglichkeiten des Austauschs von Produktionsfaktoren begrenzt: Jede Aufführung verlangt eine eindeutig bestimmte Kombination von Schauspielern, Sängern, Musikern – und Zeit. Aber sogar hier gibt es Ausnahmen. Beispielsweise konnte es zu Shakespeares Zeiten, wenn auf der Bühne große Menschenmengen auftreten sollten, passieren, daß ein Schauspieler eine Tafel hochhielt mit der Aufforderung an das Publikum, sich eine Ansammlung von Leuten vorzustellen. Es ist auch möglich, daß ein Schauspieler mehrere Rollen in einem Stück übernimmt. Tatsächlich werden derartige Substitutionsmöglichkeiten in (kleinen) amerikanischen Theatern gelegentlich angewandt (Horowitz und Bradshaw 1984).

Weitere Möglichkeiten der Faktorsubstitution ergeben sich bei der Auswahl zwischen verschiedenen Stücken. Die Verteuerung des Faktors Arbeit (Schauspieler, Sänger) im Verhältnis zum Faktor Kapital kann dazu führen, daß zunehmend Theaterstücke mit wenigen Akteuren gespielt werden. Der

---

[4] Siehe in diesem Zusammenhang auch die Diskussion des „Superstar"-Phänomens bei Rosen (1981), Adler (1985) und MacDonald (1988).
[5] Vgl. hierzu Throsby (1977) sowie Throsby und Withers (1979, 93 ff.).

künstlerische Leiter des Aldwych Theaters in London drückte dies so aus: „Wenn wir die Wahl haben zwischen einem Stück mit 25 Rollen und einem mit zehn, dann wählen wir das mit zehn" (Grist 1976, 65 f.). Das Experimental Traverse Theatre in Edinburgh reduzierte die durchschnittliche Besetzung von 8,1 (1975/76) auf 4,3 Schauspieler pro Aufführung (1980/81) (Peacock 1984, 206). In jüngerer Zeit scheint sich in den Vereinigten Staaten die Tendenz durchzusetzen, teure Symphonien durch weniger aufwendige Kammermusik zu ersetzen (Reineccius 1984). Die Bedeutung der Faktorpreisrelationen kann sich auch auf die Arbeit der Autoren auswirken, deren Stücke mit kleiner Besetzung bessere Aussichten auf eine Aufführung haben. Darüber hinausgehende Möglichkeiten der Faktorsubstitution liegen in der Vorbereitung der Produktion, insbesondere bei den Proben und bei der Bühnengestaltung.[6] Außerdem gibt es, wenngleich in begrenztem Ausmaß, auch durchaus neue Technologien, beziehungsweise läßt sich die bestehende Technologie – wie Peacock, Shoesmith und Millner (1983) am Beispiel englischer und Owen (1983) und Singer (1987) am Beispiel amerikanischer Opernhäuser und Theater gezeigt haben – besser ausnutzen.

Gewinnorientierte Institutionen sind bestrebt, auch aus solchen Aktivitäten Einnahmen zu erzielen, die nur indirekt mit der künstlerischen Produktion zusammenhängen. Dies gelingt vergleichsweise einfach beim Verkauf attraktiver Programme oder dem Betrieb von Bars und Restaurants. Probleme ergeben sich dagegen bei der Vermarktung von Produktionen über die Medien, da unter Umständen die (zukünftige) Nachfrage nach den eigenen (Live-) Aufführungen reduziert wird. Ein einzelnes Theater – mit geringem Marktanteil – wird sich bei der Entscheidung über den Verkauf einer Bühnenaufführung an die Medien kaum von einer solchen Überlegung leiten lassen, weil sich ein eventueller Nachfragerückgang in seiner Wirkung schließlich auf *alle* Theater verteilt, die das betreffende Stück auf dem Spielplan haben. Es ist somit denkbar, daß ein einziger Anbieter den gesamten Markt zugrunde richtet. Allerdings erreicht eine Theateraufführung über die Medien – insbesondere eine Fernsehübertragung – ein viel größeres Publikum, so daß möglicherweise die Nachfrage nach Live-Aufführungen steigen wird. Bei den Fernsehzuschauern könnte eine regelrechte ‚Sucht nach Kunst' geweckt werden (Stigler und Becker 1977). Auch dieser Effekt hat in gewisser Weise den Charakter eines öffentlichen Gutes, denn er begünstigt nicht allein das Theater, das die betreffende Produktion über die Medien verbreitet, sondern alle anderen Institutionen darstellender Kunst – wenn auch nicht in gleichem Ausmaß.

Neben diesen Möglichkeiten der Erschließung anderer Einnahmequellen bemühen sich gewinnorientierte Theater gezielt, den Erwerb von Eintritts-

---

[6] Siehe Anderson und Maltezou (1977), McFate (1981) sowie Blau, Newman und Schwartz (1986).

karten zu erleichtern: Platzreservierungen können telefonisch vorgenommen und Eintrittskarten direkt mit Kreditkarte gezahlt werden. Für sämtliche kommerziellen Broadway-Theater wurde der Kartenverkauf zentralisiert und eine Form der Preisdiskriminierung eingeführt, bei der unverkaufte Karten am Tag der Aufführung zum halben Preis angeboten werden. Dieses Experiment, das zu einem beachtlichen Anstieg der Zuschauerzahlen geführt hat, erwies sich als finanzieller Erfolg (Baumol 1979; Cheskin 1984).[7]

III. Staatlich subventionierte Theater

1. Allgemeiner institutioneller Rahmen

Kapitalistische, profitorientierte Unternehmen stellen keinesfalls die einzig denkbare – und, aus historischer Perspektive, auch keineswegs die wichtigste – Organisationsform für die Produktion darstellender Kunst dar. In der Vergangenheit gründeten überwiegend die Kirchen, später zunehmend der Adel, die Theater. Diese Bühnenhäuser besaßen zwar hierarchische Strukturen, gingen jedoch teilweise aus kooperativen Gruppen hervor. Das erste Hoftheater wurde von Kaiser Joseph II. von Österreich gegründet, der 1776 das Theater an der Wiener Burg dem kaiserlichen Haushalt einverleibte; in der Folge entstanden Hoftheater in Mannheim (1777), München (1778) und Berlin (1786). Nach dem ersten Weltkrieg wurden diese Häuser von den deutschen Ländern als Regietheater übernommen und Teil des öffentlichen Sektors. Entsprechend sind deren Budgets heute Bestandteil der Länder- oder der Kommunalhaushalte (Jonas 1972; Wahl-Zieger 1978). Auch in anderen europäischen Staaten, insbesondere in Italien, Frankreich und Österreich, sind die bedeutendsten Institutionen darstellender Kunst im allgemeinen Staatsbetriebe, die hohes Ansehen genießen und auf eine große Tradition zurückblicken können. Das System staatlicher Opern und Theater ist dabei keineswegs auf so berühmte Häuser wie die Scala di Milano, die Opéra de Paris oder das Wiener Burgtheater beschränkt, sondern umfaßt hunderte von Theatern und Opern in ländlichen Regionen und Kleinstädten.

Um die immer größer werdende Bedeutung staatlicher Subventionen zu verdeutlichen, zeigt Tabelle 3.1 deren Entwicklung am Beispiel der öffentli-

---

[7] Einige amerikanische Museen, die sich aus ihrem Kartenverkauf allein nicht finanzieren können, haben sich sogar in umstrittenen Experimenten versucht: Das Museum of Modern Art in New York City hat die Rechte für die Aufstockung seiner Gebäude für 17 Mio. Dollar an einen „Promotor" verkauft und engagiert sich in der Errichtung eines 52-stöckigen Wohnhauses über seinen Galerien (Keller 1984, 42).

Tabelle 3.1: Eigene Einkünfte und staatliche Subventionen der öffentlichen deutschen Theater[a], in Prozent der Gesamteinnahmen, 1911/12 bis 1989/90

Saison	Erlös aus Eintrittskarten und Abonnements [b] (%)	Rundfunk- und Fernseherträge (%)	Sonstige Einkünfte [c] (%)	Private Unterstützung (%)	Staatliche Subventionen (%)
1911/12	63,2	0,0	5,7	3,9	27,2
1926/27	59,0	0,1	8,1	1,0	31,8
1934/35[d]	47,5	2,5	6,6	0,0	43,4
1949/50	38,4	0,9	5,8	0,2	54,7
1953/54	31,8	1,2	7,6	0,9	58,5
1957/58	24,3	1,0	13,1	1,6	60,0
1961/62	22,0	0,7	8,4	2,4	66,5
1965/66	20,2	0,6	6,2	0,5	72,5
1969/70	16,9	0,5	6,9	0,5	75,2
1973/74	12,0	0,2	5,4	0,7	81,7
1977/78	11,6	0,2	4,8	0,2	83,2
1981/82	10,9	0,3	3,9	0,1	84,8
1985/86	11,3	0,3	4,0	0,1	84,3
1989/90	9,6	0,3	4,5	0,3	85,3

[a] Umfaßt die stehenden Theater und Landesbühnen (Wanderbühnen) mit eigenem Ensemble (jedoch ohne Tournee und Laienbühnen, Puppentheater sowie Variétés und Kabaretts), deren rechtliche und wirtschaftliche Träger Länder, Gemeinden, Gemeindeverbände sind, gleich ob sie in eigener Regie oder in privater Rechtsform betrieben werden.
[b] Einschließlich Studenten- und Schülerkarten sowie Karten für Besucherorganisationen.
[c] U.a. Programmverkauf, Garderobengebühr, Erlöse aus Gastspielen fremder Ensembles und Tourneen.
[d] Für diese Saison verfügen wir nur über die Daten von Städtischen Bühnen.

Quelle: Montias (1986, 291) für die Zeit vor dem Zweiten Weltkrieg; für die Periode danach wurden die Angaben anhand von Daten der Theaterstatistik (Deutscher Bühnenverein, Köln, verschiedene Jahre) berechnet.

chen Theater in der Bundesrepublik Deutschland (für andere Länder sind entsprechende Statistiken entweder nicht verfügbar oder in hohem Maße unzuverlässig. Auffallend ist der dramatische Rückgang des Anteils der Karteneinnahmen von 63 Prozent vor dem ersten Weltkrieg auf weniger als zehn Prozent in der Saison 1989/90. Die private Unterstützung öffentlicher Theater war schon immer niedrig und liegt heute fast bei Null. Im Gegensatz dazu ist der Anteil staatlicher Subventionen von 27 Prozent (1911/12) auf über 85 Prozent (1989/90) gestiegen. Die Tabelle zeigt auch die große Bedeutung direkter öffentlicher Unterstützungsleistungen für nicht-profitorientierte öffentliche Theater in Deutschland. In den meisten anderen Ländern des europäischen Kontinents ist die Situation ganz ähnlich.

2. Subventionsformen und Verhaltensweisen

Die Gewährung öffentlicher Unterstützung bewirkt wichtige Impulse und beeinflußt das Verhalten der Produzenten darstellender Kunst in hohem Maße, so daß – je nach Subventionsform – ein jeweils anderer Typus von Theater entsteht. Betroffen sind vor allem Quantität und Qualität der aufgeführten Werke, die eingesetzte Technologie, die geforderten Eintrittspreise, die Einnahmen aus anderen Quellen und nicht zuletzt die interne Organisation des Theaters, einschließlich der Entlohnung der eingesetzten Produktionsfaktoren. Das Verhalten der Entscheidungsträger eines Theaters paßt sich unter dem Einfluß staatlicher Unterstützung der Subventionsart entsprechend an. Wir unterscheiden grundsätzlich vier Subventionsarten: Subventionen in festgelegter Höhe; indirekte Unterstützungen, indem privaten Spendern Steuerabzüge in gleicher Höhe gewährt werden; die Subventionierung von Eintrittskarten und die Defizitdeckung.[8]

- *Subventionen in Form fester Beträge*: In diesem Fall wird die betreffende Institution schon aufgrund ihrer *Existenz* subventioniert, unabhängig von dem jeweiligen Input und Output aber auch unabhängig von den Eintrittspreisen. Die begünstigte Organisation kann durch ihre Output-Entscheidungen keinen Einfluß auf die Höhe der gewährten Zahlungen nehmen. Eine solche ‚lump-sum'-Subvention kann – zumindest kurzfristig – das Überleben einzelner Institutionen sicherstellen, ohne daß dabei Einfluß auf Quantität oder Qualität der Aufführungen genommen wird.

In begrenztem Ausmaß gewähren Regierungen ‚à fond perdu'-Zuschüsse an neu gegründete Theater, damit diese die anfänglichen finanziellen Schwierigkeiten überwinden können. Üblicherweise steht jedoch die Subventionsvergabe in der einen oder anderen Weise mit dem Verhalten des Empfängers in Verbindung. Zahlungen werden insbesondere dann zurückgehalten (oder im nachhinein zurückgefordert), sobald ein Theater Überschüsse erwirtschaftet. Solche Vereinbarungen haben besonders starke Anreizwirkungen auf die Empfänger von Subventionen. Aus deren Sicht sind Gewinne nämlich gleichzusetzen mit *Kosten* in Form von Subventionseinbußen, was wiederum den Anreiz, Gewinne zu erwirtschaften, erheblich reduziert. Folg-

---

[8] Eine formale Analyse der Wirkungen der ersten drei Subventionsformen auf Quantität und Qualität der Aufführungen sowie auf die Bedürfnisbefriedigung der Konsumenten findet sich bei Hansmann (1981, 1987), Le Pen (1982) und Osculati (1983). Sie alle nehmen an, daß die Anbieter darstellender Kunst entweder die Zuschauerzahl oder die Qualität der Aufführungen oder das Gesamtbudget maximieren. Dupuis (1983, 1985), Austen-Smith und Jenkins (1985), Hartley und Trengove (1986), Steinberg (1986), Jenkins und Austen-Smith (1987) sowie Krebs und Pommerehne (1992) diskutieren darüber hinaus die Frage, inwieweit direkte Subventionen die Zielfunktion der Empfänger, deren Nachfrage nach Unterstützung sowie deren Auswahl der Instrumente künstlerischer Produktion beeinflussen.

lich werden derart subventionierte Gruppen nur solche Kunst anbieten, die keinen (oder zumindest keinen sichtbaren) finanziellen Erfolg verspricht. Insbesondere wird die Qualität der Produktionen über das vom Publikum gewünschte Niveau hinaus angehoben und Renten innerhalb der Gruppe verteilt werden (beispielsweise werden Schauspieler überbezahlt). Die Gruppe wird sich darüber hinaus ganz auf die ‚künstlerische' Seite der Produktion konzentrieren und andere mögliche Einnahmequellen vernachlässigen.

• *Unterstützung durch Steuerabzüge*: Spenden an nicht-gewinnorientierte Institutionen können für den einzelnen Bürger wie für Unternehmen steuerlich absetzbar sein. Diese Möglichkeit steigert die Bereitschaft zu spenden in dem Maße, in dem es die Kosten privater Spendentätigkeit senkt.

In den Vereinigten Staaten können Privatpersonen ihr zu versteuerndes Einkommen durch Spenden an gemeinnützige Institutionen (wozu auch die Institutionen der darstellenden Kunst zählen) um bis zu 50 Prozent, Unternehmen ihre zu versteuernden Gewinne um bis zu zehn Prozent reduzieren.[9] Diese bereits erwähnten tax expenditures stellen die mit Abstand wichtigste Form der finanziellen Unterstützung von Kunst dar. In Europa sind die Möglichkeiten, über Spenden die individuelle Steuerschuld zu mindern, weitaus geringer. Die Schweiz erlaubt Abzüge bis zu 20 Prozent des zu versteuernden Einkommens (entsprechend der jeweiligen kantonalen Steuergesetzgebung), die Bundesrepublik Deutschland dagegen gestattet Abzüge nur bis zu zehn Prozent des steuerbaren Einkommens von Individuen und Unternehmen. In Frankreich können Privatpersonen ihr zu versteuerndes Einkommen höchstens um ein Prozent, Unternehmen gar nur um 0,1 Prozent verringern. Auch in Großbritannien ist der Abzug privater Spenden von der individuellen Steuerbemessungsgrundlage nur in begrenztem Umfang möglich. Eine echte Minderung der Steuerschuld ist praktisch nur für ‚Sponsoring'-Aktivitäten von Unternehmen gegeben. Diese können künstlerische (aber auch sportliche) Aktivitäten im Rahmen ihrer Werbetätigkeit finanziell unterstützen, sofern damit ‚ausschließlich geschäftliche Ziele' verfolgt werden. Solche Spenden werden dann als steuerlich absetzbarer Aufwand angesehen.[10]

---

[9] Der Effekt einer privaten Spende fällt noch höher aus, wenn sie – wie im Fall der sogenannten challenge grants – durch die öffentliche Hand in bestimmter Relation aufgestockt wird. Zwar ändern sich die absoluten Nettokosten für den privaten Geber nicht. Wenn die öffentliche Hand jedoch zu jedem privat gespendeten Dollar einen halben Dollar hinzufügt, dann trägt der private Spender – bei einem Steuersatz von 50 Prozent – lediglich 33 Prozent (anstatt 50 Prozent) des Geldbetrages, der der betreffenden Institiution zukommt.

[10] Überblicke über die gesetzlichen Regelungen in verschiedenen Ländern finden sich bei Schuster (1985, Kap.IV, 1986), Piquet (1985), Chalendar und Brébisson (1987), Fohrbeck (1989) sowie bei Fullerton (1991).

Ein solcher Status der Gemeinnützigkeit und damit der Förderungswürdigkeit im steuerlichen Sinne verändert das Verhalten der Kunstanbieter grundlegend. Es entstehen vielseitige Anreize, jegliche Gewinnentstehung zu vermeiden, indem einerseits niedrige oder ‚soziale' Preise erhoben werden (was den Anspruch auf Gemeinnützigkeit untermauert) und andererseits, indem überhöhte Ausgaben getätigt werden, die sich als Kosten ausweisen lassen. Institutionen, die den Status der Gemeinnützigkeit haben, unterliegen außerdem Anreizen, von sich aus die private Spendentätigkeit anzuregen. Dieses Ziel wird unter erheblichem Einsatz verfolgt. Grundsätzlich gibt es zwei Wege, potentielle Spender zu abzugsfähigen Zahlungen zu motivieren.

Erstens muß der Eindruck vermittelt werden, die Spenden würden einem guten Zweck zugeführt. Der Spender soll das Gefühl haben, er leiste einen sinnvollen Beitrag für eine ‚gute Sache', in diesem Fall für die Kunst. Daher ist es wichtig, daß die Institution in der Öffentlichkeit und bei den Medien angesehen ist. Spender werden nicht-gewinnorientierten Organisationen grundsätzlich mehr Vertrauen entgegenbringen. Dies entspricht dem Verhalten der Nachfrager von Konsumgütern, die glauben, von nicht-gewinnorientierten Anbietern weniger übervorteilt zu werden (insbesondere im Falle von Vereinbarungen, deren Einhaltung nicht überprüft werden kann, etwa weil sich die Qualitätsmerkmale des gehandelten Produkts nicht eindeutig definieren lassen) als von gewinnorientierten. Letztere könnten nämlich ihr Vertrauen mißbrauchen, indem sie, um des Gewinnes willen, qualitativ minderwertige Produkte bereitstellen. Tatsächlich ist es denkbar, daß ‚Kontraktversagen' dieser Art vermieden werden kann, wenn die Gewinnerzielung als Unternehmensziel entfällt. Wir werden jedoch sehen, daß auch dies keine umfassende Lösung des Problems darstellt (Hansmann 1980). Ein guter Ruf und hohe Reputation innerhalb der Kunstwelt wird durch qualitativ hochwertige Aufführungen mit bekannten Schauspielern und Opernstars, deren Namen potentiellen Spendern vertraut sind, erworben.

Eine zweite erfolgversprechende Maßnahme, Spendengelder zu erhalten, besteht in der Veröffentlichung des Stifternamens, was für den jeweiligen Spender einen deutlichen Prestigegewinn bedeutet. Kulturinstitutionen haben inzwischen ausgeklügelte Systeme zur Ehrung ihrer Gönner entwickelt, angefangen bei der Vergabe wohlklingender Titel bis zur entsprechenden Benennung von Räumen, Gebäudeflügeln, ja ganzen Gebäuden.

Nicht-gewinnorientierte Theater greifen selten zur Preisdiskriminierung. Eher werden die Preise so niedrig angesetzt, daß sich an der Kasse Schlangen bilden oder andere Symptome für ein rationiertes Angebot sichtbar werden. Der Grund für solches Verhalten besteht darin, daß eine von Spenden abhängige Institution davon profitiert, bestimmten Zuschauergruppen – insbesondere den Spendern – Karten zukommen zu lassen, die wegen der übermäßigen Nachfrage sonst nicht erhältlich wären. Derartige Privilegien können nicht von jedermann auf dem (Karten-) Markt wahrgenommen werden, sondern bleiben exklusiv den Förderern vorbehalten. Nicht nur spendenabhängige Theater, sondern auch sehr viele direkt subventionierte Institutionen, mit denen wir uns im nächsten Kapitel beschäftigen werden, üben einen zurückhaltenden Umgang mit preisdiskriminierenden Maßnahmen.

- *Subventionierung und Besteuerung von Eintrittskarten*: Die staatliche Unterstützung darstellender Kunst kann auch durch die Subventionierung von Eintrittskarten erfolgen. Derartige Zuschüsse können als fester Betrag pro Karte (unabhängig von deren Preis) oder als prozentualer Aufschlag auf die gesamten Karteneinnahmen gewährt werden. Die letztere Form ist unüblich, während ihre Umkehrung – eine Steuer auf den Kartenpreis – ausgesprochen verbreitet ist. Eine solche Steuer führt zu einer relativen Verteuerung des betreffenden Gutes. Die Erhöhung der Eintrittspreise wird zur Folge haben, daß weniger für das Massenpublikum produziert wird (da von diesem besonders starke Reaktionen auf höhere Preise zu erwarten sind), sondern stattdessen andere Ziele, wie die Qualitätsverbesserung, verfolgt werden. Von solchen ‚Negativ-Subventionen‘ sind keineswegs nur kommerzielle Theater und Opern betroffen, sondern oft auch solche, die staatliche Unterstützung beziehen.

- *Defizitdeckung*: Viele Theater und Opernhäuser auf dem europäischen Kontinent unterliegen, wie wir schon ausgeführt haben, der öffentlichen Verwaltung. Dies hat insbesondere zur Folge, daß sie unter die kameralistischen Prinzipien der Haushaltsführung fallen. Eines davon ist das sogenannte ‚Prinzip der Zweckbindung von Mitteln‘ in inhaltlicher und zeitlicher Hinsicht. Das heißt die Mittel für einen bestimmten Posten des Haushaltsplans dürfen nicht auf andere Posten umgeleitet werden. Noch wichtiger ist das sogenannte ‚Non-Affektations-Prinzip‘, demzufolge Überschüsse, die aus höheren Einnahmen und/oder niedrigeren Ausgaben resultieren, der betreffenden Institution nicht zur Verfügung stehen, sondern in die allgemeine Staatskasse zurückfließen.

Subventionen werden auf der Grundlage des zu erwartenden Defizits vergeben. Dieses läßt sich allerdings nicht exakt vorherbestimmen und muß folglich jedes Jahr von der betreffenden Institution und dem zuständigen Kultusministerium (beziehungsweise dem Finanzministerium, wenn es sich um sehr hohe Beträge handelt) neu ausgehandelt werden. Bei diesen Verhandlungen besteht jedoch immer eine gewisse ‚Informationsasymmetrie‘ zwischen den Kontrahenten, die der subventionierten Institution zugute kommt (Dupuis 1983): Einerseits sind steigende Produktionskosten gewöhnlich leicht zu belegen, da sie zum größten Teil daraus resultieren, daß die verhandelnde Institution selbst Teil der öffentlichen Verwaltung ist. Insbesondere sind Verwaltungspersonal und Techniker entweder Beschäftigte im öffentlichen Dienst, oder ihre Gehälter sind denen des öffentlichen Dienstes angepaßt, so daß Belege entfallen. Andererseits haben die Behörden erhebliche

Schwierigkeiten, überzeugend zu begründen, warum eine Senkung des projizierten Defizits notwendig sei und wie dies geschehen könne. Entsprechende Vorschläge lassen sich ohne weiteres mit dem Hinweis auf die negativen Auswirkungen auf die ‚künstlerische Qualität' der Produktion zurückweisen. Zugleich wird die Diskussion damit in einen Bereich gerückt, für den die Leitung der Institution exklusive Zuständigkeit beansprucht. Die Behördenvertreter werden dies akzeptieren, zum einen weil ihnen die Kompetenz fehlt, die Zuständigkeit in Frage zu stellen, zum anderen, weil sie auch gar keinen Anreiz dazu haben.

Da Informationen (und Anreize) asymmetrisch verteilt sind, folgt die Gestaltung des Verhandlungsablaufs auch weitgehend dem Ziel, das Vorgehen zu vereinfachen. Zur Abschätzung des künftigen Defizits werden vergangene Fehlbeträge und Subventionen als Eckdaten herangezogen und absehbare Kostensteigerungen addiert. Eine entgegengesetzte Wirkung kann lediglich von der allgemeinen Haushaltslage ausgehen. Erfordern beispielsweise allgemeine Sparmaßnahmen eine Kürzung sämtlicher Budgetposten, werden auch die Theatersubventionen revidiert.

Die Tatsache, daß die Höhe der Subventionszahlungen in einem Jahr maßgeblich von dem Defizit des Vorjahres abhängt, bedeutet für das Management des Theaters, daß es zu seinem Nachteil ist, wenn ein Überschuß erwirtschaftet oder das Defizit gesenkt wird. Letztlich erweist sich jede Defizitsenkung für das Theater in doppelter Weise als Kostenfaktor: Die Verpflichtung zur Rückzahlung eines positiven Überschusses wirkt zum einen wie ein impliziter Steuersatz von 100 Prozent, und zum anderen sinken im folgenden Jahr zusätzlich die Subventionszahlungen. Theaterdirektoren haben daher starke Anreize, Defizite nicht etwa zu senken, sondern sie vielmehr über die projizierte Höhe hinaus anwachsen zu lassen. Die Sanktionen für ein solches Verhalten sind nicht abschreckend: Manchmal wird das unplanmäßige Defizit am Jahresende einfach nachträglich abgedeckt, und mit einigem Verhandlungsgeschick läßt sich für das folgende Jahr sogar eine höhere Subventionszahlung aushandeln. Es wäre ungewohnt, wenn das unplanmäßige Defizit auch nur teilweise von den Subventionen des folgenden Jahres abgezogen würde, zumal eine derartige Maßnahme in keiner Weise den üblichen Budgetierungspraktiken der öffentlichen Verwaltung entspräche. Ein Theaterdirektor müßte das vereinbarte Budget schon wiederholt um substantielle Beträge überziehen, um Gefahr zu laufen, abgemahnt zu werden oder gar Gefahr bestünde, daß sein Vertrag nicht verlängert wird.

Subventionen zwecks Defizitdeckung haben deutliche Wirkungen auf das Verhalten der Leitung von Kunst- und Kulturinstitutionen: Das Management muß sich nicht mit Problemen ‚marktmäßiger Effizienz' belasten, sondern kann sich ausschließlich der Verfolgung anderer Ziele widmen – etwa seiner Reputation in der Kunstszene, der Qualität der Aufführungen, zusätzlicher Einkommenserzielung (meist indirekt, etwa indem Regieaufträge an anderen Theatern oder bei Festspielen übernommen werden) und der Schaffung eines angenehmen Betriebs- und Arbeitsklimas für die Mitarbeiter und Angestellten im Theater (auch für diese sind eine mäßige Arbeitsbelastung und die Möglichkeiten zusätzlicher Einkommenserzielung von großer Wichtigkeit).

Mit den Salzburger Festspielen werden wir im nächsten Kapitel einen besonders anschaulichen Fall vorstellen, in welchem Subventionen zur Defizitdeckung einen prägenden Einfluß auf das Verhalten von Kunst- und Kulturmanagern ausüben.

IV. Kunstinstitutionen – ein Ausblick

Das zentrale Anliegen dieses Kapitels besteht darin zu zeigen, daß Unterschiede in den institutionellen Rahmenbedingungen in deutlicher und systematischer Weise auf das Verhalten der Leitung von Kunst- und Kulturinstitutionen einwirken. Wir haben dargelegt, daß sich Theater und Opernhäuser, Ballette und Orchester im Hinblick auf Output, Input und Produktionsprozeß unterschiedlich verhalten, je nachdem ob sie kooperativ, privat und gewinnorientiert oder staatlich und nicht-gewinnorientiert arbeiten. Außerdem wurde gezeigt, daß die Form, in der staatliche Unterstützungszahlungen erfolgen, das Verhalten der Institutionen in mindestens dreierlei Weise beeinflußt:

(1) Bezüglich der *quantitativen* Aspekte: Die Laufzeit der Stücke ist in staatlichen Theatern tendenziell kürzer, weil sich deren Ziele (die wir oben genannt haben) nicht über lange Spielzeiten verfolgen lassen. Stattdessen werden häufiger neue Stücke aufgeführt, was dem Prestige des Hauses innerhalb der Kunstszene zugute kommt. Tendenziell haben Theater, deren Defizit aus der Staatskasse gedeckt wird, ein breiteres Repertoire.

(2) Bezüglich der *qualitativen* Aspekte (für die Imagepflege in der Kunstwelt mit Abstand am wichtigsten) neigen die Manager öffentlicher Theater dazu, mit dem Engagement erstklassiger Produzenten, Sänger oder Schauspieler ihren eigenen Wert zu steigern. Außerdem werden sie mehr Proben ansetzen und schließlich auch eher solche Stücke auswählen, die bei den Meinungsführern der Kunstszene ankommen, anstatt sich mit den Geschmacksvorstellungen der breiten Öffentlichkeit zu belasten. Man wird davon ausgehen können, daß in staatlichen Häusern mehr moderne, relativ unbekannte, möglicherweise experimentelle Stücke und Opern zur Aufführung kommen. Dies widerspricht nicht dem, was im letzten Kapitel über die häufige Aufführung besonders populärer Opern gesagt wurde. Es ist richtig, daß die am häufigsten gespielten Opern von einer kleinen Gruppe von Komponisten stammen, und zwar sowohl in den privaten als auch in den öffentli-

chen Opernhäusern. Doch bezog sich diese Aussage nur auf die *Zahl der Aufführungen* bestimmter Opern und spiegelt somit die Popularität einzelner Komponisten beim Publikum wider. Würden wir dagegen die *Zahl der aufgeführten Opern* oder deren *Alter* untersuchen (d. h. Anzahl Jahre seit ihrer Erstaufführung), so würde sich zeigen, daß staatliche Opernhäuser mehr moderne und experimentelle Opern zur Aufführung bringen als private Bühnen (Honolka 1986).

(3) Bezüglich der *technologischen* Aspekte stellen wir fest, daß die Manager staatlicher Theater – weil sie größeres Gewicht auf besondere Qualität der Aufführungen legen – dazu neigen, immer die beste verfügbare Technologie zu beschaffen, selbst wenn diese gar nicht so oft zum Einsatz kommt.

Außerdem haben die Manager von Kunst- und Kulturinstitutionen, deren Defizit vom Staat gedeckt wird, auch geringere Anreize, Einnahmen aus dem Verkauf von Programmen oder dem Betrieb von Bars und Restaurants zu erzielen. Ebenso spielen ein erleichterter Kartenerwerb (indem darauf geachtet wird, daß die Öffnungszeiten der Kartenverkaufsstellen den Bedürfnissen der potentiellen Zuschauer gerecht werden) sowie der Verkauf von Produktionen an die Medien nur eine untergeordnete Rolle.

Kapitel 4: Salzburger Festspiele

Die Salzburger Festspiele sind eines der bedeutendsten und angesehensten kulturellen Ereignisse der österreichischen Sommersaison. 1920 ins Leben gerufen[1] ziehen sie heute Jahr für Jahr nahezu 200 000 Besucher an. Den Kunstfreunden stehen rund 150 Opern, Theaterstücke und Konzerte zur Auswahl, an denen fast 2 000 Künstler mitwirken. Das bekannteste und fast jedes Jahr aufgeführte Werk ist *Jedermann* von Hugo von Hofmannsthal.

Organisiert werden die Festspiele vom Salzburger Festspielfonds, der aus vier Direktoren und dem Präsidenten besteht. Das Direktorium unterliegt der Aufsicht der Delegiertenversammlung und des Kuratoriums, das sich aus Repräsentanten des Bundes, der Länder und der Stadt Salzburg (die gemeinsam die Festspiele finanziell unterstützen) zusammensetzt. 1982 waren zur Gestaltung der Festspiele nahezu 300 Personen ganzjährig beschäftigt, dazu kamen, während der fünfwöchigen Saison im Juli und August, 550 vorübergehend Beschäftigte.

Aus ökonomischer Sicht bedürfen drei wesentliche Merkmale der Salzburger Festspiele einer näheren Untersuchung:

(1) Es ist außerordentlich schwierig, auf dem offiziellen Markt Karten zu bekommen.[2] 1982 wurden 99,7 Prozent der verfügbaren Karten abgesetzt, d. h. alle Aufführungen waren ausverkauft (Wimberger 1983, 112).

(2) Sowohl die mitwirkenden Künstler als auch das technische und das Verwaltungspersonal werden ungewöhnlich gut bezahlt (verglichen mit Mitwirkenden ähnlicher kultureller Veranstaltungen, wie etwa denen der Bayreuther Festspiele).

(3) Die Salzburger Festspiele sind sehr aufwendig und ausgesprochen unwirtschaftlich organisiert. Während die ersten Festspiele 1920 noch mit Gewinn abschlossen (Kaut 1982, 17), betrug das mit staatlichen Subventionen gedeckte Defizit 1978/79 bereits 76 Mio. öS (10,4 Mio. DM), 1981/82 85 Mio. öS (12,1 Mio. DM) und 1986/87 mehr als 100 Mio. öS (14 Mio. DM).

Diese drei grundlegenden Charakteristika lassen sich mit Hilfe der ökonomischen Analyse erklären. Um kein Mißverständnis aufkommen zu lassen: Weder die künstlerische Qualität der Festspiele noch deren Popularität sol-

---

[1] Die Geschichte der Festspiele schildern Dorian (1964), Kolator (1980) und Kaut (1982). Für eine Zusammenstellung sämtlicher Aufführungen und aller beteiligten Künstler vgl. Jaklitsch (1982) und Ergänzungen.
[2] Einem Präsidenten des Direktoriums zufolge gibt es seit Beginn der Festspiele einen Schwarzmarkt für Eintrittskarten (Kaut 1982, 37).

len kritisiert werden. Die große Nachfrage nach den Aufführungen sowie deren Übertragung in Radio und Fernsehen sind Beweis genug, daß bei den Konsumenten nicht nur entsprechende Präferenzen vorhanden sind, sondern daß sie auch bereit sind, einen entsprechend hohen Preis zu zahlen, um an den Veranstaltungen teilnehmen zu können. Es erhebt sich allerdings die Frage, ob ein quantitativ und qualitativ gleicher Output nicht auch zu erheblich niedrigeren Kosten bereitgestellt werden könnte – möglicherweise sogar zu soviel geringeren, daß kein Rückgriff auf die Staatskasse mehr notwendig wäre. Entfiele die staatliche Subventionierung, würden die Festspiele nur noch von denjenigen finanziert, die sich freiwillig bereit finden – kein Steuerzahler würde dazu zwangsweise herangezogen werden.

Es soll auch nicht Kritik an dem außerordentlich hohen Einkommen der beteiligten Künstler sowie des technischen und des Verwaltungspersonals geübt werden. Zweifellos haben gute Künstler einen hohen Preis, und wir wollen auch nicht unterstellen, daß die Leitung der Salzburger Festspiele einen (merklichen) Einfluß auf das Einkommensniveau international anerkannter Künstler ausübt. Wir unterstellen allerdings, daß die gleichen Dienstleistungen von Künstlern und sonstigen Mitarbeitern zu möglicherweise erheblich niedrigeren Kosten bereitgestellt werden könnten, d.h., daß bei den Salzburger Festspielen Gagen gezahlt werden, die weit über denjenigen liegen, die sich bei freiem Zusammenspiel von Angebot und Nachfrage als ‚Marktgleichgewicht' einstellen würden. Dies besagt in anderen Worten, daß die Beschäftigten der Festspiele ‚Renten abschöpfen' (in Höhe der Differenz zwischen tatsächlich gezahlten und ‚Gleichgewichtsgagen').

Die detaillierte Analyse wird zeigen, daß die ungleichgewichtig niedrigen Kartenpreise, die ungleichgewichtig hohen Einkommen der Mitwirkenden sowie die Verschwendung in der Produktion darauf zurückgehen, daß das Verhalten der Organisatoren, insbesondere des Direktoriums, unzureichenden – weil zu schwachen – Beschränkungen unterliegt.

Im nächsten Abschnitt werden sowohl die Verhaltensrestriktionen als auch die Präferenzen der Beteiligten dargelegt. Dies sind gewissermaßen die institutionellen Rahmenbedingungen, innerhalb derer die Festspiele stattfinden. Danach werden die Folgerungen erörtert, die sich hieraus für das Verhalten des Managements ergeben. Zusätzlich führen wir zu einigen Punkten empirische Evidenz an. Der letzte Abschnitt enthält einige abschließende Bemerkungen.

I. Welchen Beschränkungen unterliegen die Organisatoren?

Drei Arten von Beschränkungen – budgetäre, politische und administrative – sind von besonderer Bedeutung, wenn das Verhalten der Festspielorganisatoren erklärt werden soll.

1. Budgetäre Beschränkungen

Am 12. Juli 1950 wurde vom Österreichischen Nationalrat (dem Bundesparlament) das ‚Gesetz über die Errichtung eines Salzburger Festspielfonds' erlassen. Artikel 4, Absatz 1 dieses Gesetzes besagt, daß die folgenden Institutionen *jedes* möglicherweise anfallende Defizit ausgleichen *müssen*: der Bund zu 40 Prozent, das Land Salzburg zu 20 Prozent, die Stadt Salzburg zu 20 Prozent und der Fremdenverkehrsförderungsfonds des Landes Salzburg zu 20 Prozent.

Wie erwähnt, sind die Defizite der Festspiele recht hoch und steigen von Jahr zu Jahr. Doch unterliegt die Festspielleitung keiner wirklichen Haushaltsbeschränkung, da die oben genannten Institutionen dem Gesetz nach verpflichtet sind, für jedes Defizit aufzukommen. Eine echte Grenze ist dem Wachstum des Defizits eigentlich nur durch die finanziellen Kapazitäten der zahlenden Institutionen gesetzt – zu diesem Zeitpunkt müßte spätestens das Gesetz geändert werden. Die Haushaltsbeschränkung der Organisatoren ist damit weniger ökonomisch als vielmehr politisch determiniert, sie wird daher auch ‚weiche Budgetrestriktion' genannt (Kornai 1986).

2. Politische Restriktionen

Zwei Gruppen politischer Akteure begrenzen den Handlungsspielraum der Festspielleitung (des Direktoriums):

- Erstens die *Regierungsrepräsentanten im Kuratorium*, die die zahlenden Institutionen vertreten. Sie haben indessen kaum Anreize, eine effektive Kontrolle des Direktoriums vorzunehmen, da die benötigten Gelder von den jeweiligen Parlamenten auf Grundlage des Festspielgesetzes automatisch bewilligt werden. Sofern die Mittel nicht für die Festspiele verwendet werden, fließen sie in die allgemeine Staatskasse zurück, ohne daß die Kuratoriumsmitglieder die Möglichkeit hätten, sie einer anderen Verwendung zuzuleiten. Es ist denkbar, daß die überschüssigen Beträge letztlich für sozialpolitische Maßnahmen, für den Straßenbau oder sogar für eine allgemeine Steuersenkung verwendet werden – also Maßnahmen, an denen die Kuratoriumsmitglieder wenig oder gar kein Interesse haben. Das heißt, daß aus Sicht der Kuratoriumsmitglieder die Opportunitätskosten der Subventionsvergabe nahe bei Null liegen, da es keinen Grund gibt, das Direktorium und dessen Finanzgebaren ernsthaft zu kontrollieren. Dagegen bestehen für die Repräsentanten des Landes und der Stadt Salzburg (d.h. den Landeshauptmann und den Bürgermeister als führende Politiker der entsprechenden Ebenen) schon eher Anreize und bessere Möglichkeiten, die Mittelverwendung in ihrem Sinne zu beeinflussen. Dabei ist jedoch zu bedenken, daß diese Politiker erheblich von den kommerziellen Auswirkungen der Festspiele profitieren, während sie an der Aufbringung der Subventionen nur anteilsmäßig beteiligt sind. Sie werden daher auch kein Interesse daran haben, das Direktorium zu kompromittieren, da sie auf diese Weise den Zuschuß der Bundesebene gefährden würden.

Die Regierungsvertreter auf allen Ebenen sind in erster Linie daran interessiert, bei der Vergabe von Subventionen diskret vorzugehen, um größere öffentliche Diskussionen oder gar Skandale zu vermeiden. Dies ist der hauptsächliche Grund, weshalb sie das Direktorium zu vorsichtigem Finanzgebaren veranlassen. Diese Restriktion bedeutet aber nur, immer im Rahmen des Üblichen zu bleiben und eher darauf bedacht zu sein, Managementfehler zu verschleiern als sie in die Öffentlichkeit zu tragen. Die Regierungsvertreter im Kuratorium müßten darüber hinaus eine beträchtliche Nutzeneinbuße hinnehmen, würden sie das Direktorium effektiv kontrollieren. Bei Unstimmigkeiten würde man ihnen zum einen vorwerfen, sie würden die Festspiele sabotieren, zum anderen würden sie die bevorzugte Behandlung aufs Spiel setzen, die ihnen von Seiten der Festspielleitung zuteil wird (z. B. Freikarten und Einladungen zu den glänzenden gesellschaftlichen Ereignissen, die mit den Festspielen einhergehen).

Das bisher dargelegte soll verdeutlichen, daß die Regierungsrepräsentanten letztlich mehr Schaden als Nutzen davontragen, wenn sie eine wirksame Kontrolle der Festspielleitung ausüben, anstatt die gewohnheitsmäßigen Verfahrensweisen zu dulden. Der Rechnungshof (des Österreichischen Nationalrats) stellt in seinem Bericht von 1984 fest, daß die Regierungsvertreter im Kuratorium, die eigentlich das Direktorium überwachen sollen, noch nicht einmal sichergestellt haben, daß elementare Formalia wie die Führung der Bücher korrekt abgewickelt werden. Die Buchhaltung ist unklar, irreführend und in bedenklichem Maße unvollständig (RH 1984, 1.9.2).

• Zweitens könnten die *Mitglieder des Österreichischen Nationalrats* Beschränkungen und Auflagen durchsetzen, zumal sie auch für das Festspielgesetz verantwortlich sind. Doch sind die Mitglieder des (Bundes-) Parlaments, in Hinblick auf die Nutzen und die Kosten einer Intervention bei der Festspielleitung, in einer ganz ähnlichen Lage wie die Kuratoriumsmitglieder: Die Kosten solcher Interventionen (oder gar einer Gesetzesänderung) sind hoch und fallen sofort und direkt an. Insbesondere riskieren die Parlamentarier einen erheblichen Prestigeverlust, wenn sie etablierte und hochgeschätzte kulturelle Institutionen kritisieren. Der durchschnittliche Parlamentarier befindet sich in einer zwiespältigen Situation, will er sich zu kulturellen Aktivitäten äußern, da man die Befürworter und direkten Nutznießer der Festspiele – d. h. die Vertreter der Kulturszene innerhalb und außerhalb der Parlamente – für ungleich kompetenter hält als die Politiker. Außerdem werden die Festspiele aus vier verschiedenen Quellen subventioniert, so daß jede Institution, die Kritik übt, Unstimmigkeiten mit den anderen zahlenden Institutionen, aber auch mit den Geschäftsleuten, die von den Festspielen profitieren, riskiert. Dies wird besonders deutlich in der negativen Reaktion des Bundesministers für Bildung und Kultur auf den Bericht des Rechnungshofes (RH 1984, 1.104.3.4).

Eine ernsthafte Kontrolle der Politik und des Finanzgebarens der Festspielleitung läßt den Mitgliedern des Parlaments keinen nennenswerten Nutzen zuteil werden. Die Beträge, um die es geht, mögen zwar in absoluten Zahlen beeindrucken, verglichen mit den gesamten öffentlichen Ausgaben sind sie jedoch unerheblich. So betrug der Bundesanteil an den Festspielsubventionen 1986 nur 1,6 Prozent der Haushaltsmittel des Kultusministeriums. Aus diesem Grund stehen die Parlamentsmitglieder auch nicht unter dem Druck der Steuerzahler, die die Kosten der Subventionen zu tragen haben; allerdings wären die Steuerpflichtigen auch nicht für irgendwelche Kontrollmaßnahmen zu mobilisieren, da der damit verbundene Aufwand den anfallenden Nutzen bei weitem übersteigen würde.

Aus Sicht des einzelnen Parlamentariers ergeben sich aus dem Vergleich von Nutzen und Kosten einer effektiven Kontrolle der Festspiele kaum Anreize, in dieser Richtung tätig zu werden, zumindest nicht kontinuierlich. Dies wäre anders, könnte er einen echten Skandal im Rahmen der Festspielorganisation aufdecken, da sich so sein Ansehen und damit auch seine Wiederwahlchancen und seine Stellung innerhalb der Parteihierarchie erhöhen würde.

3. Administrative Einschränkungen

Da die Salzburger Festspiele Subventionen aus der Staatskasse beziehen, müssen sie jederzeit mit einer Überprüfung durch den Rechnungshof (er ist nicht Bestandteil der Bundesbürokratie, sondern dem Bundesparlament angegliedert) rechnen. Bereits in dem Bericht von 1974 wurde konkret und erheblich Kritik an der Finanzpolitik der Festspiele geübt. So wurde beispielsweise empfohlen, den Haushaltsplan *vor* (und nicht *nach*) Ablauf des jeweiligen Haushaltsjahres dem Kuratorium vorzulegen und von diesem bewilligen zu lassen. Der Bericht des Rechnungshofes von 1984 stellt jedoch fest, daß diese Empfehlung nicht berücksichtigt wurde. Die Ratschläge des Rechnungshofes werden in der Regel mißachtet, da diese Behörde nur Empfehlungen abgeben darf. Um die Festspielorganisatoren zur Berücksichtigung derartiger Empfehlungen zu zwingen, bedarf es Handlungen auf politischer Ebene. Der Rechnungshof darf lediglich die Fakten bereitstellen, auf deren Grundlage Regierung und Parlament handeln können, sofern sie dies für notwendig halten. Wie wir jedoch gesehen haben, sind Nutzen und Kosten derart verteilt, daß im allgemeinen niemand Interesse daran hat, eine effektive Kontrolle der Festspiele durchzusetzen.

II. Wie verhalten sich die Direktoren der Festspiele?

Bislang wurde gezeigt, daß die Festspieldirektoren nur sehr schwachen Beschränkungen unterworfen sind, so daß ihnen ein erheblicher Spielraum für diskretionäres Handeln bleibt. Die Begründung für diesen Spielraum reduziert sich auf die (zumindest im wesentlichen Bereich) nicht vorhandene Budgetbeschränkung. Das Gesetz über den Salzburger Festspielfonds, das die automatische Deckung jeglichen Defizits institutionalisiert, wurde daher – kaum überraschend – von einem noch heute bei den Festspielen mitwirkenden Direktor wie folgt gepriesen:

> „Ein Gesetz, geschaffen von weitsichtigen Menschen, das von vielen anderen Festspielen beneidet wird. ... An diesem Gesetz zu rühren, oder es auch nur in einzelnen Punkten ändern zu wollen, kann nur auf inkompetente Kurzsichtigkeit zurückgehen" (Wimberger 1983, 111).

Wie der offizielle Bericht des Rechnungshofes enthüllt, haben die Direktoren sogar aktiv daran gearbeitet, ihren Spielraum für diskretionäres Handeln – den sie wegen der garantierten Defizitdeckung ohnehin haben – zusätzlich zu erweitern. Um größere Subventionszahlungen aus der Staatskasse zu erhalten, wurde eine irreführende, teils falsche und mitunter den gesetzlichen Bestimmungen widersprechende Buchführung betrieben. Außerdem wurden Subventionsforderungen auf der Basis inflationierter Vorausschätzungen künftiger Defizite erstellt, wobei die Kostensteigerungen im Gegensatz zu den Einnahmensteigerungen systematisch überschätzt wurden (RH 1984, 4–6).

Wegen der praktisch nichtbindenden Budgetbeschränkung haben die Organisatoren der Festspiele auch keinen Anreiz, sich um Einnahmen aus anderen Quellen zu bemühen. So sanken die Einnahmen aus dem Programmverkauf von 497 000 öS (68 000 DM) in der Saison 1978/79 auf 257 000 öS (37 000 DM) 1981/82 (RH 1984, 1.54.1). Für Restaurants betrug die Pacht nur zehn Prozent des Umsatzes, während unter den gegebenen Umständen eigentlich 20 Prozent angemessen gewesen wären (RH 1984, 1.58.3).

Um ihren eigenen Vorteil zu erhöhen, nutzen die Direktoren ihren Spielraum dahingehend, daß sie im ökonomischen Sinne *Renten* abschöpfen und umverteilen. Dabei profitieren sie sowohl von explizitem als auch implizitem Einkommen (in Form verschiedenster Vergünstigungen), aber auch von dem Einfluß und dem Prestige, das sie in ihrem sozialen Umfeld – der Kunstszene – genießen.

Insgesamt betrachtet, führen die institutionellen Bedingungen, unter denen das Direktorium arbeitet, zu einer Politik der Umverteilung. Die Kosten der Subventionierung tragen die österreichischen Steuerzahler, während die Nutzen dem Direktorium, den Mitarbeitern und einem Teil der Zuschauer zukommen. Dabei ist diese Umverteilung nicht das Ziel, sondern vielmehr die unbeabsichtigte, gleichwohl logische Folge des Verhaltens der Manager. Die Organisatoren bemühen sich aufzuzeigen, daß die Festspiele keinesfalls eine Belastung darstellen, sondern auch für jene Teile der Bevölkerung von Nutzen sind, die nicht direkt an ihnen teilnehmen. Einem Mitglied des Direktoriums zufolge (Wimberger 1983, 114) standen 1982 der Subventionszahlung von 77,1 Mio. öS direkte Einnahmen der Steuerbehörde und der Sozialversicherung in Höhe von 67,3 Mio. öS gegenüber. Die Steuereinnahmen, die sowohl direkt als auch indirekt auf die Festspiele zurückgehen, wurden sogar auf 159 Mio. öS geschätzt (Amt der Salzburger Landesregierung 1981). Die Organisatoren schließen daraus, daß die Festspiele für die österreichischen Steuerzahler eine ganz profitable Investition darstellen.[3]

Selbst wenn man davon ausgeht, daß diese Schätzungen korrekt durchgeführt worden sind, überzeugt das obige Argument aus zwei Gründen nicht.[4] Erstens wird unterstellt, daß die eingesetzten Ressourcen überhaupt nicht in Anspruch genommen würden und/oder daß keinerlei Steuern anfielen, wenn die Festspiele nicht stattfänden. Notwendig wäre dagegen ein Vergleich der Festspiele mit anderen denkbaren Aktivitäten, die zusätzliche Steuereinnahmen nach sich zögen, unabhängig davon, ob sie sich auf die Kunst, den Tourismus oder ganz andere Bereiche wirtschaftlichen Handelns beziehen. Sollte sich dabei herausstellen, daß beispielsweise Ausgaben zur Industrieansiedlung zu noch höheren Steuereinnahmen führen, so hätte sich das Argument *gegen* die Festspiele gewendet. Zweitens wird die Kostenseite völlig vernachlässigt. Der mutmaßliche Vorteil, den die Festspiele dem Steuerzahler bringen sollen, wäre erheblich höher, wenn die Kosten, und damit auch der Subventionsbedarf, verringert würden.

Der weite Spielraum, der sich den Direktoren für ein Handeln ohne Rücksicht auf ökonomische Erfordernisse bietet und die Tatsache, daß sie ihn exzessiv zur Verfolgung ihrer Eigeninteressen nutzen, erklärt auch die drei grundlegenden Eigenschaften, die die Festspiele aus ökonomischer Sicht kennzeichnen: die Schwierigkeiten, Karten zu bekommen, die hohen Einkommen von Künstlern und sonstigen Beteiligten und das unwirtschaftliche Management. Dies soll nun im einzelnen erörtert werden.

1. Ungleichgewichtig niedrige Preise

Die Preise für Eintrittskarten liegen bei den Salzburger Festspielen deutlich unter dem Gleichgewichtsniveau mit der Folge, daß die Nachfrage das Angebot bei weitem übersteigt. Wie schwierig es ist, auf dem offiziellen Markt

---

[3] Siehe Wimberger (1983, 115) und mit ähnlicher Folgerung zuvor schon Schmidjell und Gaubinger (1980).
[4] Vgl. auch Hughes (1989), Benkert (1989), Long und Perdue (1990) sowie Helmstädter (1992) für eine ausführliche Kritik dieser Art von Studien, ferner Pommerehne (1992) mit Bezug auf Festspiele.

Karten zu erwerben, zeigt die folgende Zahl: In der Saison 1981/82 konnte die Nachfrage von 35 000 Personen (nach den 175 000 Karten) nicht befriedigt werden (RH 1984, 1.24). Ungleichgewichtig niedrige Kartenpreise verhelfen den Mitgliedern des Direktoriums aus mehreren Gründen zu einer Nutzensteigerung, wobei es sich bei der Preissetzung keineswegs um Nachlässigkeit oder Fehlkalkulation, sondern vielmehr um eine systematisch betriebene Politik handelt:

(1) Die Direktoren können niedrige Kartenpreise als Beweis für ihr ‚soziales Engagement' anführen, was ihrem Prestige zugute kommt. Die Kosten dieser individuellen Nutzensteigerung trägt der anonyme Steuerzahler.

(2) Die Organisatoren vergrößern ihren Einfluß, wenn sie Karten, die wegen der Übernachfrage nicht erhältlich sind, an Personen ihrer Wahl verteilen. 1981/82 gab es insgesamt 163 500 Karten, von denen mehr als 11 000 entweder gratis oder zum erheblich reduzierten Preis von 50 öS (etwas mehr als sieben DM) verteilt wurden, wobei die meisten dieser Karten zur höchsten Preiskategorie zählten. Die Empfänger der 8 700 Freikarten waren (i) Politiker und Beamte (18 Prozent), von denen einige von Amts wegen mit der Aufsicht über die Festspiele betraut waren und/oder über die Vergabe von Subventionen zu entscheiden hatten, (ii) Personen, die, sei es künstlerischer, verwaltungsmäßiger oder geschäftlicher Natur, einen besonderen Bezug zu den Festspielen hatten (44 Prozent), (iii) Pressevertreter (29 Prozent), von denen ein erheblicher Anteil keine Journalisten waren und (iv) Personen, die von den Direktoren wegen ihrer Verdienste um die Festspiele ausgewählt worden waren (neun Prozent). Häufig bekamen die gleichen Personen Freikarten für verschiedene Aufführungen desselben Stücks, was vermuten läßt, daß viele Freikartenempfänger ihre Karten zu wesentlich höheren Preisen weiterverkauften. Diese Liste der Empfänger für 1981/82 (RH 1984, 8–10) läßt keinen Zweifel daran, daß die Organisatoren erheblichen direkten und indirekten Nutzen aus der Vergabe von Karten ziehen, die im Wege ungleichgewichtig niedriger Preise künstlich knapp gehalten werden.

(3) Offizielle ‚Unterstützer' der Festspiele können, nachdem sie einen angemessenen Betrag gezahlt haben, zwei Karten für alle gewünschten Aufführungen kaufen, was nur dann Sinn macht, wenn die Nachfrage größer als das Angebot ist. Die nicht unerheblichen Einnahmen aus dieser Quelle (seit 1975/76 etwa 44 Mio. öS bzw. 6,2 Mio. DM) tauchen nicht in der Buchführung des Festspielfonds auf. Außerdem reservieren sich die Organisatoren noch eine große Anzahl an Karten, um sie an Personen ihrer Wahl zu veräußern (RH 1984, 10). Angesichts der Tatsache, daß der geforderte Kartenpreis weit unter dem Preis liegt, der einen Ausgleich von Angebot und Nachfrage gewährleisten würde, ist auch diese Politik für die Direktoren mit zusätzlichem Einfluß sowie direktem oder indirektem Einkommen verbunden.

(4) Der Schwarzmarkt für Eintrittskarten (Andreae 1983b, 101; Kaut 1982, 37), der ohne ungleichgewichtig niedrige Preise gar nicht zustande käme, bringt den Direktoren ebenfalls zusätzlich Einfluß und Einkommen, denn er bietet einer großen Zahl von Personen – beispielsweise Hotelangestellten, die Karten an Gäste verkaufen – die Möglichkeit, zusätzliche (und wohl auch unversteuerte) Einkünfte aus den Festspielen zu ziehen.

2. Ungleichgewichtig hohe Einkommen

Das Direktorium erzielt auch dadurch einen Nutzenzuwachs, daß sowohl dem Verwaltungspersonal als auch den darstellenden Künstlern mehr gezahlt wird, als diese verlangen würden, d. h. daß Renten abgeschöpft und verteilt werden. Dies geschieht in Form von Geldeinkommen und von Pensionen und anderen Vergünstigungen wie der Nutzung von Dienstwagen, der Vergabe von Geschenken oder von Zuschüssen zu Festlichkeiten und Ausflügen (RH 1984, 18–20). Bei der genaueren Betrachtung werden wir uns im folgenden auf die Gehälter von Direktoren und Künstlern sowie von technischem und Verwaltungspersonal beschränken.

• *Direktorium und Verwaltung*: Die Mitglieder des Direktoriums profitieren unmittelbar von hohen Einkommen, da sie sich selbst beachtliche Einkommen bewilligen können. Im Zeitraum von 1978/79 bis 1981/82 verdiente der Präsident des Direktoriums zwischen 560 000 und 820 000 öS (zwischen 77 000 und 117 000 DM) pro Jahr – ungeachtet der Tatsache, daß diese Position gemäß den gesetzlichen Statuten[5] rein ehrenamtlich ist. Außerdem ziehen die Mitglieder des Direktoriums beachtlichen Vorteil aus Vergünstigungen wie zum Beispiel Eintrittskarten zur eigenen Verfügung, Nutzung von Dienstwagen, großzügig bemessene Reisekostenerstattungen, Mittel zu Repräsentationszwecken usw. (RH 1984, 23–25). Natürlich könnte dieses Einkommen grundsätzlich wettbewerbsgerecht, also gleichgewichtig sein, aber es ist zumindest erstaunlich, daß die Statuten über einen so langen Zeitraum offen mißachtet werden konnten.

Auch das Verwaltungspersonal bezieht erheblich höhere Einkünfte, als Angestellte in vergleichbaren Positionen in Österreich erzielen (RH 1984, 11–15). Von den 22 Verwaltungsangestellten bezogen vier höhere Gehälter als die am höchsten bezahlten Bundesbeamten (Dienstklasse IV). Der Rechnungshof vergleicht in seinem Bericht explizit die Gehälter für die jeweiligen Spitzenpositionen in bestimmten Bereichen der Festspielverwaltung mit den entsprechenden, funktional vergleichbaren Positionen in den (zweifellos auch hochangesehenen) Bundestheatern, zu denen unter anderen die Staatsoper und das Burgtheater in Wien zählen (Abele und Bauer 1984).

---

[5] Geschäftsordnung für das Direktorium des Salzburger Festspielfonds, 1950.

Tabelle 4.1 vergleicht die jährlichen Einkommen bei den Festspielen mit denen bei den Wiener Staatstheatern. Die Gehälter für Spitzenpositionen in Salzburg sind bis zu zweieinhalb Mal so hoch wie die für Positionen mit entsprechenden Aufgaben und Verantwortlichkeiten in vergleichbaren Institutionen im übrigen Österreich. Der ohnehin bedeutende Unterschied erweist sich als noch größer, wenn man bedenkt, daß sich die Festspielsaison in Salzburg über *fünf Wochen* erstreckt, während die Bundestheater *zehn Monate* im Jahr Aufführungen organisieren.

Tabelle 4.1: Gegenüberstellung der Löhne und Gehälter bei den Salzburger Festspielen und den Wiener Staatstheatern für funktional vergleichbare Tätigkeiten, 1981/82, in öS pro Jahr [a]

Funktion	Salzburger Festspiele	Wiener Staatstheater
Kartenverkauf	814 000	314 000
Hausverwaltung	821 000	467 000
Pressebüro	775 000	434 000
Technischer Betrieb	797 000	679 000
Kostümabteilung	1 200 000	605 000

[a] Die Festspielperiode in Salzburg umfaßt fünf Wochen, jene der Wiener Staatstheater erstreckt sich auf zehn Monate. Die hier angeführten Löhne und Gehälter sind jedoch *nicht* entsprechend angepaßt worden.
Quelle: RH (1984, 1.31.1).

Außerdem ist in Salzburg, verglichen mit Verwaltungsapparaten ähnlicher Größe, auch der Anteil der Spitzenpositionen höher: Unter den 22 Verwaltungsangestellten finden sich fünf ‚Direktoren' und ein ‚Generalsekretär'. In einem Land, in dem Titel ein beachtliches Ansehen beinhalten, sind dies Vergünstigungen von nicht zu unterschätzender Bedeutung.

Die ungleichgewichtig hohen Gehälter des Verwaltungspersonals sind auch im Interesse des Direktoriums. Einerseits ist damit die Auswahl an potentiellen Mitarbeitern viel größer, andererseits wird die Machtposition der Direktoren gegenüber den Angestellten gestärkt, da letztere genau wissen, daß sie in anderen Dienstverhältnissen erheblich weniger an Gehalt und Vergünstigungen erzielen könnten. Die ungewöhnlich hohen Gehälter schlagen sich auf diese Weise auch in einem für die Direktoren ‚sympathischen Arbeitsklima' und in der Bereitschaft des Personals, auf deren Wünsche und Launen einzugehen, nieder.

- *Künstler und technisches Personal*: Einen besonderen Macht- und Prestigegewinn ziehen die Organisatoren der Festspiele aus den unnötig hohen Gagen der mitwirkenden Künstler, da auf diese Weise weit mehr Künstler ihre Dienste anbieten, als für die Festspiele benötigt werden, so daß die Direktoren und die von ihnen mit entsprechenden Vollmachten versehenen

Mitarbeiter frei unter den Bewerbern entscheiden können. Die Künstler, die diese Position der Organisatoren kennen, werden deshalb gerne bereit sein, ihrerseits einen Beitrag zu leisten – sei es in Form zur Schau getragener Freundlichkeit und Kollegialität, gesellschaftlicher Akzeptanz oder möglicherweise auch einer gewissen Unterwürfigkeit, was für die Organisatoren einen beträchtlichen Nutzengewinn beinhaltet, insbesondere wenn es sich um weltberühmte ‚Superstars' handelt.

Der Bericht des Rechnungshofes stellt im Rahmen seiner Untersuchung diesbezüglich fest:

> „Die Honorare für Opern- und Konzertsolisten lagen durchschnittlich um 30 Prozent über dem Gagenniveau. Im Schauspielbereich überschritten die Honorare von durchschnittlich 40 Schauspielsolisten die vergleichbaren Höchstbezüge von Burgtheatermitgliedern" (RH 1984, 26).

Darüber hinaus sind die Gagen in Salzburg noch um einiges höher als in Bayreuth, dessen Sommerfestspiele ein ähnlich renommiertes Ereignis darstellen (Andreae 1983b, 106).

Auch Regisseure werden in Salzburg höher bezahlt als notwendig wäre (RH 1984, 29–33). Opernregisseure erhalten im Durchschnitt um 20 Prozent höhere Einkommen als in anderen führenden Opernhäusern. Regisseuren wird zusätzlich die Hälfte ihres ursprünglichen Gehalts gezahlt, wenn ihre Aufführung im folgenden Jahr wiederholt wird. So erhielt ein Regisseur 1981 und 1982 für zwei Wiederaufführungen, also für eine Woche Arbeit, jeweils 300 000 öS (43 000 DM). Auch die Bezüge von Dirigenten, Musikern und Chorsängern liegen deutlich über dem, was erforderlich wäre.

Im Bericht des Rechnungshofes findet sich überdies reichlich Evidenz dafür, daß selbst das technische Personal in Salzburg mehr verdient als bei vergleichbarer Beschäftigung andernorts (RH 1984, 15–22).

3. Ineffizienz und Verschwendung

Die Organisatoren der Festspiele haben keinerlei Anreiz, die Kosten niedrig zu halten und sich um ein effizientes Management zu bemühen, da ihr Spielraum, wie gezeigt, nur unzureichend eingegrenzt ist. Dabei ist ihr Verhalten durchaus rational, denn verstärktes Drängen auf effizientes Arbeiten würde das freundschaftliche Verhältnis zu Künstlern und Angestellten verderben, und Kostensenkungen würden überdies die staatlichen Subventionszahlungen vermindern. Dagegen haben sie einen starken Anreiz, die ‚bestmögliche' künstlerische Aufführung zu schaffen, ohne die Kosten zu berücksichtigen. Auch der Rechnungshof stellt fest, daß die Festspielleitung die aufzuführenden Stücke auswählt, ohne die zu erwartenden Einnahmen in Betracht zu ziehen und nicht selten auch entgegen aller kostenmäßiger Bedenken (RH 1984, 8). Die Höhe der öffentlichen Subventionierung pro verkaufter Eintrittskarte schwankt in den einzelnen Bereichen erheblich: Während sich insbesondere bei den Konzerten 1981 die Kosten und Kartenerlöse weitgehend entsprachen, betrugen die öffentlichen Zuschüsse beim Drama 787 öS (110 DM) und bei den Opernaufführungen 842 öS (120 DM) pro Karte, was insbesondere im letztgenannten Fall überrascht, da die im Rahmen der Festspiele aufgeführten Opern schwerlich als innovativ angesehen werden können. In der Tat machen die Werke von Mozart, R. Strauss, Verdi, Beethoven und Rossini nahezu 80 Prozent aller Aufführungen aus; ebenso handelt es sich bei den 15 führenden Stücken (davon sieben von Mozart), die nahezu 70 Prozent aller Opernaufführungen darstellen (ohne die Mozartstücke 50 Prozent), um durchgehend wohlbekannte und populäre Klassiker.[6] Angesichts der preisunelastischen Nachfrage nach diesen Opernaufführungen besteht hier der (vergleichsweise) geringste öffentliche Zuschußbedarf.

III. Folgerungen hinsichtlich der Einkommensverteilung

Wir haben in diesem Kapitel dargelegt, daß ein wesentlicher Grund für die beschriebenen Verhaltensweisen darin zu sehen ist, in welcher Art und Weise die Festspiele staatlich subventioniert werden. Das speziell zu diesem Zweck erlassene Bundesgesetz, das die Deckung jeglichen Defizits garantiert, hebt zumindest in weiten Bereichen die Budgetbeschränkung der Festspielleitung auf. Gäbe es keine öffentlichen Subventionen (oder würden sie auf andere Weise vergeben), so würde sich das Verhalten der Festspielmanager deutlich verändern. Niemand würde mehr zwangsweise zur Finanzierung der Festspiele herangezogen (wie zur Zeit die österreichischen Steuerzahler) und es gäbe keinen legitimen Grund mehr, sich über das willkürliche Verhalten der Festspielleitung zu beklagen.

Eine der wichtigsten Begleiterscheinungen der Festspiele ist die damit verbundene Umverteilung von Einkommen.[7] Es kommt dabei zu einer Umver-

---

[6] Es handelt sich im einzelnen – und für die Periode 1920 bis 1990 – um folgende Stücke (in Klammern Komponist/Anzahl Aufführungen): Die Hochzeit des Figaro (Mozart/179), Die Zauberflöte (Mozart/148), Cosi fan tutte (Mozart/141), Die Entführung aus dem Serail (Mozart/128), Don Giovanni (Mozart/126), Der Rosenkavalier (R. Strauss/103), Fidelio (Beethoven/86), Ariadne auf Naxos (R. Strauss/42), Indomeneo (Mozart/41), Falstaff (Verdi/33), Titus (Mozart/31), Don Carlos (Verdi/30), Rappresentazione di Anima e di Corpo (Cavaliere/29), Othello (Verdi/24), Capriccio (R. Strauss/24). Von dem Schwerpunkt, den die Werke von Mozart bilden, einmal abgesehen, unterscheidet sich das Angebot nicht wesentlich von dem der öffentlichen Opernhäuser im deutschen Sprachraum (vgl. Kapitel 2); dies gilt ebenso für das Durchschnittsalter der gespielten Stücke.
[7] Dies gilt in ähnlicher Weise auch für die ganz anders konzipierten (und als GmbH geführten) Ruhrfestspiele Recklinghausen. Deren Gesellschafter sind je zur Hälfte

teilung zwischen der Masse von Steuerzahlern (die die Festspiele nicht besuchen) und der vergleichsweise kleinen Zahl von relativ gut verdienenden (und großteils ausländischen) Zuschauern sowie zwischen dem Personal in Technik und Verwaltung, dem das Privileg einer Beschäftigung bei den Festspielen zuteil wurde, und allen denjenigen, die dieses Glück nicht hatten. Des weiteren wird Umverteilung zugunsten der Region Salzburg betrieben, die zu Lasten anderer steuerzahlender Regionen Österreichs von den Festspielen profitiert.

Die ökonomische Analyse verhilft dem Leser hier zur Einsicht, daß die beobachteten Unzulänglichkeiten und Versäumnisse im allgemeinen nicht einzelnen Personen anzulasten sind. Es ändert sich wenig, wenn alle Verantwortlichen ausgetauscht werden, ohne zugleich die Bedingungen der Subventionsvergabe zu ändern. Grundsätzlich handeln die Menschen gemäß ihren eigenen Interessen, wobei sie dazu neigen, alle sich bietenden Möglichkeiten auszuschöpfen. Das eigentliche Problem liegt somit in der spezifischen Art und Weise, in der die hohen und immer weiter steigenden Defizite der Festspiele finanziert werden. Nur eine Änderung dieser Finanzierungsmodalitäten kann das Verhalten der Festspielleitung drastisch und nachhaltig beeinflussen.

---

die Stadt Recklinghausen und der Deutsche Gewerkschaftsbund, wobei letzterer auf die Leitung der Festspiele maßgebenden Einfluß hat (vgl. Limbach 1965; Sauberzweig u.a. 1989, 26ff.). Zu den Bevölkerungsschichten, die an das Theater herangeführt werden sollen, zählen hier insbesondere jene, die im allgemeinen nicht als Theaterbesucher gelten, nämlich die Arbeiter. Diese bevorzugte Zielgruppe ist allerdings – trotz der diskriminierenden Bevorzugung von Gewerkschaftsmitgliedern und deren Familienangehörigen und Freunden durch die Theaterleitung – nicht erreicht worden: Die Besucherstruktur der Ruhrfestspiele unterscheidet sich nicht von der typischen Besucherzusammensetzung von Theatern; der Anteil Arbeiter am Publikum liegt mit 4,5 Prozent im üblichen Bereich (Sauberzweig u.a. 1989, 123ff.); siehe auch Russell (1980) für eine allgemeine Erörterung der fragwürdigen Umverteilungseffekte.

Kapitel 5: Museen und Galerien

Kunstmuseen sind bislang vorwiegend Gegenstand soziologischer Untersuchungen gewesen,[1] wobei das Verhalten der Besucher und deren Merkmale, wie Klassenzugehörigkeit, Alter, Geschlecht und Bildungsniveau gewöhnlich im Vordergrund stehen. Der Entscheidungsbedarf und die Probleme der Verantwortlichen in Museen sind jedoch keineswegs auf diesen Bereich beschränkt. Eine zentrale Frage, die sich heutzutage für private wie öffentliche Museen stellt, ist die der Finanzierung. Naturgemäß wird man in diesem Punkt eine Verbindung zur Ökonomie sehen. Das Interesse der Ökonomen geht jedoch weit darüber hinaus.

Im folgenden Abschnitt werden wir uns mit der Nachfrage nach den Dienstleistungen von Museen beschäftigen und dabei zunächst die Kosten eines Museumsbesuchs betrachten. Der Begriff ‚Kosten' umfaßt in diesem Zusammenhang nicht nur den Eintrittspreis und sonstige monetäre Faktoren, sondern ebenso nicht-monetäre Aufwendungen sowie die intellektuelle Anforderung, die ein Museumsbesuch voraussetzt. Die traditionelle ökonomische Nachfragetheorie gibt uns Aufschluß über die Beziehungen zwischen der Nachfrage nach Gütern und Diensten und den Kosten (d. h. dem Preis), die mit deren Konsum verbunden sind. Die Aspekte, die sich unter derartigen Gesichtspunkten ergeben, unterscheiden sich erheblich von denen soziologischer Untersuchungen: Anstatt soziale Kategorien (Klassenzugehörigkeit, Alter, Familienstand usw.), die ohnehin nicht Gegenstand politischen Handelns sein können und deren Untersuchung uns folglich auch wenig Aufschluß darüber geben kann, wie ein solches Handeln aussehen könnte, in den Mittelpunkt zu stellen,[2] konzentrieren sich Ökonomen auf *Instrumente*, die eingesetzt werden können, um Verhaltensänderungen zu erzielen.[3]

Bei der Untersuchung der Nachfrage nach Museumsdienstleistungen können wir zwischen den allgemein kunstinteressierten Individuen und be-

---

[1] Siehe u. a. Bourdieu (1969), Bott (1970), Graña (1971, 95 ff.), Eisenbeis (1972), Karl E. Meyer (1979) und Grasskamp (1981) mit jeweils umfangreichen weiterführenden Hinweisen.

[2] Vgl. zu entsprechenden Studien für die Vereinigten Staaten und Kanada DiMaggio, Useem und Brown (1978) sowie Beer (1987), Draper (1987) und Dickenson (1989, 1992); für Großbritannien siehe Merriman (1989); für den französischsprachigen Raum siehe Bourdieu und Dardel (1966), Bourdieu (1969) sowie Rieu (1988); für deutschsprachige Länder siehe Klein (1978), Klein und Bachmayer (1981), Kahlert (1988a) sowie Gohlke und Hack (1989).

[3] Vgl. in diesem Sinne auch Rosett (1991), Clarke (1991) und Fullerton (1992).

stimmten Personen, die sich durch ein besonderes Interesse am Museum auszeichnen (z.B. Kunsthistoriker), unterscheiden. Auf der Angebotsseite, mit der wir uns im zweiten Abschnitt beschäftigen, interessiert uns besonders die Interaktion zwischen dem Museum und denjenigen, die dessen Finanzierung kontrollieren. Im Falle privater Museen sind dies private Spender und Treuhänder von Stiftungen, im Falle staatlich subventionierter Museen dagegen Politiker und Bürokraten.

I. Die Nachfrage nach Museumsdienstleistungen

In diesem Abschnitt wird die Nachfrage verschiedener Gruppen nach den Leistungen von Museen untersucht, wobei wir mit der Nachfrage der allgemein kunstinteressierten Öffentlichkeit beginnen. Um den Umfang der Untersuchung im vorgesehenen Rahmen zu halten wird die Nachfrage von Künstlern sowie der lokalen Geschäftswelt hier nicht erörtert.

1. Allgemein kunstinteressierte Öffentlichkeit

Als Maß für die Nachfrage der Bevölkerung nach kulturellen Dienstleistungen, wie sie von Museen und Kunstgalerien angeboten werden, wird im allgemeinen die Zahl der freiwillig unternommenen Besuche pro Kopf benutzt. Besuche von Schulklassen werden dabei nicht berücksichtigt, denn sie repräsentieren nicht die eigene beabsichtigte Nachfrage der Schulkinder. Der Nutzen, den eine Person aus einem Museumsbesuch zieht, läßt sich zerlegen in einen reinen Konsumeffekt, d.h. die Erfüllung und Freude, die mit der Betrachtung der Exponate verbunden ist, und einen Investitionseffekt, wenn mit dem Besuch berufliche Zwecke verfolgt werden oder der Besucher sein soziales Prestige steigern möchte. Die wesentlichen Restriktionen für die (potentiellen) Besucher sind deren Einkommen und die ihnen zur Verfügung stehende Zeit sowie die oben erwähnten monetären und nicht-monetären Kosten, die mit einem Museumsbesuch verbunden sind. Die Untersuchung dieser Nutzen- und Kostenkomponenten erklärt, warum bestimmte Personen Museen besuchen, andere dagegen nicht.

Wie bereits angedeutet, verursacht ein Museumsbesuch monetäre sowie etliche nicht-monetäre Kosten. Im einzelnen lassen sich sechs Kostenarten unterscheiden:[4]

---

[4] Siehe auch O'Hare (1974a, 1974b, 1975), DiMaggio, Useem und Brown (1978), Gold (1980), N.R.C.A. (1981), English Tourist Board (1982), Hood (1983), Chambers (1984), Goudriaan und van't Eind (1985), Kahlert (1988b), Hendon und Costa (1988), Schuster (1988), Merriman (1989), Hendon, Costa und Rosenberg (1989) sowie Hendon (1990) und Dickenson (1992).

(1) Eintrittspreis;

(2) Transportkosten (allerdings nur die zusätzlichen monetären Kosten, die in direktem Zusammenhang mit dem Museumsbesuch anfallen);

(3) Zeit für die An- und Rückfahrt sowie Zeit für den eigentlichen Besuch;

(4) Kosten der Informationsgewinnung, (z.B. wie man ein bestimmtes Museum erreicht, was in bestimmten Ausstellungen gezeigt wird und was hierbei von besonderem Interesse ist). Diese Kosten werden umso niedriger liegen, je höher das Bildungsniveau eines Individuums ist;

(5) Intellektuelle Kosten (d.h. Verständnis und Auffassungsgabe, die erforderlich sind, eine Ausstellung genießen zu können). Auch diese Kosten werden in umgekehrter Beziehung zum Bildungsniveau des Besuchers stehen;

(6) Kommunikationskosten: zu der Erfahrung eines Museumsbesuchs gehört auch, sich mit anderen darüber auszutauschen. Diese Kosten werden ebenso in umgekehrtem Verhältnis zum Bildungsniveau stehen.[5]

Die Zeitkosten, die ein Museumsbesuch erfordert, lassen sich anhand der Opportunitätskosten messen, d.h. anhand der alternativ möglichen geldäquivalenten Zeitverwendung. Je mehr die alternative Zeitverwendung lohnt, d.h. je mehr an zusätzlichem Einkommen (pro Zeiteinheit) ein Individuum erzielen könnte, desto höher sind die Opportunitätskosten der Zeit und desto höher sind (unter sonst gleichen Umständen) auch die Gesamtkosten eines Museumsbesuchs. Entsprechend niedriger wird daher seine Nachfrage sein. Allerdings werden für einen Besucher mit einem hohen Bildungsniveau die Kosten der Informationsgewinnung, die intellektuellen Kosten und die Kommunikationskosten relativ niedrig sein, was wiederum zu einer höheren Nachfrage nach den Leistungen des Museums führt. Hohes Bildungsniveau und hohes Einkommen stehen im allgemeinen in engem (positivem) Zusammenhang, können jedoch in entgegengesetzter Richtung auf die individuelle Museumsnachfrage wirken: Ein hohes (marginales) Einkommen (d.h. der Lohnsatz, den eine Person mit jeder zu diesem Zweck aufgewandten Zeiteinheit zusätzlich erzielen könnte) führt zu einer Senkung, ein hohes Bildungsniveau dagegen zu einer Erhöhung der Nachfrage.

Der positive Zusammenhang zwischen (marginalem) Einkommen und Bildung gilt nicht für *alle* Individuen. Abbildung 5.1 zeigt vier mögliche Kombinationen für jeweils zwei Kategorien von Einkommen und Bildungsniveau.

Für Individuen der Kategorien A (niedriges Bildungsniveau, niedriger marginaler Lohnsatz) und D (hohes Bildungsniveau, hoher marginaler Lohnsatz) wirken die geschilderten Einflüsse in gegenläufiger Richtung, so daß

---

[5] Zum großen Einfluß von Bildung und Erziehung auf die Nachfrage nach Darbietungen der bildenden und darstellenden Künste vgl. mit entsprechenden empirischen Belegen Globerman und Book (1977), Bamossy (1982), Morrison und West (1986b), Robinson (1987) sowie Abbé-Decarroux (1990).

Abbildung 5.1: Einfluß des Einkommens und Bildungsniveaus auf die Museumsnachfrage

	zusätzliches Einkommen (marginaler Lohnsatz)	
Bildungsniveau	niedrig	hoch
niedrig	A	B
hoch	C	D

der Nettoeffekt nicht eindeutig bestimmbar ist. Fall B umfaßt dagegen Personen mit hohem zusätzlichem Einkommen, aber niedrigem Bildungsniveau: Hier sind die Gesamtkosten eines Besuchs hoch, die Nachfrage wird entsprechend niedrig sein. Kombination C betrifft schließlich Personen mit hohem Bildungsniveau und niedrigem zusätzlichem Einkommen, d. h. ihre Besuchskosten werden niedrig, ihre Nachfrage wird folglich umso höher sein. Versucht man, den Kategorien B und C Personen oder Personengruppen zuzuordnen, so könnten in Kategorie B selbständige Unternehmer – ‚self-made people' – ohne höheres Bildungsniveau fallen, in Kategorie C dagegen Lehrer, Intellektuelle mit niedrigem marginalen Lohnsatz oder Rentner ohne zusätzliche Einkünfte.

Die Eintrittspreise der Museen sind normalerweise so niedrig, daß sie für die Entscheidung, ob man ein Museum besucht oder nicht, kaum ausschlaggebend sind.[6] Eine Studie über das Boston Museum of Fine Arts zeigte beispielsweise, daß 1974 bei der Erhöhung der Eintrittspreise um immerhin 100 Prozent (von durchschnittlich einem Dollar auf zwei Dollar) die monatliche Besucherzahl nur um zehn Prozent zurückging (O'Hare 1975). Der relativ starke Preisanstieg hatte demnach nur eine vergleichsweise geringe Wirkung auf die Besucherzahlen. Beachtenswert ist jedoch, daß im gleichen Museum die Zahl der Besuche deutlich anstieg, als zu bestimmten Tageszeiten gar kein Eintrittspreis erhoben wurde (O'Hare 1974b). Auffälliger ist noch: Als der eintrittsfreie Zutritt von Dienstag abend auf Sonntag morgen verlegt wurde, verlagerte sich die Besucherfrequenz entsprechend. In vier Museen der Stadt Rotterdam führte eine Erhöhung der Eintrittspreise (in der Saison 1982/83) insgesamt zu einem leichten Nachfragerückgang.[7] Gleichzeitig wurde jedoch ein längerer Aufenthalt im Museum – mit der Fol-

---

[6] In den Vereinigten Staaten sowie in Großbritannien und Irland z. B. ist der Eintritt in den meisten (öffentlichen) Kunstmuseen sogar frei (Elkan 1986; Duffy 1992; Elshout 1992), allerdings wird von dem tatsächlichen Besucher erwartet, daß er freiwillig einen (bestimmten Mindest-)Obulus entrichtet. In der Bundesrepublik Deutschland wurde 1987 in nahezu der Hälfte der Museen kein Eintrittsgeld erhoben; bei einem weiteren Viertel betrug der Eintrittspreis lediglich bis zu zwei DM (Institut für Museumskunde 1988, 31).

[7] Ähnliches vermutet Grote (1984, 4f.) für die Museen in der Bundesrepublik Deutschland.

ge einer Reduktion der monetären Kosten des Besuchs pro Zeiteinheit – festgestellt. Aus dem gleichen Grund wurden auch verstärkt Saisonkarten nachgefragt, da diese die Kosten jedes weiteren Besuchs auf Null senken. Vor der Erhöhung des Eintrittspreises erwarben 16 Prozent der Besucher eine Jahreskarte, danach 31 Prozent. Außerdem wurden Museumsbesuche in größeren Gruppen unternommen, um die Möglichkeit von entsprechenden Ermäßigungen zu nutzen. Schließlich erhöhte sich der Anteil von Besuchern, die weite Anfahrtswege hatten, da die Opportunitätskosten der Zeit relativ zum Eintrittspreis gesunken waren.

Die Kosten der Informationsgewinnung, der Kommunikation und des intellektuellen Verständnisses haben vermutlich einen erheblichen Einfluß auf die Entscheidung, ein Museum oder eine Galerie zu besuchen, sind allerdings auch nicht leicht beeinflußbar. Einen Versuch der Einflußnahme stellen alle Arten von Werbeanstrengungen dar, von der Bereitstellung verbesserten Informationsmaterials (über die Ausstellung und deren historische und politische Bezüge) bis hin zur gelegentlichen Organisation besonders populärer Großaustellungen.[8]

2. Kunstliebhaber und Kunsthistoriker

Unter ‚Kunstliebhabern' wollen wir in diesem Zusammenhang diejenigen Personen verstehen, die einem Museum auf besondere Weise verbunden sind, etwa in Vereinen zusammengeschlossene ‚Freunde des Museums', Spender oder (ehrenamtliche) Treuhänder, die auch in ihrer Eigenschaft als Besucher für das Museum von großer Bedeutung sind. So war zum Beispiel 1986/87 jeder dritte Besucher des Museum of Modern Art in New York Mitglied des Vereins der Freunde des Museums. Die Kunstliebhaber im so definierten Sinne sind also nicht nur zahlenmäßig bedeutend, sondern vor allem im Hinblick auf die Zahl ihrer Besuche.

Auch hier vermittelt uns die ökonomische Sichtweise wieder interessante Aspekte über das Verhalten dieser Besuchergruppe: Aus den engen Kontakten zu Direktoren und Kuratoren des Museums, die ihr Status mit sich bringt, erhoffen sich Kunstliebhaber einen besonderen Prestigegewinn. Für Förderer und Spender ist mit der Ausstellung der von ihnen zur Verfügung gestellten Exponate (in Verbindung mit einer entsprechenden Namensnennung) sogar ein Hauch von ‚Unsterblichkeit' verbunden und, je nach Rechtslage, auch steuerliche Abzugsfähigkeit des gespendeten Betrages. In dieser Hinsicht

---

[8] Vgl. zur Werbung und Öffentlichkeitsarbeit Dube und Schauerte (1989) und mit vielen weiterführenden Hinweisen Franke (1990), Yorke und Jones (1987), Bigley (1987), Schuck-Wersig und Wersig (1988, 1991, 1992a, 1992b); zum Konzept der Groß- und Wechselausstellungen siehe Garvin (1981), Noble (1986) und Elkan (1986).

sind amerikanische Gesetze großzügiger als die in europäischen Ländern.[9] Für Kunstliebhaber sind ferner die Kosten eines Besuches geringer als für gewöhnliche Besucher: Sie werden kostenlos über die Aktivitäten des Museums unterrichtet, zahlen nicht für jeden einzelnen Besuch, sondern entrichten einmal im Jahr einen bestimmten Betrag. Zu den Anreizen, einem Museumsverein beizutreten, zählen darüber hinaus besondere Privilegien, wie der Zugang zur ‚member's lounge' oder dem Mitglieder-Restaurant sowie Einladungen zu Ausstellungseröffnungen und damit verbundenen Veranstaltungen.[10]

Die besondere Natur dieser Vergünstigungen legt nahe, daß Kunstliebhaber besonders die gesellschaftlichen Aktivitäten nachfragen, die ihr Status ihnen zugänglich macht. Deshalb werden sie auch ein Interesse daran haben, daß die Mitgliedschaft im Museumsverein einen exklusiven Charakter behält, d. h. sie werden – sobald sie selbst Mitglieder geworden sind – ihren Einfluß dahingehend geltend machen, daß weniger publikumswirksame als vielmehr möglichst esoterische und damit exklusive Ausstellungen durchgeführt werden.

Kunsthistoriker interessieren sich für Museen vor allem zum Zweck der Einkommenserzielung. Sie befürworten Austellungen weniger wegen deren Popularität als vielmehr wegen ihrer ‚historischen Bedeutung', womit sich ihre Nachfrage erheblich von derjenigen allgemein kunstinteressierter Besucher unterscheidet. Sie bevorzugen möglichst spezialisierte Ausstellungen (die der allgemeinen Öffentlichkeit nicht unbedingt zugänglich sind), da sich auch ihre Forschung gewöhnlich auf stark eingegrenzte Bereiche bezieht.

3. Politiker

Politiker haben kein direktes Interesse an bestimmten Ausstellungen. Sie profitieren vor allem von der Existenz eines Museums [und dessen Beitrag zur Stadtbildgestaltung; vgl. Pappermann (1988)] und möglicherweise von dem Prestige, das mit besonderen Ausstellungen verbunden ist. Da ihr Verhalten vorrangig von dem Wunsch bestimmt wird, wiedergewählt zu werden, verfolgen sie eine Kultur- und Museumspolitik, die dem Bürger gefällt. Letztlich wird die Kultur- und damit auch die Museumspolitik jedoch nur einen schwachen Einfluß auf die Wiederwahlchancen eines Politikers haben,

---

[9] Siehe Vandell und O'Hare (1979), Wyszomirski (1982), O'Hare und Feld (1984), Walsh (1991), Fullerton (1991) und Clotfelter (1991). Eine Analyse der historischen Entwicklung der indirekten und direkten öffentlichen Förderung von Kunstmuseen in den Vereinigten Staaten findet sich bei Smolensky (1986) und Temin (1991).

[10] Entsprechend werden – nach fest umrissenen Leistungspaketen abgegrenzt – auch unterschiedliche Mindestgaben erwartet. So differenziert das Museum of Fine Arts in Houston zwischen „Individual" (35 $), „Family" (50 $), „Contributing" (75 $), „Patron" (100 $), „Supporting" (250 $) bis hin zum „Leader" (25 000 $); vgl. Schuck-Wersig und Wersig (1988, 57 ff.).

zumal auch sie Budgetbeschränkungen unterliegen und sich entscheiden müssen, ob sie die öffentlichen Mittel für Museen oder für andere Zwecke ausgeben. Selbst in den Ländern, in denen – wie in den meisten europäischen Staaten – die Kunst von der öffentlichen Hand vergleichsweise hoch subventioniert wird, ist der Anteil der gesamten öffentlichen Ausgaben, der für Kultur und Museen aufgewendet wird, relativ gering.

Folglich haben Politiker nur geringe Anreize, direkt in die Leitung von Museen einzugreifen, zumal dies mit hohen Kosten der Informationsgewinnung und nur geringem Nutzen verbunden wäre. Sie werden jedoch größere und ernsthafte Skandale vermeiden wollen und schon aus diesem Grund eine eher konservative Museumspolitik verfolgen. Da ein konstruktives Eingreifen in die Aktivitäten des Museums ein hohes Maß an fachlicher Kompetenz voraussetzt, beschränken sich die Politiker – wo dies möglich ist – weitgehend darauf, den Input an Geld, Personal und Räumen zu kontrollieren.

4. Zukünftige Generationen

Man könnte sich vorstellen, daß auch spätere Generationen ein Interesse daran haben, daß heute Museen betrieben werden, da in ihnen die Vergangenheit für sie bewahrt wird. In der Tat nehmen verschiedene Gruppen für sich in Anspruch, das Interesse zukünftiger Generationen zu vertreten; in Wahrheit verfolgen sie jedoch ihre eigenen Ziele. Konservative und traditionsbewußte Personen legen besonderen Wert darauf, daß die Vergangenheit bewahrt wird. Dabei handelt es sich oft um ältere Menschen, die die Vergangenheit erhalten wollen, weil ihnen im Zuge der Veränderungen ihrer Umwelt ein immer größerer Teil ihrer kulturellen Identität verloren geht (Wolf 1970) und sie sich auf diese Weise zunehmend von der Welt, in der sie leben, entfremden.

Auch Förderer und Spender handeln im Sinne künftiger Generationen, indem sie sich selbst ‚Unvergänglichkeit' zu sichern suchen. Historiker, Wissenschaftler und andere Forscher haben grundsätzlich ein Interesse an der Geschichte und damit auch am Erhalt von Kunstwerken der Vergangenheit. Schließlich werden alle Personen, die für ein Museum arbeiten (sei es ehrenamtlich oder gegen Entgelt), ebenso Wert darauf legen, daß ihnen diese Quelle von Einkommen, Prestige oder persönlicher Befriedigung erhalten bleibt.

II. Das Angebot an Museumsdiensten

Das Angebot an Museumsdiensten wird maßgeblich von dem Direktorium und den angestellten Fachkräften bestimmt. Im folgenden werden wir unsere Betrachtung auf das Direktorium beschränken.

1. Beschränkungen der Museumsdirektoren

Der Nutzen, den ein Museumsdirektor aus seiner Position zieht, erstreckt sich keineswegs nur auf sein Einkommen, sondern beruht in hohem Maß auf dem Prestige und dem Status, den er innerhalb seiner Bezugsgruppe genießt. Diese setzt sich zusammen aus Kunstliebhabern (Mitgliedern des Museumsvereins, Förderern, Spendern, Treuhändern), Kunsthistorikern, der internationalen Museumswelt und insbesondere Kollegen. Will ein Museumsdirektor sein Prestige und seinen Status innerhalb dieser Gruppe erhalten und steigern, so muß er die hohen Maßstäbe anlegen, die von den professionellen Kunstrichtern an die Qualität seiner Ausstellungen gestellt werden. Daneben wird er auch von den angenehmen Arbeitsbedingungen für sich und seine Mitarbeiter und der Arbeitsplatzsicherheit profitieren.

Um das Verhalten von Museumsdirektoren zu erklären, müssen Einschränkungen beachtet werden:

- *Finanzielle Beschränkungen*: Das Budget, über das ein Museum verfügen kann, ist begrenzt. Wie Abbildung 5.2 für ausgewählte Museen zeigt, sind die öffentlichen Subventionen die wichtigste Einnahmequelle zur Deckung der *laufenden Ausgaben*. Der Staatsanteil an den Betriebskosten liegt zwischen 70 und 95 Prozent (in Italien und Frankreich sogar bei 100 Prozent). Eine deutliche Ausnahme bilden die Vereinigten Staaten, wo die öffentliche Hand nur zu etwa zehn Prozent an den Betriebskosten beteiligt ist.[11] Weitere Einnahmen erzielen Museen aus dem Kartenverkauf und aus anderen Quellen wie dem Verkauf von Veröffentlichungen und Reproduktionen sowie dem Restaurantbetrieb. In Museen auf dem europäischen Kontinent decken diese Einnahmen weniger als 25 Prozent der Betriebskosten, in den Vereinigten Staaten dagegen mehr als 70 Prozent. Die restlichen Einkünfte kommen aus privater Unterstützung.

Die hauptsächlichen Quellen der Kapitalbeschaffung (d. h. Mittel für den Ankauf von Kunstwerken) sind öffentliche Gelder zum Erwerb von Kunstobjekten, private Spenden in Form direkter finanzieller Unterstützung oder in Form von Kunstobjekten, die weiterverkauft werden können und schließlich Einkünfte aus dem Verkauf von Objekten aus dem Bestand des Museums. In verschiedenen Ländern unterliegt die Schenkung und Vererbung von Kunstobjekten der Schenkungs- bzw. Erbschaftssteuer. Die Betroffenen können die Steuerzahlung dadurch umgehen, daß sie einen Teil der fragli-

---

[11] Eine Ausnahme bilden die fünf Nationalmuseen in Washington, D.C. (National Gallery of Art, National Museum of American Art, National Portrait Gallery, Hirshorn Museum und das National Museum of African Art), deren laufende Ausgaben 1988 zu über 80 Prozent vom Bund finanziert worden sind. Im übrigen erheben diese Institutionen auch keinen Eintrittspreis (vgl. Clotfelter 1991, Tab. 4). Zu weiteren Angaben für die Vereinigten Staaten siehe Parkhurst (1975).

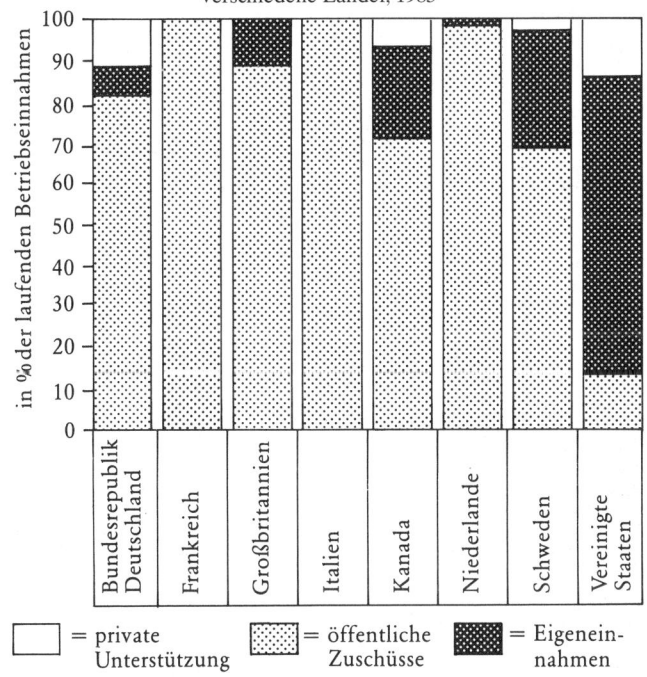

Abbildung 5.2: Anteile der öffentlichen Zuschüsse, der Eigeneinnahmen und der privaten Unterstützung an den laufenden Betriebseinnahmen der Museen; verschiedene Länder, 1983 [a]

☐ = private Unterstützung   ▦ = öffentliche Zuschüsse   ▓ = Eigeneinnahmen

[a] Für jedes Land ist eine Institution ausgewählt worden: Für die Bundesrepublik Deutschland die Bayerische Staatsgemäldesammlung, für Frankreich das Musée d'Art Moderne, für Großbritannien die Tate Gallery, für Italien die Civiche Raccolta Milanese, für Kanada die Vancouver Art Gallery, für die Niederlande das Stedilijk Museum, für Schweden das Moderna Museet und für die Vereinigten Staaten das Art Institute of Chicago.

Quelle: Cwi und Quine (1985).

chen Objekte staatlichen Museen überlassen. Dies ist insbesondere in Frankreich von erheblicher Bedeutung, denn aufgrund dieser Bestimmungen wurden dem Staat Arbeiten von Filippo Lippi, Jean Fragonard, Peter Paul Rubens, Francisco Goya, Paul Cézanne, Edouard Manet, Pierre Auguste Renoir, Camille Pissarro und Claude Monet überlassen. Die außergewöhnlichste Gabe war die *dation Picasso*, die den größten Teil des Bestandes des neuen Musée Picasso in Paris ausmacht: Sie umfaßt 229 Gemälde, 149 Skulpturen, 85 Keramik-Arbeiten und mehr als 3 000 weitere Kunstwerke. Ihr Wert wurde damals auf 290 Mio. FF geschätzt, was etwa 100 Mio. DM entspricht.

Die verschiedenen Einnahmenquellen und damit auch die finanziellen Restriktionen, denen Direktoren unterliegen, unterscheiden sich erheblich voneinander. Wir wollen dies anhand der Einnahmenstatistik zweier führender Kunstmuseen, des Kunsthauses in Zürich und des Museum of Modern Art in New York, verdeutlichen.

Tabelle 5.1: Zusammensetzung der Einnahmen des Zürcher Kunsthauses und des Museum of Modern Art, New York (Durchschnittswerte über vier Jahre)

	Kunsthaus Zürich [a]	Museum of Modern Art [b]
A. Laufende Betriebseinnahmen		
1. Direkte öffentliche Unterstützung (in %)	57,4	3,0
2. Eigeneinnahmen (in %)		
(a) Kartenerlös	13,9	12,7
(b) Sonstige Erlöse	20,5	33,3
3. Private Unterstützung (in %)		
(a) Mitgliederbeiträge	5,4	10,9
(b) Sonstige private Spenden	–	14,4
4. Verschiedenes (in %)		
(a) Einnahmen aus Anlagefonds und sonstigen Fonds	–	19,1
(b) Sonstiges	2,7	6,6
Summe A in %	100 %	100 %
absolut (in 1 000)	8 526,5 SFr.	30 720,0 $
in % Gesamteinnahmen (C)	91,2 %	90,7 %
B. Anschaffungsfonds		
1. Direkte öffentliche Unterstützung (in %)	60,8	–
2. Private Unterstützung (in %)	37,2	50,9
3. Erlöse aus Verkauf von Kunstwerken (in %)	0,5	38,8
4. Sonstiges	1,5	10,3
Summe B in %	100 %	100 %
absolut (in 1 000)	822,5 SFr.	3 144,0 $
in % Gesamteinnahmen (C)	8,8 %	9,3 %
C. Gesamteinnahmen (in 1 000)	9 349,0 SFr.	33 864,0 $

[a] Durchschnitt der Jahre 1983 bis 1986.
[b] Durchschnitt der Fiskaljahre 1983/84 bis 1986/87.
Quellen: Zusammengestellt anhand der Jahresberichte des Kunsthauses Zürich und der Zweijahresberichte des Museum of Modern Art.

Aus Tabelle 5.1 lassen sich fünf maßgebliche Unterschiede ableiten: 1. Das Kunsthaus erhält sehr viel mehr an staatlicher Unterstützung (über 55 Prozent der laufenden Einnahmen) als das Museum of Modern Art (drei Prozent der laufenden Einnahmen). 2. Der Anteil der Einnahmen aus nachgelagerten Geschäften beträgt im Falle des Kunsthauses nur zwei Drittel dessen, was diese Einnahmen im Museum of Modern Art ausmachen (20 Prozent gegenüber 33 Prozent). 3. Bei den Einnahmen aus privaten Spenden ist das

Verhältnis sogar eins zu fünf (fünf gegenüber 25 Prozent). 4. Das Kunsthaus finanziert 60 Prozent seiner Ankäufe direkt mit staatlichen Mitteln, im Museum of Modern Art beträgt dieser Anteil null Prozent. 5. Das amerikanische Museum finanziert 40 Prozent seiner Ankäufe aus dem Verkauf von Kunstgegenständen, das Kunsthaus dagegen nur ein halbes Prozent.[12]

Das Erstaunlichste an dieser Auflistung ist in beiden Fällen der unbedeutende Anteil der Einnahmen aus dem Kartenverkauf (zwischen zehn und 15 Prozent). Die Direktoren der staatlichen Museen befürchten möglicherweise, daß steigende Karteneinnahmen zu einer Senkung der öffentlichen Subventionen führen, was sie wiederum dem Druck aussetzen würde, in hohem Maße publikumswirksame Ausstellungen anzubieten. Im Fall privater Museen könnten steigende Karteneinnahmen dagegen als Zeichen einer erfolgreichen Arbeit gewertet werden, was zu verstärkter öffentlicher Unterstützung führen kann.

• *Räumliche Restriktionen*: Die meisten Museumsdirektoren klagen über fehlende Räumlichkeiten – ein Problem, das ihre Arbeit sehr zu erschweren scheint, denn es wird regelmäßig in Geschäftsberichten erwähnt.[13] Die räumliche Erweiterung eines Museums ist offenbar nur zu sehr hohen Kosten möglich.

• *Rechts- und Verwaltungsvorschriften*: Derartige Vorschriften sind vor allem für öffentliche und halböffentliche Museen, wie sie auf dem europäischen Kontinent vorherrschen, von Bedeutung. In Europa wird sowohl den öffentlichen, wie auch den privaten Museen im allgemeinen der rechtliche Status der Gemeinnützigkeit zugesprochen. Dies ist zwar für die Finanzierung ausgesprochen vorteilhaft, unterwirft das Museum jedoch den rechtlichen und administrativen Prinzipien des öffentlichen Sektors. Damit sind dem Direktorium in vielfältiger Hinsicht die Hände gebunden: Die Öffnungszeiten werden vorgeschrieben, und auch über die Einstellung des Personals und dessen Entlohnung kann das Museum nicht mehr frei verhandeln (zum Beispiel besteht kein Spielraum für Prämienzahlungen als Leistungsanreiz). Darüber hinaus müssen verschiedene andere Regeln beachtet werden: Da das Museum Teil des öffentlichen Sektors ist, können die Entscheidungsgremien nicht ohne weiteres die Einnahmen aus dem Verkauf von Eintrittskarten zum Ankauf von Kunstobjekten verwenden. Nach dem Non-Affektations-Prinzip fließen alle Einnahmen zunächst in die allgemeine öffentliche Kasse zurück. Das Direktorium hat zwar einen gewissen Entscheidungsspielraum, für bestimmte Besuchergruppen (Schulkinder, Rentner etc.) gesonderte Preise festzusetzen, aber grundsätzlich wird über die Höhe der Eintrittspreise auf politischer Ebene entschieden.

---

[12] Vgl. allgemein für amerikanische Museen Parkhurst (1975) sowie Rosett (1991).
[13] Siehe z. B. Montias (1973) für amerikanische Museen oder Clottu (1975) für Schweizer Museen.

- *Einschränkung seitens der Treuhänder und Spender:* Obwohl Treuhänder ehrenamtlich tätig sind, scheinen sie doch erheblichen Einfluß auf den Betrieb von Museen auszuüben. Dies gilt insbesondere für privat und kommerziell betriebene Museen in den Vereinigten Staaten. Ebenso wie Spender können sie Bedingungen an die Überlassung von Objekten knüpfen, vor allem was die Art der Repräsentation betrifft. Dies kann die Freiheit des Direktoriums bei der Gestaltung von Ausstellungen sehr einschränken.

2. Verhalten der Direktoren

Die Art und Weise, in der Museumsdirektoren ihre Ziele verfolgen, wird durch die institutionellen Rahmenbedingungen und die Finanzierungsmöglichkeiten bestimmt. Das Direktorium eines privat unterstützten, mehr kommerziell orientierten Museums wird sich daher anders verhalten als die Leitung eines halbstaatlichen Museums, das weitgehend auf Zuwendungen aus der Staatskasse angewiesen ist.

Die Direktoren *privater Museen* haben hohe Anreize, sich um zusätzliche Mittel zu bemühen. Eine Studie von Pride, Dirocco und Lewis (1981) hat gezeigt, daß die Museen in den Vereinigten Staaten 1979 zwischen sechs und 25 Prozent ihrer laufenden Einnahmen aus privaten Quellen bezogen haben. Die absoluten Beträge, die sich hinter diesen Prozentzahlen verbergen, lagen zwischen zwei Mio. und mehr als 70 Mio. $. Um derartige Zuwendungen bemühten sich alle Arten von Museen. Sie setzten hierfür zwischen ein und drei Prozent der gesamten laufenden Ausgaben ein, wodurch die Direktoren tatsächlich die finanzielle Situation ihrer Museen verbessern konnten. Die Wirkung derartiger ‚fund raising'-Maßnahmen variiert allerdings mit dem Museumsgenre: Die Ausgabe eines zusätzlichen Dollars führte im Falle allgemeiner Museen zu Mehreinnahmen in Höhe von zehn Dollar, bei Kunstmuseen zu 7,5 $, bei Wissenschaftsmuseen zu 5,6 $ und bei historischen Museen zu 2,5 $. Besonders lohnend war es für allgemeine Museen, bei Stiftungen um Zuschüsse zu werben. Die zusätzliche Ausgabe von einem Dollar erhöhte die Einnahmen um 6,5 $, während die gleiche Ausgabe nur 2,3 $ Mehreinnahmen bei Unternehmen und 2,7 $ bei Privaten mobilisierte (Luksetich, Lange und Jacobs 1987).

Im folgenden werden wir uns auf *halbstaatliche* und *staatliche Museen* konzentrieren, wie sie außerhalb der Vereinigten Staaten typisch sind.[14] Staatlich subventionierte Museen beziehen ausreichende Unterstützungsleistungen, um die im Rahmen ihres Etats vorgesehenen Ausgaben zu finanzieren. Faktisch verfügen sie damit – innerhalb gewisser Grenzen – über eine garantierte Defizitdeckung. Ihre Ausgaben werden weitgehend durch verwaltungsrechtliche Vorgaben bestimmt – beispielsweise müssen sie

---

[14] Vgl. auch Mercillon (1977) und Kahlert (1988a).

Lohn- und Gehaltserhöhungen und Arbeitszeitverkürzungen, die für die Beschäftigten im öffentlichen Sektor ausgehandelt werden, mitvollziehen. Da eventuelle Defizite ohnehin gedeckt werden, haben die Direktoren kaum Anreize, sich um zusätzliche Einkünfte oder Kostensenkungen zu bemühen.

Direktoren können ihre Eigeninteressen, die sich auf Prestigegewinn, hohe Qualität der Ausstellungen und angenehme Arbeitsbedingungen beziehen, nur dann verfolgen, wenn ihnen die bestehenden Restriktionen hierzu Spielraum lassen. Um diesen Spielraum zu erweitern und nicht um sonstige Einkünfte zur Kostendeckung werben zu müssen, werden sie dem Betrieb des Museums mehr und mehr eine nicht-kommerzielle Ausrichtung geben. Es scheint, als hätten die Museumsdirektoren auf dem europäischen Kontinent und insbesondere in der Bundesrepublik Deutschland mehr Erfolg in dem Bemühen gehabt, nicht-kommerzielle Bewertungsmaßstäbe für ihre Arbeit anzulegen (Treinen 1973) als ihre amerikanischen Kollegen. Sobald die Museumsleitung nicht mehr gezwungen ist, sich um die Deckung der Kosten zu bemühen, kann sie ihre Aktivitäten mit dem Hinweis auf deren ‚künstlerischen‘, ‚wissenschaftlichen‘ oder ‚historischen‘ Wert legitimieren. Wenn sich derartige, nichtkommerzielle Maßstäbe durchgesetzt haben, verliert auch mögliche Kritik von außen an Substanz, da es für Politiker und Verwaltungsbeamte sehr schwierig ist, kompetente Kritik an der Arbeit des Direktoriums zu üben oder gar eigene konstruktive Vorschläge zu unterbreiten. Der Einfluß von Politikern und Bürokraten beschränkt sich gewöhnlich auf monetäre Phänomene. Ihrer Kritik läßt sich daher viel leichter begegnen, wenn sowohl die Aktivitäten des Museums als auch die Bewertungsmaßstäbe nicht-kommerzieller Natur sind. Auf diese Weise wird jede externe Kontrolle ausgeschlossen.

Im Einklang mit dieser Politik werden Bewertungen des Museumsbetriebs von Experten vorgenommen, die selbst Insider der Museumsszene sind, d. h. der Anbieter (das Museum) definiert selbst die Maßstäbe zur Bewertung seiner Dienstleistung. Unterstützt werden Museumsdirektoren bei dieser Politik der nicht-kommerziellen Bewertungsmaßstäbe von Kunsthistorikern, für deren Forschungsarbeit das Dienstleistungsangebot von Kunstmuseen (insbesondere eine effiziente Katalogisierung) besonders wichtig ist.

Diese Politik der Entkommerzialisierung staatlicher und halbstaatlicher Museen mit dem Ziel der Ausweitung des diskretionären Spielraums des Direktoriums, hat unmittelbar Einfluß auf dessen Verhalten. Unter anderem werden kommerzielle Aktivitäten auf das notwendigste beschränkt, da sie den Vorstellungen der Direktoren über die Gestaltung ihres Museums nicht entsprechen. Das heißt konkret: Die Wirtschaftlichkeit der Verkaufsläden, der Restaurants und der Cafeterien wird außer acht gelassen.

Gemäß der bei Museen angewandten Buchhaltungspraxis werden die Ausstellungsobjekte nicht als Vermögensgegenstände mit ihrem Marktwert ausgewiesen, obwohl dieser, insbesondere im Fall von Kunstmuseen, beträchtlich sein kann. Ein Grund für dieses Vorgehen liegt darin, daß es schwierig ist, bei den seltenen Kauf- und Verkaufstransaktionen auf dem Kunstmarkt überhaupt einen Marktwert zu bestimmen, und daher der tatsächliche Wert der meisten Objekte unbekannt bleibt. Außerdem würden die Marktwerte der meisten Kunstobjekte drastisch sinken, wenn es zu einem tatsächlichen Verkauf in großem Umfang käme: Mit zunehmender Sättigung des Marktes würden die Objekte ihren Knappheitswert verlieren (Ashenfelter 1989; Salamon 1992). Dieses Bewertungsproblem ließe sich allerdings lösen, da es nicht nur in Museen auftritt. Wichtiger ist der Umstand, daß Museumsdirektoren überhaupt kein Interesse haben, den Marktwert ihrer Bestände zu ermitteln. Sie können sich viel wirksamer vor Eingriffen in ihre Arbeit schützen, wenn der Wert von Objekten ausschließlich innerhalb des Museums und nicht nach kommerziellen, sondern allein nach kunsthistorischen oder kunstideologischen Maßstäben festgelegt wird.

Bei der Frage, ob Gegenstände aus dem Bestand eines Museums verkauft werden sollen, unterliegen die Verantwortlichen gegenläufigen Interessen. Einerseits bewirken Verkäufe zusätzliche Einkünfte und damit eine Lockerung der Budgetbeschränkung, andererseits widerspricht die Marktbewertung der Objekte, die damit einhergeht, den Interessen der Museumsleitung. Zusätzliche Einkünfte aus dieser Quelle könnten private und öffentliche Gönner dazu verleiten, ihrerseits weniger zur Finanzierung des Museums beizutragen. Die letztendliche Entscheidung, ein Objekt zu veräußern, hängt von dem institutionellen Rahmen ab, in dem sich das Direktorium bewegt: Es werden um so mehr Objekte verkauft werden, je stärker die Budgetbeschränkung bindet. Empirische Untersuchungen zeigen, daß Museen, denen eine Defizitdeckung garantiert ist (wie dies in den meisten europäischen Museen der Fall ist), wenig beziehungsweise gar keine Verkäufe vornehmen, obwohl dies rechtlich möglich wäre. Für das Kunsthaus Zürich beispielsweise sind in den betrachteten vier Jahren lediglich zwei Verkäufe dokumentiert (für zusammen 17 000 SFr.). Im gleichen Zeitraum hat das Museum of Modern Art Kunstgegenstände im Wert von über vier Mio. $ verkauft.

Auch das Verhältnis zwischen den ausgestellten und den im Lager aufbewahrten Objekten hängt von den institutionellen Rahmenbedingungen ab. In privaten Museen ist diese Relation zugunsten der ausgestellten Objekte verhältnismäßig hoch, da die Lagerung mit hohen Opportunitätskosten verbunden ist, und die Direktoren daher versuchen, die nicht ausgestellten Bestände gering zu halten. Öffentliche Museen werden dagegen einen größeren Bestand aufweisen und nur einen vergleichsweise kleinen Teil auch tatsächlich ausstellen, da die Opportunitätskosten keine Rolle spielen. Diese Hypothese ist unlängst in einer repräsentativen Umfrage unter englischen Museen eindeutig bestätigt worden (Lord, Lord und Nicks 1989, 96): Während die

Relation von ausgestellten zu den im Lager aufbewahrten Objekten für die Gesamtheit der Museen bei 20 : 80 liegt, beträgt dieses Verhältnis im Fall der staatlichen Museen 10 : 90 und bei den privaten Museen 50 : 50.[15] Selbstredend gibt es dabei Unterschiede bedingt durch die Art des Museums (technische Museen zum Beispiel weisen im allgemeinen eine etwas höhere, archäologische Museen und Völkerkundemuseen eine etwas niedrigere Relation auf). Bei einem Ländervergleich wären weitere Besonderheiten zu beachten.[16]

Ein weiteres Merkmal im Verhalten von Museumsdirektoren besteht darin, daß die Preise neu erworbener Objekte geheimgehalten werden, um keine öffentliche Diskussion über eine mögliche alternative Verwendung der verausgabten Mittel auszulösen. Um öffentliche Kontroversen zu vermeiden, werden auch die Bedingungen verschwiegen, die an die Vergabe privater Spenden geknüpft sind (O'Hare und Feld 1975). Ein weiterer Grund, die Preise von Kunstgegenständen diskret zu behandeln, liegt in der asymmetrischen Risikoverteilung zwischen Käufen und Verkäufen. Ein Kauf ist für das Direktorium nahezu risikolos, da der Wert des Objekts anhand ‚künstlerischer' oder ‚historischer' Kriterien festgestellt wird und damit jederzeit dem gezahlten Preis angepaßt werden kann. Verkäufe sind dagegen risikoreich, da das Objekt zu einem späteren Zeitpunkt einen höheren Marktwert haben kann und dem Direktorium dann vorgeworfen wird, zu billig verkauft zu haben. Vor etlichen Jahren verkaufte das Museum of Modern Art ein zweitklassiges Bild der deutschen Nachkriegs-Schule zu einem weit niedrigeren Preis als dem, zu dem es wenig später wegen seiner angeblich ‚historischen' Bedeutung von einem Schweizer Museum erworben wurde. Das Direktorium des Museum of Modern Art war in der Folge heftiger Kritik ausgesetzt.[17]

Im folgenden geben wir einige Beispiele dafür, wie der diskretionäre Spielraum von Museumsdirektoren im Einzelfall genutzt wird, wobei wir uns auf staatliche und halbstaatliche Museen konzentrieren.

Museumsdirektoren organisieren bevorzugt Ausstellungen, deren Erfolg ihnen und ihren Mitarbeitern zugeschrieben wird. Nur solche Ausstellungen gewinnen die Anerkennung der Kunstwelt und fördern damit das Prestige der

---

[15] Noch niedrigere Lagerbestände halten die amerikanischen Museen (siehe Frey 1992); hinzukommt, daß sie von jenen Gemälden, von denen sie sich aus dem einen oder anderen Grund nicht trennen wollen, einen beträchtlichen Teil (bei angemessener Versicherung) gegen Entgelt an Dritte ausleihen. Das New York Metropolitan Museum of Art beispielsweise hat ständig zwischen 5 000 und 10 000 Gemälde ausgeliehen (Feldstein 1991, 33).
[16] Wenn nämlich, wie in Frankreich der Fall, die Schenkung von anerkannten Werken an staatliche Museen steuerlich begünstigt wird, ist es sehr wahrscheinlich, daß die öffentlichen Museen unter diesen Umständen wesentlich mehr Kunstgegenstände im Lager halten, als wenn alle Gaben wie Geldspenden behandelt würden.
[17] Siehe Montias (1973, 212) und mit weiteren Beispielen Park (1985), Calhoun (1985) und Weil (1987).

Direktoren und die Karrierechancen der Kuratoren. Entsprechend gering ist das Interesse an Wanderausstellungen. Selbst wenn sie erfolgreich sind, tragen sie nicht zur Reputation des Museums bei, sondern erfreuen allenfalls die Besucher (deren Präferenzen nur eine untergeordnete Rolle spielen).

Den Ruf, qualitativ hervorragende Arbeit zu leisten, sichern sich Museumsdirektoren durch „Spezialisierung" und – in geringerem Maße – durch „Vollständigkeit" ihrer Sammlungen und Ausstellungen. Spezialisierung bedeutet, alle ‚künstlerisch' und/oder ‚historisch' wichtigen Arbeiten eines bestimmten Künstlers oder einer bestimmten Epoche zu erwerben beziehungsweise zusammenzustellen. In ihrem Bemühen um möglichst weitgehende Spezialisierung werden die Direktoren von Kunsthistorikern unterstützt. Im allgemeinen werden Erfolge dieser Art ohnehin nur von Insidern anerkannt: Der Durchschnittsbesucher hat nämlich nur ein geringes Interesse, sich eine Vielzahl kaum unterscheidbarer Bilder desselben Malers anzuschauen, wie er sie beispielsweise in der Pinacoteca di Siena findet, wo viele Arbeiten der italienischen Primitiven, darunter zehn recht ähnliche Gemälde von Giovanni di Paolo, ausgestellt sind.

Ein zweiter Weg, den Ruf zu erlangen, besonders hochwertige Arbeit zu leisten, besteht in dem Bestreben nach „Vollständigkeit" der Sammlung und der Ausstellungen beziehungsweise, möglichst alle historischen Stilrichtungen aufzuweisen. Dies wird von den Insidern der Museumsszene zwar nur in geringem Maße honoriert, dafür hebt sich das Museum aber um so mehr von anderen ab, die zu klein oder zu wenig finanzkräftig sind, um mit ihm konkurrieren zu können.

Schließlich sind Museumsdirektoren daran interessiert, Kataloge von kunsthistorischem Wert zu produzieren, selbst wenn dies mit erheblichen Defiziten verbunden ist. Auch hier wird das Verhalten der Direktoren von den institutionellen Gegebenheiten beeinflußt, denen ihr Museum unterliegt. Staatlich subventionierte Museen auf dem europäischen Kontinent können sich bei der Veröffentlichung von Katalogen sowie beim Plakatverkauf hohe Verluste leisten. Zum Beispiel verursachten die Publikationen des Kunsthauses Zürich 1986 ein Defizit von 90000 SFr., was mehr als zehn Prozent des Umsatzes aus Druckerzeugnissen entsprach. Privat finanzierte Museen können sich aufgrund der rigideren Budgetbeschränkung keine derartigen Verluste leisten, sondern sind gezwungen, auch leicht lesbare und populäre Kataloge zu produzieren. Das Museum of Modern Art erwirtschaftet aus seinen Publikationen sogar einen ansehnlichen Profit (310000 $ im Jahr 1987).

Der auf diese Weise gewonnene diskretionäre Spielraum erlaubt es den Museumsdirektoren, sich vergleichsweise wenig um die Besucher oder die Wünsche der Öffentlichkeit zu bemühen. Stattdessen können sie sich ganz auf die Bedürfnisse der Insider konzentrieren. Hohe Besucherzahlen haben

– besonders in staatlichen und halbstaatlichen Museen – einen vergleichsweise geringen Nutzen für die Direktoren und ihr Personal. Aus diesem Grund wird deren Arbeit durch die folgenden drei Merkmale bestimmt:

(1) Man bemüht sich nicht gezielt um populäre Ausstellungen, die viele Besucher anziehen könnten. Hohe Besucherzahlen scheinen eher Nebenprodukt als Ziel zu sein (Beer 1987).

(2) Im allgemeinen wird die didaktische Präsentation der Ausstellungen vernachlässigt. Sozialer und historischer Hintergrund werden kaum erklärt. Informationsmaterial, soweit vorhanden, ist häufig in einem für den unvorbereiteten Besucher schwer verständlichen Stil abgefaßt (Chambers 1984). Überhaupt wird wenig getan, um ungeschulten Betrachtern den Zugang zu den Ausstellungen zu erleichtern, etwa indem Bezüge zu allgemein bekannten Zusammenhängen aufgezeigt oder die jeweiligen Ausstellungen in Beziehung zu politischen und historischen Ereignissen gesetzt werden, mit denen diese vertraut sind.

(3) Es bestehen kaum Anreize, den Museumsbesuch möglichst angenehm zu gestalten. Häufig ist schon der Eingangsbereich verwirrend und unattraktiv. Dem Besucher werden auch nur wenige Annehmlichkeiten (beispielsweise bequeme Sitzgelegenheiten, Raucherecken, Cafeterien etc.), geboten. Wenn überhaupt Versuche in dieser Richtung unternommen werden, so sind diese meist unprofessionell organisiert und stehen in keinem Verhältnis zu dem Niveau der Ausstellungen (Gohlke und Hack 1989).

III. Von der Analyse zur Politik

Wir haben uns in den letzten drei Kapiteln ganz bewußt auf die bloße Erklärung bestimmter Zusammenhänge beschränkt und wollen als nächstes untersuchen, wie sich die Erkenntnisse, die wir über das Verhalten der verschiedenen Akteure gewonnen haben, in Kulturpolitik umsetzen lassen. Entscheidungen darüber, ob und wie diese in Bezug auf Theater und Museen zu verändern ist, können auf verschiedene Weise zustande kommen, jedoch sollten sie in einer Demokratie über den politischen Prozeß getroffen werden. Die Frage ist, wie dieser Prozeß beeinflußt werden kann.

Kulturpolitik (wie auch Wirtschafts- und Sozialpolitik) kann auf zwei Ebenen beeinflußt werden: Zum einen wird der Rahmen, in dem sich Museen und Theater präsentieren, auf der konstitutionellen Ebene festgelegt. Hier werden die ‚Spielregeln' bestimmt, die von den Teilnehmern als gegeben hingenommen werden müssen und denen sie sich nach Möglichkeit optimal anpassen, um ihre eigenen Ziele zu verfolgen. Zum anderen gibt es die Alltagsebene, auf der eine direkte Einflußnahme auf kulturpolitische Entscheidungen genommen wird.

1. Konstitutionelle Ebene

Auf der *konstitutionellen Ebene* können die bestehenden Probleme auf mindestens fünf Wegen angegangen werden, deren Vor- und Nachteile Ökonomen in ihrer Eigenschaft als kulturpolitische Berater aufzuzeigen in der Lage sind:

- *Formale Möglichkeiten zur Einflußnahme der Bevölkerung*: Die Bevölkerung hat – insbesondere unter den in Europa vorherrschenden institutionellen Bedingungen – kaum die Möglichkeit, Kulturpolitik in ihrem Sinne zu beeinflussen. Die Ökonomen könnten Alternativen vorschlagen, um diese Möglichkeiten zur Einflußnahme zu verbessern. Eine denkbare Maßnahme in diese Richtung, die wir in Kapitel 11 diskutieren, wäre ein sorgfältig ausgearbeitetes System von ‚Kulturgutscheinen'.

- *Direkte Beteiligung der Wähler über den politischen Prozeß*: Institutionelle Regelungen – wie zum Beispiel Referenden über besonders teure Neuanschaffungen eines Museums oder über dessen Haushalt im allgemeinen – geben den Bürgern die Möglichkeit, ihre Wünsche im Hinblick auf bestimmte Typen von Museen oder Ausstellungen zum Ausdruck zu bringen. Die Funktionsweise von Referenden und deren Einfluß auf die Ankaufspolitik von Museen werden wir in Kapitel 10 am Beispiel der Schweiz diskutieren.

- *Beratung durch Experten*: Externe Kunstexperten in etablierten Positionen (beispielsweise die Mitglieder der Kunstkommissionen auf Bundesebene in den Vereinigten Staaten oder auf nationaler Ebene in Großbritannien) können jede Änderung der Kulturpolitik, ob sie von tatsächlichen oder potentiellen Besuchern oder von der Museumsleitung selbst ausgeht, erschweren oder sogar verhindern. Möglicherweise läßt sich eine Flexibilisierung in der Politik erreichen, wenn der Zugang zu diesen Positionen durch entsprechende institutionelle Vereinbarungen erleichtert und somit mehr Wettbewerb in diesen Bereich eingeführt würde. Zu diesem Zweck könnte beispielsweise der Zeitraum begrenzt werden, in dem ein Experte seine Funktion ausübt (Peacock 1978).

- *Bedingungen der Spendenvergabe*: Stifter haben erheblichen Einfluß auf die Entscheidungsträger in Museen, insbesondere da sie auf die Art und Weise, in der gespendete Objekte ausgestellt werden, Einfluß nehmen können. Unter den gegenwärtigen institutionellen Bedingungen können Spender ihren Willen in unverhältnismäßig hohem Maße zum Ausdruck bringen, da mehr als die Hälfte (bis zu 80 Prozent) der mit Spenden anfallenden Kosten (Steuerabzüge, Instandhaltung, Bereitstellung zusätzlicher Räume etc.) letzlich zu Lasten des Steuerzahlers gehen. Nur wenige Museen oder Institutionen darstellender Kunst können es sich leisten, Spenden der gestellten Bedingungen wegen zurückzuweisen, da der Wettbewerb um Zuwendungen groß ist. Ein Museum, das sich ganz oder teilweise weigert, die gestellten Bedingungen zu erfüllen, liefe unmittelbar Gefahr, potentielle Spender zu verlieren. In dieser Situation schlagen Ökonomen vor, die zugrundeliegenden ‚Spielregeln' so zu ändern, daß die Möglichkeiten der Einflußnahme durch die Spender reduziert werden.

- *Private oder öffentliche Institutionen*: Die oben geführte Diskussion hat gezeigt, daß die zugrundeliegende Struktur der Eigentums- und Verfügungsrechte die Entscheidungsträger in Museen beeinflußt. Die Wahl der Rechtsform steht in engem Zusammenhang mit der Art und Weise der Finanzierung. Ökonomen können lediglich die relativen Vor- und Nachteile aufzeigen, die mit einer privaten beziehungsweise einer staatlichen Kulturinstitution, insbesondere mit Kombinationen der beiden Formen von Eigentumsrechten, verbunden sind.

Nach dem bislang zur Kulturpolitik (aber auch zu anderen Politikbereichen) Gesagten kann der ökonomische Berater lediglich die Akteure über die Implikationen der verschiedenen institutionellen Arrangements auf konstitutioneller Ebene *informieren*. Eine Legitimation, das Ergebnis zu beeinflussen, hat er im demokratischen Prozeß nicht.

2. Alltagsebene

Die zweite Ebene, auf der sich Kulturpolitik beeinflussen läßt, ist die bereits erwähnte *direkte Einflußnahme auf aktuelle Entscheidungen*. Auf dieser Ebene werden nur die Ratschläge befolgt, die im Interesse des betreffenden Entscheidungsträgers liegen. Hier besteht die wichtigste Aufgabe des Kulturberaters darin, die Besucher und die Bevölkerung zu mobilisieren und ihnen deutlich zu machen, wie sie ihren Präferenzen als Stimmbürger im demokratischen Prozeß Geltung verschaffen können. Derartige Vorschläge ökonomischer Berater haben allerdings nur dann Aussicht auf Erfolg, wenn den zugrundeliegenden Verhaltensweisen sowohl auf der Nachfrage- als auch auf der Angebotsseite hinreichend Rechnung getragen wird.

Dritter Teil
Märkte für die Kunst

In diesem Teil verlassen wir die Sphäre der Theater und Museen und wenden unsere Aufmerksamkeit den beweglichen Kunstgegenständen, vor allem den Gemälden, zu.

Besteht zwischen der Qualität von Gemälden (im Sinne von Experteneinschätzung) und den Preisen, die diese Bilder auf dem Kunstmarkt erzielen, eine engere Beziehung? Das sechste Kapitel enthält eine empirische Analyse der Determinanten der ästhetischen Einschätzung von zeitgenössischen Werken der bildenden Kunst und der Bestimmungsfaktoren ihrer Preise. Lohnt es, aus Gründen der Kapitalanlage Kunstwerke zu erwerben? Mit dieser Frage befassen wir uns im siebten Kapitel, wobei wir auf Auktionsergebnisse der letzten 350 Jahre zurückgreifen. Es gibt einen bedeutenden internationalen Handel mit Kunstwerken, der jedoch zunehmend Einschränkungen unterworfen wird. In Kapitel 8 befassen wir uns mit der Frage, ob es bei freiem Austausch von Kunstwerken (negative) Externalitäten gibt und ob diese gewichtig genug sind, solche Einschränkungen zu rechtfertigen.

Kapitel 6: Warum ist ein Rauschenberg so teuer?

Im Jahr 1983 kostete eine repräsentative Arbeit mittleren Formats von Robert Rauschenberg 73 400 $. Für entsprechende Werke von Jean Tinguely mußte man 36 700 $, von Michelangelo Pistoletto sogar nur 14 700 $ zahlen. Sind diese Preisunterschiede dadurch zu erklären, daß

- der 1924 geborene Rauschenberg bereits länger im Kunstgeschäft ist als Tinguely (geb. 1925) und Pistoletto (geb. 1933);
- Rauschenberg nicht nur als Maler, sondern auch als Graphiker und Vertreter der ‚Environmental Art' bekannt ist, Tinguely hingegen (von einigen Zeichnungen abgesehen) maßgeblich als Bildhauer, Pistoletto dagegen ausschließlich als Maler arbeitet;
- Rauschenbergs Werke bis dahin in 127 bedeutenden Einzel- und Gruppenausstellungen zu sehen waren, Tinguely dagegen an 73 und Pistoletto nur an 67 Ausstellungen beteiligt waren;
- Rauschenberg durch den bekannten New Yorker Galeristen Leo Castelli vertreten wird, die Interessen von Tinguely durch den Galeristen Alexander Iolas (ebenfalls New York) und jene von Pistoletto durch den Turiner Galeristen Gian Enzo Sperone wahrgenommen werden oder dadurch, daß
- Rauschenberg Amerikaner ist, während Tinguely aus der Schweiz und Pistoletto aus Italien stammen?

In den folgenden Abschnitten befassen wir uns mit den Arbeiten der führenden zeitgenössischen Künstler, um insbesondere zwei Fragen zu klären:[1] erstens wird analysiert, wie sich die Preise dieser Arbeiten bilden und zweitens, wie deren ästhetische Bewertung durch Kunstexperten erfolgt. Dabei bedienen wir uns ökonometrischer Methoden, um sowohl die Bedeutung der oben genannten Determinanten als auch jene weiterer möglicher Einflußfaktoren zu quantifizieren. Im ersten Abschnitt untersuchen wir die Probleme ästhetischer Bewertungen, im zweiten werden die Bestimmungsfaktoren der Preise analysiert. In begrenztem Umfang erlaubt unsere Analyse

---

[1] Unter „zeitgenössischen Kunstwerken" werden im wesentlichen Gemälde, Skulpturen und Graphiken verstanden, die nach 1945 erstellt wurden. Darüber hinaus beschränkt sich die Betrachtung auf die sogenannte Hoch- oder Museumskunst, d. h. die „Kaufhaus-" oder „Trivialkunst" wird – ungeachtet ihrer quantitativen Bedeutung – nicht berücksichtigt. Für eine ausführliche Diskussion des zugrundegelegten Modells, seiner Annahmen und der hieraus abgeleiteten Hypothesen vgl. Pommerehne und Schneider (1983).

Vorhersagen im Hinblick auf die ästhetische Einschätzung und die Preisentwicklung, die naiven Prognosen auf der Grundlage in der Vergangenheit beobachteter Entwicklungen überlegen sind.

I. Bestimmungsfaktoren der ästhetischen Bewertung von Kunstwerken

Welchem Stil die Kunstexperten zu einem bestimmten Zeitpunkt die höchste Anerkennung zusprechen, läßt sich nicht mit Sicherheit voraussagen. Häufig wird jedoch die Meinung vertreten, die ästhetische Bewertung zeitgenössischer Künstler durch Experten werde von den aktuellen Stilrichtungen und Trends beeinflußt. Um unsere Analyse einfach zu halten, wollen wir lediglich die folgenden fünf Stilrichtungen unterscheiden:[2]

(1) *Abstrakte Kunst* oder *Malerei der Informellen*: Sie umfaßt die abstrakten Bewegungen der späten 40er und frühen 50er Jahre, beginnend mit dem surrealistischen Automatismus, der in den Vereinigten Staaten als *Abstract Expressionism* und in Frankreich als *Tachisme* bekannt wurde. Als wichtigste Repräsentanten der abstrakten Kunst und ihrer Untergruppen gelten die Bilder der *Cobra-Gruppe* sowie die verschiedenen Varianten des *Action-Painting*, darunter *Farbgestiker*, *Farbfelder* (z.B. Helen Frankenthaler, Jules Olitzki, Larry Poons), *Color-Painting*, *Post-Painterly Abstraction*, *Neue Abstraktion*, *Neue Sachlichkeit* (z.B. Ellsworth Kelly, Morris Louis, Brice Marden, Kenneth Noland, Larry Rivers, Frank Stella und Cy Twombly) und *Hard Edge* (z.B. Josef Albers und Karl Georg Pfahler).

(2) *Pop Art*: Sie entwickelte sich Ende der 50er Jahre in New York und London. Unter einer neuen Kunstdefinition wurden erstmals Konsumgüter und Elemente aus der Werbung als Vorlage für Arbeiten oder direkt als Arbeitsmaterialien verwendet. Namhafte Vertreter der *Prä-Pop* und *Pop Art* sind David Hockney, Jasper Johns, Roy Lichtenstein, Claes Oldenburg, Robert Rauschenberg, George Segal, Andy Warhol und Tom Wesselmann.

(3) *Op (Optical) Art*: Die nur wenig später entstandene Op Art versucht, mit Hilfe optischer Effekte die Beziehungen zwischen Farbe und Raum sichtbar zu machen. Führend in dieser Gattung sind Pol Bury, François Morellet und Vassilakis Takis (*Kinetik*, *Lichtkunst*), Julio Leparc (*Visual Art* als Synthese von klassischer Op Art und Kinetik), Lucio Fontana, Heinz Mack, Otto Piene und Günther Uecker (*Zero Kunst*).

---

[2] Die Klassifizierung folgt Darmstädter (1979); eine weitergehende Unterscheidung in z.B. zehn Stilrichtungen ändert die Ergebnisse nicht wesentlich; siehe auch den Anhang zu diesem Kapitel für weitere Informationen über die verwendeten Daten und die herangezogenen Quellen.

(4) *Neuer Realismus*: Diese Richtung wurde um 1960 in Paris auf der Grundlage des *Dadaismus* entwickelt. Man versuchte, die realen Gegenstände des alltäglichen Lebens einzusetzen, statt sie zu kopieren. Wichtige Vertreter sind Armand Arman, Baldaccini Cesar, Christian Boltanski, Javacheff Christo, Yves Klein, Iannis Kounellis, Piero Manzoni, Michelangelo Pistoletto, Niki de Saint-Phalle, Daniel Spoerri, Jean Tinguely (*Assemblagen, Akkumulationen* und *Environments* sowie Varianten der *individuellen Mythologie*), Edward Kienholz (*kritischer Realismus*), Chuck Close, Gerhard Richter (*Photorealismus*) sowie Horst Antes, Kurt Klapheck (*figurativer Realismus, magischer Realismus*).

(5) *Konzeptkunst:* Sie ist die jüngste, umfassendste und zugleich am stärksten intellektuell ausgerichtete Stilrichtung, deren Repräsentanten mehr Wert auf theoretische Ideen und Konzepte als auf deren Realisierung legen. Hierbei sind Joseph Beuys, Daniel Buren, Hanne Darboven, Jan Dibbets, Mario Merz, Bruce Naumann, Richard Serra, Wolf Vostell, Franz Erhard Walther (*Aktionskunst, Prozeßkunst, Fluxus*), Carl André, Anthony Caro, Donald Judd, Sol LeWitt, Agnes Martin (*Minimalkunst*), Vito Acconci, Walter De Maria, Klaus Rinke und Robert Smithson (*Land Art, Body Art*) führend.

Sofern Kunstexperten moderne, neue Stilrichtungen grundsätzlich höher taxieren, kann man erwarten, daß damit die Vertreter früherer Bewegungen (Abstrakte Kunst, Pop Art, Op Art) weniger hoch eingeschätzt werden als die Vertreter des Neuen Realismus oder der Konzeptkunst. Darüber hinaus läßt sich über den Einfluß der unterschiedlichen Stilrichtungen wenig aussagen. In der Tat spielt für die ästhetische Bewertung eines Künstlers durch die Experten neben seinem Stil auch sein *Œuvre* eine Rolle oder – in ökonomischen Worten – sein im Laufe der Zeit akkumulierter ‚künstlerischer Kapitalstock'. Näherungsweise läßt sich der Kapitalstock eines Künstlers anhand der Zahl von Einzel- und Gruppenausstellungen, an denen er teilgenommen hat, und der von ihm gewonnenen Preise erfassen. Damit können wir eine erste Hypothese über den Einfluß des künstlerischen Kapitalstocks auf die Bewertung eines Künstlers formulieren: *Je höher die Anzahl der Ausstellungen und die Zahl der Preise, desto höher ist die ästhetische Bewertung.*

Eine weitere wichtige Einflußgröße betrifft den Zeitraum, den ein Künstler zur Bildung seines Kapitalstocks benötigt hat. Möglicherweise wird ein Künstler, der in kurzer Zeit außergewöhnliche Publizität errungen hat, weniger hochgeschätzt als ein anderer, dessen Erfolg zwar weniger spektakulär, jedoch dauerhaft war und innovativen Charakter hatte. Dies führt uns zu einer zweiten Hypothese: *Je größer der Zeitabschnitt seit der ersten Ausstellung (Einzelausstellungen oder Beteiligung an Gruppenausstellung), desto höher ist die ästhetische Bewertung.*

Des weiteren könnte die Bewertung eines Künstlers durch die Experten von der Palette der verwendeten Techniken und Medien abhängig sein. Wir fassen diesen Gedanken in folgende Hypothese: *Bedient sich ein Künstler aller drei Medien der bildenden Kunst (Malerei, Bildhauerei und Graphik), so wird er höher bewertet werden als ein Kollege, der nur mit einem Medium arbeitet.*

Schließlich können auch die Preise, die für die Arbeiten eines Künstlers in einem bestimmten Zeitintervall gezahlt werden, als Zeichen der Anerkennung in der Kunstwelt ausgelegt werden. Damit lautet unsere vierte Hypothese: *Je höher die Verkaufspreise der Arbeiten eines Künstlers in der Vergangenheit waren, desto höher ist seine ästhetische Bewertung.*

Unter Verwendung der multiplen Regressionsanalyse läßt sich eine ästhetische Bewertungsfunktion schätzen, mit der die soeben genannten Hypothesen überprüft werden können. Wir betrachten den Zeitraum von 1971–1981, wobei die Stichprobe für jedes Jahr hundert Künstler umfaßt. Die Variable, die wir erklären wollen, ist die ‚ästhetische Bewertung'. Diese definieren wir als das Ansehen des Gesamtwerkes der einzelnen zeitgenössischen Künstler in der Kunstwelt und nicht etwa die Bedeutung einzelner Arbeiten. Ein Maß für die Größe ‚Ansehen' können wir Bongards *Kunstkompaß*[3] entnehmen: Es bezieht sich auf die Anerkennung, die den einzelnen Künstlern im Laufe der Zeit seitens der führenden Museen für zeitgenössische Kunst in der westlichen Welt, aber auch von wichtigen privaten Sammlern und von den Autoren von Büchern und Zeitschriften zum Thema zeitgenössische Kunst zuteil wurde. Außerdem wurde eine Reihe von Kunstexperten befragt, welche Werke zeitgenössischer Künstler (und jeweils wieviele) sie auswählen würden, wenn sie die Kollektion eines imaginären Museums für zeitgenössische Kunst zusammenstellen könnten. Für jeden dieser Indikatoren der ‚Anerkennung' wurden daraufhin Punkte vergeben,[4] die dann für jeden einzelnen Künstler aufaddiert wurden. Die hundert Künstler mit den höchsten Punktzahlen wurden schließlich unter dem Etikett ‚Top 100' im *Kunstkompaß* veröffentlicht.

Der Anhang zu diesem Kapitel enthält die Ergebnisse der ökonometrischen Schätzung, mit deren Hilfe wir versucht haben, den quantitativen Einfluß zu bestimmen, den die oben genannten Faktoren auf die ästhetische Bewertung

---

[3] Siehe Bongard (1974) für eine ausführliche Beschreibung. Die Ergebnisse des „Kunstkompaß" sind – bis zu Bongards Tod (1983) – jährlich in der September/Oktober Ausgabe der Monatszeitschrift *Capital* veröffentlicht worden. Danach wurde der Kunstkompaß nur noch gelegentlich erstellt. Deshalb, aber auch weil die seitdem angelegten Kriterien häufiger geändert wurden, erstreckt sich unsere Betrachtung lediglich auf den Zeitraum von 1971 bis 1981.

[4] Die Anzahl Punkte, die vergeben werden konnten, hing von der internationalen Reputation der einzelnen Museen und Sammlungen, von der Zahl der Werkstücke eines zeitgenössischen Künstlers (mit abnehmendem Gewicht bis zum fünften Objekt) und von der Reputation ab, welche die entsprechenden Bücher und Zeitschriften in der Kunstwelt genießen; vgl. im einzelnen Bongard (1974).

der führenden zeitgenössischen Künstler ausüben. Unsere grundlegenden Hypothesen werden dabei bestätigt: Jeder im Zeitraum von 1971 bis 1981 zusätzlich gewonnene Preis bedeutete einen Anstieg auf der Wertskala um weitere 230 ästhetische Bewertungspunkte. Eine Einzelausstellung schlug sich in 190 zusätzlichen Punkten nieder, eine Beteiligung an Gruppenausstellungen – nicht überraschend – nur in 43 Zusatzpunkten. Die Zeitspanne, die seit dem Beginn des Aufbaus des Kapitalstocks eines Künstlers vergangen war, führte zu 85 Zusatzpunkten pro Jahr. Die Jahre seit seiner ersten Einzelausstellung erbrachten dagegen nur jeweils 60 weitere Punkte (was dadurch zu erklären ist, daß im Anschluß an die erste Beteiligung an einer Gruppenausstellung normalerweise einige Jahre vergehen, bis ein Künstler die erste Einzelausstellung erhält). Der weitaus wichtigste Einflußfaktor der ästhetischen Bewertung eines Künstlers ist die Breite der Techniken und Medien, die er bei seinen Arbeiten einsetzt (dritte Hypothese): Ein Künstler, der sich aller drei Medien bediente, erhielt – unter sonst gleichen Umständen – 2 950 zusätzliche Punkte. Erwartungsgemäß spielten auch die Verkaufspreise in der Vergangenheit eine Rolle für die heutige Bewertung der Werke eines Künstlers: So bewirkte eine Preissteigerung um 1 000 $ einen Zuwachs der ästhetischen Einschätzung um 110 zusätzliche Punkte.

Schließlich beeinflussen die verschiedenen Stilrichtungen die Anerkennung eines Künstlers in unterschiedlicher Weise: Während die relativ älteren Kunststile – etwa Pop Art – weniger hoch geschätzt werden, sind die Arbeiten der jüngsten und ‚theoretisch' orientierten Bewegung, der Konzeptkunst, die erklärten Favoriten. Die ‚Verlierer' finden sich entsprechend vor allem in der abstrakten Kunst, der ältesten unter den zeitgenössischen Bewegungen. Allerdings lassen sich diese Folgerungen nur unter Vorbehalt ziehen, da die verschiedenen Stilrichtungen, weil sie einer chronologischen Ordnung unterliegen (mit dem Erscheinen der abstrakten Kunst in den vierziger Jahren bis zur Konzeptkunst Mitte der sechziger Jahre), mit der Anzahl Jahre seit der ersten Teilnahme an einer Gruppenausstellung beziehungsweise der ersten Einzelausstellung eines Künstlers positiv korreliert sind. Dies bedeutet, daß die Koeffizienten der Variablen für die Stilrichtung auch den Einfluß der Zeit enthalten.

Die Ergebnisse unserer Schätzung können wir heranziehen, um eine (nachträgliche) Voraussage über die ästhetische Bewertung beliebiger Künstler (im Sinne von Punkten, aber auch von Rängen) zu formulieren. Ausgehend von den geschätzten Koeffizienten, die die Strukturinformationen für den Zeitraum von 1971 bis 1981 enthalten, ziehen wir Werte der Erklärungsfaktoren des Jahres 1983 hinzu, um die ästhetischen Bewertungen für dieses Jahr zu berechnen.[5]

---

[5] Da die ästhetische Bewertung (in Punkten und als Rangordnung) für 1982 nicht verfügbar war, mußten wir auf das anschließende Jahr 1983 zurückgreifen.

Die Ergebnisse dieser Vorhersage – oder, besser gesagt, dieser ex post Simulation – finden sich in Tabelle 6.1. Die 15 Künstler, die 1983 am höchsten bewertet wurden, sind vollständig aufgeführt; darüber hinaus wird zu Illustrationszwecken nur jeder fünfte Künstler aufgeführt. Die Spitzenposition nimmt Joseph Beuys als Vertreter der Konzeptkunst ein, gefolgt von vier Repräsentanten der Pop Art: Andy Warhol, Robert Rauschenberg, Jasper Johns und Claes Oldenburg. Ein weiterer Künstler aus dem Bereich der Pop Art, Roy Lichtenstein, besetzt Rang acht, während der Neue Realismus durch Javacheff Christo (Rang 9), Jean Tinguely (10) und Yves Klein (12) vertreten wird. Die Prozeßkunst wird durch Bruce Naumann (11) und Richard Serra (13) repräsentiert, die Minimalkunst durch Sol LeWitt (7) und Donald Judd (14). Zwölf der fünfzehn führenden Künstler sind Amerikaner; jeweils einer stammt aus Deutschland, der Schweiz und Frankreich. Mit einem Anteil von etwas mehr als 50 Prozent im Jahr 1983 dominieren die Amerikaner auch die Gesamtheit der ‚Top 100' (im Gegensatz zu 45 Prozent im Jahr 1971).

Es fällt auf, daß die Rangfolge, die wir auf der Basis eines strukturellen Modells vorausgesagt haben (Spalte 2), der tatsächlichen Rangfolge (Spalte 1) außerordentlich nahe kommt. Das gleiche gilt für die vorhergesagten und die tatsächlichen Bewertungspunkte (Spalten 3 und 4).[6] Der am höchsten plazierte Künstler Joseph Beuys – erhält rund 49 000 Punkte; die darauf folgenden – Andy Warhol, Robert Rauschenberg und Jasper Johns – dagegen etwa 37 000 Punkte (25 Prozent weniger). Bis zum zwanzigsten Rang – Mario Merz – sinkt die entsprechende Punktzahl auf unter 25 000, wobei die Schwankungsbreite der Punktbewertung für die verbleibenden 80 Künstler erheblich geringer ist. So verzeichnet zum Beispiel der Künstler auf dem achtzigsten Rang – Anthony Caro – immer noch etwas mehr als 12 000 Punkte.

II. Preisunterschiede

In unserer Analyse unterstellen wir, daß es sich bei dem Markt für Objekte moderner Kunst um einen Wettbewerbsmarkt handelt, d. h. daß sich die Preise aus dem ungehinderten Zusammenspiel von Angebot und Nachfrage

---

[6] Insgesamt, d. h. für die Gesamtheit der 100 Künstler, beträgt die durchschnittliche prozentuale Fehlerabweichung im Fall der Punktzahlschätzungen lediglich 2,9 Prozent. Ähnliches gilt auch für die vorausgesagten Ränge, die den tatsächlichen Rängen sehr nahe kommen (der Spearman'sche Rangordnungskorrelationskoeffizient beträgt 0,992). Ein wesentlich härterer Test darauf, ob die Struktur der ästhetischen Bewertungsfunktion adäquat erfaßt ist, besteht in der Analyse der Veränderungen der Ränge über die verschiedenen Jahre. Die Ergebnisse der entsprechenden Probit-Analyse ($\chi^2 = 523,4$) bestätigen die Qualität der Schätzungen ebenfalls, denn insgesamt lassen sich 96 Prozent aller Rangänderungen korrekt voraussagen.

Dritter Teil: Märkte für die Kunst

Tabelle 6.1: Tatsächliche und vorausgesagte Ränge und Punktzahlen der zeitgenössischen Künstler, 1983

Künstler	Kunstrichtung	Land	Rang tatsächlich[a] (1)	Rang vorausgesagt[b] (2)	Punktzahl tatsächlich[a] (3)	Punktzahl vorausgesagt[b] (4)
Beuys, Joseph	Aktionskunst	Deutschland	1	1	49 300	47 480
Warhol, Andy	Pop Art	Vereinigte Staaten	2	3	40 795	38 775
Rauschenberg, Robert	Prä-Pop Art	Vereinigte Staaten	3	2	38 785	38 810
Johns, Jasper	Prä-Pop Art	Vereinigte Staaten	4	4	37 105	36 150
Oldenburg, Claes T.	Pop Art	Vereinigte Staaten	5	5	35 495	35 565
Stella, Frank	Neue Abstraktion	Vereinigte Staaten	6	6	34 760	35 470
LeWitt, Sol	Minimal Art	Vereinigte Staaten	7	9	30 290	29 835
Lichtenstein, Roy	Pop Art	Vereinigte Staaten	8	8	29 945	31 030
Christo, Javacheff	Neuer Realismus	Vereinigte Staaten	9	7	29 930	31 725
Tinguely, Jean	Neuer Realismus	Schweiz	10	10	29 325	29 320
Naumann, Bruce	Prozeßkunst	Vereinigte Staaten	11	11	28 130	28 035
Klein, Yves	Neuer Realismus	Frankreich	12	13	27 375	27 410
Serra, Richard	Prozeßkunst	Vereinigte Staaten	13	15	27 290	26 700
Judd, Donald	Minimal Art	Vereinigte Staaten	14	12	26 235	27 625
Kelly, Ellsworth	Hard Edge	Vereinigte Staaten	15	14	26 060	26 810
Merz, Mario	Prozeßkunst	Italien	20	29	24 170	22 930
Richter, Gerhard	Photorealismus	Deutschland	25	27	22 695	23 210
Twombly, Cy	Malerei	Vereinigte Staaten	30	31	21 645	20 015

Kapitel 6: Warum ist ein Rauschenberg so teuer?

Louis, Morris	Farbfeldmalerei	Vereinigte Staaten	35	30	19930	20170
Manzoni, Piero	Neue Realismus	Italien	40	42	18395	17675
Uecker, Günther	Zero-Kunst	Deutschland	45	41	17375	17800
Mack, Heinz	Zero-Kunst	Deutschland	50	40	15725	17985
Rückriem, Ulrich	Skulptur	Deutschland	55	67	14820	13500
Pistoletto, Michelangelo	Neue Realismus	Italien	56	60	14785	13965
Rinke, Klaus	Body Art	Deutschland	60	66	13930	13655
De Maria, Walter	Land Art	Vereinigte Staaten	65	61	13490	13820
Marden, Brice	Neue Malerei	Vereinigte Staaten	70	70	13075	13290
Sonnier, Keith	Prozeßkunst	Vereinigte Staaten	75	79	12645	12950
Caro, Anthony	Konzeptkunst	Großbritannien	80	71	12380	13230
Graham, Dan	Realismus	Vereinigte Staaten	85	95	12090	11060
Baldessari, John	Narrative Kunst	Vereinigte Staaten	90	89	11710	12150
Rivers, Larry	Abstraktion	Vereinigte Staaten	95	92	11280	11785
Walther, Franz Erhard	Aktionskunst	Deutschland	100	97	10645	10955

a) Gemäß Kunstkompaß von Bongard für 1983.
b) Berechnet anhand der empirisch bestimmten ästhetischen Bewertungsfunktion.

ergeben.[7] Damit nehmen wir für die Angebotsseite an, daß Galeriebesitzer in ihrem eigenen und im Interesse der von ihnen vertretenen Künstler handeln. Im Gegensatz zu dem mehr oder weniger unveränderlichen Bestand an Werken verstorbener Künstler[8] kann das Angebot an Arbeiten lebender Künstler durch zusätzliche Produktion erhöht werden. Wieviele Werkstücke dabei erstellt werden, hängt von den Kosten der Produktion einer zusätzlichen Arbeit (gleicher Größe und Qualität) und von dem Verkaufspreis, den Künstler und Galeriebesitzer für die Zukunft erwarten, ab.

Die Nachfrage nach Objekten moderner Kunst ist vom Einkommen der potentiellen Käufer, vom Preis des Objekts sowie von der Ertragsrate alternativer Geldanlageformen abhängig. Außerdem dürfte auch die ästhetische Bewertung eines bestimmten Künstlers durch die Experten einen positiven Einfluß auf die Nachfrage nach dessen Arbeiten ausüben. Befindet sich der Markt für moderne Kunst im Gleichgewicht, sind die Preise der gehandelten Objekte durch die Einflüsse, die Angebot und Nachfrage bestimmen, eindeutig festgelegt. Im folgenden werden wir die Einflußfaktoren, die auf beiden Seiten des Marktes wirken, im einzelnen diskutieren.

1. Bestimmungsfaktoren des Angebots

Auf der Angebotsseite ist besonders eine Variable von *entscheidender* Bedeutung:[9] die unterschiedlichen Kosten einer zusätzlichen Einheit künstlerischer Produktion. Diese Kosten variieren mit dem Künstler, mit den verwendenten Techniken (Skulpturen, Graphiken, Bilder) und mit dem eingesetzten Material (mitunter werden Edelmetalle wie Gold verwendet – man denke an Gustav Klimt – oder gar Titanlegierungen). Die Herstellkosten für eine weitere Skulptur werden höher sein als die Kosten für ein weiteres Bild oder einen Druck (letztere werden besonders niedrig sein, es sei denn, man bezieht die Kosten der Anfertigung einer Druckplatte mit ein). Unsere zentrale Hypothese lautet dementsprechend: *Der positive Einfluß*

---

[7] Selbstredend ist in Einzelfällen auch ein manipulatives Verhalten von Galeristen und Kunsthändlern (etwa in Form der „tröpfchenweisen Marktversorgung", wie sie der Kunsthändler Kahnweiler betrieb oder von „Händlerringen") denkbar. Doch stellt sich die Frage, wie lange solche Praktiken betrieben werden können, beinhalten sie doch erhebliche Risiken und hohe Kosten.

[8] Natürlich kommt es vor, daß aufgrund der Preissteigerung für Werke eines verstorbenen Künstlers die Speicher und Keller durchsucht und gelegentlich weitere Arbeiten entdeckt werden. Ebenso nimmt dann auch die Anzahl von Fälschungen zu. Doch ändert beides den bekannten Bestand im allgemeinen nur vergleichsweise geringfügig.

[9] Für die *entscheidenden* oder auch „Focus"-Variablen sind die Vorzeichen aufgrund theoretischer Überlegungen eindeutig. Für *zweifelhafte* Variablen können sie dagegen nicht a priori theoretisch bestimmt werden. Für eine weitergehende Erläuterung dieser Unterscheidung siehe Cooley und LeRoy (1981).

der Herstellkosten auf den Preis einer repräsentativen Arbeit wird bei Skulpturen größer sein als bei Bildern und Graphiken.

Eine weitere Hypothese erstreckt sich auf die unterschiedlichen Kosten der verwendeten Rohstoffe: *Je teurer die eingesetzten Materialien, um so stärker ist der positive Einfluß der Herstellkosten auf den Preis.*

Neben diesen Kriterien, die sich ausschließlich auf die Kosten beziehen, beeinflussen drei weitere Faktoren die Angebotsseite. Der erste bezieht sich auf die Größe (bzw. das Volumen) repräsentativer Arbeiten: *Je größer die repräsentativen Arbeiten eines Künstlers ausfallen, desto höher sind die Produktionskosten und deren Einfluß auf den Preis.* Die Wirkung dieses Faktors auf den Preis des Produkts ist allerdings nicht eindeutig, denn wegen der räumlichen Beschränkungen, denen die meisten öffentlichen und privaten Sammler unterworfen sind, kann die Größe einer Arbeit auch einen dämpfenden Effekt auf Nachfrage und Preis ausüben.

Ein weiterer Einflußfaktor besteht in den Werbeaktivitäten der Galeriebesitzer. Um die Nachfrage nach den Arbeiten ‚ihrer' Künstler anzuregen, organisieren Galeriebesitzer – unter anderem – Ausstellungen und andere öffentliche Veranstaltungen: *Werbung ist mit zusätzlichen Kosten verbunden und hat eine positive Wirkung auf den Preis.*

Der letzte Einflußfaktor auf der Angebotsseite erstreckt sich auf die Wirkung von Erwartungen über den künftigen Verkaufspreis bestimmter Objekte. Werden für die Zukunft steigende Preise erwartet, so kann dies gegenläufige Effekte auf das Angebot von Kunstobjekten haben: Einerseits kann die Produktion steigen, vor allem wenn der betreffende Künstler den erwarteten Preisanstieg als Zeichen seiner wachsenden Reputation auffaßt. Ein größeres Angebot drückt indessen den Preis. Andererseits bedeutet ein Preisanstieg für den Künstler auch ein höheres künftiges Einkommen, was einen Substitutionsprozeß zur Folge haben kann. Er wird möglicherweise insgesamt weniger arbeiten und sich statt dessen mehr Freizeit gönnen. Ein geringes Angebot aber erhöht den Preis. Welcher der beiden Effekte dominieren wird, läßt sich a priori nicht sagen.

2. Bestimmungsfaktoren der Nachfrage

Die *entscheidenden* Faktoren auf der Nachfrageseite lassen sich in zwei Gruppen unterteilen: die ökonomischen Faktoren und die ästhetische Bewertung. Zur Analyse der ökonomischen Faktoren betrachten wir das Einkommen der Nachfrager und die Ertragsrate alternativer Geldanlageformen. Die beiden ersten Hypothesen lauten daher: *(1) Je höher das Einkommen der potentiellen Nachfrager, desto höher ist die Nachfrage nach und damit der Preis für Werke(n) zeitgenössischer moderner Kunst. (2) Je höher die Ertragsrate alternati-*

ver Anlageformen, desto niedriger ist die Nachfrage nach und damit der Preis der Kunstobjekte(n).

Die ästhetische Bewertung, die den Arbeiten eines Künstlers seitens der Experten zuteil wird, beeinflußt die Nachfrage und damit die Preise der betreffenden Arbeiten in hohem Maß. Die entsprechende Hypothese lautet: *Je höher die Anerkennung eines Künstlers durch Experten, desto höher ist der Preis für eine repräsentative Arbeit.*

Darüber hinaus berücksichtigen wir drei weitere potentielle Einflußfaktoren, die in der Literatur häufiger angeführt werden:[10] Erstens können Inflationsbefürchtungen für die Preisbildung auf dem Kunstmarkt von Bedeutung sein. Werden allgemein hohe Inflationsraten erwartet, steigt die Nachfrage nach bestimmten Anlageformen wie Edelmetallen, Diamanten, aber auch nach Kunstobjekten: *Je höher die Inflationsrate, desto höher ist die Nachfrage nach, und damit der (reale) Preis von Objekten zeitgenössischer Kunst.*

Zweitens kann das Image eines Galeriebesitzers auf die Preise der Arbeiten seiner Künstler Einfluß haben. Dies gilt insbesondere für einen Galeristen, der schon in der Vergangenheit bestimmte Kunstrichtungen – entgegen der herrschenden Meinung des Kunstestablishments – mit Erfolg gefördert hat (Moulin 1986). Wir stellen daher die folgende Hypothese auf: *Die Preise für Arbeiten eines bestimmten Künstlers werden tendenziell höher sein, wenn er bei einem Galeriebesitzer unter Vertrag ist, der sich einen Ruf als erfolgreicher Förderer der zeitgenössischen Kunst erworben hat.*

Schließlich *begrenzt der Tod eines Künstlers das Angebot von seinen Arbeiten, was zu einer spekulativen Nachfragesteigerung und damit zu entsprechenden Preissteigerungen führen kann.*[11]

In unserer empirischen Studie greifen wir für die Variablen *reales Pro-Kopf-Einkommen, Ertragsraten von Aktien und langfristigen Anleihen* sowie *Inflationsrate* auf Daten des wichtigsten Marktes für zeitgenössische Kunst, die Vereinigten Staaten, zurück. Darüber hinaus haben wir eine weitere Variable eingeführt, die anzeigt, ob ein Künstler Amerikaner ist oder nicht. Damit können wir die Frage beantworten, ob potentielle Käufer in den Vereinigten Staaten möglicherweise amerikanische Künstler bevorzugen. Die verwendeten Daten und ihre Herkunft werden im Anhang zu diesem Kapitel ausführlich erläutert.

---

[10] Siehe Savage (1969), Webb (1970), Boxer (1970), Stein (1977), Singer (1978), C. Meyer (1979), Penn (1980), Howe (1984), Rouget, Sagot-Duvauroux und Pflieger (1991, 49 ff.) sowie Sagot-Duvauroux, Pflieger und Rouget (1992).

[11] C. Meyer (1979, 45) zufolge unternehmen Galerien deshalb auch große Anstrengungen, im Todesfalle die Nachlaßverwaltung zu übernehmen. Besondere Erfolge soll in diesem Zusammenhang die Marlborough Galerie mit ihrer „Tote-Maler-Galerie" erzielt haben, die Künstler wie Feininger, Fontana, Kline, Pollock und Schwitters aufwies.

Um die Gleichung, die die Preisbildung unter dem Einfluß der verschiedenen Faktoren abbildet, schätzen zu können, haben wir zunächst *Schätzpreise* von Experten herangezogen. Die Ergebnisse, die im Anhang zu diesem Kapitel aufgeführt sind, bestätigen die von uns erwartete Wirkungsrichtung der einzelnen Faktoren. So stellen wir hinsichtlich der Angebotsseite fest, daß Skulpturen tatsächlich teurer sind als Bilder oder Graphiken und daß durch die Verwendung teurer Materialien die Preise systematisch steigen. Von den drei weiteren Faktoren auf der Angebotsseite hat die Größe (beziehungsweise das Volumen) der Objekte eine deutlich positive Wirkung auf den Preis. Die Werbeaktivitäten der Galeristen scheinen demgegenüber keinen quantitativen Einfluß auszuüben. Die Erwartung eines höheren künftigen Preises bewirkt eine Steigerung der Produktion, mit der Folge, daß sich die Preise der Vergangenheit etwa zur Hälfte in den gegenwärtigen Preisen widerspiegeln.

Auch auf der Nachfrageseite werden unsere zentralen Hypothesen empirisch bestätigt: Der stärkste Einfluß geht vom realen Pro-Kopf-Einkommen aus, gefolgt von der Bewertung durch Experten und der Ertragsrate von Aktien und Staatsanleihen. Ferner zeigte sich, daß Galeristen, die im Ruf stehen, ein Gespür für förderungswürdige Stilrichtungen und Außenseiter zu haben, deutlich höhere Preise fordern können. Es bestätigte sich auch, daß die potentiellen Nachfrager in Zeiten hoher Inflationsraten verstärkt moderne Kunst als Vermögensanlage nachfragen; der quantitative Einfluß dieser Variable ist jedoch eher bescheiden. Spekulatives Verhalten in bezug auf eine zukünftige Verknappung der Arbeiten verstorbener Künstler scheint ebenfalls vernachlässigbar zu sein. Schließlich kommen wir zu dem interessanten Ergebnis, daß die Frage, ob ein Künstler Amerikaner ist oder nicht, keinerlei Einfluß auf die Preise für seine Arbeiten hat – womit sich bestätigt, daß der Markt für zeitgenössische Kunst in der Tat international ist.

Des weiteren können wir mit Hilfe unserer empirischen Analyse die Preisentwicklung für Arbeiten einzelner Künstler erklären. Zu Illustrationszwecken betrachten wir die Preise der Arbeiten von Rauschenberg, Tinguely und Pistoletto. Die Unterschiede zwischen den von Experten geschätzten und den mit Hilfe unseres Modells simulierten Preisen sind in Abbildung 6.1 verdeutlicht. Die Abweichung zwischen beiden Preisentwicklungen beträgt im Durchschnitt lediglich acht Prozent über den gesamten Betrachtungszeitraum und für alle drei Künstler. Für Rauschenberg ist die Abweichung mit 3,6 Prozent deutlich geringer, für Tinguely mit 9,8 Prozent dagegen etwas höher.

Mit Hilfe unseres Modells können wir außerdem berechnen, welche Faktoren in einem bestimmten Jahr dafür verantwortlich waren, daß für die Arbeiten der verschiedenen Künstler so unterschiedliche Preise gezahlt wurden. So betrug beispielsweise im Jahr 1983 das Preisgefälle zwischen einer repräsentativen Arbeit Rauschenbergs und einer von Tinguely 37 000 $.

Der größte Teil dieser Differenz (55 Prozent) geht auf die Preisentwicklung in der Vergangenheit zurück. Der Rest ist Rauschenbergs höherem Ansehen in der Kunstwelt zuzuschreiben (25 Prozent), der Tatsache, daß er durch den Galeristen Leo Castelli vertreten wird (10 Prozent) und seiner künstlerischen Vielseitigkeit (etwa 7 Prozent) zu verdanken.

Abbildung 6.1: Schätzpreise von Experten und mit Hilfe des Modells simulierte Preise; ausgewählte Künstler, 1971–1983, in US $ zu laufenden Preisen

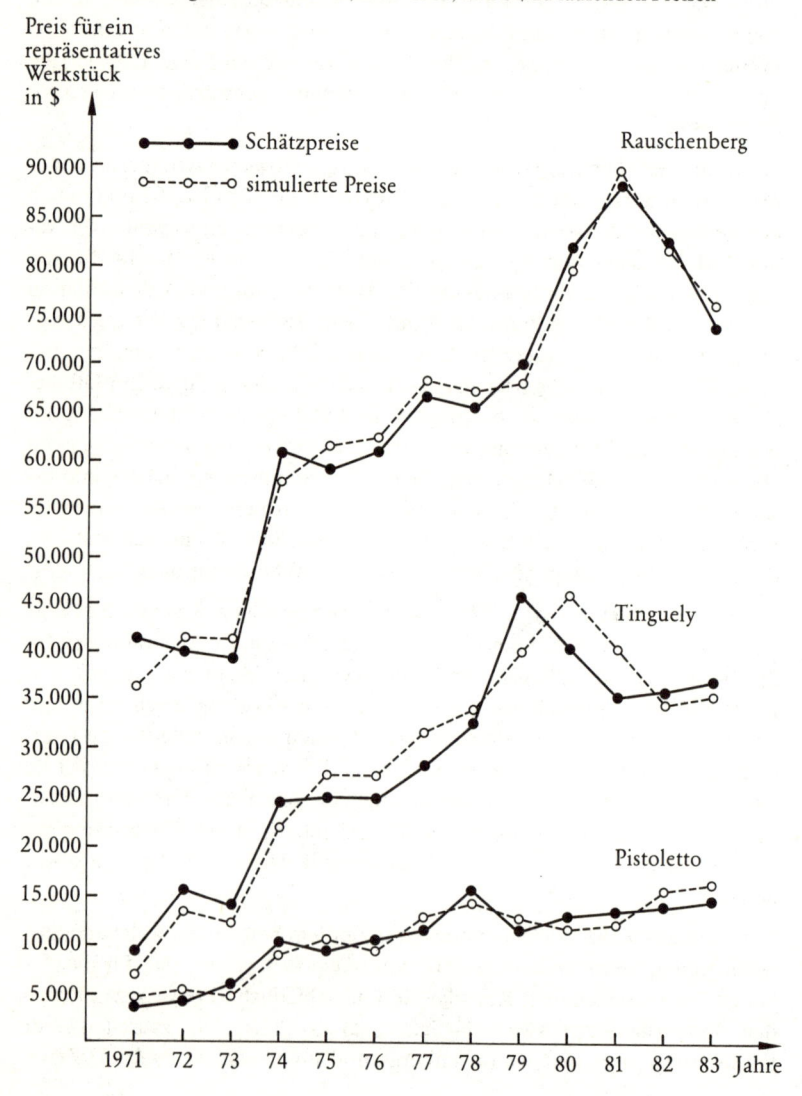

Die Preisdifferenz von 22 000 $ zwischen einer repräsentativen Arbeit Tinguelys und einer von Pistoletto im gleichen Jahr ist wiederum zum größten Teil auf die in der Vergangenheit gezahlten Preise (60 Prozent) zurückzuführen. Aber auch die Tatsache, daß Tinguely Bildhauer ist (10 Prozent) und eine höhere Reputation in der Kunstwelt besitzt (fast 30 Prozent), erklärt den hohen Preisunterschied.

Die von Kunstexperten genannten Preise, die wir unseren Schätzungen zugrunde gelegt haben, sind in hohem Maße durch subjektive Elemente beeinflußt. Außerdem beziehen sie sich – wie gesagt – auf repräsentative Arbeiten der Künstler, wobei man zweifellos darüber streiten kann, was in diesem Zusammenhang unter ‚repräsentativ' zu verstehen ist. Daher haben wir die Preisgleichung noch einmal auf der Grundlage von *Auktionspreisen* geschätzt.[12] Um diese Berechnungen durchzuführen, haben wir annähernd 4000 dokumentierte Verkaufstransaktionen herangezogen.

Auch bei dieser Schätzung sind die Ergebnisse befriedigend. Darüber hinaus sind diese Resultate denen unserer ersten Schätzung außerordentlich ähnlich, was insofern nicht überrascht, da sich die Experten bei ihren Preisangaben zum Teil auf Auktionspreise stützen (Milgrom und Weber 1982). Für repräsentative Arbeiten der ‚Top 100' der zeitgenössischen Kunst zeigt Tabelle 6.2 die *tatsächlichen* und die mit Hilfe des Modells *simulierten* Preise, sowohl auf Grundlage von Expertenschätzungen als auch auf jener von Auktionspreisen.[13] Die Tabelle verdeutlicht auch, daß die Preisangaben der Experten und die Auktionspreise weitgehend korreliert sind. Die Unterschiede sind darauf zurückzuführen, daß den Schätzungen auf Grundlage von Auktionspreisen mitunter nur eine kleine Zahl von Transaktionen zugrunde liegt, die sich überdies auf ganz unterschiedliche Arbeiten der betreffenden Künstler beziehen. Im Gegensatz dazu spiegeln die von Experten geschätzten Preisen eine umfassendere Betrachtung wider, da sie eine größere Zahl von Arbeiten einzelner Künstler in die Bewertung einbeziehen. In gewissem Sinne können die Expertenschätzungen daher besser wiedergeben, welchen Preis ein Künstler im allgemeinen auf dem Markt erzielen kann.

Bemerkenswerterweise läßt sich nicht eindeutig feststellen, welche Preise systematisch höher sind. So sind z. B. für die zehn ersten Künstler in der Tabelle in fünf Fällen die Expertenschätzungen höher, in den übrigen fünf Fällen jedoch die Auktionspreise.

---

[12] Auf diese Preise wird in Kapitel 7 ausführlich eingegangen.
[13] Die durchschnittliche prozentuale Fehlerabweichung der prognostizierten von den tatsächlichen Schätzpreisen beträgt insgesamt betrachtet 11,7 Prozent; die entsprechende Fehlerabweichung im Falle der Auktionspreise liegt bei 26,8 Prozent. Weitergehende statistische Tests (Theil's Ungleichskoeffizienten) weisen darauf hin, daß die modellgestützten Preisvoraussagen in beiden Fällen erheblich bessere Ergebnisse liefern als bloße Trendprognosen.

Tabelle 6.2: Tatsächliche und vorausgesagte Preise für ein mittelgroßes Original der zeitgenössischen Künstler, in US $, 1983

Rang[a] Künstler	Kunstrichtung	Land	Schätzpreise von Experten		Auktionspreise	
			tatsächlich[b] (1)	vorausgesagt[c] (2)	tatsächlich[d] (3)	vorausgesagt[e] (4)
1. Beuys, Joseph	Aktionskunst	Deutschland	55 100	53 200	39 900	41 800
2. Warhol, Andy	Pop Art	Vereinigte Staaten	36 700	34 800	52 200	44 300
3. Rauschenberg, Robert	Prä-Pop Art	Vereinigte Staaten	73 400	73 500	91 700	89 400
4. Johns, Jasper	Prä-Pop Art	Vereinigte Staaten	201 900	204 400	198 800	201 200
5. Oldenburg, Claes T.	Pop Art	Vereinigte Staaten	88 100	91 400	88 700	84 800
6. Stella, Frank	Neue Abstraktion	Vereinigte Staaten	73 400	75 000	87 200	75 800
7. LeWitt, Sol	Minimal Art	Vereinigte Staaten	22 000	24 100	17 600	14 300
8. Lichtenstein, Roy	Pop Art	Vereinigte Staaten	77 100	71 800	85 700	69 800
9. Christo, Javacheff	Neuer Realismus	Vereinigte Staaten	25 100	24 300	19 400	22 100
10. Tinguely, Jean	Neuer Realismus	Schweiz	36 700	36 000	22 400	25 100
11. Naumann, Bruce	Prozeßkunst	Vereinigte Staaten	29 400	27 400	25 000	30 600
12. Klein, Yves	Neuer Realismus	Frankreich	73 400	69 800	---	65 800
13. Serra, Richard	Prozeßkunst	Vereinigte Staaten	55 100	55 000	54 000	52 000
14. Judd, Donald	Minimal Art	Vereinigte Staaten	36 700	37 500	40 500	40 800
15. Kelly, Ellsworth	Hard Edge	Vereinigte Staaten	69 800	69 600	68 900	65 800
20. Merz, Mario	Prozeßkunst	Italien	22 000	18 400	20 500	21 100
25. Richter, Gerhard	Photorealismus	Deutschland	18 400	18 300	---	19 400

Kapitel 6: Warum ist ein Rauschenberg so teuer?   101

Rang[a]	Stil	Land	[b]	[c]	[d]	[e]
30. Twombly, Cy	Malerei	Vereinigte Staaten	91800	80600	---	75400
35. Louis, Morris	Farbfeldmalerei	Vereinigte Staaten	110100	110630	94300	97000
40. Manzoni, Piero	Neuer Realismus	Italien	12900	11700	14500	16900
45. Uecker, Günther	Zero-Kunst	Deutschland	12800	13000	13700	14600
50. Mack, Heinz	Zero-Kunst	Deutschland	12800	12000	9600	10700
55. Rückriem, Ulrich	Skulptur	Deutschland	14700	12700	9800	---
56. Pistoletto, Michelangelo	Neuer Realismus	Italien	14700	14000	12500	14700
60. Rinke, Klaus	Body Art	Deutschland	14600	13100	---	---
65. De Maria, Walter	Land Art	Vereinigte Staaten	36700	34800	18200	22500
70. Marden, Brice	Neue Malerei	Vereinigte Staaten	29400	29000	15500	12500
75. Sonnier, Keith	Prozeßkunst	Vereinigte Staaten	18400	16400	18700	20200
80. Caro, Anthony	Konzeptkunst	Großbritannien	14700	13700	22000	27000
85. Graham, Dan	Realismus	Vereinigte Staaten	18400	16900	17300	15900
90. Baldessari, John	Narrative Kunst	Vereinigte Staaten	5500	5500	---	---
95. Rivers, Larry	Abstraktion	Vereinigte Staaten	55100	53000	33900	42700
100. Walther, Franz Erhard	Aktionskunst	Deutschland	12800	10300	9300	8900

[a] Rang gemäß Tabelle 6.1
[b] Gemäß Kunstkompaß von Bongard für 1983, umgerechnet mit Hilfe des offiziellen Wechselkurses.
[c] Berechnet anhand der Freisfunktion, die mit Angaben für die Schätzwerte der Experten empirisch bestimmt worden ist.
[d] Berechnet anhand tatsächlicher Auktionspreise, umgerechnet mit Hilfe des offiziellen Wechselkurses. Ein Strich deutet an, daß zu wenige Transaktionen vorlagen.
[e] Berechnet anhand der Freisfunktion, die mit Angaben für die Auktionspreise empirisch bestimmt worden ist.

Der Künstler, dessen Arbeiten 1983 in beiden Kategorien die höchsten Preise erzielten, war Jasper Johns (bis zu 200 000 $ für ein repräsentatives Werk). Die Werke einiger Künstler erbrachten auf Auktionen Beträge zwischen 90 000 und 100 000 $ (Robert Rauschenberg, Morris Louis, Claes Oldenburg, Frank Stella und Roy Lichtenstein), obwohl sie von den Experten oft deutlich niedriger (etwa im Bereich zwischen 70 000 und 80 000 $) angesetzt waren. Interessant ist, daß etwa Morris Louis, für dessen Arbeiten außerordentlich hohe Preise (rund 100 000 $) gezahlt wurden, in der ästhetischen Bewertungsskala der Kunstszene nur auf Platz 35 rangiert. Dagegen erzielten die Arbeiten von Joseph Beuys, der Nummer Eins der ästhetischen Bewertungsfolge, lediglich Auktionspreise von 40 000 $ (die von Experten geschätzten Preise lagen bei 55 000 $). Unter den fünfzehn führenden Künstlern erzielten einige in beiden Kategorien höhere Preise als Beuys: Claes Oldenburg (Rang 5 nach ästhetischen Kriterien), Frank Stella (6), Roy Lichtenstein (8), Yves Klein (12) und Ellsworth Kelly (15). Sogar auf den unteren Rängen finden sich noch etliche Künstler, für deren Arbeiten höhere Preise gezahlt wurden, so etwa im Falle von David Hockney (Rang 21), Cy Twombly (30) und Agnes Martin, die 1983 nach ästhetischen Kriterien nur den 68. Platz einnahm. Umgekehrt überrascht nicht sehr, daß Javacheff Christo nur vergleichsweise niedrige Preise für seine Kunstwerke erzielte (etwa 20 000 $). Hierbei handelt es sich vor allem um Skizzen, Karten und Zeichnungen in Zusammenhang mit seinen spektakulären Arrangements, wie dem ‚Running Fence‘, der Verpackung der Pont Neuf in Paris oder der Berner Kunsthalle.

Im ganzen erzielten die ersten 15 bis 20 Künstler jedoch deutlich höhere Preise als jene, die nach ästhetischen Kriterien die nachfolgenden Plätze einnahmen. Dies legt wiederum nahe, daß der Markt auf die eine oder andere Weise dem intrinsischen künstlerischen Wert der Werke Rechnung trägt – zumindest wie er von Kunstkennern verstanden wird. Das häufig vorgebrachte Argument, die Preise von Kunstobjekten stünden in keiner Beziehung zu ihrem künstlerischen Wert, wird von unserer Analyse nicht bestätigt. Eher scheint das Gegenteil richtig zu sein: Den Künstlern, deren Arbeiten die höchsten Preise erzielen, wird im Großen und Ganzen auch die größte künstlerische Leistung zugeschrieben.

III. Angebot und Nachfrage

Wir haben uns in diesem Kapitel auf der Grundlage des ökonomischen Ansatzes mit der ästhetischen und der ökonomischen Bewertung von zeitgenössischen Kunstwerken beschäftigt. Dabei kommen wir zu dem Ergebnis, daß es sich bei dem Markt für Kunstwerke weitgehend um einen Wettbewerbsmarkt handelt, d.h. die Preise werden maßgeblich von Angebot und Nachfrage bestimmt.[14] Die Wirkung der verschiedenen Elemente von Angebot und Nachfrage (z. B. Produktionskosten, Einkommen der potentiellen Käufer, Ertragsraten alternativer Anlagemöglichkeiten) auf die Preise entsprechen den Ergebnissen unserer Analyse.

Darüber hinaus hat sich gezeigt, daß die Preise von Kunstwerken in enger Beziehung zu ihrer Einschätzung durch das Kunstestablishment stehen. Die Forderung, die ästhetische Bewertung von Kunstwerken und deren Bestimmungsfaktoren (wie z. b. der Kapitalstock, die Vielseitigkeit eines Künstlers) bei der Untersuchung der Preisbildung explizit zu berücksichtigen, wird von unseren Ergebnissen unterstützt. Es ist eindeutig vorteilhafter, sich auf ein umfassenderes Konzept zu stützen, das die Anerkennung und die Reputation eines Künstlers miteinbezieht, als lediglich auf der Grundlage von vergangenen Preisen eine Diagnose und Prognose zu wagen.[15]

Unser Modell erlaubt zwar einigermaßen genaue Voraussagen, für langfristige Prognosen ist seine Anwendbarkeit jedoch begrenzt. Insbesondere läßt sich der Einfluß zukünftiger Trends und Stile nicht antizipieren. Solche Einflüsse können bestenfalls im nachhinein identifiziert und erklärt werden. Trotzdem konnten einige neue Einsichten über die Funktionsweise des Marktes für zeitgenössische Kunst gewonnen werden. Die vielleicht wichtigste Erkenntnis besteht darin, daß das Verhalten der Anbieter und Nachfrager auf diesem Markt tatsächlich dem ökonomischen Ansatz entspricht, den wir im ersten Teil dieses Buches vorgestellt haben.

Anhang

Datenbasis

Die Daten über die ästhetische Einschätzung von Kunstobjekten haben wir Bongards Kunstkompaß entnommen, der in der Monatszeitschrift *Capital* veröffentlicht wird. Auch die Schätzpreise der Kunstexperten stammen aus dieser Quelle. Das von Bongard entwickelte Maß für die ästhetische Einschätzung ist vor seiner Verwendung in verschiedener Hinsicht überprüft worden. So ist beispielsweise untersucht worden, ob das Maß selbst auf das

---

[14] Unbestritten gibt es auch einige Hinweise darauf (so der – allerdings quantitativ nicht bedeutende – Einfluß des Ablebens eines Künstlers), daß das strategische Verhalten von Galerien eine gewisse Bedeutung haben kann. Zur Überprüfung, ob diese und weitere Marktunvollkommenheiten ebenfalls Regelmäßigkeiten aufweisen, bedarf es jedoch eines wesentlich komplexeren Modells [vgl. zu einigen Überlegungen in diese Richtung Singer (1982) sowie Stanford (1989)], das, wenn es einmal entwickelt ist, gegen das hier verwendete Modell getestet werden kann.
[15] Vgl. mit ähnlichen Folgerungen im Hinblick auf die Qualitätseinschätzung des Theaterangebots Throsby (1983).

Verhalten der privaten und öffentlichen Käufer und Sammler einen nachhaltigen Einfluß hat mit der Folge, daß die von Bongard (anhand zusätzlicher Preisvergleiche) als „günstig" eingestuften Werke bestimmter Künstler eine verstärkte Nachfrage auslösen und ihr Preis steigen würde. Hierfür ergibt sich jedoch keine Evidenz, ebensowenig dafür, daß die anfängliche Einbeziehung bestimmter Künstler einen Verstetigungseffekt in dem Sinne hervorruft, daß im Lauf der Zeit immer weniger neue Künstler unter den jeweils Top 100 erscheinen. Ein weiteres Problem, das sich bei Verwendung dieses Maßes stellt und das nicht ganz zufriedenstellend gelöst ist, besteht in der Abgrenzung der Künstler der 60er und 70er Jahre von den heute noch lebenden der 50er und früherer Jahre. Diese Abgrenzung ist von Bongard nach stilistischen Gesichtspunkten vorgenommen worden, d. h. er hat Künstler, deren Stil bis Ende der 50er Jahre „ausgereift" war, nicht berücksichtigt. Dies ist schwer nachvollziehbar und nicht eindeutig, was sich auch darin zeigt, daß bei der erstmaligen Erstellung des Kunstkompaß (für das Jahr 1970) eine Reihe von Künstlern (Josef Albers, Max Bill, Lucio Fontana, Richard Lindner, Victor Vasarely) einbezogen wurde, die im folgenden Jahr mit dem Hinweis, „daß ihr Werk stilistisch eher der Kunst der 50er Jahre zuzurechnen sei",[16] nicht mehr berücksichtigt wurden. Da entsprechend motivierte Ausschlüsse weiterer (bisher einbezogener) Künstler nach 1971 nicht mehr auftreten, haben wir das Jahr 1971 als Beginn des Untersuchungszeitraums gewählt. Problematisch sind auch mögliche Verzerrungen, die durch Untersuchungen auf nationaler Ebene entstehen. Dieser Verdacht wird beispielsweise in Frankreich durch einen von der französischen Kunstzeitschrift *Connaissance des Arts* entwickelten Index der „besten zeitgenössischen Künstler" (der Jahre 1955–1976) genährt, der auffallend viele französische Künstler enthält. Entsprechendes könnte für den deutschen Kunstkompaß gelten, sofern vorrangig deutsche Künstler genannt werden. Bei näherer Betrachtung wird dieser mögliche Einwand jedoch entschärft. Weder die Zahl der deutschen Künstler ist auffallend hoch, noch hat sie in der betrachteten Periode zugenommen. Gemessen an der Auswahl von Galerie- und Auktionstransaktionen wird vorsichtigen Schätzungen zufolge heute nahezu die Hälfte der Arbeiten aller (westlicher) zeitgenössischer Künstler in den Vereinigten Staaten produziert. Die zunehmende Bedeutung des amerikanischen Marktes schlägt sich auch in einem steigenden Anteil der amerikanischen bildenden Künstler an den 100 zeitgenössischen Künstlern jedes Jahres nieder: Während dieser Anteil im Jahre 1971 noch bei 45 Prozent lag, hatte er 1983 bereits 50 Prozent überstiegen.

Angaben über die Herkunftsländer der einzelnen Künstler, die jährliche Zahl ihrer Einzelausstellungen, ihre Beteiligung an Gruppenausstellungen,

---

[16] Es dürfte interessieren, wen Bongard im weiteren hierzu rechnet. Diese Liste führen (auf den ersten zehn Plätzen) an: Jean Dubuffet, Jackson Pollock, Antonia Tàpiez, Mark Rothko, Hans Hartung, Willem de Kooning, Francis Bacon, Henry Moore, Mark Tobey und Barnett Newman.

die Zahl der von ihnen gewonnenen Preise sowie gegebenenfalls das Jahr ihres Ablebens wurden Naylor und P'Orridge (1977), Thomas und DeVries (1977), Walker (1975, 1977), Braden (1978), Darmstädter (1979), Lucie-Smith (1980, 1981) und Cummings (verschiedene Jahre) entnommen. Zusätzliche Informationen entstammen Fachzeitschriften wie dem *Artforum* (New York), der *Art News* (New York), *Art Press* (Paris), dem *Art Monthly* (London), *Domus* und *Flash Art* (beide Mailand) und dem *Museumsjournaal* (Amsterdam). Auch die Klassifizierungen der einzelnen Künstler (Maler, Bildhauer, Graphiker) und die Angaben über die von ihnen verwendeten (gegebenenfalls teuren) Materialien sowie die ungefähre Größe (das Volumen) ihrer Arbeiten stützen sich auf die hier genannte Literatur. Eine unabhängige Quelle zur Überprüfung dieser Klassifizierungen bieten die jährlichen Auktionsberichte von Wellensiek und Keyszelitz (Wellensiek, König und Wolf, verschiedene Jahrgänge), welche die gleiche Unterscheidung zugrunde legen und zusätzlich die Art und die genaue Größe der einzelnen Arbeiten dokumentieren. Als weitere Quellen für Auktionspreise dienten das *Annuaire internationale des ventes* (Meyer), das *World Collectors' Annuary* (van Braam und Romeny), *Art at Auction* (Sotheby's und Parke-Bernet) und *Christie's Review of the Season* (Christie's). Bei der Klassifizierung der Kunststile in fünf maßgebliche Bereiche folgen wir Darmstädter (1979). Gelegentlich lassen sich Künstler und Kunstwerke lediglich einer Stilrichtung zuordnen, häufiger jedoch gibt es einen Wechsel in der Einordnung des jeweiligen Künstlers und seiner (neueren) Werke oder eine Zuordnung zu mehreren Stilrichtungen. Für Informationen darüber, welcher Künstler bei welchem Galeristen unter Vertrag ist, haben wir uns auf verschiedene Literaturquellen (insbesondere Naylor und P'Orridge 1977) sowie auf persönliche Kontakte gestützt. Aus diesen Informationen haben wir auch die Variable konstruiert, welche anzeigt, ob sich ein Galeriebesitzer durch das Aufspüren förderungswürdiger, d.h. später erfolgreicher Stilrichtungen und Talente besonders hervorgetan hat: Als solche haben wir schließlich Leo Castelli (New York), Sidney Janis (New York) und Denise Renée (Paris) gewertet. Das Ausmaß der von den einzelnen Galeristen betriebenen Werbung haben wir mit Hilfe eines Fragebogens ermittelt, der an 30 Kunstexperten (ausgenommen Galeriebesitzer) in den Vereinigten Staaten, Großbritannien, Frankreich, der Bundesrepublik Deutschland, Italien und in der Schweiz versandt wurde. Daten über das reale Pro-Kopf-Einkommen, die Ertragsraten alternativer Anlagen (Aktien und Staatsanleihen) sowie über die Inflationsrate in den Vereinigten Staaten wurden dem *Economic Report of the President* (United States Government Printing Office 1985) entnommen.

Schätzung der ästhetischen Bewertungsfunktion

Die ökonometrische Analyse beruht auf kombinierten Zeitreihen- und Querschnittsdaten für die hundert weltweit führenden Künstler während des Zeitraums von 1971–1981. Die unter Verwendung der OLS-Methode (gewöhnliche Kleinstquadratemethode) geschätzten Koeffizienten lauten folgendermaßen:

Ästhetische Einschätzung = −1670** Informelle Kunst
(−5,48)

−810** Pop Art
(−2,94)

−430 Op Art
(−1,58)

−240 Neuer Realismus
(−0,96)

181** Konzeptkunst
(8,10)

190** Einzelausstellungen (kumuliert)
(14,79)

43** Teilnahme an Gruppenaus-
(3,71) stellungen (kumuliert)

230** Erhaltene Kunstpreise
(3,57) (kumuliert)

60 (*) Anzahl Jahre seit der ersten
(1,91) Einzelausstellung

85** Anzahl Jahre seit der ersten Teil-
(3,07) nahme an einer Gruppenausstellung

2950** Breite der künstlerischen Tech-
(7,27) niken und Medien

110** in der Vorperiode erzielter durch-
(10,79) schnittlicher Verkaufspreis

$\overline{R}^2 = 0{,}59$, F-Wert = 83,5, F^D-Wert = 4,8, F.G. = 1088.

Die Angaben in Klammern unter den geschätzten Koeffizienten enthalten die t-Werte für den zweiseitigen Test der Nullhypothese. Ein Stern in Klammern zeigt an, daß der entsprechende Parameter auf dem 90 Prozent-Signifikanzniveau von Null verschieden ist. Ein Stern bzw. zwei Sterne ohne Klammer geben an, daß der Koeffizient auf dem 95 Prozent- beziehungsweise 99 Prozent-Signifikanzniveau statistisch gesichert ist. $\overline{R}^2$ ist das um die Anzahl Freiheitsgrade (F.G.) bereinigte multiple Bestimmtheitsmaß. Der F-Wert zeigt an, daß die erklärenden Variablen insgesamt einen signifikanten Einfluß auf die erklärte Variable haben. Der F^D-Wert weist darauf hin, daß

Kapitel 6: Warum ist ein Rauschenberg so teuer?

die Gesamtheit der Hilfsvariablen für die einzelnen Kunstrichtungen auf die erklärte Variable einen statistisch gesicherten Einfluß ausüben.

Schätzung der Preisfunktionen

Den beiden folgenden Schätzgleichungen liegt ein zweistufiges Verfahren zugrunde, da die theoretischen Werte der ästhetischen Bewertungsfunktion in die Preisfunktionen für Kunstwerke eingeführt worden sind. Diese Gleichungen sind mit Hilfe der GLS-Methode (verallgemeinerte Kleinstquadratmethode) bestimmt worden, um der Möglichkeit von Heteroskedastie und Autokorrelation der Residuen Rechnung zu tragen.

Die erste Schätzgleichung beruht auf *Schätzpreisen von Experten*:

Preis für ein repräsentatives Werkstück =	56,61	Konstantglied
	0,25** (4,37)	Skulpturen
	0,19** (2,76)	Gemälde
	0,23** (4,82)	Graphiken
	0,47** (9,73)	kostbare Materialien
	0,25** (3,99)	außergewöhnliche Größe
	0,03 (0,69)	Werbeaktivitäten des Galeriebesitzers
	0,55** (7,03)	in der Vorperiode erzielter durchschnittlicher Verkaufspreis (Logarithmus)
	0,65** (7,42)	reales Pro-Kopf-Einkommen (Logarithmus)
	–0,17** (–6,29)	reale Ertragsrate von Aktien
	–0,13** (–4,13)	reale Ertragsrate von Staatsanleihen
	0,31** (4,90)	ästhetische Einschätzung (Logarithmus der theoretischen Werte)
	0,14** (4,67)	Inflationsrate

0,39**	Image des Galeriebesitzers
(5,00)	
0,10**	Jahre seit dem Tod des Künstlers
(4,92)	
0,03	Künstler ist amerikanischer
(0,69)	Bürger

$\overline{R}^2$ = 0,74, F-Wert = 74,5, F. G. = 1 084.

Die zweite Schätzgleichung bezieht sich auf *Auktionspreise*:

Preis für ein repräsentatives Werkstück	= –41,02	Konstantglied
	0,24**	Skulpturen
	(4,49)	
	0,04	Gemälde
	(0,67)	
	0,12**	Graphiken
	(2,97)	
	0,44**	kostbare Materialien
	(9,41)	
	0,31**	außergewöhnliche Größe
	(5,47)	
	0,17**	Werbeaktivitäten der Galeristen
	(3,41)	
	0,61**	in der Vorperiode erzielter durchschnittlicher Verkaufspreis (Logarithmus)
	(8,78)	
	0,47**	reales Pro-Kopf-Einkommen (Logarithmus)
	(6,13)	
	–0,14**	reale Ertragsrate von Aktien
	(–4,99)	
	–0,09**	reale Ertragsrate von Staatsanleihen
	(–3,05)	
	0,34**	ästhetische Einschätzung (Logarithmus der theoretischen Werte)
	(6,40)	
	0,10**	Inflationsrate
	(4,21)	
	0,41**	Image des Galeriebesitzers
	(6,02)	
	0,08**	Jahre seit dem Tod des Künstlers
	(4,24)	

Kapitel 6: Warum ist ein Rauschenberg so teuer?

                    0,02   Künstler ist amerikanischer
                  (0,57)   Bürger
$\overline{R}^2 = 0{,}61$, F-Wert = 101,3, F.G. = 971.

Für insgesamt 15 Künstler gab es während der Periode 1971–1981 auf den internationalen und bedeutsamen nationalen Auktionen keine (oder zu wenige) Transaktionen. Als Folge dessen beträgt die Stichprobe lediglich 987 (anstatt 1 100 wie in der ersten Schätzung).

Kapitel 7: Lohnt die Geldanlage in Gemälde?

Die Auffassung, daß der Erwerb von Kunstobjekten, besonders von Gemälden bekannter Maler, eine außerordentlich lukrative Geldanlage darstellt, ist weitverbreitet. Besonders in den Vereinigten Staaten, aber auch in den wohlhabenderen Ländern Westeuropas, ist eine wachsende Zahl von Investoren der Meinung, der Erwerb von Gemälden verschaffe nicht allein einen ästhetischen Genuß, sondern sei auch eine gute Geldanlage. Die Praxis amerikanischer Banken (etwa der Chase-Manhattan Bank), neben der herkömmlichen Finanz-Anlageberatung eine sogenannte Kunst-Anlageberatung anzubieten, hat dem Trend zum ‚Kunstwerk als Investitionsobjekt' zusätzlichen Auftrieb gegeben. Auf diese Weise läßt sich zum einen der Eindruck erwecken, bei der Geldanlage in Kunstwerke handle es sich um eine finanziell lohnende Investition, zum anderen wird damit suggeriert, daß besondere Sachkenntnis entsprechend höhere Erträge mit sich bringt.

Seit Ende des Zweiten Weltkriegs steigt die Zahl der An- und Verkäufe von Kunstobjekten ständig. Die Auktionshäuser melden laufend neue Umsatzspitzen, und neue Preisrekorde werden in immer schnellerer Folge aufgestellt. So wurde 1984 Joseph Turners *Seascape at Folkstone* bei Sotheby's London für 7,3 Mio. £ veräußert. Es war zu dieser Zeit das teuerste Bild der Welt. Ein Jahr später erzielte van Goghs *Paysage au soleil levant* bei Sotheby's New York 9,9 Mio. $ (7,6 Mio. £), und Andrea Mantegnas *Anbetung der Könige* wechselte bei Christie's London für 8 Mio. £ (10,4 Mio. $) den Besitzer. Im April 1987 stellten van Goghs *Sonnenblumen* einen neuen Auktionsrekord auf: Bei Christie's London erhielt der japanische Versicherungskonzern Yasuda bei 25,4 Mio. £ (39,9 Mio. $) den Zuschlag. Doch schon im November des gleichen Jahres wurde dieser Rekord von van Goghs *Schwertlilien* übertroffen, für die bei Sotheby's New York 53,9 Mio. $ (35 Mio. £) gezahlt wurden (die zehnprozentige Gebühr des Auktionshauses eingerechnet). Wie aus Tabelle 7.1 hervorgeht, ist inzwischen auch der hierfür bezahlte Preis bereits zweimal übertroffen worden.

In dieser Auflistung der zehn teuersten Gemälde der Welt sind Pablo Picasso und van Gogh mit fünf beziehungsweise drei Werken vertreten. Dies stellt eine gewisse Ironie des Schicksals dar: Während Picasso, der sehr früh als Genie eingeschätzt wurde, für seine Arbeiten bereits zu Lebzeiten außerordentlich hohe Preise erzielen konnte und ein Vermögen von weit mehr als einer Milliarde FF (in heutigem Wert über eine halbe Milliarde DM) hinterließ, konnte van Gogh zu Lebzeiten lediglich ein Gemälde verkaufen und das zu einem extrem niedrigen Preis, hat entsprechend armselig

Tabelle 7.1: Die zehn teuersten Gemälde der Welt (Mai 1990)

Name der Gemälde	Maler	Preis (in Mio. $)
Porträt des Doktor Gachet	Vincent van Gogh	82,5
Au moulin de la Galette	Pierre Auguste Renoir	78,1
Schwertlilien	Vincent van Gogh	53,9
Hochzeit von Pierrette	Pablo Picasso	49,4
Ich, Picasso	Pablo Picasso	47,8
Au lapin agile	Pablo Picasso	40,7
Sonnenblumen	Vincent van Gogh	39,9
Akrobat und junger Harlekin	Pablo Picasso	38,5
Cosimo I	Pontormo (Jacopo da Carucci)	35,2
Der Spiegel	Pablo Picasso	26,4

gelebt und ist mittellos gestorben. Gleichwohl führt sein *Porträt des Doktor Gachet*, für das 1990 mehr als 80 Mio. $ gezahlt wurden, die obige Liste an. Bemerkenswerterweise enthält diese Aufstellung keinen Maler der Nachkriegsgeneration.[1] Noch erstaunlicher ist, daß lediglich ein Gemälde aus der Epoche der Klassik vertreten ist, das zudem noch von dem vergleichsweise unbekannten Maler Pontormo (Jacopo da Carucci) stammt. Weitere Klassiker folgen mit der bereits erwähnten *Anbetung der Könige* (Mantegna) und Rembrandts *Ovalporträt einer jungen Frau* erst auf dem 30. und 32. Rang der Hitliste.

Die Preise, die heute für einige Werke gezahlt werden, leisten der gängigen Auffassung Vorschub, wonach die Ertragsrate einer derartigen Geldanlage überdurchschnittlich hoch ist. Die einschlägige Literatur zu diesem Thema[2] scheint diesen Eindruck seit längerem zu bestätigen. So hat der letzte Besitzer der *Schwertlilien* das Bild im Jahr 1947 für nur 84 000 $ erworben. Der Verkaufspreis von 53,9 Mio. $ bedeutet eine reale Rendite von 11 Prozent pro Jahr. Picassos Selbstbildnis *Ich, Picasso* war als Anlageobjekt noch erfolgreicher: 1981 für 5,83 Mio. $ ersteigert und 1989 für besagte 47,8 Mio. $ wiederverkauft, errechnet sich eine reale Nettorendite von 19,6 Prozent pro Jahr. Dies stellt eine erheblich bessere Geldanlage dar als diejenige vergleichbar riskanter Anlagen auf den Finanzmärkten.

Das Gegenteil kann jedoch auch eintreten, wie sich ebenfalls am Beispiel von Picassos *Selbstbildnis* zeigen läßt: Es wurde 1970 für 147 000 £ verkauft und bereits fünf Jahre später (1975) für 283 500 £ gehandelt. Trotz Verdop-

---

[1] Denn Jasper Johns' *False Start* (17,1 Mio. $) folgt erst nach weiteren Gemälden von Picasso (*Maternité* für 24,8 Mio. $), van Gogh (*Le pont de Trinquetaille* für 20,2 Mio. $), Monet (*Dans la prairie* für 24,3 Mio. $) und Gauguin (*Mata Mua* für 24,2 Mio. $).
[2] Vgl. Rush (1961, 385), Keen (1971, 24), Reiss (1981), Faith (1985, 215ff.), Duthy (1986, viii) und Bartholomew (1989). In der erstmals 1990 in Belgien erschienenen ‚Financial Art' wird der Kauf von Kunstgegenständen, insbesondere von Gemälden, mit dem Hinweis empfohlen, daß dies die „beste Geldanlage" sei.

pelung des Preises hat der damalige Besitzer finanziell gesehen schlecht investiert. Zieht man, um die Nettorendite zu ermitteln, die Auktionsgebühren und Versicherungsspesen ab, so beträgt diese immerhin 8,6 Prozent pro Jahr; die durchschnittliche jährliche Inflationsrate in Großbritannien betrug im gleichen Zeitraum aber 12,2 Prozent, d. h. der Besitzer hat eine reale Ertragsrate von *minus* 3,6 Prozent erzielt, also eindeutig einen finanziellen Verlust erlitten.

Im folgenden werden wir uns zunächst den Besonderheiten widmen, die es bei der Berechnung der Rendite und des Risikos einer Geldanlage in Kunstwerke zu beachten gilt. Im zweiten und dritten Abschnitt stellen wir empirische Ergebnisse vor, die sich auf nahezu 1 200 Auktionstransaktionen (d. h. den Kauf und den späteren Verkauf desselben Objekts) über einen Zeitraum von 350 Jahren hinweg beziehen. Im letzten Abschnitt interpretieren wir die Ergebnisse aus Sicht der ökonomischen Theorie, nehmen einen Vergleich mit anderen Arbeiten vor und ziehen einige Folgerungen.

I. Rendite und Risiko der Geldanlage in Gemälde

Obwohl die Rendite und das Risiko des Kaufs und Haltens von Gemälden in grundsätzlich gleicher Weise wie diejenigen von Finanzmarktanlagen berechnet werden, ergeben sich in einigen Punkten beachtenswerte Unterschiede.

Ganz allgemein stehen verläßliche Informationen über Gemäldepreise nicht zur Verfügung – ausgenommen jene, die im Rahmen von Auktionen anfallen. Diese Einschränkung ist jedoch nicht allzu gravierend, denn Auktionspreise spielen wiederum eine wichtige Rolle auf den allgemeinen Kunstmärkten und dienen sowohl Sammlern als auch professionellen Kunsthändlern als Orientierungshilfe (Salamon 1992).

1. Rendite

In unserer Analyse der Preisentwicklung von Gemälden der annähernd 800 ‚bekanntesten Maler der Welt' (ausschließlich der verstorbenen Künstler) greifen wir auf eine Zusammenstellung des Kunsthistorikers Gerald Reitlinger (1961, 1970) zurück. Von 305 Künstlern dieser Kunstelite wurde im Lauf der Jahrhunderte wenigstens eine Arbeit bei einem der bekannten Auktionshäuser Europas und Nordamerikas – wie Christie's, Sotheby's oder Hôtel Drouot – oder in anderen angesehenen Versteigerungshäusern ersteigert und später wiederveräußert, d. h. sie wurde Gegenstand einer Transaktion im oben genannten Sinne.[3] Käufe auf Flohmärkten und an ähnlichen Orten

---

[3] Eine ausführliche Beschreibung der Stichprobe und der verwendeten Informationsquellen findet sich im Anhang zu diesem Kapitel.

werden von uns nicht berücksichtigt, da die betreffenden Gemälde für Anleger mit rein finanziellem Interesse kaum in Betracht kommen dürften.[4] Die Preise, auf die wir in unserer Untersuchung abstellen, beziehen sich mithin nur auf *auktionierbare* Gemälde. Darüber hinaus schließen wir alle Bilder aus, deren Preis nicht eindeutig feststeht. Da die Rendite (unter Berücksichtigung von Zins und Zinseszins) aus der Differenz zwischen (Netto-) Verkaufs- und (Brutto-) Einkaufspreis ermittelt wird, ist es besonders wichtig, jedes einzelne Gemälde zweifelsfrei zu identifizieren. Sofern Unklarheiten nicht ausgeräumt werden konnten – etwa weil ein Künstler mehreren Bildern ungleichen Formats den gleichen Titel gegeben hat –, haben wir die betreffenden Werke ausgeschlossen. Auf diese Weise reduziert sich die Zahl der betrachteten Kauf-/Verkaufstransaktionen von anfänglich 2 070 auf 1 937.

Schließlich haben wir die Ertragsraten um alle Nebenkosten bereinigt, die beim Kauf beziehungsweise Verkauf anfallen. Diese Transaktionskosten sind je nach Land, Zeitpunkt und Höhe eines Abschlusses unterschiedlich hoch. Normalerweise beträgt die Auktionsgebühr sowohl für den Verkäufer als auch für den Käufer mehr als zehn Prozent des Hammerpreises. 1985 zum Beispiel betrugen die Gebühren (einschließlich indirekter Steuern) für Käufer und Verkäufer zusammen in den Vereinigten Staaten mindestens 18 Prozent, in Großbritannien und in der Schweiz 25 Prozent, in Frankreich bis zu 32 Prozent und in der Bundesrepublik Deutschland rund 35 Prozent.

Kurzfristig unterliegen Gemäldepreise starken Schwankungen. Da die kurzfristigen Spekulationen jedoch nicht Gegenstand unserer Untersuchung sind,[5] uns darüber hinaus auch keine weit zurückreichende Daten über die Rendite kurzfristiger Finanzmarktpapiere zur Verfügung stehen, sind wir dem Vorgehen Baumols (1986) gefolgt, d. h. wir berücksichtigen ausschließlich solche Transaktionen, die eine Besitzdauer von 20 Jahren oder mehr umfassen. Auf diese Weise verringert sich unsere Stichprobe um weitere 739 auf 1 198 Transaktionen. Die tatsächlich gezahlten Preise (alle in Pfund Sterling ausgedrückt, gegebenenfalls mit Hilfe des zum entsprechenden Zeitpunkts geltenden Wechselkurses umgerechnet) haben wir mit einem geeig-

---

[4] Ein bekanntes Beispiel ist das *Portrait eines unbekannten Mannes* von Frans Hals. Dieses Bild, das sich heute im Kimbell Kunstmuseum in Fort Worth befindet, wurde 1963 von dem Kunsthändler Christio auf dem Flohmarkt von Arnheim als Werk eines unbekannten Malers für 40 Gulden (in heutigem Wert 36 £ oder 140 DM) erstanden. Nachdem es von dem damaligen Direktor des Frans Hals Museums in Haarlem als echter „Frans Hals" eingestuft worden war, hat es 1965 bei Christie's London einen Preis von 73 500 £ erzielt. Dieses Beispiel ist jedoch einer von ganz wenigen Fällen, die wir in unserer Stichprobe vorfanden.

[5] Kurzfristige Spekulationen gelten ohnehin als finanziell unergiebig, hauptsächlich aufgrund der hohen Kommissionsgebühren und anderer Transaktionskosten. Deshalb rät Sotheby's dringend dazu, „Kunstwerke mindestens sieben bis zehn Jahre zu behalten, um ihren Wert zu bewahren" (Dawson 1987, 107).

neten Preisindex deflationiert, um sie in Preise zu konstanter Kaufkraft zu transformieren.

2. Risiko

Geldanlagen auf dem Kunstmarkt unterliegen einer Reihe besonderer Risiken, die über die bloße Unsicherheit zukünftiger Preisentwicklung hinausgehen.

Bei allen Anstrengungen, Unklarheiten auszuräumen, bleibt immer ein *Zuordnungsproblem*. Im Jahr 1828 beispielsweise erstand Sir William a'Court zum Preis von acht £ Jan van Eycks Gemälde *Der heilige Franziskus* in dem Glauben, es handele sich um eine Arbeit Albrecht Dürers. 1884, nachdem sich der Irrtum aufgeklärt hatte, erzielte das Bild einen Preis von 700 £. Umgekehrt lagen die Dinge im Fall von Rembrandts *Saskia als Minerva*, für die 1931 in München 80 000 RM (ca. 6 700 £) und 1965 in London 125 300 £ (1,4 Mio. DM) gezahlt worden sind. Später schrieb der holländische Kunstexperte Horst Gerson (1969) in seiner Auflistung der Werke Rembrandts über die *Minerva* (Nr. 469), daß „ich persönlich die Zuordnung (zu Rembrandt) bezweifle". Als das Bild 1975 in Paris bei Ader, Picard und Tajan zur Auktion stand, erzielte es nur noch umgerechnet 736 000 DM. Ähnlich erging es Peter Paul Rubens' *Daniel in der Löwengrube*: Die Versteigerung bei Christie's London im Jahre 1882 erbrachte 1 680 £, der Weiterverkauf 1885 2 520 £. Später wurde das Bild Jakob Jordaens zugeordnet, mit der Folge, daß es 1963 nur noch 500 £ erzielte. Doch schon 1965, nachdem das Gemälde neuerlich als ein Frühwerk von Rubens identifiziert wurde, ist es vom New Yorker Metropolitan Museum of Art für 178 600 £ angekauft worden. In keinem der genannten Fälle[6] haben wir die fragliche Transaktion aus unserer Stichprobe ausgeschlossen. Denn obwohl die betreffenden Bilder im Lauf der Zeit unterschiedlichen Künstlern zugeschrieben wurden, ist eine derartige wechselnde Zuordnung als Risiko jeder Kunstmarkttransaktion zu sehen.

---

[6] Zuschreibungen sind keineswegs so selten, und ihre Zahl kann sich – auch für denselben Künstler – im Lauf der Zeit beträchtlich ändern: Beispielsweise schuf Wilhelm von Bode, der spätere Direktor der Berliner Gemäldegalerie, 1883 ein Verzeichnis von 377 Gemälden, die er für eigenhändige Werke von Rembrandt hielt. In einem späteren Verzeichnis, das er zwischen 1897 und 1906 erstellte, betrug diese Zahl bereits 600 (von Bode 1906, 1). Ein weiterer, im Ersten Weltkrieg von De Groot (1916) geschaffener Werkkatalog weist sogar 1 060 authentische Arbeiten von Rembrandt aus. Nachfolgende Verzeichnisse kommen dagegen zu wiederum kleiner werdenden Zahlen, so auf 744 Eintragungen bei Valentiner (1921), auf 630 eigenständige Arbeiten bei Bredius (1935) und auf den vorläufigen Tiefststand von 420 Werkstücken bei Bredius (1969). Es ist damit zu rechnen, daß auch die letztgenannte Zahl nach Abschluß der derzeitigen Untersuchungen der sogenannten Rembrandt-Kommission (in Amsterdam) weiter zurückgenommen wird (eines der letzten prominenten ‚Opfer' war 1985 der *Mann mit dem Goldhelm* der Gemäldegalerie in Berlin-Dahlem).

Ein ähnliches Problem stellt sich im Zusammenhang mit *Fälschungen*. Selbst Kunstexperten können nicht *garantieren*, daß es sich bei einem Gemälde um ein Original handelt. Zwar werden die Methoden zum Nachweis von Fälschungen laufend verbessert (Dornberg 1985), das gleiche gilt jedoch auch für die Technik und die Arbeitsweise der Fälscher (Coco 1988). So soll es allein in den Vereinigten Staaten 3 000 Gemälde von Camille Corot geben. Dies ist erstaunlich, da insgesamt nur 1 200 authentische Arbeiten von Corot nachgewiesen sind (Harris 1961). Ähnliches gilt für verschiedene andere Künstler, insbesondere für Anton van Dyck und Maurice Utrillo (Cole 1955; Graner 1976). Selbstredend lassen sich die Risiken einer Fälschung – wie die einer (falschen) Zuschreibung – durch eine Expertise des für den betreffenden Künstler sachkundigen Kunstkritikers verringern, die zusätzlichen Kosten sind jedoch beträchtlich. Derzeit liegen sie – bezogen auf den ad valorem Preis – degressiv abnehmend zwischen zwei und einem halben Prozent (Hautemanière 1990, 36). Allerdings haben wir nur wenig Information über die Kosten von Expertisen in früherer Zeit, so daß sie im weiteren nicht berücksichtigt werden. Gleichwohl: Mit derselben Begründung wie im Falle geänderter Zuschreibungen bleiben sämtliche Transaktionen, in denen Fälschungen im Spiel waren, in unserer Stichprobe.[7]

Neben den finanziellen Risiken, die sich im Zusammenhang mit der Unsicherheit bezüglich künftiger Preise, wechselnder Zuordnung oder Fälschung ergeben, gilt es das rein *physische Risiko* zu berücksichtigen: Gemälde können zerstört, beschädigt oder gestohlen werden. Ein solches Schicksal ereilte beispielsweise Richard Parkes Boningtons Gemälde *Gran Canal Venice*. Es war 1834 für 409 £ erworben und 1878 für 3 150 £ wiederveräußert, 1902 jedoch teilweise durch ein Feuer zerstört worden. Kurz danach erbrachte es auf einer Auktion gerade noch 84 £. Englische und amerikanische Sammler blieben zwar während der letzten zwei Jahrhunderte von Kriegen und Revolutionen verschont,[8] dafür hat aber die Zahl der Kunstdiebstähle mit dem Steigen der Auktionspreise stark zugenommen.[9] Der International Foundation of Art Research zufolge hat sich in den

---

[7] Im übrigen wäre es einfach unmöglich, sämtliche Fälschungen und Nachahmungen herauszufinden. Théodore Rousseau Jr. – ehemaliger Konservator am Metropolitan Museum – hat diesen Sachverhalt sehr treffend formuliert: „Wir können nur über die schlechten Fälschungen reden – jene, die als solche entlarvt worden sind; die guten hängen immer noch in unseren Museen." Von wenigen Ausnahmen abgesehen, sind die Fachleute der Ansicht, daß die Zahl gefälschter Bilder und von Nachahmungen bedeutend ist. Zum Beispiel schätzt DuBoff (1976), daß zwischen drei und zehn Prozent aller Kunstmarkttransaktionen eine Fälschung zum Gegenstand haben.

[8] Dies war für kontinentaleuropäische Kunstanleger weit weniger der Fall, unterlagen ihre Sammlungen doch des öfteren der Gefahr, im Zuge von Revolutionswirren und Kriegen beschädigt zu werden oder sogar verloren zu gehen.

[9] Der statistische Zusammenhang (Korrelationskoeffizient) zwischen der Entwicklung des Sotheby's Preisindex (als Kennziffer für die weltweite Preisentwicklung

Vereinigten Staaten während des vergangenen Jahrzehnts, das von starken Preisanstiegen auf dem Kunstmarkt gekennzeichnet war, die Zahl der gemeldeten Kunstdiebstähle verdreifacht, während der Anteil der wiederaufgefundenen Objekte von 22 Prozent auf fünf Prozent zurückgegangen ist (Pearson 1986). Beide Entwicklungen können teilweise einem „weltweit florierenden Kunstmarkt, immer geschickteren Dieben und dem Fehlen einer zentralen internationalen Institution zur Dokumentation von Kunstdiebstählen" zugeschrieben werden (Lawrence, Bachmann und von Stumm 1987, 270).

Natürlich können Gemälde gegen einige dieser Risiken versichert werden: Die jährlichen Kosten einer Feuer- und Diebstahlversicherung betragen derzeit durchschnittlich 0,5 Prozent des geschätzten Wertes mit einer Spanne zwischen 0,1 und einem Prozent (Stein 1977, 1028 f.; Duthy 1986, X). Für zurückliegende Zeiträume sind die Versicherungskosten weitgehend unbekannt. Außerdem lassen sich Gemälde, die aus rein spekulativen Gründen erworben werden, auch ohne weiteres in einem Banksafe aufbewahren, was die physischen Risiken erheblich reduziert, jedoch sind die damit verbundenen Kosten höher als die entsprechenden Sicherungskosten im Falle von Aktien und Staatsanleihen. Auch die Instandhaltungskosten und die Kosten einer gelegentlichen Restauration von Gemälden werden hier nicht berücksichtigt. Im folgenden betrachten wir also ausschließlich die finanziellen Risiken, wobei zu beachten ist, daß die von uns (ex post) berechneten Renditen wegen der Vernachlässigung der physischen Risiken vermutlich höher ausfallen als sie in Wirklichkeit sind.

II. Ergebnisse für die Periode von 350 Jahren

Der Kunstauktionsmarkt liefert leider nicht die Fülle an und vor allem nicht die Kontinuität von Informationen, die für eine Anwendung fortgeschrittener Untersuchungsmethoden[10] erforderlich sind. Eine etwas bescheidenere Analyse ist mit den verfügbaren Daten gleichwohl möglich, insbesondere eine Untersuchung der Renditen von Investitionen in Gemälde.

---

auf dem Auktionsmarkt) und der jährlichen Anzahl gemeldeter Kunstdiebstähle ist positiv und recht hoch (r = 0,80). Allerdings sind die Statistiken sehr unzuverlässig, unter anderem weil keineswegs alle gestohlenen Kunstobjekte gemeldet werden. In den Vereinigten Staaten wird schätzungsweise lediglich ein Drittel der Kunstdiebstähle angezeigt; für Europa wird der entsprechende Anteil auf höchstens 15 Prozent geschätzt (Lawrence, Bachmann und von Stumm 1988, 51).

[10] Beispielsweise für den Test des sogenannten Marktmodells und die Überprüfung der Funktionsweise und der Effizienz des Bildermarktes; siehe hierzu z. B. Jensen (1972).

Kapitel 7: Lohnt die Geldanlage in Gemälde?

Tabelle 7.2 enthält eine Reihe von Kennziffern für die Rendite der Geldanlage in Gemälde bei einer Mindestbesitzdauer von 20 Jahren und in konstanten Preisen (von 1900).

Tabelle 7.2: Durchschnittliche jährliche reale Ertragsrate von Gemälden, 1635–1987 (in Prozent); N = 1 198 An- und Verkäufe

Durchschnitt	+ 1,5
Medianwert	+ 1,8
Minimum	− 19,3
Maximum	+ 26,3
Standardabweichung	5,0

Die durchschnittliche reale Ertragsrate für alle 1 198 Transaktionen liegt bei 1,5 Prozent pro Jahr, der entsprechende Medianwert beträgt 1,8 Prozent. Die Standardabweichung, welche die Schwankungen der einzelnen Ertragsraten um den Mittelwert beschreibt, liegt bei fünf Prozent. Sie kann beim Vergleich mehrerer Verteilungen als Referenzgröße dienen. Die durchschnittliche Rendite liegt um 0,4 Prozentpunkte höher (bei 1,9 Prozent pro Jahr), wenn keine Transaktionskosten berücksichtigt werden.

Angesichts der für einzelne Gemälde gezahlten Preise scheint die hier ermittelte Rendite vergleichsweise niedrig. Dieser Eindruck mag zum Teil darauf zurückzuführen sein, daß wir gerade den schlagzeilenträchtigen Höchstpreisen systematisch zu hohes Gewicht beimessen, während alle anderen Preise (die ohnehin kaum jemand kennt) intuitiv und systematisch ein zu niedriges Gewicht erhalten (Kahneman, Slovic und Tversky 1982). Zum Teil wird die Auswirkung von Zins und Zinseszins sowie Inflation vermutlich erheblich unterschätzt. Als Beispiel sei das Portrait *König Philip IV.* von Diego Velasquez gewählt: Der 1645 gezahlte Preis entspricht (in konstanten Preisen von 1910) 600 $. 1910 wurde das Bild für 400 000 $ wiederverkauft. Der Preisanstieg (auf das 667fache) ist zweifellos sehr hoch, dennoch beträgt die durchschnittliche jährliche Verzinsung nur 2,5 Prozent.

Zur Illustration des Inflationseffekts sei eine der bekanntesten Arbeiten von Sir Lawrence Alma-Tadema, *The Finding of Moses*, betrachtet, die 1904 einen Preis von 5 250 £ erzielt hat. 1960 stand das Bild bei Christie's London wieder zum Verkauf, fand jedoch selbst bei der Mindestforderung von 252 £ keinen Abnehmer. Der Verkauf des Gemäldes zu diesem Preis hätte einen enormen Verlust bedeutet, da allein zum Ausgleich der Inflation mindestens 23 700 £ notwendig gewesen wären. An diesem Beispiel wird deutlich: Bei Käufen auf dem Kunstmarkt kann nur dann eine hohe Rendite erzielt werden, wenn das entsprechende Objekt eine deutliche Preissteigerung erfährt. Ist beispielsweise zu erwarten, daß das im Mai 1989 für 47,8 Mio. $ auktionierte Bild *Ich, Picasso* in Zukunft im Preis so stark steigt, daß mindestens die Inflationsentwicklung aufgefangen wird? Und wie stark muß sein Preis steigen, damit auch die Gebühren des Auktionshauses und die Versicherungsspesen gedeckt sind? Die folgende Aufstellung gibt hierüber Auskunft:

Wiederverkaufspreise (in Mio. $), dargestellt am Beispiel von *Ich, Picasso* (auktioniert am 9. Mai 1989 für 47,8 Mio. $), damit:

	Besitzdauer	
	5 Jahre	20 Jahre
• die Inflation ausgeglichen wird (6,2 Prozent pro Jahr)	65 Mio. $	165 Mio. $
• zusätzlich die Auktionsgebühren gedeckt sind	79 Mio. $	200 Mio. $
• darüber hinaus die Versicherungsspesen gedeckt sind	81 Mio. $	221 Mio. $

Legt man die durchschnittliche jährliche Inflationsrate in den Vereinigten Staaten in der Periode 1970–1988 (6,2 Prozent) zugrunde[11] und nimmt man an, daß diese Inflationsentwicklung auch in Zukunft anhält, dann muß der Preis von Picassos Selbstbildnis in fünf Jahren um 17 Mio. $ (oder 36 Prozent) auf 65 Mio. $ steigen, um einen Wertverlust zu vermeiden. Wird das Bild erst in 20 Jahren auf den Markt gebracht, muß der Preis 165 Mio. $ betragen, d. h. das Gemälde muß eine Wertsteigerung um 117 Mio. $ (oder 244 Prozent) erfahren. Rechnet man die Auktionsgebühren (von zehn Prozent bei Kauf und Verkauf) und Versicherungsspesen (von 0,5 Prozent des Wertes pro Jahr) hinzu, müßte der Preis in fünf Jahren sogar um 33 Mio. $ (oder 69 Prozent) auf 81 Mio. $ steigen, damit der Besitzer keinen realen Verlust erleidet. Bei einem Verkauf nach 20 Jahren müßte sich der Preis mit 221 Mio. $ nahezu verfünffachen. Derartige Preissteigerungen sind zwar nicht auszuschließen, aber doch sehr unwahrscheinlich. Überdies beträgt die jährliche Realverzinsung damit gerade null Prozent, d. h. die Preise müßten noch um einiges höher liegen, soll jene langfristige reale Verzinsung erwirtschaftet werden, die bei Finanzmarktanlagen möglich ist.

Die im Rahmen unserer Stichprobe ermittelte reale Durchschnittsrendite von 1,5 Prozent ist im Vergleich zu jener von Finanzmarktanlagen verhältnismäßig gering. Während des Zeitraums von Mitte des 17. Jahrhunderts (aufgrund der Mindestbesitzdauer von 20 Jahren können die ersten relevanten Verkäufe erst nach 1650 stattgefunden haben) bis 1987 hätte sich mit Finanzmarktanlagen (erster Adressen, insbesondere mit Staatsanleihen) eine langfristige nominelle Rendite von fünf Prozent pro Jahr erzielen lassen.[12] Der Preisan-

---

[11] Jene von Großbritannien betrug im gleichen Zeitraum sogar 9,8 Prozent pro Jahr.
[12] Die *minimale* Nominalrendite erstklassiger staatlicher Finanzmarktpapiere (darunter die berühmten consols, die kein festes Rückkaufsdatum aufweisen) während der Periode von 1650 bis 1949 ist anhand von Angaben Homer's (1977, Tab. 1, 500) be-

Kapitel 7: Lohnt die Geldanlage in Gemälde?

stieg für Konsumgüter lag während des gleichen Zeitraums bei gut zwei Prozent pro Jahr,[13] so daß sich eine langfristige reale Ertragsrate von drei Prozent pro Jahr ergibt. So gesehen ergaben sich für den Besitzer von Gemälden eine Einbuße von jährlich 1,5 Prozentpunkten. Wir kommen damit zu dem Ergebnis: Die reale Rendite einer Geldanlage in Gemälde entspricht allenfalls der Hälfte der Realverzinsung von erstklassigen Staatsanleihen.[14]

Wie Abbildung 7.1 verdeutlicht, haben die Renditen einer Geldanlage in Gemälde eine erhebliche Spannbreite. Die maximale Ertragsrate beträgt +26 Prozent pro Jahr, was einer Verdoppelung des anfänglichen realen Wertes in etwa zweieinhalb Jahren entspricht. Die minimale Rendite liegt

---

rechnet worden. Um den Vergleich mit den Aktivitäten auf dem Gemäldeauktionsmarkt zu erleichtern, ist die Durchschnittsrendite wie folgt berechnet worden: Zu den angegebenen Renditen für Finanzaktiva im Vereinigten Königreich und in Frankreich haben wir mit Beginn des 18. Jahrhunderts auch jene in Deutschland und ab beginnendem 19. Jahrhundert auch die entsprechenden Renditen in den Vereinigten Staaten einbezogen. Als minimale durchschnittliche Rendite ergibt sich ein Wert von 3,7 Prozent pro Jahr. Für die Periode von 1950 bis 1987 ist die langfristige Nominalrendite anhand von Angaben in der *International Financial Statistics* (IMF, series 61) berechnet worden; sie beträgt im Durchschnitt der Jahre 7,5 Prozent. Für den Gesamtzeitraum von 1650 bis 1987 ergibt sich für Staatsanleihen (bei Gewichtung der Renditen für die Teilperioden mit dem jeweiligen Anteil an den gesamten Gemäldetransaktionen auf dem Auktionsmarkt) eine durchschnittliche jährliche Nominalverzinsung von fünf Prozent.

[13] Aus den von Phelps-Brown und Hopkins (1956) übernommenen Daten für das Vereinigte Königreich und die Periode 1695–1949 errechnet sich für die Konsumgüter ein durchschnittlicher jährlicher Preisanstieg von etwas weniger als 0,5 Prozent. Wie schon bei der Rendite legen wir auch für die Ermittlung der Inflationsrate für die Periode von 1950 bis 1987 einen Durchschnittswert des Konsumentenpreisindex in den vier Ländern Großbritannien, Frankreich, Bundesrepublik Deutschland und Vereinigte Staaten zugrunde [als Quelle dienen die *Supplements on Price Statistics*, (IMF)]. Die so berechnete durchschnittliche jährliche Preissteigerungsrate liegt bei 5,1 Prozent. Auch wenn die für die beiden Teilperioden verwendeten Preisindices nicht ganz übereinstimmen, so erscheinen sie gleichwohl für den Zweck der Deflationierung hinreichend geeignet. Für den Gesamtzeitraum von 1635 bis 1987 beträgt die (wiederum gewichtete) durchschnittliche Inflationsrate 2,1 Prozent pro Jahr.

[14] Das wahre Ausmaß der Einbuße dürfte noch etwas größer sein, denn zum einen sind die für die Gemälde berechneten Renditen aus den zuvor erörterten Gründen beträchtlich nach oben verzerrt, zum anderen dürften jene für Staatsanleihen nach unten verzerrt sein. Ein erster Grund für die letztgenannte Vermutung besteht darin, daß wir bei der Berechnung der langfristigen nominalen Ertragsrate für den Gesamtzeitraum von konservativen (niedrigen) Werten ausgehen. Hinzu kommt insbesondere, daß bei den meisten Renditenberechnungen (zum Teil bei jenen von Homer, vor allem aber bei jenen, die in der *International Financial Statistics* ausgewiesen sind) die wiederinvestierten Erträge nicht berücksichtigt werden. Letzteres ist bei Anwendung der kontinuierlichen Abzinsungsformel, die wir der Berechnung der Rendite zugrundelegen (s. Anhang) jedoch unerläßlich. Werden die Zinserträge (und Dividenden) nicht berücksichtigt, wie dies zum Beispiel bei Rush (1961) und Keen (1971) der Fall ist, so ergibt sich hieraus eine Überschätzung der Ertragsrate einer Investition in Gemälde im Vergleich zu jener in Staatsanleihen.

dagegen bei – 19 Prozent pro Jahr. Von den insgesamt 1 198 Transaktionen erbrachten 724 (61 Prozent) eine positive Verzinsung, 113 (9 Prozent) eine Rendite von Null und 361 (30 Prozent) eine negative Verzinsung.

Der Leser wird sich an dieser Stelle fragen, welche Gemälde in unserer Stichprobe zu den spektakulären Gewinnern beziehungsweise Verlierern zählen. Die höchste reale Rendite (26,3 Prozent pro Jahr) erzielte Frans Hals' Gemälde *Mann in Schwarz*, das 1885 bei Christie's London für 5 £ gekauft und 1913 bei Sotheby's London für 9 000 £ wiederveräußert wurde. Andere Bilder dieses Künstlers erzielten im Verlauf dieses und des vorangegangenen Jahrhunderts Realrenditen von etwa 10 Prozent pro Jahr. Ähnliches gilt für Gemälde einer Reihe weiterer Maler wie Paul Cezanne, Paul Gauguin, Vincent van Gogh, Edouard Manet, Henri Matisse, Claude Monet, Pablo Picasso und Pierre Auguste Renoir. Diese Künstler sind den Kunstliebhabern aus verschiedenen Gründen bekannt.[15]

Der Hauptverlierer in unserer Stichprobe ist John Singer Sargent, dessen Ölskizze *San Virgilio* 1925 bei der Sargent-Nachlaßversteigerung für 105 £ wiederverkauft wurde: Dies entspricht einer jährlichen Verzinsung von –19,3 Prozent. Weitere Maler, deren Werke ihren Besitzern mitunter hohe Verluste einbrachten, waren Sir Lawrence Alma-Tadema, Rosa Bonheur, Carlo Crivelli, William Etty, John Hoppner, William H. Hunt, Joseph Israel, Sir Edwin Landseer, Frederick Lord Leighton, John Martin, Sir John Millais, Jean Marc Nattier, Sir Henry Raeburn, Sir Joshua Reynolds, David Roberts und Constantin Troyon. Die meisten dieser Namen sind heutzutage auch Kunstliebhabern kaum noch geläufig, da ihre Arbeiten aus der Mode geraten sind. Dennoch finden sich auch unter ihnen einige, deren Bilder in jüngerer Zeit eine positive Rendite erbracht haben.

Tabelle 7.3 verdeutlicht die Höhe der realen Ertragsraten, geordnet nach der Besitzdauer der zugehörigen Gemälde.

Man sieht, daß die höchsten Gewinne und Verluste mit der kürzesten Besitzdauer einhergehen. Anleger, die ihre Objekte zwischen 20 und 39 Jahre hielten, hatten Renditen von + 26 Prozent bis – 19 Prozent zu verzeichnen (die Standardabweichung beträgt 6,3). Bei einer Besitzdauer von 80 bis 99 Jahren dagegen bewegen sich Gewinne und Verluste in der Spanne zwischen + 8 Pro-

---

[15] Um (ein letztes Mal) auf Picassos Selbstbildnis zurückzukommen: Sollte dieses Bild, wie es für Staatspapiere in den Vereinigten Staaten in der Periode 1970–1988 der Fall war, eine langfristige reale Rendite von drei Prozent abwerfen, so müßte es in fünf Jahren im Preis um 96 Prozent (auf 94 Mio. $) gestiegen sein; wird es erst nach 20 Jahren verkauft, müßte die Preissteigerung gar 347 Mio. $ betragen und ein Hammerpreis von fast 400 Mio. $ erzielt werden. Erwartet der jetzige Besitzer jedoch eine wesentlich höhere Rendite, z. B. die gleiche Realverzinsung wie der Vorbesitzer (19,6 Prozent pro Jahr), dann muß bei einem Verkauf in 20 Jahren der astronomische Preis von 11,14 Mrd. $ erreicht werden können – was wenig wahrscheinlich ist.

Abbildung 7.1: Verteilung der jährlichen realen Ertragsraten, 1635–1987 (in Prozent)

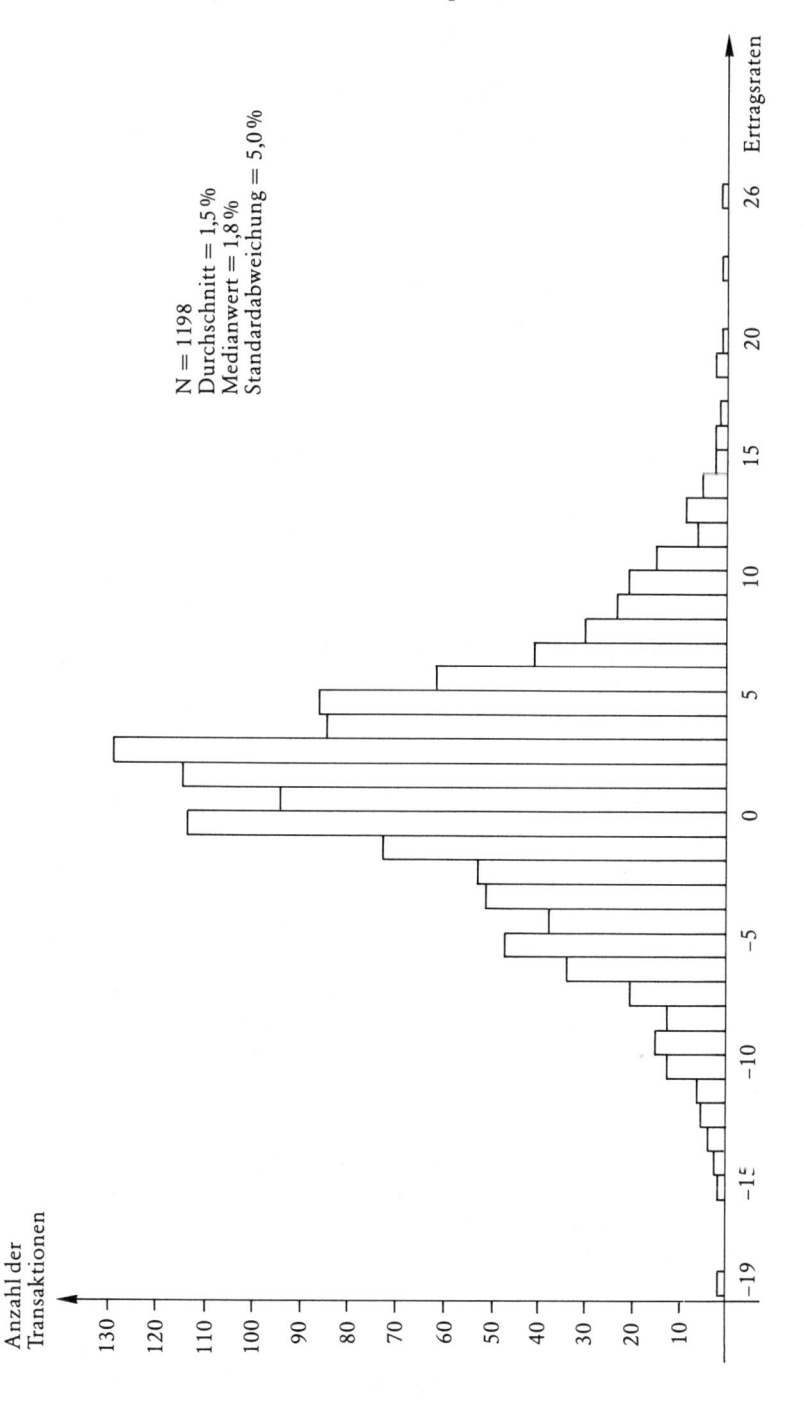

N = 1198
Durchschnitt = 1,5 %
Medianwert = 1,8 %
Standardabweichung = 5,0 %

Tabelle 7.3: Durchschnittliche jährliche Realverzinsung von Gemälden, nach Besitzdauer, 1635–1987 (in Prozent)

Besitzdauer (Jahre)	Anzahl Transaktionen	Reale Verzinsung (in % pro Jahr)			
		Mittelwert	Minimum	Maximum	Standardabweichung
20–39	493	1,7 %	–19 %	+26 %	6,3 %
40–59	286	1,1 %	–12 %	+13 %	5,0 %
60–79	165	1,1 %	– 9 %	+12 %	4,4 %
80–99	121	1,9 %	– 5 %	+ 8 %	2,8 %
100–119	66	1,7 %	– 3 %	+ 6 %	2,4 %
120–139	28	2,2 %	– 1 %	+ 5 %	1,6 %
140–159	15	1,8 %	– 2 %	+ 4 %	1,9 %
160–179	19	1,1 %	0 %	+ 4 %	1,3 %
180–199	2	–	+ 1 %	+ 2 %	–
200–219	2	–	+ 1 %	+ 3 %	–
265	1	–	+ 2 %	+ 2 %	–
Total	1198	1,5 %	–19 %	+26 %	5,0 %

zent und – 5 Prozent pro Jahr, bei einer Standardabweichung von 2,8. Die Spanne der Renditen verengt sich also mit zunehmender Besitzdauer, und die Ertragsrate nähert sich schließlich einem Wert von + 2 Prozent pro Jahr.

Die empirischen Ergebnisse für die Periode von 350 Jahren legen nahe, daß unter rein finanziellen Aspekten die Geldanlage in Gemälde nicht lohnenswert ist. Die Renditen fallen deutlich niedriger aus als jene der Finanzmarktanlagen. Es kommt hinzu, daß auch die Risiken, wie sie sich in der Standardabweichung der Verteilung der Renditen niederschlagen, größer als im Falle der Anlage am Finanzmarkt sind:[16] Für die Ertragsraten der Geldanlage in Gemälde beträgt die Standardabweichung fünf Prozent, für jene von Investitionen in staatliche Wertpapiere dagegen nur 1,7 Prozent. Die niedrigeren Ertragsraten von Gemälden können somit nicht etwa auf niedrigere Risiken zurückgeführt werden. Unsere Ergebnisse legen den Schluß nahe, daß es sich – im Gegensatz zur häufig vertretenen Meinung – bei auktionsfähigen Gemälden *nicht* um eine besonders lukrative Geldanlage handelt. Folglich muß der Nutzen eines Gemäldebesitzes, also das ästhetische Vergnügen oder auch nur der Prestigegewinn, eine maßgebliche Rolle bei der Kaufentscheidung spielen.

Die Einsicht, daß sich die Geldanlage in Gemälde rein finanziell nicht lohnt, scheint in Widerspruch zu stehen zu der Beobachtung, daß ganze Gemäldesammlungen, wie etwa die des Barons von Thyssen-Bornemisza, zum Teil

---

[16] Noch wesentlich größer ist die Standardabweichung bei all jenen Kunst- und Sammelgegenständen, die (noch) nicht auf Auktionen gehandelt werden (vgl. Coffman 1991). Erlangen derlei Objekte die Auktionsfähigkeit, dann nehmen die Preisschwankungen und damit die Gewinn- und Verlustmöglichkeiten, wie Stoller (1984) am Beispiel von Münzen und Zinnsoldaten gezeigt hat, deutlich ab (wenngleich sie immer noch größer sind als im Falle von Finanzmarktanlagen).

enorme Wertsteigerungen verzeichnen konnten. Man muß jedoch bedenken, daß bereits die eigene Kenntnis über das Vorhandensein von Sammlungen einer erheblichen Verzerrung unterliegt: Nur die Sammlungen finanziell erfolgreicher Sammler haben überhaupt Bestand und gelangen in das Bewußtsein der Allgemeinheit, während jene, deren Besitzer wirtschaftlich weniger erfolgreich waren, bald wieder aufgelöst wurden und gewöhnlich in Vergessenheit geraten.[17] Häufig müssen Sammlungen auch wegen des wirtschaftlichen Mißerfolgs ihrer Besitzer oder deren Erben aufgelöst werden. Eine Untersuchung *aller* Sammlungen – erfolgreicher wie erfolgloser – würde mit hoher Wahrscheinlichkeit zeigen, daß die monetären Erträge im allgemeinen niedrig, die Risiken dagegen beträchtlich sind.

Ein weiterer Faktor, der die von uns berechneten Renditen nach oben verzerren könnte, ist im Verhalten der Auktionshäuser begründet: Sie haben ein Interesse an hohen Umsätzen und – nicht zuletzt aus Publizitätsgründen – auch an spektakulären Abschlüssen. Sie werden daher solche Bilder in ihr Angebot nehmen, die einen guten Absatz versprechen, dagegen zögern, Gemälde mit geringen Erfolgsaussichten (etwa wegen zu hoher Mindestpreisforderungen seitens des Besitzers) überhaupt zur Auktion kommen zu lassen.

III. Ertragsraten für die Vor- und die Nachkriegsperiode

Häufig wird argumentiert, der Kunstmarkt habe sich seit dem Zweiten Weltkrieg grundlegend verändert, da ein neuer Käufer- und Sammlertyp aufgetreten sei. Um diese Behauptung zu überprüfen, haben wir den gesamten Untersuchungszeitraum in zwei Teilperioden zerlegt: in die Periode, in der sowohl Kauf als auch Verkauf vor dem Jahr 1950 stattgefunden haben (1635

---

[17] Ein Beispiel stellt die Sammlung von William Randolph Hearst dar. Bereits in jungen Jahren geschäftlich sehr erfolgreich, hat er jedes Jahr mehr als eine Million Dollar in den Unterhalt und Ausbau seiner Sammlung investiert. Die Gesamtausgaben sollen bis Mitte der 30er Jahre mindestens 50 Millionen Dollar betragen haben. Im November 1938 war er jedoch gezwungen, einen großen Teil seiner Gemäldesammlung zu verkaufen. Die von der New Yorker Galerie Parrish-Watson durchgeführte Auktion erwies sich indessen als Reinfall. Dasselbe passierte mit einer weiteren Auktion bei Marshall Field's in Chicago: Es wurden nicht einmal 200 000 Dollar eingenommen; weit höher waren bereits die Ausgaben für Werbung und für die Lohn- und sonstigen Kosten der Auktion. Schließlich wurden die Kunstschätze von einem großen Kaufhaus, dem Gimbel's in New York, zum Verkauf angeboten. Der Erlös (gegen Ende 1941) betrug annähernd 11 Millionen Dollar. Dabei sind beträchtliche Preisabschläge vorgenommen worden. Im wohl spektakulärsten Fall eines spanischen Zisterzienserklosters, welches 1114 von Alphons VII., König von Kastilien, erbaut worden war und welches Hearst für über eine Million Dollar erworben hatte und *in toto* in die Vereinigten Staaten transportieren ließ, betrug der Hammerpreis ganze 50 000 Dollar. Vgl. hierzu auch Hammer (1987, Kap. 15) mit weiteren lebhaften Schilderungen.

bis 1949) und in die Periode danach (1950 bis 1987), in der zumindest der Verkauf vonstatten ging.[18]

1. Periode von 1635 bis 1949

In dieser Periode hat die durchschnittliche reale Rendite einer Geldanlage in Gemälde 1,4 Prozent pro Jahr betragen (der Medianwert beläuft sich auf 1,7 Prozent), während die Nominalverzinsung langfristiger Finanzaktiva (erstklassiger Staatsanleihen) bei 3,7 Prozent pro Jahr lag. Bei einer Inflationsrate von jährlich 0,4 Prozent (für denselben Zeitraum) hätte ein Anleger in Staatsanleihen folglich eine durchschnittliche jährliche Realverzinsung von 3,3 Prozent erzielen können (vgl. auch Anmerkungen 12 und 13). Die entgangenen Erträge infolge einer Geldanlage in Gemälde (anstatt in Staatsanleihen) betrugen damit 1,9 Prozentpunkte pro Jahr.

Ein statistischer Test[19] zeigt an, daß die Verteilung der Ertragsraten von Investitionen in Gemälde nicht mit der Normalverteilung übereinstimmt, was wiederum dafür spricht, daß die realen Renditen keinem Zufallsprozeß unterliegen. Zumindest bis zum Zweiten Weltkrieg, so scheint es, konnte ein Anleger mit besonderem Kunstverstand und vor allem mit Fachwissen über Gemälde eine höhere Rendite erzielen als jemand, der rein spekulativ bei Bilderauktionen nach dem Zufallsprinzip gekauft hatte.

Es ist allerdings zu beachten, daß Bilderpreise zumindest teilweise durch Modeströmungen beeinflußt werden, die sich letztlich selbst der Sachkenntnis des Kunsthistorikers entziehen. Die Mode ist als Ergebnis einer Vielzahl sozialer, psychologischer, politischer und ökonomischer Einflußfaktoren zu verstehen, und bis heute weiß man nur wenig über ihren Einfluß auf die Preise von Gemälden. El Greco, Jan Vermeer und und Joseph Turner sind nur einige Beispiele für Künstler, deren Beliebtheit starken modischen Schwankungen unterlag. Sie waren zu Lebzeiten bedeutend, gerieten danach in Vergessenheit und sind später wiederentdeckt worden. Möglicherweise würden ihre Werke heute schwindelerregende Preise erzielen, würden sie zum

---

[18] Ein strenger Test erforderte eine Unterscheidung zwischen Kaufs- und Verkaufstransaktionen, die *beide* vor 1950 oder nach 1949 stattgefunden haben. Bei diesem Prozedere würde allerdings ein erheblicher Teil von Beobachtungen gerade für die vergleichsweise kurze Nachkriegsperiode entfallen (unter anderem wegen des Kriteriums der Mindestbesitzdauer von 20 Jahren). Wir berücksichtigen daher alle Kaufs- und Verkaufstransaktionen in der Nachkriegszeit, zusätzlich aber auch jene, bei denen der Kauf vor 1950 und der Verkauf nach 1949 stattgefunden hat. Dieses Vorgehen ist auch insofern sinnvoll, als für den Gesamtzeitraum zu beobachten ist, daß die durchschnittliche Besitzdauer tendenziell abgenommen und die Anzahl von Auktionen zugenommen hat.

[19] χ^2-Test, mit einem empirischen $q = 69{,}3 > q^* = 9{,}5$ (bei einem Vertrauensniveau von 95 Prozent).

Kapitel 7: Lohnt die Geldanlage in Gemälde?

Verkauf stehen. Bilder von Joseph Turner wurden unlängst angeboten und zu Rekordpreisen gehandelt: *Juliet and her Nurse* erzielte 1980 bei Parke-Bernet's in New York 6,4 Mio. $ und *Seascape at Folkestone* wurde – wie schon erwähnt – 1984 bei Sotheby's London für 7,3 Mio. £ verkauft. Ein weiteres Beispiel ist Jacques Louis David: Seine Gruppenportraits haben zu Beginn dieses Jahrhunderts enorme Preise erzielt, gerieten dann aber weitgehend in Vergessenheit. In jüngerer Zeit jedoch sind Davids Arbeiten wieder auf reges Interesse gestoßen. Für sein Gemälde *Adieux de Telemaques et Eucharis*, 1818 entstanden, wurden Mitte der 80er Jahre 2,6 Mio. £ gezahlt. Aber wie die Mode Gewinner hervorbringt, so fordert sie auch Verlierer. Früher hochgeschätzte, aber in jüngerer Zeit wenig beachtete Künstler sind unter anderen Nicolas Berchem, Jean Dominique Ingres, Edwin Long, Charles R. Leslie, Sir John Everett Millais, William Mulready, Sir William Quiller Orchardson, Adriaen und Isaac van Ostade, George Romney, Dante Gabriel Rossetti, Frederick William Watts und Philip Wouverman. Personen mit kunsthistorischem Sachverstand sind zwar in der Lage, die Beliebtheit bestimmter Künstler oder Schulen und die Ablehnung anderer *im Rückblick* zu erklären,[20] jedoch können auch sie nicht die Moderichtungen vorhersagen.

Immerhin gleichen sich Kunst- und Finanzmärkte wenigstens insoweit, als Marktteilnehmer mit Insiderwissen gegenüber der breiten Öffentlichkeit gewöhnlich Vorteile haben. Allerdings muß sich dieses Wissen vor allem auf das künftige Verhalten aller anderen potentiellen Käufer und Verkäufer beziehen, d.h. es muß weit über solche Dinge wie Kenntnis der Qualität und der Seltenheit einzelner Objekte hinausgehen. Und selbst wenn sich ein Anleger über das Verhalten der übrigen Marktteilnehmer eine bestimmte Vorstellung gebildet hat, bleibt das Problem, daß auf dem Kunstmarkt, mehr noch als auf dem Wertpapiermarkt, der Ausgleichsmechanismus zwischen Angebot und Nachfrage nur unvollkommen funktioniert. Der Grund dafür liegt in der unvollständigen Austauschbarkeit der gehandelten Objekte, in seltenen Wiederverkäufen sowie in der monopolistischen Position der Anbieter.[21] Schließlich können auch solche Marktteilnehmer systematische Gewinner sein, die in der Lage sind, anderer Leute Geschmack und damit die Entwicklung von Modeströmungen direkt zu beeinflussen. Leider haben wir praktisch keine Kenntnis darüber, wer sich in einer solchen Position befindet, die überdies so beschaffen sein müßte, daß andere sie nicht ebenfalls (durch Nachahmung und ähnliches) erreichen können.[22]

---

[20] Vgl. als ein Beispiel etwa Haskell (1976). Dabei wird die jüngste Vergangenheit (etwa die jeweils drei letzten Dekaden) von der Kunstgeschichte allerdings ausgeklammert, meist mit dem Hinweis, daß sich diese Jahre noch nicht hinreichend „abgesetzt" haben.

[21] Für eine theoretische Darstellung vergleiche Henry (1970).

[22] Dies gilt ebenso für das häufig vorgebrachte Argument, daß sich Kunsthändler einen monopolistischen Bereich verschaffen, indem sie einen Händlerring, also eine

2. Periode von 1950 bis 1987

Für den jüngeren Zeitraum ab 1950 beträgt die durchschnittliche reale Rendite einer Geldanlage in Gemälde 1,7 Prozent pro Jahr (der Medianwert liegt bei 2,0 Prozent). Ein Investor in Staatspapiere hätte in Großbritannien, in den Vereinigten Staaten, in Frankreich oder in der Bundesrepublik Deutschland einen jährlichen Durchschnittsertrag von 7,5 Prozent (nominell) erzielen können. Zieht man hiervon die durchschnittliche jährliche Inflationsrate von 5,1 Prozent ab, so ergibt sich für diese Anlageform eine reale Rendite von durchschnittlich 2,4 Prozent pro Jahr. Die entgangenen Erträge bei einer Geldanlage in Gemälde (anstatt in Staatsanleihen) sind damit deutlich niedriger: Sie betragen nur 0,7 Prozentpunkte pro Jahr gegenüber nahezu zwei Prozentpunkten für die Periode vor 1950.

Der hauptsächliche Grund, weshalb die Geldanlage in Gemälde in der Nachkriegszeit *relativ* an Attraktivität gewonnen hat, liegt allerdings nicht in höheren Ertragsaussichten, denn die durchschnittliche Rendite ist nur unwesentlich von 1,4 Prozent auf 1,7 Prozent gestiegen, sondern darin, daß die deutlich höhere Inflationsrate in der Nachkriegszeit (sie ist von durchschnittlich 0,5 Prozent für den Zeitraum vor 1950 auf über 5 Prozent pro Jahr nach 1950 gestiegen) von keinem entsprechenden Anstieg der Nominalverzinsung der langfristigen Finanzmarktanlagen begleitet war.[23] Es ist somit die Anlage am Finanzmarkt, welche an Attraktivität verloren hat, da ihre Realverzinsung nur noch 2,4 Prozent (statt 3,3 Prozent zuvor) beträgt.

3. Vergleich der beiden Perioden

Abbildung 7.2 verdeutlicht für die beiden Perioden die Verteilung der realen Ertragsraten im Vergleich.

Einem statistischen Test zufolge lassen sich beide Verteilungen auf die gleiche Grundverteilung zurückführen.[24] Dies legt nahe, daß *keine signifikante* Veränderung der Renditen zwischen beiden Perioden stattgefunden hat.

Art Kartell, bilden. Allerdings handelt es sich dabei eher um Einzelfälle (vgl. für ein erfolgreiches Kartell Freeman und Freeman 1990), denn für einen größeren Kreis von Anbietern und Nachfragern gibt es Grenzen der Absprachen und damit auch für anhaltende Manipulationen (vgl. auch Louargand und McDaniel 1991).

[23] Dies bestätigen ökonometrische Studien für die Vereinigten Staaten [Summers (1983), Moosa (1986), Barsky (1987)] sowie für andere Länder wie zum Beispiel die Schweiz [Granziol und Schelbert (1983)].

[24] χ^2-Test, mit einem empirischen q = 9,5 < q* (6) = 12,6. Im weiteren stimmt auch die Verteilung der Renditen in der Nachkriegszeit nicht (ganz) mit der Normalverteilung überein [q = 25,2 > q* (3) = 7,8], d.h. auch in der neueren Periode konnte je-

Kapitel 7: Lohnt die Geldanlage in Gemälde? 127

Abbildung 7.2: Verteilung der jährlichen realen Ertragsraten, vor und nach 1950 (in Prozent)

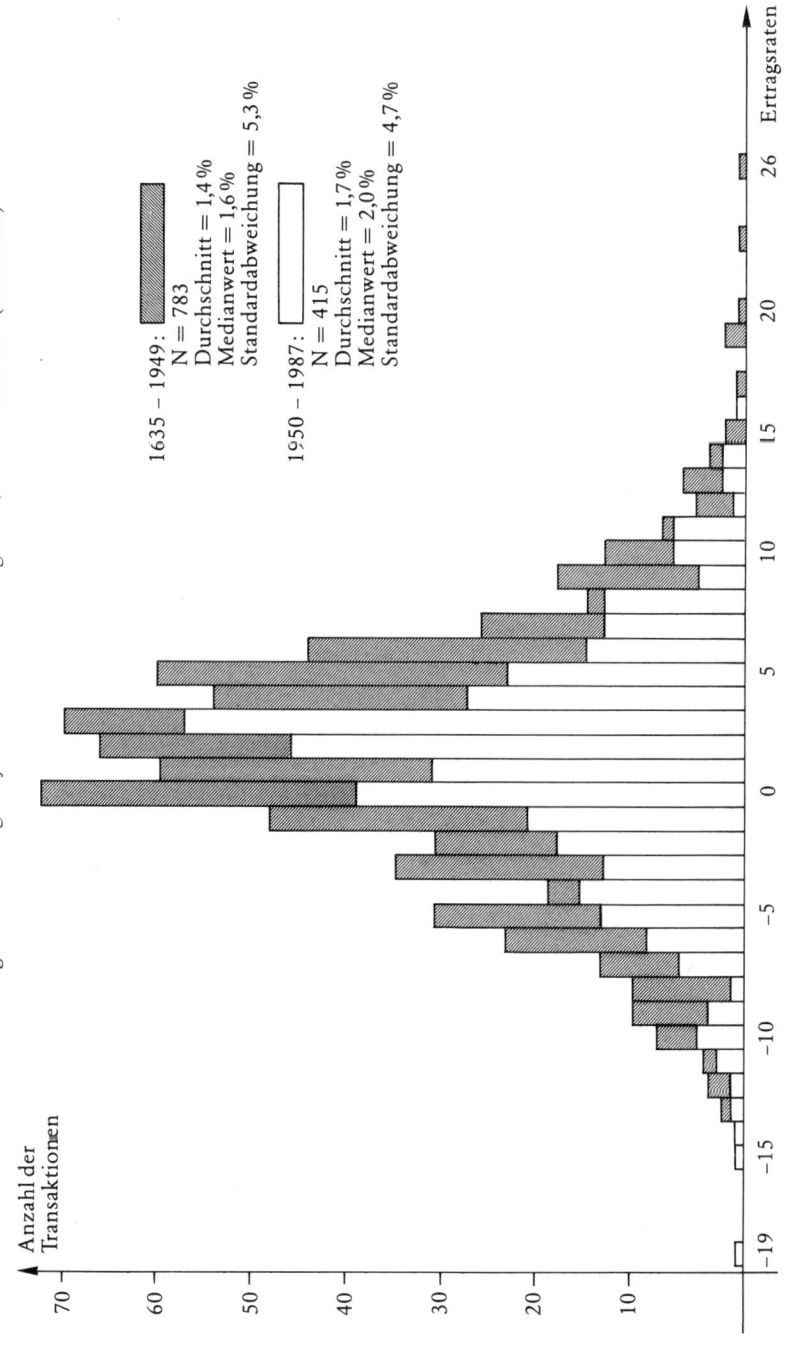

1635 – 1949:
N = 783
Durchschnitt = 1,4 %
Medianwert = 1,6 %
Standardabweichung = 5,3 %

1950 – 1987:
N = 415
Durchschnitt = 1,7 %
Medianwert = 2,0 %
Standardabweichung = 4,7 %

Aus Tabelle 7.4 läßt sich darüber hinaus entnehmen, daß die Ertragsaussichten nach 1950 in der Tat nur geringfügig günstiger waren als in der früheren Periode: Die realen Renditen waren im Durchschnitt um 0,3 Prozentpunkte höher, die Standardabweichung war etwas niedriger, und ein etwas höherer Anteil der Transaktionen erbrachte eine positive Rendite. Allerdings waren die maximalen Gewinne niedriger und die maximalen Verluste höher als im Zeitraum davor.

Tabelle 7.4: Durchschnittliche jährliche Realverzinsung von Gemälden, vor und nach 1950 (in Prozent)

	Transaktionen zwischen	
	1635–1949	1950–1987
Anzahl Transaktionen (insgesamt)	783	415
Reale Verzinsung (in Prozent pro Jahr)		
– Mittelwert	+ 1,4 %	+ 1,6 %
– Minimum	– 15 %	– 19 %
– Maximum	+ 26 %	+ 16 %
Anzahl Transaktionen		
– positive Verzinsung	463 (59 %)	261 (63 %)
– Null	73 (9 %)	40 (10 %)
– negative Verzinsung	247 (32 %)	114 (27 %)
Standardabweichung	5,3 %	4,7 %

Insgesamt bestätigen die Ergebnisse, daß sich die Annahme einer erheblich höheren Rentabilität der Geldanlage in Gemälde in der Nachkriegsperiode, verglichen mit der des gesamten Untersuchungszeitraums, nicht aufrechterhalten läßt: Die Renditen waren nach 1950 nur unwesentlich höher als zuvor, die Risiken nur wenig geringer, und letztlich waren Finanzmarktanlagen immer noch rentabler.

IV. Ist die Geldanlage in Gemälde zweckmäßig?

Das Ergebnis unserer Analyse ist eindeutig: Die Rendite der Geldanlage in Gemälde ist niedriger als jene von Finanzmarktanlagen, das Risiko dagegen höher. Gemälde verschaffen ihren Besitzern allerdings nicht nur einen ob-

---

mand mit Fachwissen und Kunstverstand systematisch einen höheren Ertrag erzielen als jemand, der ohne dieses Wissen und nach dem Zufallsprinzip auf Auktionen Gemälde erworben hat.

jektiven finanziellen, sondern darüber hinaus auch einen psychischen Ertrag, also Nutzen aus dem Besitz und der Betrachtung der Objekte. Bedenkt man diese zusätzlichen Nutzenkomponenten des Gemäldebesitzes, so waren die Ergebnisse unserer Untersuchung aus Sicht der ökonomischen Theorie durchaus zu erwarten. Auf offenen Märkten – und mit solchen haben wir es hier zu tun – besteht die Tendenz, daß sich alle Ertragsraten einander angleichen. Damit muß der Gesamtertrag auf dem Kunstmarkt, der sich aus einem objektiven und einem subjektiven Bestandteil zusammensetzt, dem Ertrag aus Staatsanleihen entsprechen (wobei wir unterstellen, aus letzteren ließe sich kein subjektiver Nutzen ziehen). Daraus folgt, daß der finanzielle Ertrag einer Geldanlage in Gemälde unter dem von Finanzmarktanlagen liegen muß – ein Ergebnis, das sowohl von unserer als auch von anderen Untersuchungen gestützt wird.[25]

Darüber hinaus gibt es verschiedene Anzeichen dafür, daß die hier ermittelte, ohnehin schon niedrige Rendite eher zu hoch ist. Da sind zum einen die bereits erwähnten Kosten der Instandhaltung, der gelegentlichen Restauration und der Versicherung, die wir nicht berücksichtigt haben. Zum anderen besteht eine inhärente Verzerrung nach oben, die mit der Wahl der konkreten Untersuchungsobjekte zusammenhängt: Im allgemeinen werden nur erfolgreiche Kunstwerke wiederholt auf Auktionen versteigert.

Ein weiteres Ergebnis unserer Untersuchung lautet, daß die Geldanlage in Gemälde nach 1950 vergleichsweise rentabler als im Zeitraum von 1635 bis 1949 war.[26] Dies ist auf die in neuerer Zeit niedrigere reale Rendite von

---

[25] Vgl. die Arbeiten von Anderson (1974), Stein (1977), Singer (1978, 1982), Baumol (1986) und Hautemanière (1990), die sich jedoch entweder in methodischer Hinsicht oder hinsichtlich des Untersuchungszeitraums von unserer Studie unterscheiden. Zu ganz ähnlichen Folgerungen kommen im übrigen auch neuere Untersuchungen über die Rendite anderer Sammelobjekte: Für Geigen (von Stradivarius) haben Ross und Zondervan (1989) eine durchschnittliche Realrendite von 2,2 Prozent pro Jahr ermittelt, die damit etwas höher ist als jene aus der Geldanlage in Gemälde, jedoch niedriger als die Rendite einer Investition in langfristige Staatsanleihen. Ähnliches folgert Pesando (1990) im Hinblick auf die Geldanlage in moderne Graphik. Kirchgässner (1990) kommt hinsichtlich der Geldanlage in Briefmarken zum Schluß, daß damit häufig nicht einmal der Inflationsverlust aufgefangen werden kann. Diese Objekte seien – selbst für professionelle Anleger – absolut ungeeignet, um kurzfristige Spekulationsgewinne zu erzielen. Aber auch langfristig erweist sich die Anlage in entsprechende Finanzaktiva als vorteilhaft.

[26] In einer neuen Studie kommen Chanel et al. (1989) zum Schluß, daß in der von ihnen untersuchten Periode (1855–1970) drei Phasen zu unterscheiden sind: Eine erste Periode mit einer positiven durchschnittlichen realen Ertragsrate (6,5 Prozent pro Jahr zwischen 1855 und 1918), eine weitere, die weitgehend durch Stagnation gekennzeichnet ist (1915–1949 mit 0,5 Prozent) und der Nachkriegszeit (1950–1970) mit einer deutlich höheren Ertragsrate als wir ermittelt haben (zwischen 10 und 12 Prozent). Allerdings umfaßt ihre Stichprobe lediglich 46 Maler (nach 1830 geboren), wobei die Impressionisten und Nachimpressionisten einen gewichtigen Teil ausmachen. Ferner berücksichtigen sie keinerlei Auktionsgebühren und sonstige

Staatsanleihen zurückzuführen, die ihrerseits in der verzögerten Anpassung der Nominalverzinsung der Finanzaktiva an die Inflationsentwicklung begründet ist. Wenn dieser Zusammenhang auch in Zukunft Gültigkeit besitzt, dann ist damit zu rechnen, daß sich bei einem Rückgang der Inflationsrate auf ihr langfristiges historisches Niveau die entgangenen Erträge einer Geldanlage in Gemälde (statt in Staatsanleihen) wieder bei 1,5 Prozentpunkten einpendeln. Denn ein Rückgang der Inflationsrate läßt wiederum Finanzmarktanlagen vergleichsweise attraktiver werden.

Unsere wichtigste Folgerung lautet, daß die Rentabilität von Gemäldeanlagen nicht annähernd so hoch ist wie allgemein angenommen. Dennoch bleibt festzuhalten, daß es für ein Individuum durchaus rational sein kann, diese Form der Geldanlage zu wählen, falls der Besitz von Gemälden und ihre Betrachtung ihm einen ausreichend hohen psychischen Nutzen verschaffen. Darüber hinaus unterliegen Gemälde de jure oder de facto nur teilweise (wenn überhaupt) der Vermögens- und der Erbschaftssteuer. Schließlich kann die Weitergabe eines Gemäldes an ein öffentliches Museum möglicherweise sogar zu einer Verminderung der individuellen Steuerschuld führen. Diese steuerlichen Aspekte sind – je nach Land und Periode – allerdings sehr unterschiedlich, so daß wir hierüber keine allgemeinen Aussagen machen können.

Anhang

Unsere Untersuchung erstreckt sich auf Gemälde der ‚berühmtesten Maler der Welt', wie sie Gerald Reitlinger (1961, 1970) in seinem Kompendium des Auktionshandels mit Kunstobjekten zusammengestellt hat. Er betrachtete dabei nur verstorbene Künstler, d.h. die Zahl der Arbeiten ist in allen Fällen gegeben und bekannt, so daß – abgesehen von gelegentlich hinzukommenden Fälschungen – von einem konstanten Angebot ausgegangen werden kann.[27] Diese ‚anerkannten Arbeiten anerkannter Künstler' bilden den größten Teil der für Gemäldeanlagen in Frage kommenden Objekte.

Zweifellos ist die von Reitlinger getroffene Auswahl subjektiv. Es ist jedoch unmöglich, objektiv und für alle Zeiten zu bestimmen, welcher Künstler als anerkannt zu gelten hat, da sich derlei Einschätzungen ändern können. Aber immerhin: Roger de Piles' (1708, 489 ff.) Zusammenstellung der wichtigsten

---

Transaktionskosten und beziehen schließlich sämtliche Gemäldetransaktionen (und nicht allein Käufe und Verkäufe jeweils desselben Bildes) ein.

[27] Damit ist im Falle weniger bekannter Künstler (und Schulen) nicht ohne weiteres zu rechnen. Wenn die Beliebtheit ihrer Bilder plötzlich steigt, kann dies dazu führen, daß Kellerräume und Speicher nach ihnen „durchforstet" werden, so daß es zu einem größeren Angebot kommen kann.

lebenden und verstorbenen Künstler zu seiner Zeit (er war Berater des kunstliebenden Herzogs Richelieu) stimmt in 41 von 55 möglichen Fällen mit der von Reitlinger überein. Eine noch größere Übereinstimmung finden wir mit Vasaris' (1568) Aufstellung führender italienischer Maler: Bis auf drei finden sich alle 35 genannten Künstler auch bei Reitlinger. Umgekehrt legt eine Untersuchung von Milo (1986) über den heutigen Bekanntheitsgrad der französischen Maler aus der Periode 1650–1750 den Schluß nahe, daß von den heute anerkannten Malern alle bereits zu Lebzeiten bekannt und anerkannt waren. Dies gilt selbst für die Gebrüder Le Nain und Georges de La Tour, die nach ihrem Tod in Vergessenheit gerieten und im 19. Jahrhundert wiederentdeckt wurden.

Reitlinger dokumentiert – soweit möglich – für jeden Abschluß den zugehörigen Preis, wobei die umfangreichen Daten zum Teil von anderen, zum Teil von ihm selbst gesammelt wurde. In den meisten Fällen handelt es sich um Versteigerungen, die in London stattgefunden haben, denn „bis etwa 1920 bedeutet dies (der Auktionshandel, die Verfasser) Verkäufe bei Christie's" (Reitlinger 1961, 242). Diese Aussage ist allerdings nicht ganz richtig: Auch im achtzehnten und neunzehnten Jahrhundert fand ein erheblicher Teil aller Auktionen auf dem europäischen Kontinent statt – besonders in Paris, aber auch in den Niederlanden und in Deutschland. Wir haben daher zusätzlich zu Reitlingers Daten die Ergebnisse einiger tausend Auktionen einbezogen, die auf dem europäischen Kontinent stattgefunden haben. Dabei stützen wir uns im wesentlichen auf deutsche, niederländische und französische Literatur (und entsprechende Zusammenstellungen von Auktionsergebnissen).[28] Was den Zeitraum von Mitte der 60er Jahre bis heute betrifft, so haben wir weitgehend auf das *Art Price Annual* (Wellensiek und Keyszelitz seit 1945; Wellensiek, König und Wolf seit 1982; Honnef, König, Madlener, Weber und Wolf seit 1984; Damrich u.a. seit 1985; Honnef u.a. seit 1987) zurückgegriffen, in dem jährlich weit über 1 000 der wichtigsten Auktionen der Welt dokumentiert werden.

---

[28] Von großem Nutzen waren dabei Smiths (1829–1842) *Catalogue raisonné* der flämischen, holländischen und französischen Maler, Blancs (1857/58) *Trésor de la curiosité*, ein Verzeichnis von Auktionsergebnissen Pariser Versteigerungshäuser über mehr als ein Jahrhundert, sowie Mühsam (1925) und Rheims (1959). Für Deutschland, Österreich und die Schweiz waren für frühere Perioden die Arbeiten von Koch (1915), Brieger (1918), Mühsam (1923), Bröker (1928), Wilm (1930) und zahlreiche Bände der *Klassiker der Kunst* sehr hilfreich. Für die erste Hälfte dieses Jahrhunderts haben wir unter anderem auf Manzl (1956), Jaquet (1962), Wagenführ (1965), Müller-Mehlis (1967) und Baumeister (1974) zurückgegriffen. Hilfreich waren auch Verzeichnisse von Auktionsergebnissen in Meyers *Annuaire international des ventes* (seit 1963), in *Art Price Current* (Art Trade Press, seit 1907), in van Braam und Romenys (1949–1951) *World Collectors' Annuary* und zahlreiche Angaben in solchen Fachzeitschriften wie *Connaissoir, Apollo, Burlington's Magazine, Art and Auction Magazine* etc.

Unter den so zusammengestellten Auktionsergebnissen haben wir jene herausgesucht, bei denen es sich um ein und dasselbe Bild handelt, das im Verlauf der 350 Jahre mehrfach (mindestens jedoch zweimal) seinen Besitzer gewechselt hat. Insgesamt sind die Gemälde unserer Stichprobe im Durchschnitt 2,5 mal auf Auktionen gehandelt worden; in Einzelfällen ist es bis zu acht Käufen und Wiederverkäufen gekommen. Nach Ausschluß aller mit Unklarheiten behafteten Fälle haben wir für sämtliche Käufe und anschließende Wiederverkäufe anhand der jeweiligen Preise die zugehörige Rendite berechnet, wobei wir Zins und Zinseszins berücksichtigt haben.[29]

Beträchtliche Schwierigkeiten hat uns die Berücksichtigung von Kommissionsgebühren und gegebenenfalls der (Umsatz-)Steuern für Käufer und/oder Verkäufer bereitet. Für vergangene Jahrhunderte geht die Literatur zu dieser Frage über einige wenige Hinweise nicht hinaus. Wir haben daher zusätzlich Brutto- und Nettopreise für Käufer und Verkäufer in verschiedenen Ländern, für verschiedene Auktionshäuser und für verschiedene Preisniveaus der gehandelten Objekte (was besonders für Frankreich wichtig war und noch ist) miteinander verglichen. Die realen Renditen unter Einbeziehung von Kommissionsgebühren und etwaigen Steuern haben wir auch mit den entsprechenden Werten unter Ausschluß dieser Faktoren verglichen. Es zeigt sich, daß diese Nebenkosten bei kurzer Besitzdauer – von etwa sieben bis zehn Jahren – die berechneten (Brutto-)Renditen beträchtlich schmälern; ihr Einfluß ist unter dem hier gewählten Kriterium einer Mindestbesitzdauer von 20 Jahren jedoch nur gering.

---

[29] Die entsprechende Formel zur Berechnung der aktuarischen Rendite lautet $p_t = p_0 \exp[r(t - t_0)]$, wobei p für die Auktionspreise steht, der Index t (t_0) das Jahr des Verkaufs (Kaufs) des Gemäldes bezeichnet und r die gesuchte Ertragsrate darstellt.

Kapitel 8: Internationaler Handel mit Kunstwerken

Seit der Gründung des Getty-Museums in den frühen 80er Jahren mehren sich unter europäischen Kunstliebhabern die Sorgen, die Finanzkraft Amerikas und Japans trage zu einer immer weiteren Plünderung der Kunstschätze des alten Kontinents bei. Der J. Paul Getty-Trust ist als „privat geführte Stiftung" gesetzlich dazu verpflichtet, in drei von vier Jahren 4,25 Prozent seines Vermögens für Stiftungszwecke auszugeben. Am 31. Dezember 1984 betrug das Stiftungsvermögen 2,3 Milliarden Dollar, was – entsprechend den gesetzlichen Bestimmungen – jährliche Ausgaben in Höhe von rund 100 Millionen Dollar impliziert. Das Interesse der Stiftung gilt insbesondere der europäischen Kunst vor 1900.[1] Auch wenn die Stiftung nicht den gesamten Jahresetat von 100 Millionen Dollar für den Ankauf klassischer europäischer Werke verwendet, so ist doch ein großer Abfluß europäischer Kunstschätze zu erwarten. Dasselbe gilt für japanische Stiftungen, aber auch Firmen, die zunehmend klassische europäische Kunst erwerben.

Der internationale Handel mit Kunstwerken ist nicht erst eine Erscheinung der kapitalistischen Gesellschaft des 20. Jahrhunderts, sondern so alt wie die Kunstwerke selbst. Seit gut einem Jahrhundert erwerben vermögende Amerikaner europäische Kunstwerke für ihre privaten Sammlungen, wovon ein großer Teil schließlich seinen Weg in Museen wie das Metropolitan Museum of Art oder die Frick Collection in New York nimmt. Dieser Abfluß von Kunstwerken wird von ständigen Klagen, vor allem aus Italien und Großbritannien, begleitet, die den Ausverkauf des nationalen Erbes befürchten.[2]

Der internationale Handel mit Kunstwerken erstreckt sich nicht allein auf den freiwilligen Austausch zwischen westlichen Industrieländern, sondern ebenso auf den erzwungenen Import aus Kolonien und Entwicklungsländern – das Gesicht Roms und Paris wird beispielsweise durch die Obelisken aus dem alten Ägypten geprägt. In jüngerer Zeit sind dermaßen viele Kunstschätze aus präkolumbianischer Zeit, insbesondere Skulpturen aus der Mayazeit, nach Nordamerika und Europa exportiert worden, daß sich ein Experte zu folgendem Kommentar veranlaßt sah (Coggins 1969, 94): „Seit dem 16. Jahrhundert ist Lateinamerika nicht mehr so erbarmungslos geplün-

---

[1] Vgl. J. Paul Getty Trust, Annual Review 1981–85, 40.
[2] Siehe Bator (1982, 293) sowie Lawrence, Bachmann und von Stumm (1988). 1983 z. B. vertrat Denys Sutton, Herausgeber der Kunstzeitschrift Apollo, die Ansicht, daß der Kunstexport von England in die Vereinigten Staaten einen solchen Umfang erreicht hat, daß eine Gipfelkonferenz des damaligen amerikanischen Präsidenten Reagan und der britischen Premierministerin Thatcher erforderlich sei.

dert worden." In ähnlicher Weise besteht ein wachsendes Interesse an der Ethnokunst Afrikas und Ozeaniens, was in einer außerordentlich starken Zunahme des legalen wie illegalen Kunstexports aus einigen asiatischen Ländern (Indien, Thailand und Kambodscha) zum Ausdruck kommt.[3] Für einen Teil dieses Exports haben die „Geber" keinerlei Kompensation erhalten. Männer wie Napoleon oder Göring haben in Kriegszeiten im Namen nationalen Ruhms Kunstschätze aus den besetzten Gebieten angehäuft.[4] Dem Beutezug der Nationalsozialisten ist am Ende des Zweiten Weltkrieges ein anders motivierter Beutezug der Alliierten gefolgt (Fiedler 1991). Ein schwerwiegendes Problem unserer Tage stellt der Schwarzmarkt für gestohlene Kunstwerke dar. Insgesamt gesehen stimmen zwar die Beobachter der Kunstmärkte überein, daß zahlreiche Kunstwerke illegal exportiert werden, „keiner hat aber auch nur annähernd eine Idee, um wieviele Objekte und um welche Werte es sich dabei handelt" (Bator 1982, 289).

In diesem Kapitel analysieren wir obige Bedenken über den internationalen Kunsthandel aus ökonomischer Sicht. Im ersten Abschnitt wird der marktwirtschaftliche Aspekt dargelegt. Da dieser für eine Vielzahl von Fragestellungen zweckmäßige Ansatz einige wesentliche Aspekte des internationalen Handels mit Kunstwerken nicht beachtet, bemühen wir uns im folgenden Abschnitt, diese Defizite zu überwinden, wobei wir auf die ökonomische Theorie der Politik und Ergebnisse der experimentellen Psychologie zurückgreifen. Während dieser Abschnitt der Analyse individueller Entscheidungen (unter Berücksichtigung des Ausstattungs- und Kommerzialisierungseffektes) gewidmet ist, befaßt sich der dritte Abschnitt mit institutionellen Fragen des internationalen Kunsthandels. Abschließend wird erörtert, ob eine Einschränkung des freien Handels mit Kunstwerken sinnvoll ist.

I. Sind die internationalen Kunstmärkte funktionsfähig?

In einem System mit vollkommen durch den Preismechanismus gesteuerten Märkten sind sämtliche Transaktionen rein freiwilliger Natur. Der Handel ist für beide Marktseiten vorteilhaft, denn sowohl der Käufer als auch der

---

[3] Die Folgen sind in Einzelfällen gravierend, so z. B. im Falle des Nationalmuseums von Benin, das sich ausschließlich mit Photographien und Kopien seiner Nationalschätze begnügen muß, während die Originale über die Welt verstreut Museen und Privatsammlungen zieren (vgl. Neue Zürcher Zeitung vom 12. Januar 1991). Aber auch im Falle hochentwickelter Industrieländer wie Italien ist das Ausmaß an Diebstählen beachtlich. So schätzt Chatelain (1975) die Höhe der dort seit dem Zweiten Weltkrieg gestohlenen Kunstwerke auf rund 44 000; seit den 70er Jahren weist die Statistik steigende Tendenz auf.
[4] Selbst die französische Revolutionsarmee (unter Leitung von General Bonaparte) hat während ihres Italienfeldzuges ungeachtet der Devise „liberté, égalité, fraternité" die Kunstgalerie zu Parma geplündert und die besten Stücke nach Paris gesandt.

Verkäufer einer Sache profitieren hiervon. Diese grundlegende Erkenntnis der ökonomischen Analyse gilt auch für den Kunstmarkt, unberührt von der Tatsache, daß dieser einige Besonderheiten aufweist, die ihn von herkömmlichen Märkten unterscheidet (Baumol 1986).

Wie dem auch sei, die öffentliche Meinung steht dem Kunsthandel im allgemeinen und insbesondere dem Export von Kunstwerken ins Ausland kritisch gegenüber. Beispielsweise behauptet man in Großbritannien, daß „die Auktionshäuser dieses Landes unseren realen Wohlstand zerstören, indem sie den Kunstexport erleichtern." (zitiert nach Grampp 1985, 204). Natürlich ist den Insidern bekannt, daß für diese Exporte ein ansehnlicher Preis erzielt wird. Möglicherweise befürchten die Kritiker jedoch, daß von den ausländischen Käufern der Kunstwerke weniger bezahlt wird, als für alternative Investitionen mit ähnlichem Risiko aufgebracht werden müßte. Kapitel 7 beschäftigte sich mit der weitverbreiteten Ansicht, daß die Ertragsrate der Geldanlage in Kunstwerke sehr hoch sei und jene in finanzielle Aktiva übersteige. Nach unserer Beobachtung ist diese Vermutung nicht nur unzutreffend, sondern das Gegenteil gilt: Wer in Kunstwerke investiert, muß mit Opportunitätsverlusten rechnen. Somit scheint die Argumentation, daß Staaten, die den Ausverkauf von Kunstwerken zulassen, finanzielle Verluste in Kauf nehmen, oder „reales Vermögen" zerstören, falsch zu sein.

Obwohl freiwilliger Handel, wie oben dargelegt, stets für beide, den beteiligten Käufer und den Verkäufer, von Vorteil ist, muß dies nicht für die Gesellschaft als Ganzes zutreffen. Ein Auseinanderklaffen privater und gesellschaftlicher Vorteile läßt sich ökonomisch auf die Existenz von externen Effekten und auf Monopolmacht zurückführen. Externe Effekte sind, wie in Kapitel 2 angeführt wurde, Auswirkungen privater Aktivitäten, die bei Dritten – nicht in den Handel involvierten Personen – anfallen und nicht über den Markt kompensiert werden. Es stellt sich die Frage, ob es solche Fälle des Marktversagens im internationalen Handel mit Kunstwerken gibt.

1. Externe Effekte und Monopole

Der durch amerikanische Museen und Investoren ausgelöste Nachfrageboom nach europäischer Kunst erhöht deren Preis und schafft damit Anreize für Kunstdiebstahl.[5] Dadurch wird das Funktionieren des Marktes per se allerdings nicht in Frage gestellt: Diebstahl führt lediglich zu einem Transfer von Verfügungsrechten und nicht notwendigerweise zur Inanspruchnahme von Ressourcen; es handelt sich also lediglich um einen Akt der Umverteilung (Usher 1987).

---

[5] Siehe Meyer (1973), Bator (1982) und Edelson (1984) für entsprechende Schilderungen und weiterführende Hinweise.

Davon abgesehen, lassen sich jedoch drei indirekte allokative Effekte isolieren, die die Effizienz des Preissystems als Entscheidungsverfahren im internationalen Kunsthandel beeinträchtigen:

(1) Bei Diebstahl werden Kunstobjekte häufig beschädigt.[6] Schäden können in Museen, Kirchen und Palästen auftreten, in besonderem Umfang jedoch bei der Plünderung archäologischer Stätten. Im Falle der vorkolumbianischen Kunst

> „weisen die betreffenden Monumente enorme Ausmaße auf, mit der Folge, daß die Diebe sie nur nach Zerstückelung fortschaffen können. Die großen, aus Stein gemeißelten Stelen, von denen einige höher als 12 Meter sind und bis zu fünf Tonnen wiegen, müssen „abgespeckt" werden. Das heißt, sie werden, bevor sie auf den Kunstmarkt gelangen, zersägt, zerhackt, mit Brecheisen zerspalten oder ganz einfach in transportierbare Stücke zertrümmert" (Bator 1982, 278).

(2) Mit dem höheren Risiko des Diebstahls sind mehr Ressourcen für Schutzvorrichtungen erforderlich, was den Nutzen der Kunstliebhaber auf zweifache Weise einschränkt. Zum einen werden Museen sowie die Originalschauplätze von Kunstwerken (Kirchen, Schlösser und Paläste) weniger zugänglich. Die Öffnungszeiten werden verkürzt und die Kunstschätze werden dadurch geschützt, daß der Zugang erschwert ist. Zum zweiten werden die Kunstliebhaber über höhere Eintrittspreise und Steuern mit den monetären Kosten der Schutzmaßnahmen (mehr Wachpersonal, technische Anlagen und höhere Versicherungsprämien) belastet.

(3) Ein weiterer negativer externer Effekt wird durch die steigenden Preise für Kunst hervorgerufen: Der Anreiz, Kopien und Fälschungen herzustellen, nimmt zu. Dies erhöht die Unsicherheit auf dem Kunstmarkt oder führt zu höheren Transaktionskosten, weil mehr Geld und Anstrengungen investiert werden müssen, um das gleiche Maß an Sicherheit zu erhalten. Aus einer etwas distanzierteren Sicht ließe sich allerdings argumentieren, daß es nur geringfügige Unterschiede zwischen Reproduktionen und Originalen gibt, die aus ästhetischen und pädagogischen Gründen keine Rolle spielen.[7] Mit den heute bekannten Technologien können viele Kunstobjekte (einschließlich Gemälde) so vollkommen reproduziert werden, daß der Unterschied zum

---

[6] Manchmal sind Kunstwerke, die gestohlen und in eine wohlorganisierte private oder öffentliche Sammlung integriert worden sind, dort allerdings besser geschützt, als wenn sie an ihrem Ursprungsort geblieben wären. Ein bekanntes Beispiel stellen die sogenannten Elgin Marbles dar, die genau genommen nicht einmal (den Griechen) gestohlen, sondern von den Türken an Großbritannien verkauft worden sind. Es besteht kein Zweifel, daß sie sich heute in einem wesentlich schlechterem Zustand befänden, wären sie an ihrem Ursprungsplatz in Griechenland geblieben.

[7] Vgl. auch Banfield (1984) und bereits früher Malraux (1947); die pädagogischen Aspekte werden ferner von Smolensky (1986) erörtert. Bei dieser Betrachtung wird die emotionale und kunstgeschichtliche Perspektive natürlich nicht berücksichtigt, derzufolge beträchtliche Unterschiede zwischen Kopien und dem Originalkunstwerk bestehen.

Original ohne Verwendung hochtechnischer Ausrüstungen nicht feststellbar ist – oftmals nicht einmal von dem Künstler, der das Original geschaffen hat (vgl. Banfield 1984, 145).[8] Wenn Kopien aber nicht von Reproduktionen unterschieden werden können, ist schwer einzusehen, welche Nutzeneinbuße Kunstliebhaber durch letztere erleiden sollten. Selbst Fälschungen sind keineswegs immer abgelehnt worden. So wird berichtet, daß der 21jährige Michelangelo in Verehrung alter römischer Meister einen schlafenden Eros in einer Marmorschnitzerei imitierte. Dieses Schnitzwerk wurde einem bekannten Sammler, dem Kardinal Riario, als antikes Stück verkauft, der dessen Wert sehr hoch schätzte. Als sich Michelangelo als Schöpfer dieser Arbeit zu erkennen gab, wurde er als ein junger Mann gerühmt, der die Gabe besäße, mit den Arbeiten der verehrten alten Bildhauer zu rivalisieren.

Insgesamt betrachtet, werden durch die steigende Nachfrage amerikanischer und japanischer Kunstliebhaber nach europäischer Kunst und die dadurch verursachten Preissprünge einige – vermutlich eher vernachlässigbare – negative externe Effekte hervorgerufen (und diese können zum Teil von den positiven externen Effekten einer besseren Aufbewahrung kompensiert werden). Im übrigen würden bei einem Preisanstieg aufgrund verstärkter europäischer Nachfrage nach amerikanischer Kunst die gleichen Mechanismen greifen. Wir können daher folgern, daß externe Effekte kein wirkliches Argument gegen den internationalen Handel mit Kunstwerken darstellen.

Der Markt büßt seine positiven Eigenschaften auch dann ein, wenn die Angebots- oder die Nachfrageseite monopolisiert sind. Kunsthistoriker sehen *jedes* Kunstobjekt als „einzigartig" an. In diesem Sinne wäre jeder Eigentümer eines Kunstwerks ein Monopolist, denn es gibt ja nur eine *Mona Lisa* (im Louvre in Paris).[9] Läßt sich diese Argumentation aus ökonomischer

---

[8] Das vielleicht bekannteste Beispiel für einen (nahezu) vollkommenen Fälscher ist Henri van Meegeren. Er hat acht Gemälde im Stil von Vermeer und de Hooch angefertigt und für rund drei Millionen Dollar abgesetzt. Die Fälschungen wären wahrscheinlich nie aufgedeckt worden, hätte man den Künstler nach dem Zweiten Weltkrieg nicht vor Gericht angeklagt, mit dem feindlichen Deutschland kollaboriert und ihm nationale Kunstschätze, insbesondere Gemälde großer niederländischer Meister, verkauft zu haben. Für eine seiner letzten „Schöpfungen", *Christus und die Ehebrecherin,* wurde von Reichsmarschall Göring seinerzeit fast eine halbe Million Dollar gezahlt (Rush 1961, 338). Es ist eine Ironie des Schicksals, daß von Meegeren im Gefängnis zur Entlastung ein weiteres „Vermeer-Gemälde" anfertigen mußte, damit das internationale Gremium von Kunstexperten – ungeachtet der umfassenden radiographischen, spektographischen und mikrochemischen Untersuchung – überzeugt war, daß es sich bei den zur Diskussion stehenden Gemälden um keine „wertvollen Kunstschätze", sondern um „wertlose Fälschungen" handelt. Vgl. für weitere Fälle Cole (1955), Dutton (1979), Fine (1983) und Lawrence (1989).

[9] Näher betrachtet ist nicht einmal diese Aussage gesichert. Banfield (1984) zufolge gibt es ein weiteres Bild der Mona Lisa, das sich in einem Banktresor in New Jersey befindet. Deren Eigentümer sind der Ansicht, daß es sich um eine spätere Version

Sicht aufrecht erhalten? Selbst wenn man Reproduktionen außer acht läßt, gibt es Substitutionsmöglichkeiten: Ein möglicher Käufer wird seinen Wunsch nach einem bestimmten Bild mit einem hohen Preis gegen seine Präferenzen für ein ähnliches, jedoch preiswerteres Gemälde abwägen. Aus diesem Grund gibt es einen Kunstmarkt mit vielen Anbietern, was auch an der erheblichen Zahl von privaten Kunstgalerien deutlich wird.

Es gibt auch kein Nachfragemonopol im strengen Sinne. Gelegentlich wird dem Getty Museum aufgrund seines sehr hohen Anschaffungsfonds die Rolle eines Monopolisten zugeschrieben. In der Tat mag dieses Museum gelegentlich die Nachfrageseite dominieren. Eine Vielzahl weiterer Nachfrager, wie etwa die amerikanischen Yuppies, engagieren sich zunehmend in Kunstinvestitionen und sind über Preis- und Qualitätsentwicklungen gut informiert. Der internationale Kunstmarkt ist sicherlich kein vollkommener Markt, funktioniert aber auch nicht schlechter als viele andere Märkte.

2. Verteilungsaspekte

Die Bedeutung, die Ökonomen effizienten Märkten beimessen, mag im Zusammenhang mit dem internationalen Kunstmarkt unangemessen sein, sofern das Hauptproblem verteilungspolitischer Natur ist. Die Besorgnis über den Export von Kunstwerken wäre dann weniger in der Inanspruchnahme von Ressourcen begründet als vielmehr im Wechsel der Eigentumsverhältnisse, der zugleich eine Verlagerung des Aufbewahrungsortes und eine Erschwerung des Zugangs zu einem Kunstwerk bewirken kann.

Wir wollen in diesem Zusammenhang zwei Verteilungsaspekte unterscheiden: die geographische (und damit nationale und internationale beziehungsweise interkontinentale) Verteilung und die Verteilung von Kunstwerken

Abbildung 8.1: Verteilung von Kunstwerken, nach geographischer Lage und Art der Sammlung (privat/öffentlich)

		amerikanische/japanische Käufer	
		nicht zugängliche Sammlung (privat)	zugängliche Sammlung (öffentlich)
europäische Verkäufer	nicht zugängliche Sammlung (privat)	(1)	(2)
	zugängliche Sammlung (öffentlich)	(3)	(4)

---

von Leonardo da Vinci handelt – eine Behauptung, die von Kunstexperten derzeit nicht widerlegt werden kann.

auf Sammlungen, die für die Öffentlichkeit geschlossen (meist private) und diejenigen, welche frei zugänglich (meist öffentliche Sammlungen) sind.

Wie aus Abbildung 8.1 hervorgeht, lassen sich die amerikanischen und japanischen Kunstkäufe in Europa vier verschiedenen Verteilungsfällen zuordnen.

Es gibt heute kaum Verkäufe aus den dem Publikum zugänglichen Sammlungen in Europa an amerikanische und japanische Käufer, d.h. die Felder (3) und (4) sind von begrenzter Relevanz. Wird ein Kunstwerk von einer nicht zugänglichen europäischen zu einer nicht zugänglichen amerikanischen oder japanischen Sammlung transferiert [Fall (1)], so liegt eine rein geographische Umverteilung vor.[10] Gelangt das gleiche Objekt in eine zugängliche amerikanische oder japanische Sammlung [Fall (2)], so hat der Wechsel des Eigentümers aus Sicht des europäischen Publikums zwei entgegengesetzte Effekte: einen positiven, weil die Kunstliebhaber nunmehr Zugang zu den Kunstwerken haben und einen negativen, weil sich die Kunstgegenstände im entfernten Amerika beziehungsweise in Japan befinden. Solche Verteilungsüberlegungen sind für die Beurteilung des internationalen Handels mit Kunstwerken zweifellos sehr wichtig. Doch sind die Verteilungseffekte nicht so einseitig, wie es auf den ersten Blick erscheinen mag.

Faßt man die bisherigen Überlegungen zusammen, zeigt sich, daß die Effizienz auf dem internationalen Kunstmarkt kaum beeinträchtigt wird. Die Sorgen und Klagen über den Export von Kunstwerken in andere Länder sind weitgehend unbegründet. Staatliche Eingriffe in Form von Exportbeschränkungen und -verboten erscheinen daher nicht gerechtfertigt. In der Realität beobachten wir jedoch genau das Gegenteil, nämlich eine zunehmende Tendenz, solche Handelsbeschränkungen und Ausfuhrverbote für Kunstwerke einzuführen und Exporte besser zu kontrollieren.[11] Die tradi-

---

[10] Die „rein geographische Umverteilung" wird allerdings wieder dadurch relativiert, daß in den Vereinigten Staaten (weit weniger so in Japan) Kunstwerke, die Teil einer geschlossenen (privaten) Sammlung darstellen, aus Gründen der steuerlichen Abzugsmöglichkeit später oft den öffentlichen Museen gestiftet werden.

[11] Derlei Einschränkungen bestehen in einzelnen Ländern schon lange. So haben päpstliche Edikte bereits seit dem 15. Jahrhundert historische Gebäude und archäologische Fundgegenstände unter Schutz gestellt und ihren Verkauf geregelt. Ebenso hat Kaiserin Maria Theresia von Österreich in einem Edikt von 1749 die Ausfuhr von Gemälden, Skulpturen und Münzsammlungen verboten. In der Folge haben immer mehr Staaten den grenzüberschreitenden Handel mit Kunstgegenständen auf dem Gesetzesweg eingeschränkt (so z.B. Österreich und Großbritannien, gekoppelt an einen Mindestwert, dessen Überschreitung eine Ausfuhrbewilligung erfordert; in Deutschland, Italien und in den Niederlanden ist die Ausfuhr demgegenüber davon abhängig, ob das betreffende Kunstwerk in dem Verzeichnis der ausfuhrbewilligungspflichtigen Kunstgegenstände aufgeführt ist; die entsprechenden Listen sind unterschiedlich umfangreich: während die Niederlande lediglich knapp 50 Werke aufführen, finden sich in Deutschland rund 500 und in Italien sogar drei Millionen registrierte Kunstwerke) oder einem umfassenden Ausfuhrverbot

tionell ökonomische Sichtweise mag – so gesehen – für einige Zwecke sehr nützlich sein, doch vernachläßigt sie wichtige Aspekte des internationalen Handels mit Kunstwerken, die wir im folgenden behandeln.

II. Individuelles Verhalten und internationaler Handel mit Kunstwerken

1. Der Ausstattungseffekt

> Herr X hat 1985 eine Flasche guten Rotweins für 20 DM erworben. Kürzlich bot ihm sein Weinhändler an, diese Flasche für 80 DM zurückzukaufen. Dieses Angebot wurde von Herrn X abgelehnt, obwohl er nie mehr als 40 DM für eine Flasche Wein ausgegeben hätte.

Dies ist ein Beispiel für den durch Laborexperimente gut abgesicherten Ausstattungseffekt (Kahneman und Tversky 1979; Thaler 1980). Dieser Effekt kann nicht mit herkömmlichen ökonomischen Konzepten erklärt werden. Er tritt auch dann auf, wenn man die Einflüsse eines steigenden Einkommens und der Transaktionskosten berücksichtigt. Der Ausstattungseffekt stimmt auch nicht mit dem Options-, Existenz- und Vermächtniswert überein, die wir in Kapitel 2 erörtert haben. Vielmehr legt er nahe, daß eine deutliche Differenz zwischen Kauf- und Verkaufspreis besteht und daß zwischen Opportunitätskosten und den direkten monetären Kosten (out of pocket costs) zu unterscheiden ist: Ein einzelner Gegenstand kann zwei Preise haben, einen höheren, wenn er im eigenen Besitz ist und einen niedrigeren, wenn der Gegenstand zur Ausstattung eines Dritten gehört.

Der Ausstattungseffekt ist im Bereich der Kunst von unmittelbarer Bedeutung. Der Eigentümer eines Kunstwerkes mag sich nicht bereit erklären, es für den Preis Y zu verkaufen, auch wenn er ebensowenig bereit ist, das gleiche Kunstobjekt zum selben Preis auf dem Markt zu erwerben. Die Differenz zwischen dem Verkaufs- und Kaufpreis hat eine weitergehende Bedeutung. Häufig werden Kunstwerke verkauft, um Liquiditätsprobleme zu überwinden, beispielsweise um Steuerforderungen zu begleichen, oder – wie es gelegentlich in aristokratischen Kreisen vorkommt – um dringend anstehende Reparaturen am Familienwohnsitz finanzieren zu können. Für einen

---

mit restriktiven Ausnahmeklauseln unterworfen, das vor allem auf Gegenstände vor einem bestimmten Datum beschränkt sein kann (so im Falle von Griechenland auf Kunstwerke vor 1830, in Spanien auf Gegenstände, die hundert Jahre und älter sind; in Großbritannien liegt die entsprechende Altersgrenze bei fünfzig Jahren). Eine Befürwortung verstärkter Ausfuhrkontrollen ist unlängst ebenso durch das Europäische Parlament erfolgt (auf einem informellen Treffen vom 19. Oktober 1990 haben sich die zuständigen Kultusminister mehrheitlich sogar für rigorose Handelskontrollen ausgesprochen).

Ökonomen, der nur Marktvorgänge betrachtet, stellt der Verkauf einen gegenseitig vorteilhaften Tausch (Geld gegen Kunst) dar, denn sonst wäre der Handel nicht zustandegekommen. Dieser Sachverhalt stellt sich aber anders dar, berücksichtigt man den Ausstattungseffekt. Der Eigentümer fühlt sich subjektiv „gezwungen", das Kunstwerk zu verkaufen, denn ohne sein Liquiditätsproblem hätte er sich nicht „freiwillig" zu dem ihm gebotenen Preis davon getrennt. Obwohl der Tauschvorgang im herkömmlichen Sinne „freiwillig" und „zum beidseitigen Vorteil" erfolgt ist, da es der Besitzer des Kunstwerks – aus für ihn wichtigen Gründen – vorzieht, den Verkauf zu akzeptieren, ist dies für ihn unbefriedigend. Er wird dann Zuflucht zu anderen Mechanismen der Entscheidungsfindung suchen, insbesondere zu politisch motivierten Gesetzeshürden, die eine Selbstbeschränkungsstrategie ermöglichen. So liefert der Ausstattungseffekt eine Erklärung dafür, daß Kunstbesitzer einerseits als Verkäufer auf dem internationalen Kunstmarkt auftreten, andererseits aber auch politische Bemühungen unterstützen, den internationalen Handel mit Kunstgegenständen zu erschweren.

Berücksichtigt man den Ausstattungseffekt, dann erscheint der zu Beginn dieses Kapitels erörterte Kunstexport von Europa nach Amerika und Japan in einem anderen Licht. Die europäischen Verkäufer sehen sich nur ungern „gezwungen", Kunst nach Amerika oder Japan zu verkaufen, obwohl sie sich bewußt sind, daß sie die gleichen Objekte zum vereinbarten Preis nicht zurückkaufen würden (selbst dann nicht, wenn der Preisanstieg später höher sein sollte als die Rendite des in anderer Form angelegten Verkaufserlöses).

Der Ausstattungseffekt, der in zahlreichen Experimenten für Individuen nachgewiesen wurde, kann sich auch in kollektiven Entscheidungen niederschlagen. Dies wird durch Begriffe wie *nationales Erbe* offenkundig, der in Diskussionen unter Kunstexperten und -liebhabern eine bedeutende Rolle spielt. Selbst Juristen wie Bator (1982) schreiben wie selbstverständlich über Kunst als Teil des nationalen Vermögens oder Kapitals.

Ein Kunstwerk, das Teil des *patrimoine national* eines bestimmten Landes ist,[12] wird nicht oder nur widerstrebend ins Ausland verkauft, obwohl es zu demselben Preis auf dem internationalen Markt nicht erworben würde. Sollten gewisse Umstände einen Kunstbesitzer zum Verkauf eines Objektes „zwingen", so ruft diese Transaktion nicht nur bei ihm, sondern ebenso bei Dritten Verdruß hervor, und es ist gut möglich, daß mit Hilfe politischer Aktivitäten an die Öffentlichkeit (sowohl an einzelne Bürger als auch an Unter-

---

[12] Letztlich legt die Geschichte fest, ob ein Kunstwerk dieser oder jener Nation gehört, und ihr Verdikt kann Gegenstand heftiger Dispute sein. So zählen die erwähnten Elgin Marbles, da schon längere Zeit in englischem Besitz, gemäß Bator (1982) eben zum britischen – und nicht zum griechischen – nationalen Kulturgut. Erfolglos war dagegen der Versuch Italiens, ein Gemälde von Matisse, das sich erst einige wenige Jahre in einer italienischen Privatsammlung befand, zum italienischen Nationalerbe zu erklären und seine Ausfuhr verbieten zu wollen.

nehmen) appelliert wird mit dem Ziel, zumindest in Zukunft derartige Nutzeneinbußen zu verhindern.

Für den Ausstattungseffekt besteht auch auf nationaler Ebene empirische Evidenz (Singer 1985). Soll ein Kunstwerk von „nationaler Bedeutung" an das Ausland verkauft werden, so wird eine drohende Schmälerung des nationalen Kulturgutes häufig durch private Spenden der Bevölkerung verhindert. Der *Ankauf* hoch geschätzter Kunstwerke wird seltener durch entsprechende Anstrengungen unterstützt. Gleichwohl ermöglichte 1984 eine Sammelaktion unter den deutschen Gebietskörperschaften und den privaten Großbanken den deutschen Museen, auf einer Auktion von Sotheby's das zwischen 1173 und 1175 hergestellte *Evangeliar Heinrich des Löwen* zum Preis von 32,4 Mio. DM zu ersteigern. Hierbei ging es nicht darum, den Verkauf beziehungsweise Verlust eines Teiles des deutschen Kulturerbes – wozu das ursprünglich im Braunschweiger Dom beheimatete Evangeliar zweifellos zählt – zu verhindern, sondern – im Gegenteil – darum, es zurückzuerwerben. Dieses Beispiel zeigt, daß durchaus viele Personen und Unternehmen zu erheblichen finanziellen Schenkungen bereit sind, wenn das zur Disposition stehende Kunstwerk als Teil des „nationalen Kulturgutes" angesehen wird.[13] In Kapitel 10 wird am Beispiel zweier Bilder von Picasso gezeigt, daß dieser kollektive Ausstattungseffekt nicht nur auf nationaler, sondern ebenso auf Gemeindeebene anzutreffen ist.

2. Der Kommerzialisierungseffekt

Viele lehnen die Anwendung des Preissystems in zahlreichen Fällen ab.[14] So vertreten Hirsch (1977) und andere[15] die Ansicht, daß der Kauf und Verkauf eines Gutes auf einem Markt die Wohlfahrt zerstöre. Als Alternative wird ein informeller Austausch mit gegenseitiger Verpflichtung vorgeschlagen, um die dem Markt innewohnende Notwendigkeit, Gütern und Diensten explizit Geldpreise zuzuordnen, überflüssig zu machen.

Die Kunst ist ein solcher Bereich, für den viele Personen, insbesondere Kunstliebhaber und Kunstkritiker die Verwendung des Preissystems ablehnen. Obwohl der internationale Kunstmarkt – soll er effizient funktionieren – eine Preislenkung erfordert, sind viele über dessen Wirken verstimmt und sehen den Marktmechanismus im Fall der Kunst als ein „öffentliches Übel" an, das die Wohlfahrt mindert. Selbst jene, die am Markt teilnehmen,

---

[13] Inzwischen befaßt sich sogar die Europäische Investitionsbank mit der Evaluierung und der Finanzierung von „Investitionen in das kulturelle Erbe" (vgl. Carbonaro 1992).

[14] Vgl. mit entsprechender empirischer Evidenz Frey (1986a) sowie Frey und Pommerehne (1993).

[15] So z. B. Kelman (1981) im Hinblick auf die Umweltproblematik.

lehnen ihn ab und suchen durch außermarktliche Aktivitäten seine Reichweite zu begrenzen.

Die Vielzahl gesetzlicher Regelungen, die in praktisch allen Ländern der Welt den internationalen Handel mit Kunstwerken einschränken, kann man auf die Definition des Marktes als „öffentliches Übel" zurückführen. Für das internationale *Ausleihen* von Kunstwerken gelten derartige Beschränkungen weit weniger, selbst wenn es sich dabei um eine permanente Ausleihe handelt. Im Gegenteil, die Organisation von „block-buster"-Ausstellungen mit Kunstobjekten aus dem Ausland – wie die Ausstellungen des Vatikan und Lichtensteins in den Vereinigten Staaten oder die kürzlich veranstaltete Keltenausstellung in Venedig – bildet eine der Hauptaufgaben der bekanntesten Museen der Welt (Garvin 1981; Noble 1986).

Zusammenfassend ist festzuhalten, daß der Ausstattungs- und der Kommerzialisierungseffekt durchaus zur Erklärung der Versuche, die Funktionsweise des internationalen Kunstmarktes einzuschränken, herangezogen werden können. Ob diese Beschränkungen im Sinne der Befürworter erfolgreich sind, ist allerdings eine andere Frage. Für die meisten Restriktionen scheint dies nicht zuzutreffen.[16] So haben sich Embargos als nicht effektiv erwiesen: Sie sind administrativ nicht durchsetzbar und bewirken unvermeidlich Anreize, sie auf „grauen" und „schwarzen" Märkten zu umgehen. Die großes öffentliches Aufsehen erregenden selektiven Exportkontrollen Großbritanniens verhindern die Ausfuhr eines Kunstobjektes nur, wenn sich ein britisches Museum oder ein Sammler bereit erklärt, das Kunstwerk zu seinem Marktpreis zu erwerben. Dieses Gesetz verschafft den Briten lediglich eine Frist, innerhalb derer sie die Bemühungen für die Mittelbeschaffung intensivieren können. Diese Bemühungen waren jedoch insoweit erfolgreich, als wichtige Arbeiten wie El Grecos *Der Traum Philipps II*, Rubens' *Heilige Familie* und Tizians *Der Tod des Actaeon* für Großbritannien gesichert werden konnten (obwohl weder von den Malern noch von den Motiven behauptet werden kann, daß sie britischen Ursprungs seien).

III. Akteure und Ergebnisse des internationalen Kunstmarktes

Bislang haben wir erörtert, wie psychologische Faktoren (der Kommerzialisierungs- und der Ausstattungseffekt) das menschliche Verhalten beeinflussen. In diesem Abschnitt verlagert sich der Schwerpunkt der Analyse auf das Studium von Organisationen (Museen, die Regierung, private Kunstbetriebe) und von Gruppen von Individuen (Kunsthändlern sowie Privatsammlern) im Zusammenhang mit deren institutionellen und histori-

---

[16] Vgl. mit umfangreichen Hinweisen Bator (1982).

schen Bedingungen. Dabei greifen wir auf die Diskussion über Museen (Kapitel 5) zurück. Zunächst skizzieren wir das Verhalten der wesentlichsten Akteure auf dem internationalen Markt für Kunstwerke und erörtern dann einige wesentliche Aspekte, die sich aus der Interaktion zwischen den genannten institutionellen Entscheidungsträgern ergeben.

1. Hauptsächliche Akteure

- *Kunstmuseen*: Sie spielen auf dem internationalen Kunstmarkt eine bedeutende Rolle, da sie nicht nur als Käufer ausländischer Kunst, sondern gelegentlich auch als Verkäufer auftreten. Zudem haben sie großen Einfluß auf die Art und Weise, wie der internationale Kunstmarkt reguliert wird und darauf, ob der Handel mit Kunstwerken gänzlich untersagt wird. Durch ihr Prestige, ihre Erfahrung und die ihnen zur Verfügung stehenden Informationen sind Kunstmuseen in der Lage, das Verhalten anderer Entscheidungsträger in diesem Bereich direkt und indirekt zu beeinflussen.

Im weiteren befassen wir uns mit den Museen im institutionellen Umfeld Europas, in dem öffentliche Museen Bestandteil des staatlichen Sektors sind. Wie bereits erwähnt, muß die Museumsleitung dieselben allgemeinen Regeln und administrativen Abläufe befolgen wie der übrige öffentliche Sektor. Insbesondere müssen Überschüsse an den allgemeinen Staatshaushalt abgeführt werden, was den Verantwortlichen jeden Anreiz nimmt, effiziente Eintrittspreise zu setzen oder sich von einigen in ihrem Besitz befindlichen Kunstwerken zu trennen, um damit möglichst profitabel zu spekulieren.[17] Die Haushaltsmittel der Museen stammen aus dem allgemeinen Etat der jeweiligen staatlichen Ebene (z.B. Gemeinden oder Länder), wobei die tatsächlich gewährte Subventionszahlung das Ergebnis von Verhandlungen ist, bei denen die Museumsleitung ihre Informationsvorsprünge hinsichtlich der künstlerischen Aktivitäten des Museums gegenüber den Haushaltsbeamten ausspielen kann.

Die finanziellen Mittel für den Ankauf weiterer wichtiger Werke sind gewöhnlich nicht mit den laufenden Zuschüssen verbunden, sondern werden davon unabhängig zugeteilt. Die Museumsleitung muß zu diesem Zweck

---

[17] Die Anreize für beide Aktivitäten sind für öffentliche Museen in den Vereinigten Staaten deutlich höher (vgl. O'Hare und Feld 1975). Anders verhält es sich im übrigen auch mit den institutionellen Bedingungen und folglich dem Verhalten privater Museen: Während in Europa der Verkauf eines Kunstwerkes durch ein privates Museum die Ausnahme darstellt, ist es in den Vereinigten Staaten gang und gebe. Cantor (1991, 21) z.B., der die Transaktionen von Christie's New York während der Saison 1988/89 untersucht hat, kommt zum Ergebnis, daß 88 amerikanische Privatmuseen dort Kunstgegenstände im Wert von 30 Mio. $ veräußert haben, während umgekehrt 93 Privatmuseen Kunstwerke im Wert von fast 38 Mio. $ ersteigert haben.

Vorschläge und Empfehlungen für den Ankauf einzelner Werke unterbreiten. Entsprechen diese den Vorstellungen der Spitzenbürokraten und Politiker, werden oft beträchtliche Steuergelder für den Erwerb zur Verfügung gestellt. Die Wahrscheinlichkeit, vom Staat entsprechende Gelder zu erhalten, ist dabei deutlich höher, wenn die Museumsleitung in der Lage ist, unter Ausnutzung des Ausstattungseffektes auf die Gefahr des Verkaufs eines bedeutenden Kunstwerks an das Ausland hinzuweisen. Der auf individueller Ebene wirksame Ausstattungseffekt kann von den Direktoren öffentlicher Museen also gelegentlich strategisch eingesetzt werden, um zusätzliche Haushaltsmittel für den Ankauf von Kunstwerken zu erhalten. In gleicher Weise kann der Ausstattungseffekt bei Individuen und privaten Institutionen eingesetzt werden. Grundsätzlich fragt ein Museum ein Kunstwerk nach, um entweder seine Sammlung abzurunden oder zu erweitern. Museumsdirektoren werden aufgrund ihrer strategischen Position in diesem Zusammenhang jeweils diejenigen Argumente vorbringen, die – den Umständen entsprechend – dem Zweck der zusätzlichen Mittelbeschaffung am besten dienen.

Im Rahmen des diskretionären Spielraums, der ihnen ungeachtet der administrativen und finanziellen Einschränkungen verbleibt, können die Museumsdirektoren ihre eigenen Ziele verfolgen, also danach trachten, unter Kollegen und anderen Mitgliedern der Kunstwelt (Kunstkritikern und -journalisten, Kunstsammlern und Kunstgalerien, Kunsthändlern und allgemeinen Kunstliebhabern) ein hohes Ansehen zu erwerben. Insbesondere besitzen die Direktoren der bedeutenden Kunstmuseen einen starken Anreiz, auch eine internationale Rolle zu spielen. Dies impliziert unter anderem, auf dem internationalen Kunstmarkt präsent zu sein, sobald ein Werk, das mit dem entsprechenden Museum in irgendeinem näheren Bezug steht, zum Verkauf angeboten wird.

Die Museumsleitung ist somit dem Dilemma ausgesetzt, einerseits so wenig wie möglich mit den monetären Aspekten des internationalen Kunstmarktes in Verbindung gebracht zu werden, andererseits auf genau diesem Markt aktiv zu werden, wenn besondere Akzente gesetzt werden sollen. Dieses Problem läßt sich allerdings aus der Welt schaffen, indem man die kommerziellen Angelegenheiten überwiegend den professionellen Kunsthändlern überträgt. Dadurch können die Museumsdirektoren zu den monetären Aspekten von Kunst und Kultur die gewünschte Distanz wahren.

• *Regierung*: In der Demokratie müssen sich Politiker der Wiederwahl durch das Volk stellen. Da Belange der Kunst und Kultur bei den meisten Wählern nur auf geringes Interesse stoßen und somit deren Wahlverhalten kaum beeinflussen, können die gewählten Politiker eine Museumspolitik betreiben, die weitgehend ihren eigenen Vorstellungen entspricht, falls die damit verbundene Haushaltsbelastung nicht zu hoch ist. Das Interesse des einzelnen Wählers an einem zur Diskussion stehenden Kunstwerk kann dagegen sehr hoch sein, wenn dieses zum nationalen Kulturgut zählt und zu befürchten ist, daß es ins Ausland verkauft wird. Politiker können ihre Popularität dadurch steigern, daß sie als Retter des „nationalen Erbes" auftreten. Dies gilt besonders in Ländern mit starkem Nationalbewußtsein. Als Beispiel für ein derartiges Verhalten sei der 1986 von der spanischen Regierung gefaßte Entschluß genannt, Francisco Goyas (nicht wirklich erstklassiges) Gemälde *Marquesa de Santa Cruz* von einem Engländer (Lord Wimborne) für sechs Mio. $ für den Prado zu erwerben. Die in der Bevölkerung vorhandenen Emotionen erlauben einer Regierung gelegentlich sogar, den Standpunkt zu vertreten, daß ein Kunstwerk, das sich nicht im Bestand einer Kunstsammlung ihres Landes befindet, „für die Menschheit" verlorengegangen sei. In der Tat wird ein Kunstwerk jedoch lediglich in einem ausländischen anstatt einheimischen Museum ausgestellt.

Auch die lokale Geschäftswelt übt auf die jeweilige Regierung Einfluß aus, um im Bereich von Kunst und Kultur als Schützer und Mehrer des nationalen Erbes aufzutreten. Zweifellos können Kunstmuseen und deren Schätze als Inlandsaktiva angesehen werden, die zahlreiche auswärtige Besucher anziehen. Etliche Branchen können aus der Attraktivität eines Museums einen direkten monetären Vorteil ziehen, zumal die Kosten entweder von der Allgemeinheit vor Ort oder, wie im Fall von Theater und Festspielen, von einer noch breiteren (nationalen und teilweise sogar internationalen) Öffentlichkeit getragen wird. Eine Regierung ist insofern nur im Falle des Ankaufs an einem funktionierenden internationalen Markt für Kunstwerke interessiert, nicht jedoch im Falle des Verkaufs. Daher neigt auch sie dazu, die Ausfuhr von Kunstwerken zu reglementieren oder sogar zu untersagen.

Ebenso schränkt die Höhe des Budgets den Spielraum der Regierung ein. Man könnte den Nutzen jener öffentlichen Gelder, die für den Erwerb eines Kunstwerks auf dem internationalen Markt aufgewendet werden, mit jenen anderer Arten von öffentlichen Ausgaben der Nation vergleichen. Deshalb, aber auch, um die expliziten Mittel für Kunst und Kultur im allgemeinen Budget nicht ausweisen zu müssen, greifen Politiker gerne zum Instrument der „tax expenditure". Soll ein teures Kunstwerk erworben werden, um seine Ausfuhr zu verhindern oder es „ins Land" zurückzubringen, dann machen Regierungen häufiger eine bedingte Subventionszusage, d.h. die zugesagten Mittel werden nur dann gewährt, wenn Bürger und Firmen einen angemessenen Teil beisteuern. Können diese privaten Spenden von dem zu versteuernden Einkommen abgezogen werden, begleichen letztlich die Steuerzahler die Rechnung.[18]

Zumindest innerhalb bestimmter Grenzen können die regierenden Politiker mit Hilfe der Kunst ihre eigenen Ziele verfolgen. Die Kunst stellt ein heraus-

---

[18] Eine andere Politikvariante besteht darin, die finanzielle Förderung aus den Gewinnen von Toto und Lotto vorzunehmen, die ebenfalls nicht im Staatshaushalt erscheinen.

ragendes Mittel dar, um nationales Prestige und entsprechenden Ruhm zu erzeugen. Entsprechend wird sie von jenen Politikern eingesetzt, die sich einen Platz in der Geschichte sichern wollen. In Kriegszeiten ist dies häufig durch ungesetzlichen Kunsthandel geschehen (Aneignung ohne Entschädigung), in Friedenszeiten läßt sich das gleiche Ergebnis durch den käuflichen Erwerb von international anerkannten Kunstwerken erzielen.

- *Privater Kunsthandel*: Hierzu zählen private Galerien, Kunsthändler, aber auch Auktionshäuser, die zugleich die Akteure mit dem stärksten Interesse an der Erhaltung des Kunstmarktes darstellen. Ein beträchtlicher Teil der größeren Handelsunternehmen betreibt grenzüberschreitende Transaktionen, wobei Beschränkungen des internationalen Handels mit Kunstwerken für viele von ihnen negative Folgen hätten. Diese Unternehmen sind durch die Ausfuhrrestriktionen von Seiten der nationalen Regierungen in ihren kommerziellen Aktivitäten ohnehin erheblich eingeschränkt und haben daher Anreize, die entsprechenden Vorschriften, Auflagen und Verbote so gut wie möglich zu umgehen.[19] Ihre Interessengruppen intervenieren bei den Politikern gegen derlei Restriktionen, gehen dabei jedoch vergleichsweise zurückhaltend vor, da die Kunsthändler und Auktionshäuser in enger Beziehung zu den Kunstmuseen stehen, deren Direktoren im allgemeinen eine Beschränkung und stärkere Kontrolle des internationalen Handels mit Kunstwerken befürworten.[20] Behauptet also ein Land, ein im Ausland zum Verkauf angebotenes Kunstwerk sei zuvor unerlaubt ausgeführt worden, dann sind die internationalen Kunsthändler und Auktionshäuser bemüht, zu einem allseitig zufriedenstellenden Kompromiß zu gelangen, um nicht das Mißfallen eines wichtigen Teils ihrer Kundschaft zu erregen und um Konflikte mit der öffentlichen Verwaltung zu vermeiden.

2. Ergebnisse

Das Zusammenspiel der verschiedenen Akteure innerhalb des gegebenen institutionellen Rahmens führt auf dem internationalen Kunstmarkt zu einschlägigen Ergebnissen, die wir im folgenden näher erläutern wollen:

(1) Kunst besitzt deutlich internationale Aspekte. Vor allem erstklassige zeitgenössische Kunst kennt keine nationalen Grenzen (vgl. auch die Er-

---

[19] Selbstredend gibt es endogene Grenzen für die Anreize, solche Auflagen und Verbote zu umgehen, da ein Kunstwerk erheblich an Wert einbüßt, wenn die Eigentumsrechte umstritten sind. Renommierte Kunsthändler und Auktionshäuser können außerdem ihren guten Ruf verlieren.

[20] So sind unlängst auch in der Schweiz (im Rahmen der 1990 abgeschlossenen Vernehmlassung zum revidierten Natur- und Heimatschutzgesetz) von Museumsseite entsprechende Forderungen nach Errichtung gesetzlicher Exporthemmnisse (verknüpft mit einem staatlichen Vorkaufsrecht wie in Deutschland und Großbritannien) erhoben worden (vgl. im übrigen Anmerkung 11).

kenntnisse aus Kapitel 6). Entsprechend sind die Entscheidungsträger in allen größeren Museen sowie in der Kunstwelt international ausgerichtet. Ein grenzüberschreitender Austausch von Kunst und Kultur wird sehr befürwortet und kann grundsätzlich auf zwei Arten erfolgen: zum einen im Zuge des internationalen Handels mit Kunstwerken, zum anderen durch den Einsatz außermarktlicher Instrumente.

(2) Der internationale Kunstmarkt wird lediglich beim Erwerb von Kunstwerken befürwortet, beim Verkauf von Kunstwerken dagegen abgelehnt und daher von den wesentlichen Akteuren kaum verteidigt; sie sind jedenfalls nicht bereit, für die Existenzsicherung dieses Marktes einzustehen. Gleichzeitig besteht im breiten Publikum eine Aversion gegenüber jeglicher „Kommerzialisierung von Kunst". Sie schwappt auch auf den internationalen Kunstmarkt über und trägt dazu bei, die Unterstützung dieses Marktes in Grenzen zu halten.

(3) Eine Reihe von Entscheidungsträgern hat ein starkes Interesse daran, daß bestimmte Kunstwerke keiner monetären Bewertung unterzogen werden. Dies gilt insbesondere für den Museumsbereich, der – als Teil der öffentlichen Verwaltung – den institutionellen Rahmenbedingungen des Staatssektors unterliegt. Als Folge dessen werden Kunstwerke im Besitz öffentlicher Museen höchst selten veräußert, gleichzeitig wird es privaten Sammlern schwer gemacht, Kunstwerke ins Ausland zu verkaufen, was den internationalen Kunstmarkt erheblich einschränkt.

(4) Der Widerstand gegenüber dem internationalen Handel mit Kunstwerken ist allerdings Zyklen unterworfen, die mit ökonomischen Szenarien nicht erklärt werden können. Er ist besonders ausgeprägt, wenn die Gefahr besteht, daß ein von der „Kunstgemeinschaft" besonders hochgeschätztes Kunstwerk dem Land verloren geht. In diesem Fall wird das im breiten Publikum schlummernde Nationalgefühl mobilisiert, um zu Ausfuhrrestriktionen zu gelangen, mit deren Hilfe der Export von Kunstwerken dieser Art verhindert werden kann.

(5) Hinzu kommt, daß mit Ausnahme privater Kunstunternehmen alle Entscheidungsträger einen internationalen Austausch von Kunstwerken *außerhalb* des Marktes dem Kauf beziehungsweise Verkauf auf demselben vorziehen. Dieser nicht-marktliche Austausch kann durch Leihgaben an ausländische Museen oder die Beteiligung an internationalen Ausstellungen erfolgen. Bei dieser Art von internationalem „Handel" besteht keine Notwendigkeit, für die ausgetauschten Kunstwerke eine monetäre Bewertung vorzunehmen, wodurch man die im Publikum vorhandene Aversion gegenüber einer Kommerzialisierung vermeidet. Die Tatsache, daß die Kunstgegenstände lediglich ausgeliehen und nicht verkauft werden, bedeutet zugleich, daß sie in inländischem Besitz bleiben, was dem Nationalprestige der Bürger sehr entgegenkommt. Dies gilt in besonderem Maße für zeitlich be-

grenzte Leihgaben. Im Falle von Dauerleihgaben dürfte es sich anders verhalten: die Eigentumsrechte mögen zwar formal noch gültig sein, jedoch befindet sich das Kunstwerk auch in der weiteren Zukunft außerhalb des eigenen Landes. Allerdings trägt die Möglichkeit der Rückforderung dazu bei, das betreffende Kunstwerk immer noch als nationalen Kulturschatz anzusehen.

IV. Freihandel für Kunst?

Die ökonomische Analyse liefert kaum einen ernsthaften Grund, in den internationalen Kunstmarkt einzugreifen. Es bestehen, wenn überhaupt, nur unbedeutende externe Effekte, und das monopolistische Element ist nicht stärker ausgeprägt als auf den meisten sonstigen Märkten.[21] Ein wesentlicher Grund zur Beunruhigung – die Zerstückelung und Zerstörung von Kunstwerken zum Zweck ihres Abtransports – ist eher den bestehenden Ausfuhrrestriktionen und Verboten als der Existenz eines (offiziellen) internationalen Kunstmarktes zuzuschreiben.

Bei dieser Art von Betrachtung bleiben allerdings all jene Einflüsse, die in neuerer Zeit von der Wahrnehmungspsychologie erforscht worden sind und direkt auf den internationalen Handel mit Kunstwerken übertragen werden können, völlig unbeachtet. Der Ausstattungseffekt veranlaßt indessen die Individuen, sich gegen die Ausfuhr von Kunstwerken auszusprechen. Der Kommerzialisierungseffekt richtet sich ganz allgemein gegen den Versuch, Kunstwerke einer monetären Bewertung zu unterziehen und damit auch gegen den internationalen Kunsthandel.

Beide Effekte können auf individueller Ebene nachgewiesen und von den Entscheidungsträgern in der Kunstwelt zu ihren eigenen Zwecken mobilisiert werden. Das wird besonders deutlich, wenn ein Kunstwerk, das die Kunstwelt – insbesondere Museumsdirektoren und Kuratoren, aber auch Kunstkritiker – als nationales Kulturgut ansieht, ins Ausland verkauft werden soll. Dann werden Sammelaktionen eingeleitet, um zusätzliche Gelder für den Ankauf aufzutreiben, die anderswie nicht verfügbar wären. Dabei wird der Gedanke des nationalen Kulturgutes in strategischer Weise in die breite Öffentlichkeit hineingetragen. Die ähnliche Interessenlage und die engen Interaktionen zwischen den wesentlichen Akteuren in der Kunstwelt führen bestenfalls zu einem Lippenbekenntnis zugunsten eines internationalen Freihandels mit Kunst, zumal die Interessen nicht symmetrisch sind: Zwar möchte jeder die Möglichkeit haben, auf dem Kunstmarkt zu kaufen, jedoch besteht eine große Aversion gegenüber dem Verkauf (zumal ins Aus-

---

[21] Vgl. für eine ähnliche Einschätzung auch Seaman (1992) und im Hinblick auf spezifische Freihandelsabkommen Kesten (1992).

land). Folglich werden intensive politische Aktivitäten ergriffen, um ein Ausfuhrverbot oder mindestens erhebliche Exportbeschränkungen durchzusetzen. Und in der Tat ist in fast allen Ländern der Welt die Veräußerung „nationalen Kunst- und Kulturgutes" ins Ausland untersagt.[22]

Auch die Tatsache, daß Museumskonservatoren und -direktoren kein Interesse daran haben, Werke aus dem Museumsbestand zu veräußern, schränkt den internationalen Handel mit Kunstwerken ein. Dies begrenzt die Auswahl der auf dem internationalen Kunstmarkt zum Kauf angebotenen Kunstgegenstände ganz erheblich. Um – aus Prestigegründen – in der internationalen Kunstszene vertreten zu sein, greifen die Museumsdirektoren zum Mittel des internationalen Austauschs von Kunstwerken in Form von zeitlich begrenzten Ausleihen, aber auch von Dauerausleihen und sind so in der Lage, den Kommerzialisierungseffekt zu vermeiden.

Obwohl für den internationalen Kunstmarkt kein gravierendes Marktversagen festzustellen ist und daher viele Personen (unter ihnen insbesondere Ökonomen) für einen ungestörten Freihandel mit Kunst plädieren, besteht kaum eine Chance, die gegenwärtige Politik der Marktbeschränkung zu lokkern. Zu stark sind die in entgegengesetzter Richtung wirkenden Interessen. Anders verhält es sich dagegen auf der „konstitutionellen" Ebene oder auf der des „Gesellschaftsvertrags". Hier könnte eher die Möglichkeit bestehen, durch Verhandlungen auf Staatsebene den Kunstmarkt zu öffnen, denn jedes Land ist daran interessiert, auf diesem Markt Kunstgegenstände erwerben zu können. Es dürfte allerdings nicht einfach sein, zu einem Konsens zu gelangen, da die Bestände an Kunstgütern zu ungleich verteilt sind. Schließlich befindet sich der überwiegende Teil in europäischen Museen und wird nicht veräußert, obwohl viele Kunstwerke niemals ausgestellt werden. Die Gemeinschaft europäischer Museen kann wohl nur dann zu einer Öffnung des internationalen Kunstmarktes bewegt werden, wenn deutlich wird, daß die Schaffung oder Verschärfung allgemeiner Ausfuhrrestriktionen zugleich bedeutet, daß die hochgeschätzte Gegenwartskunst aus Amerika und anderen außereuropäischen Ländern ebenfalls nicht erworben werden kann. Da die europäische Kunstwelt an einem Zugang zu diesem Markt interessiert ist, könnte es möglich sein, ein internationales Vertragswerk zu erarbeiten, das wenigstens die für ein Funktionieren des internationalen Handels mit Kunstwerken notwendigen Mindestvorschriften festlegt.

---

[22] Dabei besteht gelegentlich die Tendenz, das „nationale Kulturgut" immer breiter zu definieren, d. h. es ist eine Ausweitung bis hin zu volkskundlichen Gegenständen, Folklore und selbst unkörperlichen Traditionen zu beobachten. Das könnte für den gemeinsamen Markt im EG-Raum erhebliche Probleme aufwerfen. Doch sieht Artikel 36 EWGV vor, daß es den Mitgliedsländern trotz der Warenfreizügigkeit weiterhin belassen bleibt, „Ein-, Ausfuhr- und Durchfuhrverbote oder -beschränkungen ... zum Schutz des nationalen Kulturgutes von künstlerischem, geschichtlichem oder archäologischem Wert" aufrechtzuerhalten.

Vierter Teil
Märkte für Künstler

Viele der berühmtesten bildenden und darstellenden Künstler haben mit ihrer künstlerischen Arbeit außerordentlich hohe Einkommen erzielt. Dennoch gelten Künstler im allgemeinen als arm. Im folgenden Kapitel befassen wir uns mit den empirischen Befunden über das Einkommen von Künstlern: zum einen wird die Einkommenssituation einzelner Künstler untersucht, zum anderen werden auch die Einkommensverhältnisse verschiedener künstlerischer Berufszweige und der Künstler insgesamt analysiert.

Kapitel 9: Einkommen von Künstlern

Weitverbreitet ist die Ansicht, daß Künstler im allgemeinen zwar weit unterdurchschnittliche Einkommen erzielen, jedoch aus ‚Liebe zur Kunst' bewußt auf eine alternative Beschäftigung mit wesentlich besseren Verdienstmöglichkeiten verzichten. Im übrigen werden hohe Einkommen aus der Tätigkeit eines Künstlers ohnehin nicht seiner künstlerischen Leistung, sondern vielmehr der Vermarktbarkeit des erstellten Produkts zugeordnet: „In jedem anderen Beruf erzielt der beste Arbeiter das höchste Einkommen. In der Literatur verhält es sich dagegen genau umgekehrt: Unbedeutende und wertlose Arbeiten lassen sich ungleich besser vermarkten als bedeutende und hochwertige".[1] Eine Auswahl von Presseberichten über die wirtschaftliche Situation von Künstlern (Fohrbeck und Wiesand 1975, 226 ff.) zeigt, daß sich die Medien dieser Ansicht weitgehend angeschlossen haben, auch wenn sie sich hin und wieder über die außerordentlich hohen Einkommen von Opernsängern wie Placido Domingo und Luciano Pavarotti oder von Dirigenten wie Herbert von Karajan und Leonard Bernstein konstaniert zeigen.

Das Bild des notleidenden Künstlers ist gelegentlich zum Gegenstand der Kunst selbst geworden, so etwa in Giacomo Puccinis Oper *La Bohème* oder in Karl Spitzwegs Gemälde *Der arme Poet* aus dem Jahre 1839, das einen Künstler zeigt, der unter bejammernswerten Verhältnissen in einer Dachkammer lebt, jedoch mit ‚ganzem Herzen' der Kunst verschrieben ist. Dieses Gemälde, obwohl stark romantisch verklärt, hat seitdem die Meinung der Öffentlichkeit über die wirtschaftliche Lage von Künstlern geprägt. Das erste abendfüllende Stück des deutschen *fin de siècle* Dramatikers Frank Wedekind, *Der Schnellmaler, oder Kunst und Mammon* (entstanden 1886), behandelt dasselbe Thema: Ein Maler will die Tochter eines Industriellen heiraten, scheitert aber, weil er arm und erfolglos ist. Er ist versucht, die „Kunst" für den „Mammon" aufzugeben, bleibt ihr jedoch am Ende treu. Es bleibt anzumerken, daß Wedekind 1906, als ihm öffentliche Anerkennung und finanzieller Erfolg zuteil wurden, sofort aufhörte, die Pervertierung der Kunst durch den Druck des Marktes zum Gegenstand seiner Werke zu machen (Jelavich 1979, 211, 234). Anscheinend neigen Künstler selbst dazu, sich als vergleichsweise arm anzusehen und darzustellen. Friedrich Schiller beschrieb seine Situation als „proletarische Hungerexistenz, vergleichbar der von bedürftigen, unqualifizierten Arbeitern" (Engelsing 1976, 127).

---

[1] So Martens (1975, 20), mit ähnlicher Ansicht Jelavich (1979).

Im ersten Abschnitt dieses Kapitels werden wir eine Auswahl dessen präsentieren, was über die Einkommen berühmter Schriftsteller, Musiker und Maler bekannt ist. Sind Künstler tatsächlich im allgemeinen arm? Ist die Selbsteinschätzung Schillers zutreffend? Ist die ökonomische Situation von Künstlern mit derjenigen unqualifizierter Arbeiter vergleichbar? Der zweite Abschnitt beschäftigt sich mit den heutigen Durchschnittseinkommen von Künstlern und im dritten Abschnitt schließlich wird in Ansätzen eine Analyse der Bestimmungsfaktoren von Künstlereinkommen vorgenommen. In diesem Zusammenhang werden wir auch erörtern, ob und wie sich die Einkommenssituation von Künstlern beeinflussen läßt.

I. Einkommen berühmter Künstler

1. Schriftsteller

William Shakespeare: Der berühmteste englische Schriftsteller bezog sein Einkommen aus drei verschiedenen Quellen: Er hatte ein festes Gehalt als Schauspieler, erhielt Einkünfte als Teilhaber des Globe Theatre (ab 1599) und des Blackfriars Theatre (ab 1608) und bezog Einkommen aus seiner Tätigkeit als Dramatiker. Die Bezüge aus seiner Arbeit als Theaterschriftsteller scheinen erheblich gewesen zu sein, und sein Gesamteinkommen erlaubte es ihm immerhin, Land und andere Besitztümer in Stratford und London zu erwerben. Er war „hinreichend wohlhabend, ohne ein im Reichtum schwimmender Plutokrat gewesen zu sein" (Thaler 1918, 96). Angeblich belief sich sein Jahreseinkommen auf 400 £ (Krieg 1953, 79), was in Preisen von 1985 mehr als einer halben Mio. £ entspricht.

Johann Wolfgang Goethe: Als ranghöchster Beamter des Herzogtums Weimar bezog Goethe 1776 ein Gehalt von 1 200 Taler im Jahr, das später bis auf 1 800 Taler anstieg (Krieg 1953, 104) [einem Taler entsprechen in heutiger Kaufkraft (1985) etwa 44 DM]. Zum Vergleich ließe sich Kants Professorengehalt von jährlich 750 Taler anführen. Zusätzlich wurde Goethe von seinen Eltern unterstützt, so daß er 1776 über 1 450 Taler, und 1780 über 2 250 Taler jährlich verfügte, was ihm einen durchaus gehobenen Lebensstil ermöglichte. Erst nach und nach kamen auch die Einkünfte aus seiner literarischen Arbeit hinzu, obwohl viele seiner Werke nachgedruckt wurden, ohne daß er dafür ein Entgelt erhalten hätte. Hätte es schon damals ein Copyright gegeben, so wären *Die Leiden des jungen Werthers* ein außergewöhnlicher finanzieller Erfolg geworden. Goethe hatte allerdings ausreichend Sinn für das Materielle, um dem Problem zu begegnen. Er ließ sich von der Deutschen Bundesversammlung ein Generalprivileg zusichern, nicht autorisierte Nachdrucke der letzten Auflage seiner gesammelten Werke unterbinden zu können. Schiller warnte sogar ihren gemeinsamen Verleger Cotta davor, daß Goethe sich seines ökonomischen Werts in hohem Maß bewußt sei, und daß er versuchen würde, sich möglichst teuer zu verkaufen. Im Falle von *Hermann und Dorothea* trat Goethe sogar als Optionsfixierer auf. Er übergab seinem damaligen Verleger Vieweg seine eigene Preisvorstellung in einem versiegelten Umschlag, so daß dieser riskieren mußte, die Druckrechte zu verlieren, falls sein Angebot unter Goethes Forderung gelegen hätte.

In der Mitte seines Lebens bezog Goethe zusätzlich zu seinem Beamtengehalt ein jährliches Einkommen zwischen 1 500 und 2 000 Taler. Später stiegen die Einkünfte aus seiner Arbeit als Schriftsteller erheblich.[2] Alles in allem zahlte ihm Cotta zwischen 1795 und 1832 über 115 000 Taler (durchschnittlich 3 000 Taler pro Jahr). Goethe bezog in Weimar das mit Abstand höchste zu versteuernde Einkommen, gefolgt von einigen erfolgreichen Händlern und einem Bankier; er verdiente doppelt soviel wie der nächste Bankier in der Einkommenshierarchie oder die Besitzer von Hotels, die als besonders wohlhabend galten. Ökonomisch gesehen, war Goethe ein außerordentlich erfolgreicher Schriftsteller – er führte das Leben eines Grandseigneurs, frei von materiellen Sorgen.[3]

Friedrich Schiller: Als Professor an der Universität Jena verdiente Schiller um 1790 zwischen 550 und 600 Taler im Jahr, etwas weniger als Kant an der Universität Königsberg, aber immerhin doppelt soviel wie andere Beamte des gehobenen Dienstes. In den Jahren vor seinem Tod (1805) lebte er als wohlhabender Mann mit einer großen Familie und mehreren Bediensteten in seinem Haus in Weimar. Aus seiner literarischen Tätigkeit bezog er ein jährliches Einkommen von zunächst 1 500, später etwa 3 500 Taler.

Schiller war einer der ersten, der allein von seinen Einkünften als Schriftsteller leben konnte und dies sogar, bevor ein allgemeines Copyright eingeführt worden war. Der Herzog von Weimar zahlte ihm zusätzlich eine Rente von 800 Taler, so daß er gegen Ende seines Lebens über ein Gesamteinkommen von etwa 4 300 Taler im Jahr verfügte (in heutiger Kaufkraft ungefähr 190 000 DM). Dieses Einkommen, vergleichbar dem Spitzenverdienst höchstrangiger Universitätsprofessoren und bei weitem höher als die Einkommen von Arbeitern, Lehrern und öffentlich Bediensteten, ermöglichte ihm einen großbürgerlichen Lebensstil.

Zur Einordnung von Schillers Einkommen in seinen späteren Lebensabschnitten sei folgendes angemerkt: Die beiden ranghöchsten herzoglichen Beamten zu Weimar (neben Goethe) verdienten 3 000 Taler, der Leibarzt

---

[2] So erhielt er 1809 für *Die Wahlverwandtschaften* 2 500 Taler und für seine Autobiographie 12 000 Taler. 1814 brachte ihm die Neuausgabe seines Werkes 16 000 Taler ein; für die letzte Edition wurden ihm von Cotta sogar 72 500 Taler gezahlt, was in heutigen Preisen 32 Mio. DM entspricht.

[3] Vgl. Krieg (1953, 93ff.), Muthesius (1961), Engelsing (1976, 133f.) sowie Bohn (1987); eine eingehendere Erörterung der von Goethe gewählten Strategien zur Wahrung seines Vorteils findet sich bei Tietzel (1992).

des Herzogs 2 900 Taler und dessen Hauptstallmeister 2 125 Taler im Jahr.[4] Schillers Behauptung, das Leben eines Proletariers geführt zu haben, mag für einige seiner Lebensabschnitte zutreffen, entspricht aber nicht dem, was wir über seine allgemeine finanzielle Lage wissen. Beim Umgang mit Geld war er sicherlich mehr „Realist" denn „Idealist", sich des Marktwertes seiner Arbeiten bewußt und durchaus fähig, diesen in bare Münze umzusetzen. Das Historienbild von Schiller als armer Poet scheint daher, zumindest für die späteren Lebensphasen, Legende zu sein.

Andere Schriftsteller: Von vielen weiteren berühmten Schiftstellern wissen wir, daß sie aus ihrer literarischen Tätigkeit hohe Einkommen bezogen.[5] So verfügte einer der erfolgreichsten Schriftsteller überhaupt, der Franzose *Alexandre Dumas* (der Vater), über ein außerordentlich hohes Einkommen und war so in der Lage, ein Vermögen von – im heutigen Wert – über 70 Mio. DM zu hinterlassen. Ein ähnlich eindrucksvolles Einkommen ermöglichte *Victor Hugo* das Leben eines Grandseigneurs und die Unterhaltung eines gesetzmäßigen und zweier illegitimer Haushalte. Zu den Beziehern hoher Einkünfte zählen auch *Molière* (Jean Baptiste Poquelin), *Jean Racine*, *Leo Tolstoi*, *Friedrich Nietzsche* und der Brite *Sir Walter Scott*, der 1826 durch den Konkurs seiner Druckerei ein Vermögen verlor, aber dennoch sämtliche Schulden begleichen konnte. *Charles Dickens* sollte nicht mit jenem Oliver Twist verwechselt werden, der in Armut lebend zwischen Särgen nächtigen mußte: Dickens verdiente nach 1837 über 10 000 £ pro Jahr und genoß ein recht angenehmes Leben in Devonshire House, umgeben von Bediensteten und im Besitz von Pferden. Nach seinem Tod im Jahr 1870 hinterließ er ein Vermögen von 100 000 £ (in heutiger Kaufkraft rund 12 Mio. DM). Ein weiterer britischer Autor, der seine literarischen Fähigkeiten außerordentlich gut vermarktete, war *Rudyard Kipling*. Ihm wird nachgesagt, daß er für jedes geschriebene Wort sechs Shilling (in Kaufkraft von 1900) erhielt.

Ebenso gibt es eine ganze Reihe namhafter deutscher Schriftsteller, die mit ihren literarischen Werken sehr hohe Einkünfte erzielten. So gelang es *Friedrich Gottlieb Klopstock* (1724–1803), der vor Goethe und Schiller lebte und daher noch größere Schwierigkeiten hatte, seine Werke vor der Ausbeutung durch andere zu schützen, sehr gute Honorare für seine Schriften auszuhandeln, um sich ein angenehmes Leben leisten zu können (Pape 1987). Das gleiche gilt für *Christoph Martin Wieland* (1733–1813), der als einer der ersten deutschen Schriftsteller gegenüber den Verlegern für die Rechte der Autoren eintrat und dabei sehr erfolgreich war (Radspieler 1987). Dem Romantiker *Jean Paul* (1761–1825) genügten seine Einkünfte aus literarischer Arbeit für ein sorgenfreies Leben. Darüber hinaus gewährte er einem Freund finanzielle Unterstützung, damit dieser sich ganz dem Schreiben widmen konnte (Bach-

---

[4] Vgl. Krieg (1953, 98 ff.), Engelsing (1976, 128 ff.) und Karthaus (1987).
[5] Für eine umfangreiche Aufzählung vgl. Krieg (1953).

mann und Schweikert 1987). *Gerhart Hauptmann* (1862–1946), der in seinen gesellschaftskritischen Dramen das Elend der Menschen im Frühkapitalismus aufzeigte (z. B. in *Die Ratte*), war sowohl für die hohe Vergütung seiner Stücke als auch für seinen verschwenderischen Lebensstil bekannt. Auf heutige Verhältnisse übertragen hatte er ein Jahreseinkommen von einer Mio. DM. Dieses Einkommen ermöglichte es ihm, zwei sehr teure Villen in wunderschöner Lage, festangestelltes Hauspersonal und auf Reisen mindestens einen persönlichen Sekretär und häufig eine Kammerzofe für seine Frau zu finanzieren (Lauterbach 1987). Besonders stolz auf das erfolgreiche Ausschöpfen seines Marktwertes war der Schriftsteller *Bertold Brecht* (1898–1956), der sich zwar in der Pose des Proletariers gefiel, tatsächlich aber ein beachtliches Einkommen aus seiner literarischen Arbeit bezog (Schuwerack 1987). Auch der berühmte Schriftsteller und Literaturnobelpreisträger *Thomas Mann* (1875–1955) erzielte durch seine künstlerischen Leistungen ein hohes Einkommen. Er konnte während und nach dem Zweiten Weltkrieg vielen Emigranten finanziell helfen, ohne an seinem großbürgerlichen Lebensstil Abstriche vornehmen zu müssen; zudem unterstützte er sowohl seinen Bruder Heinrich als auch seine eigenen Kinder (Schröter 1987).

Diese Ausführungen besagen nicht, daß *sämtliche* namhaften Schriftsteller der Vergangenheit durch literarisches Schaffen zu Ansehen und Reichtum gelangt sind. Als Gegenbeispiele seien etwa *Jean-Jacques Rousseau, Gottfried Keller* und *Edgar Allan Poe* genannt. Wir möchten jedoch darauf hinweisen, daß sich überraschend viele Literaten mit weltweiter Bedeutung durch ihre Dichtkunst nicht nur einen ausreichenden Lebensunterhalt erarbeitet haben, sondern oftmals auch zu beachtlichem Wohlstand gelangt sind. Die eingangs zitierte Behauptung, daß „in der Literatur ... unbedeutende und wertlose Arbeiten sich ungleich besser vermarkten (lassen) als bedeutende und hochwertige" wird damit widerlegt. Oder sollten Shakespeare, Goethe und Schiller „Unbedeutendes und Wertloses" geleistet haben?

2. Musiker

In rührseligen Biographien sind über *Georg Friedrich Händel* finanzielle Notlagen, Armut und zweimaliger Bankrott überliefert. Folgt man sorgfältigeren Untersuchungen, so „erscheint es als eindeutig, daß Händel im rein materiellen Sinne ein Musiker mit äußerster Fortune war" (Smith 1948, 64). Händel führte nicht nur ein herrschaftliches Leben, er hinterließ 1759 auch das für die damalige Zeit nicht unbedeutende Vermögen von mehr als 20 000 £, was heute nahezu 50 Mio. DM entsprechen würde (Lang 1979, 492). Auch von *Johann Sebastian Bach* (1685–1750) wird allgemein angenommen, er habe notleiden müssen. Bei genauerer Betrachtung zeigt sich jedoch, daß Bach in Leipzig, wo er die meiste Zeit seines Lebens verbrachte, zuerst jährlich mindestens 600 Thaler, später (in den 1720er Jahren) 700 Taler verdiente, was dem Vierfachen der jährlichen Einkünfte eines Pfarrers und dem Zwölffachen eines Lehrers entsprach. Um sein Einkommen aufzubessern, zögerte er nicht, seine eigenen Arbeiten zu plagiieren, wobei er mehr als 600 ein zweites oder drittes Mal verwendet hat. Noch 1790 mußte sich *Joseph Haydn* verschulden, um ein Engagement in England wahrnehmen zu können. Der Erfolg seiner im Anschluß daran verfaßten Kompositionen erlaubte ihm dann jedoch den Erwerb eines Stadthauses in Wien und einen recht ansehnlichen Lebensunterhalt. Von *Wolfgang Amadeus Mozart* (1756–1791), der ein Armenbegräbnis erhielt, sind die sein ganzes Leben andauernden finanziellen Schwierigkeiten wohlbekannt. Mozart verdiente mit seinen Arbeiten zwar weniger als andere Komponisten, sein Einkommen war aber keineswegs so gering wie stets vermutet wird. Seine Geldprobleme waren hauptsächlich Folge seines Hanges zum Glücksspiel. Auch bei *Ludwig van Beethoven* sprechen die heute bekannten Fakten gegen die Vorstellung vom verarmten Genie. Er erzielte für seine Symphonien, Sonaten und Messen hohe Preise und brustete sich bereits um 1800 damit, seinem musikalischen Verleger die Vertragsbedingungen diktieren zu können. Um Beethoven in Wien zu halten, boten ihm der Erzherzog Rudolf und die Prinzen Lobkowitz und Kinsky eine sehr hohe jährliche Rente (zunächst 4 000 Gulden und nach dem österreichischen Staatsbankrott 1 400 Gulden). Auch die Höhe des nach seinem Tode 1827 hinterlassenen Vermögens von nahezu 10 000 Gulden (heutiger Wert etwa 220 000 DM) zeigt, daß Beethoven kein wirklich armer Musiker gewesen sein kann (Krieg 1953, 179f.; Engelsing 1976). *Franz Schubert*, ebenfalls ein Wiener Komponist, konnte vom 19. Lebensjahr an seinen Lebensunterhalt sehr gut mit Komponieren bestreiten. Die ihm gezahlten Honorare waren hoch, und er bezog bereits im Alter von 24 Jahren das Einkommen eines mittleren Beamten. Wie andere Künstler war auch er ein Boheme und verpraßte viel Geld bei Trinkgelagen mit seinen Freunden.

Erfolgreiche Opernkomponisten konnten noch weitaus höhere Einkommen durch ihre künstlerische Arbeit erzielen. Es genügt, hier *Giuseppe Verdi* und *Richard Wagner* zu nennen; ersterer stieg zu einem wohlbegüterten Grundbesitzer auf, letzterer erhielt vom bayerischen König Ludwig II. für seine künstlerischen Fähigkeiten Millionen von DM (in heutigem Wert). Wagner verkaufte seine Opernkompositionen erfolgreich und verwendete diese Einnahmen für ein verschwenderisches Leben mit hohen Ausgaben für Häuser und Vergnügungen.

Auch Orchestermusiker werden nicht so schlecht bezahlt, wie häufig vermutet. 1984 hat der Bayerische Oberste Rechnungshof die vergleichsweise hohen Einkommen der Mitglieder der siebzehn Staatsorchester kritisiert, die diese aufgrund des gewerkschaftlichen Einflusses realisieren konnten.[6] Kon-

---

[6] Der Rechnungshof erachtet diese ungewöhnlichen Einkommensverhältnisse als für die gesamte Bundesrepublik repräsentativ.

zertmeister und viele der Solisten verdienten bis zu 9 600 DM pro Monat, vergleichbar dem Einkommen eines Universitätsrektors, des Präsidenten einer bayerischen Region oder dem eines Rechnungsrates im Münchner Polizeipräsidium. Dabei leisten die Musiker *erheblich* weniger Arbeitsstunden als die genannten Vergleichspersonen, so daß sie die Möglichkeit haben, durch Bildung von Orchesterkleingruppen (Trios, Quartetten) zusätzlich zu verdienen (wobei sie gerne den gut eingeführten Namen des Orchesters verwenden).

Opernsänger der Spitzenklasse sind schon immer außergewöhnlich gut bezahlt worden. *Fedor Chaliapin* hat 1933 den unglaublich hohen Betrag von 80 000 Lire (in heutigem Wert 170 000 DM) für einen einzigen Abend erhalten. In den 20er Jahren ließen sich die Stars der Scala di Milano wie *Benjamino Gigli, Toti dal Monte* und *Tito Schipa* eine Abendvorstellung mit 10 000 bis 20 000 Lire vergüten (Krieg 1953, 187). Heute gibt es eine internationale Honorarliste für Opernsänger. Die erste Kategorie umfaßt ungefähr 25 Namen und sieht Zahlungen zwischen 25 000 und 60 000 DM pro Abend vor; die Künstler der zweiten Kategorie, mit ungefähr 40 Namen, erhalten 15 000 bis 25 000 DM pro Abend. Von dieser Honorarliste ausgenommen sind die weltbesten Spitzentenöre *Placido Domingo, Luciano Pavarotti* und *José Carreras*, die für eine Galavorstellung mit 100 000 DM honoriert werden, und ansonsten selten weniger als 60 000 DM pro Abend verlangen.

Stardirigenten wird für ein Konzert zwischen 25 000 und 40 000 DM gezahlt, für das Dirigieren einer Oper erhalten sie noch deutlich mehr. Hinzu kommen weitere Einkünfte und Tantiemen aus dem Verkauf von Schallplatten, Musik- sowie Videokassetten und Filmen.

Die hier vorgenommene, unsystematische Auswahl der Einkommen von Musikern soll nicht den Eindruck erwecken, diese Künstler verdienten „zu viel". Wie in der Diskussiuon über die Bezahlung des technischen, künstlerischen und in der Verwaltung tätigen Personals bei den Salzburger Festspielen (Kapitel 4) deutlich wurde, werten Ökonomen nicht die Einkommensverteilung, sondern analysieren, ob die gezahlten Einkommen – entsprechend den auf dem Markt erforderlichen Zahlungen – angemessen sind, um die gewünschte künstlerische Leistung zu erhalten. Im Falle der Spitzentenöre beispielsweise dürften die Honorare deren Marktwert entsprechen. Ein Operndirektor, der sie für weniger zu engagieren versuchte, würde eine Absage erhalten. Die Diskussion sollte zeigen, daß das, was als künstlerische Spitzenleistung bezeichnet wird, meistens auch entsprechend entlohnt wird.

3. Maler

Außergewöhnlich hohe Einkommen sind von einigen der am höchsten geschätzten Maler aller Zeiten erzielt worden, wofür die italienische Renaissance des Cinquecento ein treffendes Beispiel bietet (Hauser 1953, 339 ff.).

Kapitel 9: Einkommen von Künstlern

Filippino Lippi hat es zu beachtlichem Vermögen gebracht, *Leonardo da Vinci* erzielte hohe Einkommen sowohl in Mailand als auch in Frankreich, *Raffael* und *Tizian* erfreuten sich ebenfalls hoher Einkünfte und konnten das Leben eines Grandseigneurs führen. Raffael, der in Rom im eigenen Palazzo lebte, pflegte gesellschaftliche Verbindungen mit dem Hochadel und den Kardinälen, die ihn als ebenbürtig anerkannten. Tizian brachte es zu noch höherem Ansehen. Der ihm durch die Malerei ermöglichte Lebensstandard verlieh ihm höchsten sozialen Status mit der Folge, daß er 1533 von Kaiser Karl V. zum *comes palatinum* ernannt wurde (der ziemlich vermögende *Andrea Mantegna* wurde bereits früher mit diesem Titel bedacht). Die Bedeutung und das Einkommen *Michelangelos* waren so herausragend, daß er Titel und Ehrenauszeichnungen ausschlagen und es sich erlauben konnte, mit Päpsten und Herzögen auf gleicher Stufe zu verkehren: Es genügte völlig, Michelangelo Buonarroti zu sein.

Unter den deutschen Künstlern hat *Albrecht Dürer* durch seine Arbeiten ein hohes Einkommen erzielt, das es ihm ermöglichte, sich ein repräsentatives Haus in seiner Heimatstadt Nürnberg zu leisten. *Lucas Cranach* erzielte nicht nur gute Preise für seine Werke, er genoß auch hohes gesellschaftliches Ansehen und verfügte über ein beachtliches Vermögen (Eberle 1984, 69). Kurfürst Prinz Friedrich der Weise gewährte ihm 1505 eine jährliche Pension von 100 Gulden. Dies war eine ansehnliche Summe, wenn man bedenkt, daß zu dieser Zeit in Wittemberg für den Lebensunterhalt nur acht Gulden im Jahr benötigt wurden. Im Laufe der Zeit erwarb Cranach vier Häuser, einige Grundstücke und eine Apotheke, wurde Teilhaber von verschiedenen kommerziellen Unternehmungen und schließlich der reichste Bürger Wittembergs, der Stadt, die ihn wiederholt zu ihrem Bürgermeister wählte. Er wurde 1508 in den Adelsstand erhoben.

In den Niederlanden lebten um 1600 einige Künstler zwar äußerst bescheiden, jedoch selten in Armut. Während weniger bekannte Künstler den Lebensstandard qualifizierter Handwerker wie Silberschmiede oder den von Notaren erreichten, wurden Maler der Spitzenklasse im allgemeinen sehr reich [vgl. Montias (1982) für Delft]. Ein beachtlicher Rückgang der Einkommen von Malern setzte – übrigens zum ersten Mal in der europäischen Kunstgeschichte – in Holland nach 1620 ein, hervorgerufen durch ein großes Überangebot an Gemälden (Hauser 1953). Der Angebotsüberhang ergab sich wegen der Auflösung der Künstlerzünfte und Gilden und als Folge dessen, daß der Staat und die Gerichte die Anzahl (zugelassener) Künstler nicht länger festlegten. Der starke Zuwachs an Malern wurde durch die steigende Nachfrage einer zunehmend reicher werdenden Bürgerschaft nach Gemälden angeregt. Diese Entwicklung konnte der Markt jedoch nicht verkraften, so daß sich viele holländische Maler in derart ärmlichen Verhältnissen wiederfanden, daß selbst einige der bekanntesten unter ihnen zusätzliches Einkommen mit nichtkünstlerischen Tätigkeiten verdienen mußten. *Jan Hobbe-*

ma zum Beispiel arbeitete als Steuereintreiber und mußte aus finanziellen Gründen in seinen besten Jahren das Malen einstellen. *Jan Steen* und *Aert van der Velde* arbeiteten als Gastwirte. *Frans Hals* und *Jan Vermeer van Delft* sahen sich ebenfalls ökonomischen Schwierigkeiten gegenüber, und von *Pieter de Hooch* und *Jacob van Ruisdael*, zwei der berühmtesten Maler ihrer Epoche, ist bekannt, daß ihre wirtschaftliche Lage nicht zum Besten war.

Über den bekanntesten holländischen Maler, *Rembrandt*, halten sich seit langem romantische Vorstellungen über seine Armut und seinen Bankrott. Immerhin war er als Maler sehr gefragt und in der Lage, von seinen Auftraggebern Höchstpreise zu verlangen und verfügte dank seines künstlerischen Ruhmes über ein sehr hohes Einkommen. Während der Dekade 1630 bis 1640 häufte er ein beträchtliches Vermögen an und nannte ein großes Haus sowie eine ausgedehnte Sammlung von Bildern und anderen Kunstobjekten sein eigen. Der Öffentlichkeit bekannt wurde seine finanzielle Situation und seine gesellschaftliche Position durch die Heirat mit Saskia von Uylenburgh, der Tochter einer Patrizierfamilie. Was Rembrandt schließlich in den Ruin trieb, war seine Unfähigkeit in geschäftlichen Angelegenheiten. So mußte er große Verluste aus riskanten Investitionen sowohl in Schiffe und Seehandelsaktien als auch in den Kunsthandel hinnehmen. Um den völligen Bankrott abzuwenden, sah er sich 1656 gezwungen, die Behörden um eine *cessio bonorum* anzugehen. Sein Sohn Titus und die getreue Hendrickje Stoffels gründeten gemeinsam ein Unternehmen, um Rembrandt, den sie zu ihrem Angestellten machten, vor seinen Gläubigern zu retten. Durch diese Finesse gelang es Rembrandt, als alter Mann wenigstens die Einkünfte aus seinen Gemälden einzubehalten.[7] Über eine glücklichere Hand in finanziellen Dingen verfügte *Peter Paul Rubens*. Er verdiente an seinen Bildern ein Vermögen, so daß er sich den Erwerb eines Hauses und später (1635) den Kauf von Landgut und Schloß Steen nahe Mecheln erlauben konnte. Er stieg vom Bürger zum Landadel auf und wurde zweimal zum Ritter geschlagen, 1624 vom spanischen König und 1630 vom König von England (Warnke 1985).

Maler wie *Georg Frederick Watts, Sir John Millais, Sir William Quiller Orchardson* und *John Singer Sargent* erzielten zu Beginn dieses Jahrhunderts für ihre Bilder Preise, die dem entsprachen, was ein Beamter mit Universitätsabschluß in einem Jahrzehnt oder ein Minister in einem Jahr verdienten (Koch 1915, 495). Die verschwenderisch gestalteten Villen von *Franz von Lenbach* und *Franz von Stuck* in München bezeugen anschaulich das Vermögen anerkannter Künstler jener Epoche.

Auch führende moderne Künstler leben nicht in Armut. So hinterließ *Pablo Picasso*, den viele als den bedeutendsten Maler dieses Jahrhunderts ansehen, bei seinem Tode (1973) ein Vermögen von über zwei Mrd. FF (heute ungefähr 630 Mio. DM) in Form von zwei Schlössern, drei Häusern, Wertpa-

---

[7] Vgl. auch Rosenberg (1964, 22 ff.) und ausführlich Haak (1976, 54–93).

pieren und Gold, einer exquisiten Kunstsammlung und einer immensen Zahl eigener Werke. *Marc Chagall* hinterließ bei seinem Tode (1985) ebenfalls mehr als eine Mrd. FF (heute ca. 320 Mio. DM), während der Gesamtwert der Werke von *Joseph Beuys* im Jahr seines Todes (1986) auf über 40 Mio. DM geschätzt wurde.

Wir möchten wiederum betonen, daß die angeführten hohen Einkommen einiger herausragender Künstler nicht verallgemeinert werden dürfen und keine allgemeine Aussage über die wirtschaftliche Situation von Künstlern abgeleitet werden kann. Gleichwohl besteht die Tendenz, die Armut von *Paul Gauguin* und *Vincent van Gogh* auf die Gesamtheit von Malern und Künstlern zu übertragen. Die angeführten Beispiele zeigen, daß solche Verallgemeinerungen nicht gerechtfertigt sind und daß der Markt durchaus in der Lage ist, künstlerische Spitzenleistungen zu honorieren. Insbesondere drei Schlußfolgerungen können aus dem Gesagten gezogen werden, die von der romantischen Vision verarmter künstlerischer Existenzen abweichen:

(1) Nicht alle Künstler sind arm. Einige waren oder sind sehr wohl in der Lage, durch ihre künstlerische Tätigkeit hohe oder sogar sehr hohe Einkommen zu erzielen.

(2) Künstler mit hohem Einkommen produzieren nicht notwendigerweise „schlechte Qualität" (wobei „Qualität" sich hier auf die Bewertung durch Kunstexperten, wie zum Beispiel Kunsthistoriker, bezieht). Die zuvor genannten Künstler aus Literatur, Musik und Malerei zählen zu den angesehensten und den am meisten verehrten. Es ist unbestreitbar, daß auch die entgegengesetzten Behauptungen nicht zutreffen: Es stimmt eben *nicht*, daß Künstler mit niedrigem Einkommen notwendigerweise schlechte Qualität produzieren; ebensowenig ist es zutreffend, daß sämtliche gutverdienenden Künstler hochwertige Kunst hervorbringen.

(3) Von den Künstlern, die „höchste Qualität" generieren, erzielen einige außerordentlich hohe Einkommen.

Die Betrachtung hat sich bislang auf das Einkommen *ausgewählter* Künstler konzentriert. Der folgende Abschnitt gibt einen Überblick über die heutige wirtschaftliche Lage des künstlerischen Berufsstandes insgesamt.

II. Durchschnittliche Einkommen

1. Wer gilt als Künstler?

Auf den ersten Blick scheint diese Frage absurd zu sein: Offenkundig ist derjenige Künstler, der sich mit der Herstellung von Kunst befaßt. Was aber ist dann Kunst? Es gibt keine einhellige Definition von Kunst und damit auch keine Definition von Künstlern. Einige Experten begrenzen den

Begriff Künstler auf die kleine Zahl von Menschen, die die kulturelle Entwicklung beeinflußt haben, andere, gleichermaßen kenntnisreiche Kunsttheoretiker wie Joseph Beuys, sehen in jedem Menschen einen Künstler. Derartige Definitionen mögen den ästhetischen Aspekten der Kunst angemessen sein, für die Frage nach der wirtschaftlichen Lage der Künstler sind sie von geringem Nutzen. Teilt man etwa Beuys' Auffassung, so würde die Künstlerschaft definitionsgemäß das durchschnittliche Einkommen der Gesamtbevölkerung erzielen und sich des durchschnittlichen Lebensstandards erfreuen, und es wäre unnötig, sich über die relative Einkommenssituation von Künstlern (im Verhältnis zu anderen Berufsgruppen) Gedanken zu machen.

Es gibt mindestens acht Kriterien, die bei der schwierigen Frage, wer als Künstler gilt, zugezogen werden können:

(i) die für künstlerische Tätigkeiten aufgewendete Zeit;

(ii) die Höhe des aus der Kunst bezogenen Einkommens;

(iii) das Ansehen des Künstlers in der Öffentlichkeit;

(iv) die Anerkennung durch andere Künstler (im übrigen ein Zirkelschluß, denn wer definiert die anderen Künstler?);

(v) die Qualität des künstlerischen Schaffens (wobei Qualität wiederum zu definieren ist);

(vi) die Mitgliedschaft in einer berufsständischen Künstlervereinigung;

(vii) berufliche Qualifikation (Abschluß einer Kunstfach- oder Hochschule) und nicht zuletzt

(viii) die subjektive Selbsteinschätzung als Künstler.

Legt man besonderes Gewicht auf den Lebensstandard, so ist das Kriterium der Marktbewertung (ii) das einleuchtendste. Dieses Kriterium berücksichtigt jedoch nicht die Personengruppen, die sich selbst als Künstler verstehen (etwa Absolventen von Schauspielschulen) und auf eine entsprechende Anstellung warten, bis dahin jedoch anderen Beschäftigungen – beispielsweise als Kellner – nachgehen. Das Kriterium der subjektiven Selbsteinschätzung (viii), auf das etwa die UNESCO abstellt, ist ebenfalls problematisch, da es auch solche Personen einschließt, die sich selbst einzig und allein als Künstler ansehen (zum Beispiel der Sonntagsdichter, der für seine Werke keinen Verleger findet oder sie niemals veröffentlichen will). Das Kriterium der beruflichen Qualifikation (vii) würde seinerseits Personen ohne eine formale künstlerische Ausbildung ausschließen und ist daher nicht auf solche Kunstsparten übertragbar, in denen – wie etwa bei Schriftstellern – eine formale Ausbildung ungewöhnlich ist oder gar nicht besteht.

Die Entscheidung für oder gegen ein bestimmtes Kriterium, anhand dessen festgelegt wird, wer als Künstler gelten soll, hat erhebliche Auswirkungen auf die ermittelte Anzahl von Künstlern und auf deren Einkommensniveau

(Pasquier 1987).[8] So hat zum Beispiel in Frankreich das Konzept des „plastischen Künstlers" (plasticien), bezogen auf die visuellen Künste, eine restriktive Bedeutung, berücksichtigt jedoch nicht den Grad an Professionalität der Künstler, die diese Kunstrichtung ausüben und daraus ihr Einkommen erzielen. Die Ergebnisse der Volkszählung von 1982 weisen auf einen kleinen Zuwachs der Anzahl „plastischer Künstler" (von 12 000 auf 15 260 in sieben Jahren), ein unverändertes Geschlechterverhältnis (eine Frau auf vier Männer) und einen hohen Anteil Selbstständiger hin. In den Vereinigten Staaten dagegen umfaßt die gleiche künstlerische Kategorie (standard occupational classification number 188 im Jahr 1977) Maler, Bildhauer, Kunsthandwerker und Kunstdrucker und schließt viele weitere Formen kommerzieller Kunst und qualifizierten Handwerks (skilled handicraft) ein, ist aber sehr restriktiv in bezug auf die Zugehörigkeit zu einer Berufsgruppe. Die Zahl der so abgegrenzten plastischen Künstler nahm innerhalb der Dekade von 1970 bis 1980 erheblich (um 93 Prozent) zu, das Verhältnis von Männern zu Frauen blieb ungefähr gleich und der Anteil der Selbständigen war sehr viel niedriger als jener der im Anstellungsverhältnis beschäftigten Künstler. Diese Ausführungen sollen verdeutlichen, daß es nicht eine einzige (und richtige) Definition des Künstlers gibt, und daß die Entscheidung für ein bestimmtes Auswahlkriterium einerseits von der jeweiligen Fragestellung, andererseits von den verfügbaren Daten abhängen soll. Die folgenden Angaben über Künstler sind den Statistiken verschiedener Länder entnommen.

- **Vereinigte Staaten**: 1983 hat das Amt für Arbeitsstatistik 1 301 000 Künstler erfaßt (wovon 78 000 oder 6 Prozent arbeitslos waren). Nach Berufsgruppen geordnet ergibt sich dabei folgende Aufteilung (N. E. A. 1985):

Berufsgruppe	Anzahl	Arbeitslosenquote
Schauspieler, Regisseure, Dramaturgen	71 000	16 %
Architekten	108 000	4 %
Schriftsteller	64 000	3 %
Tänzer	12 000	36 %
Designer, Zeichner	415 000	5 %
Musiker, Komponisten	170 000	9 %
Maler, Bildhauer	192 000	3 %
Photographen	119 000	5 %
Ansager (Radio, Fernsehen)	41 000	7 %
Lehrer (Kunsthochschule u. ä.)	43 000	2 %
Sonstige Künstler	66 000	7 %

---

[8] Mitchell und Karttunen (1992) haben dies für die bildenden Künste in Finnland verdeutlicht: Legt man die Angaben der finnischen Künstlergesellschaft zugrunde, dann ergeben sich für 1984 rund 940 registrierte Künstler (Maler, Bildhauer und Graphiker) mit einem durchschnittlichen Einkommen von 72 800 Finnmark, während die Steuerstatistik lediglich 850 Künstler ausweist mit einem gut zehn Prozent tieferen Durchschnittseinkommen von 63 900 Finnmark.

Bei dieser Erhebung ist der „Markttest" [Kriterium (ii)] zugrundegelegt worden, d.h. die Einstufung als Künstler und nach spezifischer Berufsgruppe ist entsprechend der während einer Referenzwoche oder – im Falle jener mit unregelmäßiger Beschäftigung – während der letzten zurückliegenden Arbeitsperiode tatsächlich geleisteten Arbeit erfolgt. Diese Zuordnung ist nicht unproblematisch, denn ihr zufolge wird beispielsweise ein Schauspieler, der seinen Lebensunterhalt zwischen zwei Engagements als Kellner verdient, eben als Kellner und nicht als arbeitsloser Künstler klassifiziert.[9]

- **Bundesrepublik Deutschland**: Eine detaillierte Untersuchung, der „Künstler-Report" aus dem Jahr 1973 (Fohrbeck und Wiesand 1975), zeigt, daß es in der Bundesrepublik Deutschland (einschließlich West-Berlin) zu dieser Zeit rund 11 500 bildende Künstler gab (nimmt man Designer und Kunstvermittler hinzu, erhöht sich die Zahl auf rund 20 000 Personen). Ungefähr die Hälfte von ihnen waren hauptberuflich Künstler, d.h. sie erzielten mehr als 50 Prozent ihres Gesamteinkommens durch künstlerisches Schaffen. Des weitern gab es über 40 000 Personen, die eine künstlerische Ausbildung aufwiesen, jedoch nur in ihrer Freizeit künstlerisch tätig waren (Wiesand 1979, 158).

Für 1987 hat unlängst Hummel (1990) auf der Grundlage einer Sonderauswertung des Mikrozensus 1987 sowie ergänzender Angaben der Volks- und Berufszählung von 1987 durch das Statistische Bundesamt ein sehr viel umfangreicheres Bild vorgelegt (vgl. Tabelle 9.1). Demnach betrug die Anzahl der in freien künstlerischen Berufen Tätigen im gleichen Jahr 161 000. Die größte Gruppe unter ihnen bildeten die Künstler mit 95 500 Personen, wobei die bildenden Künstler (mit 49 100 Personen) herausragten. In der Gruppe der Publizisten, Übersetzer und Dolmetscher (zusammen 65 500 Personen) waren die Publizisten (mit 48 500 Personen) am stärksten besetzt.

Für 1987 schätzt das Statistische Bundesamt (nach Revision der Ergebnisse des Mikrozensus) die Zahl der Selbständigen in den publizistischen und künstlerischen Berufen auf 54 200 Personen, was einem Selbständigenanteil von einem Drittel entspricht, während der entsprechende Anteil in der Gesamtwirtschaft lediglich neun Prozent beträgt. Der größte Teil der Selbstän-

---

[9] Vgl. hierzu und zu weiteren Problemen bei der Verwendung von Zensusdaten Bradshaw (1984) und N.E.A. (1988). Entsprechende Vorbehalte sind daher auch gegenüber jenen amerikanischen Studien angezeigt, die hierauf aufbauen (z.B. Santos 1976; Waits und McNertney 1980). Um diese Mängel zu beheben und weitere, im Zensus nicht enthaltene Informationen zu gewinnen, hat eine Reihe von Autoren eine eigene Datenerhebung vorgenommen. Aufgrund der beträchtlichen Kosten sind diese jedoch im Umfang begrenzt, so daß nur einzelne Berufsgruppen wie bei den Medien beschäftigte Künstler (Horowitz 1983), bildende Künstler (McLain 1978), Schriftsteller (Kingston, Cole und Merton 1981), Komponisten (Felton 1978, 1983), Tänzer (Gray 1987) und Sänger (Towse 1992) analysiert werden und häufig nur ein geographisch eng begrenzter Raum untersucht wird (Wassall und Alper 1984, 1985 und Thurn 1985).

Tabelle 9.1: Erwerbstätige in freien künstlerischen und publizistischen Berufen, Bundesrepublik Deutschland, 1987[a]

Berufsgruppen	Erwerbstätige insgesamt, absolut (1)	Abhängig Beschäftigte, absolut (2)	Selbständige absolut (3)	Selbständige in % von (1) (4)	Entwicklung seit 1978[b] abh. Beschäftigte (5)	Entwicklung seit 1978[b] Selbständige (6)
Darstellende Künstler	20 900	15 400	5 500	26,3	2,1 %	3,3 %
Maler, Bildhauer, Graphiker	49 100	24 300	24 800	50,5	5,3 %	6,4 %
Musiker	25 500	18 500	7 000	27,5	3,7 %	8,4 %
Künstler insgesamt	95 500	58 200	37 300	39,1	3,8 %	6,2 %
Publizisten	48 500	36 800	11 700	24,1	2,6 %	1,0 %
Übersetzer, Dolmetscher	17 000	11 800	5 200	30,6	2,1 %	10,0 %
Publizisten, Übersetzer und Dolmetscher	65 500	48 600	16 900	25,8	2,5 %	2,8 %
Insgesamt	161 100	106 900	54 200	33,6	3,4 %	4,7 %

[a] Ohne die Lehrer für musische Fächer (Musik- und Kunstpädagogen), die 1987 insgesamt 18 900 Beschäftigte (darunter 5 700 Selbständige) stellten.
[b] Veränderung im Durchschnitt der Jahre, in Prozent.

Quelle: Zusammengestellt aus Hummel (1990) anhand verschiedener Tabellen und Abbildungen.

digen (37 300 Personen oder 68,8 Prozent) ist im Bereich der künstlerischen Berufe tätig, wobei der Hang zur Selbständigkeit bei Malern, Bildhauern und Graphikern besonders ausgeprägt ist, hat doch jeder zweite von ihnen eine selbständige Existenz.

Von besonderem Interesse sind die beiden letzten Spalten in Tabelle 9.1, welche wiederum getrennt nach abhängig Beschäftigten und Selbständigen – die Entwicklung der Erwerbstätigkeit im Zeitraum von 1978 bis 1987 wiedergeben. In dieser Periode hat sich die Erwerbstätigkeit in der Gesamtwirtschaft von 26,0 Mio. auf 27,1 Mio. Erwerbstätige erhöht, was – im Durchschnitt der Jahre – einer Veränderungsrate von lediglich 0,4 Prozent entspricht. Dagegen hat die Erwerbstätigkeit in den freien künstlerischen und publizistischen Berufen um 3,7 Prozent zugenommen und zwar vor allem unter den Selbständigen, die eine durchschnittliche Jahreszuwachsrate von 4,7 Prozent aufweisen. Die Dynamik ist wesentlich auf die Zunahme der Übersetzer und Dolmetscher, Musiker sowie der bildenden Künstler zurückzuführen. Unter den abhängig Beschäftigten hat besonders die Zahl der bildenden Künstler zugenommen.

Wie aus Tabelle 9.2 hervorgeht, kommt den Frauen in den künstlerischen und publizistischen Berufen mit 37,4 Prozent aller Erwerbstätigen ein ähnliches Gewicht wie in der Gesamtwirtschaft (38,8 Prozent) zu. Doch liegt die Erwerbsquote bei den darstellenden Künstlerinnen mit 48,3 Prozent und insbesondere bei den Übersetzerinnen und Dolmetscherinnen mit 60,6 Prozent deutlich über dem gesamtwirtschaftlichen Durchschnitt, während sie vor allem bei den Musikerinnen (mit 19,6 Prozent) erheblich darunter liegt.

Der Umfang an selbständiger Erwerbstätigkeit ist unter den Künstlerinnen und Publizistinnen dagegen durchweg höher als in der Gesamtwirtschaft. Während 1987 nur 5,4 Prozent aller Frauen als Selbständige tätig waren, arbeiteten von den Künstlerinnen und Publizistinnen 30,9 Prozent, von den bildenden Künstlerinnen sogar nahezu jede zweite (46,8 Prozent) in selbständiger Position. Entsprechend hoch war auch der Anteil der freiberuflichen Frauen an der Gesamtheit aller (männlichen und weiblichen) Erwerbstätigen. Er lag 1987 in den künstlerischen und publizistischen Berufen bei 38,3 Prozent, während der entsprechende Wert für die Gesamtwirtschaft lediglich 23,5 Prozent betrug. Besonders ausgeprägt ist dieses Verhältnis bei den „Darstellenden Künsten" und „Übersetzern, Dolmetschern", wo jede zweite selbständige Berufsausübung von einer Frau wahrgenommen wurde. Lediglich bei der Berufsgruppe „Musiker" lag der Anteil unter dem gesamtwirtschaftlichen Durchschnitt – mit nur 8,6 Prozent überdies sehr deutlich.

Aufgrund des verstärkten Engagements der Frauen in künstlerischen und publizistischen Berufen hat ihre Beschäftigung rascher als die ihrer männlichen Kollegen zugenommen. Dies läßt sich wegen fehlender Angaben zwar

Tabelle 9.2: Erwerbstätige Frauen in freien künstlerischen und publizistischen Berufen in der Bundesrepublik Deutschland, 1987[a]

Berufsgruppen	Erwerbstätige insgesamt, absolut (1)	Erwerbstätige Frauen		Selbständige Frauen		
		absolut (2)	in % von (1) (3)	absolut (4)	in % von (2) (5)	in % aller Selbständigen (6)
Darstellende Künstler	20 900	10 100	48,3%	2 800	27,7%	50,9%
Maler, Bildhauer, Graphiker	49 100	17 300	35,2%	8 100	46,8%	32,7%
Musiker	25 500	5 400	19,6%	600	11,1%	8,6%
Künstler insgesamt	95 500	32 800	34,2%	11 500	35,1%	30,8%
Publizisten	48 500	17 100	34,3%	4 200	24,6%	35,9%
Übersetzer, Dolmetscher	17 000	10 300	35,5%	2 900	28,2%	55,8%
Publizisten, Übersetzer und Dolmetscher	65 500	27 400	60,6%	7 100	25,9%	42,0%
Insgesamt	161 100	60 200	37,4%	18 600	30,9%	38,3%

[a] Für Anmerkungen vgl. Tabelle 9.1.
Quelle: Zusammengestellt aus Hummel (1990, Tabelle 1).

nicht anhand von Zensusdaten verdeutlichen,[10] wohl aber an der Entwicklung der in dieser Berufsgruppe Sozialversicherungspflichtigen (Hummel 1990, Tabelle 2):

Durchschnittliche jährliche Zunahme
der sozialversicherungspflichtigen Künstler
zwischen 1978 und 1988, in %

	Künstler und Künstlerinnen	Künstlerinnen
Darstellende Künstler	0,7 %	1,5 %
Maler, Bildhauer, Graphiker	2,3 %	4,4 %
Musiker	0,8 %	4,2 %
Publizisten	4,2 %	6,6 %
Übersetzer, Dolmetscher	0,1 %	1,0 %
Insgesamt	2,2 %	3,9 %

Diesen Angaben zufolge (die allerdings nur einen Teil der Künstler und Publizisten erfassen) scheint es den Publizistinnen, den bildenden Künstlerinnen und vor allem den Musikerinnen in der betrachteten Dekade gelungen zu sein, in den noch immer von Männern dominierten Kunst- und Kulturbereichen zunehmend Fuß zu fassen.

• **Österreich**: Gemäß einem Bericht über die soziale Lage der Künstler in Österreich (LÖB 1984, 433) wird deren Anzahl auf mehr als 10 000 Personen geschätzt, unter ihnen etwa 3 000 Schriftsteller, 5 000 bildende Künstler (wovon ungefähr 1 200 Kunst im Hauptberuf ausüben) und rund 1 300 Komponisten. Diese Angaben sind wegen der ungenauen Datenlage jedoch lediglich als grober Näherungswert anzusehen.

2. Einkommensquellen

Es ist charakteristisch, daß sich Künstlereinkommen aus vielen verschiedenen Quellen speisen. Von den ganz erfolgreichen Künstlern abgesehen sind nur wenige in der Lage, ihren Lebensstandard aus lediglich einer Einkommensquelle zu finanzieren. Da sich die Bedeutung der einzelnen Einkommensquellen sowohl über die Zeit hinweg geändert hat, als auch von Land zu Land verschieden ist, scheint es sinnvoll, zwischen den folgenden Quellen zu unterscheiden:

Markteinkommen: Ein Künstler hat die Wahl zwischen Selbständigkeit und der Anstellung bei einem privaten beziehungsweise öffentlichen Unternehmen. Unabhängige Schriftsteller können auf unterschiedliche Weise ent-

---

[10] Der Mikrozensus 1978 erweist sich als hierfür zu wenig untergliedert; der von 1970 weist zwar diesen Mangel nicht auf, liegt dagegen nur für deutsche Künstlerinnen und Publizistinnen vor.

lohnt werden. Die Entlohnung kann als Fixum für ein Manuskript oder pro geschriebenem Wort, pro Zeile beziehungsweise gemäß der Anzahl verkaufter Exemplare erfolgen. Gegebenenfalls kann auch eine Gewinnbeteiligung vereinbart werden.

Nicht wenige Künstler beziehen einen beachtlichen Teil ihres Einkommens aus nichtkünstlerischen – häufig pädagogischen – Tätigkeiten, wobei insbesondere Musiker und Komponisten im Zweitberuf fachbezogenen Unterricht erteilen. Eine Untersuchung der darstellenden Künste in Kanada (Panasuk 1974) kommt zu dem Ergebnis, daß rund 20 Prozent des Gesamteinkommens aus derlei Quellen stammte, wobei dieser Prozentsatz in anderen künstlerischen Berufen vermutlich noch höher liegt. Wie der „Künstler-Report" für die Bundesrepublik Deutschland (Fohrbeck und Wiesand 1975, 246 ff.) berichtet, übten 1973 rund 44 Prozent der Musiker, 37 Prozent der darstellenden Künstler und sogar 52 Prozent der bildenden Künstler einen Zweitberuf – meist in benachbarten künstlerischen Feldern – aus. In Österreich sind zwischen 30 und 40 Prozent – in Wien mindestens 40 Prozent – der bildenden Künstler in einem weiteren Berufszweig tätig, gewöhnlich arbeiten sie als Kunsterzieher (LÖB 1984, 435).

Mäzenatentum: Diese Art finanzieller Förderung der Künste war vor allem in der Vergangenheit von großer Bedeutung. Im Mittelalter war die Kirche der Hauptmäzen; später wurde diese Rolle von den Fürstenhöfen (Warnke 1985) und danach von den zu Reichtum gekommenen bürgerlichen Kaufleuten übernommen.[11] Heute treten die unterschiedlichen staatlichen Ebenen – in der Bundesrepublik beispielsweise Bund, Länder und Gemeinden, wobei die Bundeskompetenz in Sachen Kunst gering ist – als Kunst- beziehungsweise Künstlerförderer auf; die private Förderung ist eher gering. In den Ländern, in denen das Steuerrecht eine Anrechnung von Ausgaben für Kunstförderung erlaubt, sind private Unternehmen zu bedeutenden Mäzenen aufgestiegen, eine Entwicklung, die insbesondere in den Vereinigten Staaten – weniger in Europa – zu beobachten ist. Mäzenatentum kann sich in der Auftragserteilung für spezifische Werke eines Künstlers, aus denen dieser Einkommen erzielt oder in direkten Zuwendungen an ihn niederschlagen.

Auszeichnungen und Kunstpreise: Kunstpreise und Auszeichnungen machen nur einen bescheidenen Teil des künstlerischen Einkommens aus. Einige dieser Auszeichnungen sind weltbekannt wie der Literaturnobelpreis, der Pulitzer-Preis, der National Book Award, der (mit 55 FF dotierte) Prix Goncourt oder der Friedenspreis des Börsenvereins des deutschen Buchhandels. Das Einkommen des ausgezeichneten Künstlers wird in den meisten Fällen weniger durch die Dotierung als durch die mit der Auszeichnung verbundene Publizität, die zu einer steigenden Nachfrage nach seinen Produkten führt, aufgebessert.

---

[11] Vgl. z. B. Montias (1982) für Delft im 17. Jahrhundert.

Nichtmonetäres Einkommen: Die Kompensation für künstlerisches Schaffen kann auch durch Belohnungen in Form von Titeln und Orden erfolgen. Beispiele hierfür liefern die Maler Lucas Cranach und Michelangelo da Caravaggio, Sir Peter Paul Rubens, Sir Anton van Dyck und Sir Joshua Reynolds, die alle den Ritterschlag erhielten oder Andrea Mantegna und Tizian, die zum „comes palatinus", also zum Grafen ernannt wurden (Warnke 1985, 217 ff.). Selbst heute stellen Titel eine in Großbritannien (vgl. die Dirigenten Sir John Barbarolli und Sir Neville Mariner oder die Schauspieler Sir John Gielgud, Sir Lawrence Olivier und Sir Alec Guiness) und in Belgien (zum Beispiel Baron Arthur Grumiaux) wichtige Form der Entlohnung dar und tragen sehr wahrscheinlich zu einer Einkommenserhöhung bei, denn sie erlauben eine Abgrenzung der Titelinhaber von der übrigen Künstlergemeinde.

3. Arbeitslosigkeit

Das Ausmaß, in dem sich Künstler vergeblich um Aufträge beziehungsweise eine Anstellung bemühen, kann auf die Berechnung von Künstlereinkommen einen gewissen Einfluß ausüben. Dies ist dann der Fall, wenn in den Einkommensstatistiken zwischen den Einkünften aus künstlerischen (und nichtkünstlerischen) Tätigkeiten und den Transfers (wie Arbeitslosenunterstützung, Sozialhilfe) unterschieden wird. Die Bedeutung der „Arbeitslosigkeit" ist in den einzelnen künstlerischen Berufsgruppen sehr verschieden. Für Schauspieler und Musiker stellt sie im allgemeinen ein ernsthaftes Problem dar, für Schriftsteller oder Maler, die nicht in gleicher Weise eine abhängige Anstellung suchen, ist sie von geringerer Bedeutung. Die Nachfrage nach den beiden letztgenannten Arten von Künstlern wird auf dem Markt ermittelt, also dem Ort, wo über Menge und Preis der künstlerischen Produkte entschieden wird, was sich entsprechend im Einkommen niederschlägt.

Angaben über die Arbeitslosenraten in verschiedenen künstlerischen Berufsgruppen in den Vereinigten Staaten wurden bereits oben genannt. Es muß jedoch betont werden, daß sie mit großer Umsicht zu interpretieren sind. Arbeitslose, die sich selbst als Künstler einordnen und die Zeit bis zum nächsten künstlerischen Engagement mit einer nichtkünstlerischen Tätigkeit überbrücken, werden nicht als arbeitslose Künstler erfaßt.

Die Untersuchung über die soziale Lage der Künstler in der Bundesrepublik aus dem Jahre 1973 (Fohrbeck und Wiesand 1975, 194 ff., 583) macht deutlich, daß in vielen künstlerischen Berufen die Arbeitslosigkeit bedeutend höher ist als in der restlichen Erwerbsbevölkerung. Während die durchschnittliche Arbeitslosenrate in den nichtkünstlerischen Berufen bei 1,2 Prozent lag, betrug sie bei Sängern, Schauspielern und Tänzern annähernd 11 Prozent, bei professionellen „Entertainern" neun Prozent und bei Musikern und bildenden Künstlern fünf Prozent. Lediglich die Arbeitslosenquote für Musiklehrer entsprach derjenigen für die gesamte Erwerbsbevölkerung. Auch in der Struktur der Arbeitslosigkeit zeigten sich zwischen den künstlerischen und den nichtkünstlerischen Berufsgruppen erhebliche Unterschiede: So waren Künstlerinnen, insbesondere Schauspielerinnen und Nachwuchskräfte überrepräsentiert. Künstler, die über eine gute Ausbildung verfügten (Abschluß einer Universität, Kunsthochschule), waren dagegen eher unterrepräsentiert. Überdies ist die Arbeitslosenrate eng mit dem Konjunkturzyklus korreliert: In der Rezession erhöht sich die Zahl der arbeitslosen Künstler erheblich.

Das allgemeine Bild einer überdurchschnittlichen Arbeitslosenrate unter Künstlern findet sich ebenso in anderen Ländern,[12] wobei aufgrund unterschiedlicher Meßkonzepte international vergleichbare Arbeitslosenziffern schwierig zu erstellen sind. Es macht einen großen Unterschied, ob die Künstler, die zu einem gegebenen Zeitpunkt eine Berufsausübung nachfragen (deutsches Konzept) oder die Anzahl der während eines bestimmten (meist knappen) Referenzzeitraums Arbeitslosen (angelsächsisches Konzept) in die Statistiken eingehen. Nach dem angelsächsischen Konzept ist die offizielle Arbeitslosenrate sehr viel höher und betrug 1972 für Australien ungefähr 60 Prozent, für Großbritannien sogar 70 Prozent. In den skandinavischen Ländern und in Österreich scheint die Zahl arbeitsloser Künstler deutlich niedriger zu sein. Dies trifft auch für sozialistische Länder zu, wobei dieser Tatbestand darauf zurückgeführt werden kann, daß nur solche Personen etwa als Tänzer oder Schauspieler eingestuft werden, die auch über eine entsprechende Anstellung verfügen.

Ein erheblicher Teil des „wahren" künstlerischen Einkommens dürfte in den offiziellen Statistiken ohnehin fehlen, sofern der Künstler, aber auch dessen Arbeitgeber keine Steuern und Sozialbeiträge (oder nur einen Teil davon) entrichten. Künstler werden häufiger als andere Arbeitnehmer nur für kurze Perioden engagiert und dabei oft bar entlohnt. Entsprechend sind Künstler in der „Schattenwirtschaft" tätig mit der weiteren Folge, daß die Beschäftigungs- und Einkommenssituation in den offiziellen Statistiken schlechter ausgewiesen wird als sie de facto ist. Trotzdem kann kaum Zweifel bestehen, daß die meisten Künstlergruppen eine überdurchschnittliche Arbeitslosigkeit aufweisen. Im folgenden legen wir die Hauptergebnisse einiger ausgewählter Studien über die Einkommenssituation von Künstlern in Nordamerika und in der Bundesrepublik Deutschland dar.

---

[12] Vgl. Cornwall (1979, 546) für frühere Studien; für neuere Perioden siehe u. a. Wassall und Alper (1985, 1992) sowie McNertney und Waits (1989).

4. Künstlereinkommen in ausgewählten Ländern

Die Einkommenssituation von Künstlern in den Vereinigten Staaten ist von Baumol und Bowen (1966, Kap. V) ausführlich erörtert worden, allerdings auf einer Datenbasis von 1959. Zu dieser Zeit rangierten die Künste gemäß einer nach dem Medianeinkommen gestaffelten Liste von 49 professionell-technischen Berufen in der unteren Hälfte: Schriftsteller belegten den 25. Rang, bildende Künstler und Kunstlehrer den 27., Schauspieler den 34., Musiker und Musiklehrer den 40. und Tänzer sowie Tanzlehrer den 48. Rang (noch schlechter wurden lediglich Mitarbeiter der Kirchen bezahlt). Alle Sparten der darstellenden Künste nahmen Plätze im unteren Drittel der Berufsgruppen ein. Vergleicht man die Künstlereinkommen mit denen nichtqualifizierter Arbeitskräfte, so zeigt sich kein wesentlicher Unterschied. Lediglich Schauspieler verdienten mehr als Handwerker, Pfarrer und Verkäufer, und die Musiker bezogen genau das Medianeinkommen qualifizierter Arbeitnehmer. Die Einkommen von Tänzern lagen nur unwesentlich über denen ungelernter Landarbeiter.

Ein etwas anderes Bild über die Verdienste von Künstlern in den Vereinigten Staaten vermittelt eine Studie für das Jahr 1979 (Filer 1986). Die Informationen beruhen auf einer Fünf-Prozent-Stichprobe aus der in der Volkszählung erfaßten Bevölkerung und erstrecken sich auf 32450 Künstler sowie eine Kontrollgruppe gleichen Umfangs, die auf einer Zufallsstichprobe unter allen nichtkünstlerisch tätigen Arbeitnehmern beruht. Die Festlegung als „Künstler" erfolgte nach dem Markttest, d.h. die Personen wurden den jeweiligen Berufsgruppen entsprechend der Tätigkeit, die sie während der Referenzwoche oder der jüngsten zurückliegenden Arbeitsperiode ausgeübt hatten, zugeordnet. Tabelle 9.3 gibt die Medianeinkommen (einschließlich der nichtkünstlerischen Einkünfte) für unterschiedliche Künstlergruppen und für die Gesamtheit der nichtkünstlerischen Erwerbstätigen wieder.

Dieser Tabelle zufolge verdienten amerikanische Künstler 1979 im Durchschnitt 11400 $, während die nicht in künstlerischen Berufen Tätigen durchschnittlich 12200 $ bezogen. Das Gesamteinkommen eines repräsentativen Mitglieds der nichtkünstlerischen Berufsgruppe lag somit jährlich rund 800 $ oder sieben Prozent über dem eines repräsentativen Künstlers.

Auffallend an der Einkommensverteilung ist die große Streuung der Medianeinkommen. Schauspieler, Regisseure und Dramaturgen verdienten 70 Prozent mehr als der Durchschnitt und das 2,7fache von Tänzern und Choreographen. Überraschenderweise verdienten die erstgenannten Künstler, aber auch Schriftsteller, mehr als Nichtkünstler im Durchschnitt. Das Einkommen der Tänzer und Choreographen lag dagegen um 37 Prozent unter dem durchschnittlichen Einkommen der Künstler überhaupt und 41 Prozent unterhalb des Einkommens der nichtkünstlerischen Erwerbstätigen.

Tabelle 9.3: Medianeinkommen in verschiedenen künstlerischen Bereichen und der allgemein Erwerbstätigen, Vereinigte Staaten, 1979

Berufsgruppen	Medianeinkommen (in $ pro Jahr)
Schauspieler, Regisseure, Dramaturgen	19 300
Designer, Zeichner	13 900
Schriftsteller	13 900
Lehrer (Kunsthochschule u. ä.)	12 400
Photographen	11 600
Maler, Bildhauer	10 300
Tänzer, Choreographen	7 200
Sonstige Künstler	10 200
Künstler insgesamt	11 400
Nichtkünstlerisch Erwerbstätige	12 200

Quelle: Filer (1986, Tabelle 1).

Die Einkommensunterschiede sind im künstlerischen Bereich wesentlich ausgeprägter als bei Nichtkünstlern. Die Standardabweichung der künstlerischen Einkommen betrug 17 200 $ (bei einem Medianeinkommen von 11 400 $), jene für die nichtkünstlerischen Einkommen betrug lediglich 14 300 $ (trotz des höheren Medianeinkommens von 12 100 $).

Für Kanada stehen Angaben über die Einkommenssituation von Künstlern im Jahr 1981 zur Verfügung. Sie sind in Tabelle 9.4 aufgeführt, wobei wir die Angaben für die Vereinigten Staaten (für 1979) zum Vergleich hinzugefügt haben. In beiden Ländern erzielten Schauspieler und Regisseure das höchste Einkommen, gefolgt von Schriftstellern und Photographen. Am niedrigsten lagen die Einkommen bei Musikern, Komponisten sowie Tänzern und Choreographen; bei der letztgenannten Gruppe erreichte das Einkommen in Kanada gerade die Hälfte und in den Vereinigten Staaten nur etwas mehr als ein Drittel des Verdienstes der Schauspieler und Regisseure. Die Variation der Einkommen ist in den Vereinigten Staaten vergleichsweise größer, da hier ein größeres Vertrauen in die Marktkräfte vorhanden ist, während in Kanada die staatlichen Interventionen im Bereich der Kunst zu einer Verringerung der Einkommensdisparitäten geführt haben mögen.

Für die Bundesrepublik Deutschland sind Angaben über die Einkommen im Jahr 1972 verfügbar (Fohrbeck und Wiesand 1975, Kap. V und 592 f.). In dieser Befragung von Künstlern wurden nur jene Individuen als „Künstler" definiert, die ihr Einkommen hauptsächlich aus künstlerischen Tätigkeiten beziehen (sei es im Hauptberuf oder in verwandten Tätigkeiten). Das jährliche Durchschnittseinkommen betrug 22 000 DM für selbständige und 23 000 DM für angestellte Künstler (das Medianeinkommen lag – für beide Berufszweige – bei 22 800 DM). Das Durchschnittseinkommen aller abhängig Erwerbstätigen belief sich auf 19 500 DM. Die Einkommen selbständiger und ange-

Tabelle 9.4: Absolute und relative Einkommen von Künstlern, Kanada 1981, Vereinigte Staaten 1979

Berufsgruppen	Kanada		Vereinigte Staaten	
	Einkommen absolut (in kan. $) (1)	Einkommen in Relation zur höchstbezahlten Berufsgruppe (2)	Einkommen absolut (in US $) (3)	Einkommen in Relation zur höchstbezahlten Berufsgruppe (4)
Schauspieler, Regisseure	20300	100 %	19300	100 %
Schriftsteller	19300	95 %	14000	72 %
Photographen	16100	79 %	11600	60 %
Musiker, Komponisten	13000	64 %	8300	43 %
Maler, Bildhauer	10700	53 %	10300	54 %
Tänzer, Choreographen	10200	50 %	7200	37 %
Variationskoeffizient	0,29	–	0,37	–

Quelle: Zusammengestellt anhand von Gray (1987, Tabelle 1).

stellter Künstler lagen somit um 13 bzw. 18 Prozent *über* denjenigen der Beschäftigten insgesamt. Auch in Deutschland zeigt sich eine deutlich ungleiche Einkommensverteilung unter den Künstlern: Zwischen 5 000 und 6 000 Künstler bezogen ein Einkommen unterhalb des allgemeinen Einkommensminimums (6 000 DM pro Jahr für abhängige und 9 000 DM für selbständige Künstler); den höchsten Anteil an Einkommensbeziehern unterhalb dieser Schwelle wies die Gruppe der bildenden Künstler auf. 4 500 Künstler bezogen dagegen ein Spitzeneinkommen von mehr als 60 000 DM pro Jahr; mehr als 36 000 DM, ein Betrag, der zu jener Zeit ein sorgenfreies Leben ermöglichte, wurde von ungefähr einem Viertel aller Künstler erwirtschaftet.

Die aktuelle Einkommenssituation (1987) ist in Tabelle 9.5 am Beispiel der Vollzeiterwerbstätigen in freien künstlerischen und publizistischen Berufen wiedergegeben. Nimmt man alle künstlerischen und publizistischen Berufsgruppen zusammen, dann sind die Klassen mit einem monatlichen Nettoeinkommen zwischen 2 200 und 3 999 DM am stärksten besetzt. Eine Betrachtung der einzelnen Berufsgruppen zeigt, daß vor allem bei den künstlerisch Tätigen erhebliche Einkommensunterschiede bestehen. So findet sich bei den vollzeiterwerbstätigen bildenden Künstlern rund ein Viertel, die ihr Einkommen auf weniger als 1 400 DM einschätzen, bei den darstellenden Künstlern erreicht jeder fünfte nach eigenen Angaben ein Einkommen unter 1 400 DM; bei den Musikern ist dies jeder siebte.

Tabelle 9.5: Verteilung der Nettomonatseinkommen Vollzeiterwerbstätiger in freien künstlerischen und publizistischen Berufen, Bundesrepublik Deutschland, 1987

Nettomonatseinkommen	Einkommensverteilung der Angehörigen der betreffenden Berufsgruppen			
	Bildende Künstler	Darstellende Künstler	Musiker	Publizisten, Übersetzer, Dolm.
unter 1 000	14 %	11 %	7 %	6 %
1 000 bis 1 399	11 %	10 %	6 %	3 %
1 400 bis 1 799	11 %	17 %	10 %	7 %
1 800 bis 2 199	18 %	19 %	22 %	15 %
2 200 bis 2 999	17 %	19 %	24 %	21 %
3 000 bis 3 999	14 %	13 %	22 %	24 %
4 000 bis 4 999	7 %	3 %	4 %	13 %
5 000 und mehr	8 %	8 %	5 %	11 %
Anzahl Personen (N)	37 800	16 700	16 300	52 500

Quelle: Zusammengestellt anhand von Hummel (1990, Abbildung 4).

Die Einkommensunterschiede fallen noch wesentlich deutlicher aus, wenn man lediglich die Einkommen der Selbständigen betrachtet, soweit sie zum überwiegenden Teil von ihrer künstlerischen Tätigkeit leben. Die jüngsten amtlichen Angaben hierzu liegen für das Jahr 1983 vor. Die Einkommensstatistik des Statistischen Bundesamtes weist ziemlich genau 11 000 Steuerpflichtige[13] mit einem Jahresdurchschnittseinkommen von 35 500 DM (Hummel 1988, 268) aus. Dieses lag deutlich unter dem Durchschnittseinkommen aller Einkommensteuerpflichtigen von nahezu 50 000 DM. Es ist erst recht bescheiden, wenn man es mit dem entsprechenden Einkommen aller freien Berufe vergleicht, das bei 108 000 DM lag. Vor allem sind die Einkommen der Selbständigen sehr ungleich verteilt. Während vier von fünf weniger als 50 000 DM verdienten (jeder dritte bezog ein Jahreseinkommen von lediglich 6 000 DM) und das Durchschnittseinkommen dieser unteren 80 Prozent bei 16 100 DM lag, erzielten die oberen 1,5 Prozent unter den selbständigen Künstlern und Publizisten Spitzeneinkommen von im Durchschnitt mehr als 444 000 DM. Die letztgenannte Gruppe konnte überdies rund 40 Prozent sämtlicher Künstlereinkommen auf sich vereinigen, während auf die „Top 1,5" Prozent aller zur Einkommensteuer Veranlagten „lediglich" 23 Prozent der Gesamteinkommen entfielen (umgekehrt erzielten die unteren 80 Prozent der Künstler und Publizisten 35 Prozent, die unteren 80 Prozent der selbständig Steuerpflichtigen dagegen rund 50 Prozent der jeweiligen Gesamteinkünfte). Bei diesen Vergleichen ist allerdings zu berücksichtigen, daß der Begriff des „Künstlers" in der Einkommensteuerstatistik sehr restriktiv gehandhabt wird, da mehr als 75 Prozent der sich im Mikrozensus als „selbständig" bezeichneten Künstler und Publizisten *nicht* enthalten sind.

Insgesamt legen die verschiedenen Untersuchungen über die Einkommenssituation von Künstlern folgenden Schluß nahe:

(1) Das Durchschnittseinkommen der Künstler unterscheidet sich nicht sehr vom Durchschnittseinkommen der Arbeitnehmer insgesamt. Es ist im allgemeinen jedoch niedriger als das Einkommen anderer professioneller und hochqualifizierter Arbeitnehmer.[14]

(2) Künstler beziehen oftmals Einkommen aus mehreren Quellen, wobei das Einkommen aus der hauptsächlichen künstlerischen Tätigkeit eher niedrig ist. Folglich versucht ein erheblicher Teil der Künstler ihr Einkommen

---

[13] Geht man von den Angaben des Mikrozensus (Tab. 9.1) aus, dann gab es 1978 etwa 36 900 und 1987 rund 54 000 selbständige Künstler und Publizisten, woraus sich für 1983 ein Schätzwert von 46 000 Selbständigen ergibt. Das heißt aber nichts anderes, als daß 1983 rund 35 000 selbständige Künstler und Publizisten ihren Lebensunterhalt zum überwiegenden Teil mit anderen Tätigkeiten bestritten haben!

[14] Dies gilt auch für die bereits angeführte Untersuchung von Filer (1986) für die Vereinigten Staaten, der ein relativ enger Künstlerbegriff zugrundeliegt. Vergleicht man die durchschnittlichen Künstlereinkommen von 11 400 Dollar anstatt mit jener der Gesamtheit der Erwerbstätigen (12 200 Dollar) mit dem Einkommen etwa von Managern, Technikern und anderen qualifizierten Arbeitskräften (18 080 Dollar), dann liegen die Künstlereinkünfte bei knapp zwei Drittel der Einkommen der letztgenannten Gruppe (Filer 1989, 67f.).

durch Aktivitäten in verwandten Berufen (beispielsweise durch Kunstunterricht) aufzubessern.

(3) Die Tätigkeit als Künstler ist oft unregelmäßig; Verträge sind häufig kurzfristiger Natur; es besteht im allgemeinen wenig Arbeitsplatzsicherheit.

(4) Die Einkommensverteilung unter Künstlern ist erheblich ungleicher als jene unter den sonstigen Arbeitnehmern. Ein beachtlicher Teil der Künstler erzielt ein Einkommen unterhalb des allgemeinen Einkommensminimums, während (wenige) andere Spitzeneinkommen erhalten. Die Karriereaussichten sind mit anderen Worten höchst ungewiß.

Jede Diskussion über das Einkommen von Künstlern hat überdies enge Grenzen, insbesondere im Hinblick auf Ländervergleiche. Wir haben bereits auf die unterschiedlichen Vorstellungen über den Begriff des „Künstlers" als auch über den des „Künstlereinkommens" hingewiesen, die in den verschiedenen Studien unterschiedlich ausgelegt wurden. Vor allem kann die Interpretation der vorgelegten – lediglich beschreibenden – Statistiken irreführend sein, da die Daten keine Analyse der *Gründe* für die besondere Einkommenssituation der Künstler erlauben. Insbesondere kann anhand dieser Datenbasis nicht unterschieden werden, ob das niedrige Einkommen aus künstlerischer Tätigkeit Folge der persönlichen Charakteristika der im Kunstsektor engagierten Personen ist (die in anderen Wirtschaftsbereichen ebenfalls nur niedrige Einkünfte erzielen würden) oder darauf beruht, daß künstlerische Aktivitäten allgemein weniger gut entgolten werden (mit der Implikation, daß die Künstler in anderen Bereichen gleichfalls höhere Einkommen erzielen könnten).

Je nachdem, welche These zutrifft, müßten – wenn überhaupt – unterschiedliche politisch-konzeptionelle Empfehlungen getroffen werden. Im folgenden Abschnitt befassen wir uns mit der ökonometrischen Kausalanalyse, die es ermöglicht, zwischen beiden Hypothesen zu diskriminieren.

III. Determinanten künstlerischen Einkommens

1. Verdienstfunktion von Künstlern

In seiner Untersuchung über das Einkommen amerikanischer Künstler im Jahr 1979 hat Filer (1986) gezeigt, daß die Unterschiede in den individuellen Einkommen jeweils den unterschiedlichen persönlichen, beruflichen und ausbildungsbedingten Merkmalen der im Kunstsektor Tätigen zugeschrieben werden können. Die empirische Schätzung einer entsprechenden Verdienstfunktion macht es möglich, den quantitativen Einfluß solcher Bestimmungsfaktoren wie Geschlecht, Familienstand, Rasse, Nationalität, Erziehung, Arbeitserfahrung und Wohnort auf das Einkommen von Künstlern und sonstigen Arbeitnehmern zu ermitteln. Filers ökonometrische Schätzungen führten – unter Konstanthaltung der jeweils anderen Einflüsse – zu folgenden Erkenntnissen:

- Verheiratete wie auch unverheiratete Künstlerinnen erzielten ein geringeres Einkommen als ihre männlichen Kollegen, selbst wenn alle anderen Eigenschaften gleich waren.
- Ledige Künstler konnten ein höheres Einkommen als verheiratete Künstler (mit ansonsten gleichen Merkmalen) erwirtschaften.
- Eine abgeschlossene höhere Schulbildung hatte einen positiven Einfluß auf das Einkommen der Künstler.
- Die augenblickliche (Schul-)Ausbildung hatte dagegen einen das Einkommen eher mindernden Einfluß.
- Die Arbeitserfahrung von Künstlern steigerte deren Einkommen, allerdings mit abnehmenden Zuwächsen.
- Künstlerisch selbständig tätig zu sein, hatte – verglichen mit den abhängig beschäftigten Künstlern (mit gleichen sonstigen Merkmalen) – einen negativen Einfluß auf das Einkommen.
- Körperbehinderungen, welche die künstlerische Arbeit beeinträchtigen, hatten einen das Einkommen dämpfenden Einfluß.
- Künstler asiatischer oder hispanischer Abstammung erhielten etwas niedrigere Einkünfte als weiße Künstler (unter sonst gleichen Umständen).
- Künstler ohne Englischkenntnisse erzielten niedrigere Einkommen als englischsprachige Künstler.

Da Filer ebenfalls Verdienstfunktionen für die nicht in künstlerischen Berufen Tätigen (die sonstigen Erwerbstätigen) geschätzt hat, lassen sich einige Unterschiede zwischen beiden Gruppen verdeutlichen. Der Vergleich zeigt zum einen, daß Schwarze und Amerikaner indianischer Abstammung weniger Diskriminierung und damit eine geringere Benachteiligung in der Einkommenserzielung erfuhren, wenn sie in künstlerischen anstatt in anderen Berufen tätig waren. Zum anderen wird deutlich, daß die Dauer der Ausbildung in künstlerischen Berufen einen wesentlich geringeren Einfluß auf die späteren Einkünfte hatte als in nichtkünstlerischen. Dies legt die Vermutung nahe, daß Künstler einen erheblichen Teil ihres „Humankapitals" während ihrer Tätigkeit am Arbeitsplatz (und nicht so sehr während ihrer Ausbildung) erwerben.[15]

Mit Hilfe der geschätzten Verdienstfunktion läßt sich das Ausmaß des „Einkommensverzichts" berechnen, den jemand in Kauf nehmen mußte,

---

[15] Vgl. mit ähnlichen Folgerungen auch Snooks (1983, 311) für australische Künstler, Wassall und Alper (1984, 219) für Künstler im amerikanischen Bundesstaat New England und Gray (1987) für eine Gruppe von Tänzern in Minneapolis.

wenn er die Entscheidung für einen künstlerischen anstelle eines anderen Berufs getroffen hatte. Für jeden einzelnen Künstler werden die zu erwartenden Einkünfte entweder aus künstlerischer oder nichtkünstlerischer Tätigkeit folgendermaßen berechnet: Jedes bedeutende individuelle Merkmal wird mit seinem einkommenserhöhenden beziehungsweise einkommensmindernden Kriterium multipliziert. Die Gegenüberstellung der jährlichen (potentiellen) Einkommen legt dann das Ausmaß des „Einkommensverzichts" offen.

Das für 1980 simulierte Durchschnittseinkommen betrug demnach für Künstler, die ausschließlich einer künstlerischen Betätigung nachgingen, 12 500 $, während es in nichtkünstlerischen Berufen 13 750 $ betragen hätte. Der durchschnittliche „Einkommensverzicht" belief sich für Künstler also auf rund zehn Prozent, d. h. daß diese Gruppe bei ihrer Entscheidung *für* eine künstlerische Laufbahn einen ungefähr zehn Prozent niedrigeren Verdienst im Vergleich zu anderen (nichtkünstlerischen) Beschäftigungsverhältnissen in Kauf genommen hat. Die Künstler einiger Sparten, wie zum Beispiel Schauspieler, hätten – wären sie in nichtkünstlerische Berufe übergewechselt – sogar größere Einkommensverbesserungen realisieren können, möglicherweise weil sie sich selbst gut „verkaufen" können. Schriftsteller hätten, wären sie in kunstfremden Branchen tätig, nur geringfügig weniger verdient als bei ihrer künstlerischen Tätigkeit (auch hier ist anzunehmen, daß sie ihre Fähigkeiten in nichtkünstlerischen Bereichen gut verwerten können). Demgegenüber beinhaltet der Versuch einer Karriere als Maler oder Musiker im allgemeinen eine beachtliche Einkommenseinbuße (von 14 beziehungsweise 31 Prozent) gegenüber einer Berufsausübung im nichtkünstlerischen Bereich.

Der auf diese Weise berechnete durchschnittliche „Einkommensverzicht" von etwa zehn Prozent läßt das Einkommensdifferential zwischen Künstlern und sonstigen Erwerbstätigen allerdings größer erscheinen als es tatsächlich ist. In den Vereinigten Staaten, aber auch in der Bundesrepublik Deutschland, hat die Zahl der im Kunstsektor Tätigen in den letzten Jahren deutlich zugenommen. Die Altersverteilung unter den Künstlern weist, verglichen mit der in den sonstigen Berufen, auf ein größeres Gewicht der Jüngeren hin. Zumindest für die Vereinigten Staaten wissen wir darüber hinaus, daß das Einkommen der Künstler schneller als der Landesdurchschnitt gestiegen ist. Daraus folgt, daß bei der für 1980 vorgenommenen Durchschnittsbildung über die Einkommen aller Künstler die Einkommen der Jüngeren – von denen bekannt ist, daß sie im Vergleich zu ihrem *Lebenseinkommen* noch wenig verdienen – das berechnete Durchschnittseinkommen nach unten gezogen haben. Diese Verzerrung kann jedoch durch die Berücksichtigung des gesamten Lebenseinkommens, das sich über eine Aufsummierung der abgezinsten erwarteten (zukünftigen) Jahreseinkommen (für die wahrscheinliche aktive Lebensarbeitszeit) ermitteln läßt, korrigiert werden. Eine solche Berechnung ergab für einen 18jährigen, der sich nicht als Künstler betätigt hat, einen durchschnittlichen Gegenwartswert des erwarteten Lebenseinkommens (errechnet unter Abzinsung der künftigen Beträge auf das Jahr 1980) in Höhe von 414 780 $. Wird, von diesem Konzept ausgehend, der „künstlerische Einkommensverzicht" berechnet, so liegt er für das gesamte Lebenseinkommen bei einem Betrag von 12 000 $ oder weniger als drei Prozent. Hieraus wäre zu folgern, daß die Entscheidung für eine Karriere als Künstler zu keiner merklichen Einbuße des Lebenseinkommens führt. Die verbleibende Differenz zwischen dem durchschnittlichen Jahreseinkommen eines Künstlers (11 400 $) und jenem eines Erwerbstätigen in anderen Bereichen (12 200 $) von nahezu sieben Prozent ist somit in erster Linie auf die spezifischen Eigenschaften und Merkmale der im künstlerischen Bereich Tätigen zurückzuführen. Die Folgerung von Filer (1986, 1989) lautet dementsprechend, daß Künstler durch ihre berufliche Entscheidungen nicht deutlich benachteiligt werden.

2. Ein Beruf mit hohen Risiken: Zur Ökonomik der Superstars

Ein konsistentes Ergebnis aller Untersuchungen über Künstlereinkommen ist die wesentlich größere Ungleichheit in der Einkommensverteilung, verglichen mit jener in nichtkünstlerischen Berufen. Die überdurchschnittlich hohe Arbeitslosenrate unter Künstlern, der hohe Anteil von Beziehern sehr niedriger Einkommen und die außerordentlich hohen Verdienste von einigen wenigen Spitzenkünstlern läßt eine Analyse der Gründe lohnend erscheinen. Die Topkünstler oder Superstars, jene Elite mit weit überdurchschnittlichen Einkünften, scheinen ein typisches Erscheinungsbild unserer Tage zu sein und zwar nicht nur im Bereich der darstellenden Künste, sondern ebenso in anderen Kunstbereichen.[16] Die Fälle „weltbekannter Operntenöre" (wie Placido Domingo oder Luciano Pavarotti), moderner Maler und Bildhauer (wie Pablo Picasso oder Jasper Johns) wurden bereits erwähnt; ähnliche Beispiele ließen sich leicht auch für die ernste Musik und die Popmusik finden. Die ökonomische Literatur bietet zwei Erklärungen des Phänomens Superstar (Adler 1985; Rosen 1981), wobei sich die eine auf die Nachfrage, die andere auf die Angebotsseite bezieht.

Eine wesentliche Eigenschaft der Nachfrager nach künstlerischen Leistungen besteht in ihrem Unwillen, weniger Talent für mehr Talent zu substituieren. So ersetzt eine Abfolge von Aufführungen mit mittelmäßigen Sängern

---

[16] Es gab allerdings, wie wir im ersten Abschnitt erörtert haben, auch in vergangenen Zeiten einzelne Künstler, die sehr hohe Einkommen bezogen hatten. Das Konzept der Superstars kann ebenso auf touristische Anziehungspunkte und ganze Städte („Venedig als Superstar") angewendet werden (vgl. Towse 1991a und Mossetto 1992).

keine erstklassige Vorstellung mit einem Topstar. Ein Grund, weshalb sich die Präferenz der Nachfrager auf herausragende Künstler konzentriert, mag sein, daß sie nicht im Stande sind, sich die große Zahl von Künstlern auf einem Gebiet zu vergegenwärtigen. Sie richten ihre Aufmerksamkeit statt dessen auf die wenigen, die berühmt sind. Ein Großteil derer, die gelegentlich gerne eine Oper besuchen, kann sich gerade an zwei oder drei Namen der absoluten Topstars erinnern. Ein sehr viel kleinerer Teil von ihnen wäre in der Lage, zehn oder zwanzig Namen zu benennen, und dies bei Tausenden von Opernsängern. Hieraus ergibt sich die fehlende Bereitschaft, zwischen unterschiedlichen Talenten zu substituieren, was nicht nur zu einer relativen Zunahme der Nachfrage nach Superstars führt, sondern ebenso zu einer entsprechenden Einkommenssteigerung (bei konstantem „Angebot" an Superstars). Ihre Einkommen sind so gesehen wesentlich höher als durch das „reine Talent" gerechtfertigt wäre (Adler 1985). Ähnliche Überlegungen können für die Veranstalter von Kulturdarbietungen in bezug auf das Problem der Auswahl zwischen einzelnen Künstlern angestellt werden (MacDonald 1988)[17].

Der zweite Erklärungsansatz führt die außerordentlich hohen Gagen und Verdienste einiger weniger Superstars auf technologische Faktoren zurück, so insbesondere in den darstellenden Künsten (Horowitz 1983). Dank der modernen Medien muß beispielsweise ein Sänger, unabhängig ob er ein Publikum von 100, 1000 oder 100000 Menschen erreichen will, jeweils nur die gleiche Anstrengung unternehmen. Die Produktionskosten steigen mit anderen Worten nicht proportional zur Größe des Marktes, d.h. der technische Fortschritt bei den Medien hat in vielen Bereichen zunehmende Skalenerträge ermöglicht. Der Umfang des durch einzelne Veranstaltungen erreichbaren Publikums hat durch die Einführung von Film, Radio und Fernsehen sowie von Musik- und Videokassetten beziehungsweise Schallplatten erheblich zugenommen. War das Publikum eines Spitzenopernsängers in der Vergangenheit auf die Anzahl der verfügbaren Plätze begrenzt, so kann der Maestro heute Millionen von Zuhörern erreichen. Die mit der Ausweitung des Publikums einhergehende Abnahme der Kosten pro Zuhörer mag erklären, weshalb Spitzensänger eine Gage erhalten, die wesentlich über dem Entgelt eines nur etwas weniger talentierten Sängers liegt.

Diesen beiden Erklärungsversuchen gemeinsam ist die Überlegung, daß sowohl Konsumenten als auch Produzenten (Künstler und Veranstalter) im

---

[17] Adler (1985, 210) und MacDonald (1988, 155) haben dabei insbesondere die zeitgenössische Popmusik im Auge. Hamlen (1991) äußert diesbezüglich jedoch einige Vorbehalte. Zumindest zeigt sich gemäß seiner Untersuchung des Popmusikmarktes, daß – unter Verwendung eines unabhängigen Maßes für die Stimmqualität der Sänger – zwischen dem Platten- und Kassettenabsatz eines Popsängers und der Stimmqualität eine positive Beziehung besteht (wenngleich die Absatzelastizität kleiner als eins ist).

mer dann erheblichen Suchkosten und weiteren Informationsproblemen ausgesetzt sind, wenn die Leistungen nach Talent oder ähnlichen Qualitätsmerkmalen zu differenzieren sind. Dies hat zur Folge, daß insbesondere die Künstlerkarriere mit erheblichen Anstellungs- und Einkommensrisiken verbunden ist. Des weitern senken die hohen Kosten und die lange Dauer der Ausbildung die monetäre Rendite einer Ausübung dieses Berufs. Auch führt die hohe Arbeitslosigkeit dazu, daß sich viele Künstler gezwungen sehen, Verdienstmöglichkeiten außerhalb des Kunstsektors wahrzunehmen. Schließlich ist die Streuung der Einkommen zwischen den wenigen Superstars und den vielen Beziehern niedriger Einkommen wesentlich stärker als bei den sonstigen Erwerbstätigen. Es stellt sich daher die Frage, weshalb so viele Personen die beträchtlichen Risiken, die mit einer Künstlerkarriere verbunden sind, auf sich nehmen. Hierzu drängen sich zwei Überlegungen auf:

Zum einen erzielen Künstler im Rahmen ihrer Berufsausübung einen hohen Grad an Befriedigung, da ihnen diese Tätigkeit auch nichtmonetäre Nutzenkomponenten in Form von Arbeitszufriedenheit und sozialer Anerkennung verschafft.[18] Eine Umfrage unter deutschen Künstlern legt nahe, daß derlei nichtmonetäre Komponenten das erwartete niedrigere Einkommen für die Akteure kompensieren könnten, denn nur vier Prozent der befragten Musiker bezeichneten ihr Einkommen als „gut" oder „sehr gut", während 62 Prozent die zuteil gewordene gesellschaftliche Anerkennung als „gut" oder „sehr gut" einstuften (Fohrbeck und Wiesand 1975, 281).[19]

Zum anderen neigen jüngere Menschen, die sich für eine Künstlerkarriere entscheiden, dazu, ihr künftiges Einkommen systematisch zu überschätzen. Obwohl sie sehr wohl wissen, daß Künstler *im Durchschnitt* kein sehr hohes Einkommen erzielen und daß die Einkommensunterschiede in diesem Beruf besonders ausgeprägt sind, berücksichtigen sie dieses Wissen nicht in ihrer eigenen Entscheidungsfindung (Frey und Foppa 1986). Sie sind vielmehr der Ansicht, daß derlei allgemeine Informationen über die Einkommenssituation für sie selbst nicht von Bedeutung sind, d. h. sie sehen ihren persönlichen Fall als einzigartig an. Obgleich es durchaus möglich ist, daß ein junger Künstler später zur Ausnahme wird und ein weit überdurchschnittliches Einkommen erzielt, kann dieser Fall definitionsgemäß nur für sehr wenige

---

[18] In der Mehrzahl der Fälle bilden sich Ruhm und Anerkennung allerdings erst nach dem Ableben des Künstlers. Nach Schätzungen des französischen Kunstexperten Robert Lebel bringt jede künstlerische Epoche etwa hundert Genies (neben rund 1000 weiteren begabten Künstlern) hervor. Dies entspräche – allein auf die Malerei bezogen – einem Anteil von 0,2 Promille, wenn man als Vergleichszahl die von Rheims (1981, 272) geschätzte Zahl von einer halben Million gegenwärtig auf der Welt arbeitenden Malern zugrundelegt.

[19] Zu ähnlichen Folgerungen sind Withers (1985) sowie Grossman und Kenyon (1989) für Australien gelangt.

Aspiranten gelten. Diese unangenehme Tatsache wird jedoch erst nach einigen Jahren Berufserfahrung realisiert (MacDonald 1988; Towse 1991b), d. h. zu einem Zeitpunkt, in dem ein Wechsel in einen nichtkünstlerischen Beruf oft mit hohen Einbußen an monetären und nichtmonetären Einkommen verbunden ist.

3. Beeinflussung der Künstlereinkommen

Trotz des starken Einflusses der Marktkräfte auf die Einkommen von Künstlern kann das Marktergebnis auf verschiedene Weise beeinflußt werden. Darüber hinaus kann das Einkommen der künstlerisch Tätigen durch direkte staatliche Unterstützungen erhöht werden. Im wesentlichen sind es drei Ansätze, die zur Einkommensverbesserung angewendet werden: (i) die Begrenzung der Anzahl Künstler, (ii) eine Verbesserung ihrer Verhandlungsmacht und (iii) direkte staatliche Eingriffe. Wie wir zeigen werden, sind diese Ansätze aufgrund der Reaktionen von Angebot und Nachfrage eng miteinander verbunden.

• *Begrenzung der Anzahl Künstler*: Zum Teil heute noch, vor allem aber in der Vergangenheit haben Zünfte, Gilden und Akademien für künstlerische Berufe Eintrittsbarrieren errichtet, um das Angebot an Kunst zu verknappen. Dadurch konnten die Preise für die Leistungen der Künstler und das Einkommen der Zunftmitglieder auf hohem Niveau gehalten oder sogar gesteigert werden. Über die Folgen dieser Strategie liefert die französische Malerei ein gutes Beispiel. Bis zum Ende des 17. Jahrhunderts wurden die Verkäufe von Gemälden und die zu ihrer Herstellung verwendeten Materialien durch die Zünfte kontrolliert; sie haben auch die lokalen Lizenzen für Maler ausgegeben. Danach hat die Académie Royale die Zünfte verdrängt, ein Monopol errichtet und die Malerei von ihrer bis dahin eher handwerklichen Ausrichtung in einen künstlerischen Beruf umgewandelt. Die Akademie monopolisierte das „naturalistische Zeichnen" und vergrößerte sich dadurch, daß sie durch hoheitliche Verfügung alle freien Maler zu Zwangsmitgliedern machte. Zudem etablierte sie eine ideologische Ordnung, die rigide den „richtigen" Stil definierte, den die Akademie auch in ihren Ausbildungsprogrammen vermittelte. Mitte des 19. Jahrhunderts ist dieses institutionalisierte System der Angebotskontrolle zusammengebrochen. Auslöser war die Eröffnung des „Salon des Refusés" im Jahre 1863 und der rasch zunehmende Bekanntheitsgrad der Impressionisten, die begonnen hatten, nicht dem Stil der Akademie konforme Bilder anzufertigen. Die Machteinbuße der Akademie war letztlich darin begründet, daß sich ihre Kontrolle der Malergemeinschaft nicht auf die Verkäufe von Bildern erstreckte. Den Platz der Akademie nahm ein neues institutionelles System ein, das durch Kunsthändler und -kritiker stark beeinflußt wurde und sich in der Folge ganz anders weiterentwickelte (White und White 1965).

Anstrengungen, die Zahl der „akzeptierten" Künstler zu kontrollieren, sind nicht nur in Frankreich (und für Maler) unternommen worden, sondern waren ein beständiges Charakteristikum des künstlerischen Lebens verschiedener Epochen und Länder. Typischerweise sind derlei Restriktionen mit Hilfe und durch die Initiative des Staates realisiert worden, der insbesondere den rechtlichen Rahmen für eine effektive Monopolisierung geschaffen hat. Abbildung 9.1 zeigt die Auswirkungen einer derartigen Begrenzung des Angebots an Künstlern. Es wird angenommen, daß die Zahl der Leute, die sich selbst als Künstler einstufen, mit zunehmenden Einkommen aus künstlerischer Tätigkeit (hier verdeutlicht durch den Lohnsatz „w") steigt. Ferner wird vorausgesetzt, daß sich mehr Personen für eine künstlerische Laufbahn entscheiden, wenn das dort zu erzielende Einkommen – im Vergleich zu anderen Berufen – größer wird (Arbeitsangebotsfunktion A). Die Nachfrage nach den Leistungen der Künstler ist umso höher, je niedriger ihr Preis ist, der in Abbildung 9.1 wiederum durch den Lohnsatz „w" angezeigt wird (fallende Nachfragekurve N). Wäre der Markt für Künstler vollständig offen, d.h. bestünden keinerlei Eintrittsbarrieren, dann könnten alle jene, die sich als Künstler einschätzen, zum gleichgewichtigen Lohnsatz w_S auch Aufträge erhalten oder beschäftigt werden. Wird das Angebot an Künstlern dagegen begrenzt, indem nur Zunft- oder Akademiemitgliedern der Marktzugang offensteht, dann verschiebt sich die effektive Angebotskurve nach links (A'). Die Gruppe der „Akademiekünstler" ist – da zahlenmäßig gering – in der Lage, den höheren Lohnsatz w_A zu erzielen.

Abbildung 9.1: Auswirkungen einer Beschränkung des Angebots an Künstlern

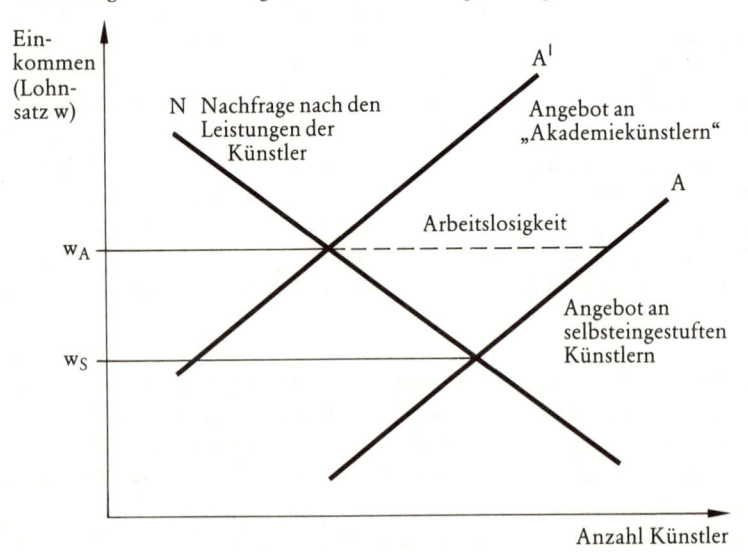

Ein weiterer Effekt der Zutrittsbeschränkung läßt sich ebenfalls anhand von Abbildung 9.1 verdeutlichen: Aufgrund des höheren Preises geht die Nachfrage zurück mit der Folge, daß etliche Künstler arbeitslos werden.

Ein dritter Effekt offenbart sich erst bei näherem Hinsehen: Es wird ein „grauer Markt" entstehen, auf dem arbeitslose Künstler ihre Dienste unterhalb des regulierten Preises beziehungsweise Lohnes w_A anbieten. „Amateurkünstler" ohne die erforderliche „akademische" Ausbildung und bereit, einen hohen Einkommensverzicht hinzunehmen, werden am grauen Markt eine bedeutende Rolle spielen. Hierfür gibt es berühmte Beispiele, so etwa den Maler Henri Rousseau, der bis zum Alter von 41 Jahren als Zollbeamter tätig war, 1885 dem staatlichen Arbeitgeber kündigte, um als Autodidakt mit der Malerei zu beginnen. Ein weiteres Beispiel liefert Paul Gauguin, ein erfahrener Börsenmakler, der sich einen großbürgerlichen Lebensstil leisten konnte, gleichwohl im Alter von 34 Jahren seine unorthodoxe Karriere als Maler einschlug. Auch Vincent van Gogh kam relativ spät und mit größtenteils selbst erlernten Fähigkeiten zur Malerei. Das obige Beispiel der französischen Königlichen Akademie lehrt, daß neue, von Außenseitern entwickelte Stilrichtungen, wenn sie vom Publikum angenommen werden, zur Auflösung der Angebotsrestriktion führen. Folge ist eine allgemeine Zunahme der Anbieter am Kunstmarkt, aber auch eine allgemeine Senkung der Künstlereinkommen – obwohl die „Newcomer" von der Nachfrageverschiebung per Saldo profitieren können.

- *Verbesserung der Verhandlungsmacht*: Künstler können ihre Einkommensbedingungen auch dadurch verbessern, daß sie kollektiv, d. h. als Gruppe am Markt auftreten, beispielsweise über eine gewerkschaftliche Organisation (Faine 1972). Die Möglichkeiten und Anreize zum Aufbau einer schlagkräftigen Gewerkschaft sind jedoch von Kunstbranche zu Kunstbranche sehr verschieden. Gute Aussichten haben Künstler, die im öffentlichen Sektor tätig sind, vor allem jene im Bereich der darstellenden Kunst (Musiker, Schauspieler). Der Bericht des bereits erwähnten Obersten Bayerischen Rechnungshofs macht deutlich, daß die Mitglieder bayerischer (aber auch anderer westdeutscher) Orchester dank ihrer schlagkräftigen Organisation außerordentlich gut entlohnt werden. Diese Aussage wird durch eine vergleichende europäische Studie bestätigt, die zum Ergebnis kommt, daß „in der Welt der Musik die Künstler in einflußreichen Gewerkschaften organisiert sind, welche die Arbeitsplatz- und Beschäftigungsbedingungen ihrer Mitglieder stark abgesichert haben" (Menger 1980, 71).

Der Sachverhalt ist für Maler und andere bildende Künstler freilich ganz anders. Nach der heute in dieser Branche vorherrschenden Kunstauffassung werden keinerlei – auch keine informellen – Beschränkungen im Hinblick darauf geschaffen, wer als bildender Künstler tätig werden darf. Dasselbe gilt für selbständige Schriftsteller und Dichter. Die einzige Möglichkeit, durch Maßnahmen der Angebotsbegrenzung das Einkommen aufzubessern, bietet sich damit auf dem Markt für künstlerische Produkte. Es ist dort auch konsequenterweise versucht worden, Kartelle zu bilden. Ein Beispiel stellt das bereits erwähnte Kartell deutscher Lyriker zwischen 1902 und 1933 dar. Dessen Hauptaufgabe bestand darin, die Werke der Dichter vor einem nichtvergüteten Wiederabdruck in Anthologien zu schützen. Der geforderte Preis von 50 Pfennig pro Zeile konnte jedoch langfristig nicht durchgesetzt werden, weil Nichtmitglieder bereit waren, diesen Preis zu unterbieten. Das Kartell war daher nach einer 30jährigen Erfolgsperiode zum Untergang verdammt (Martens 1975).

- *Staatliche Unterstützung*: Künstler können staatliche Hilfe zur Sicherung und Aufbesserung ihres Einkommens in Anspruch nehmen. Die verschiedenen Formen staatlicher Kunstförderung werden im 11. Kapitel erörtert; hier seien nur jene Maßnahmen erwähnt, mit denen die Einkommen der Kunstschaffenden erhöht werden sollen.

Für Künstler besteht die Möglichkeit, eine direkte finanzielle Unterstützung in Form von Stipendien oder Auszeichnungen und Preisen zu erhalten, aber auch indirekt über Zuschüsse an Institutionen (wie Kunstakademien), die ihrerseits Künstlerförderung betreiben. Eine weitere, noch stärker indirekte Förderung erfolgt durch staatliche Ausgaben für Kunstwerke, so zum Beispiel beim staatlichen Ankauf von Gemälden, der wiederum die Nachfrage nach Kunst erhöht.

Einkommensverbesserungen für Künstler können, wie schon erwähnt, auch über eine entsprechende Beeinflussung der Marktbedingungen erfolgen. Wir haben bereits darauf hingewiesen, daß der Staat häufig dazu beiträgt, die Anzahl der auf dem Markt auftretenden Künstler durch Eintrittsbarrieren zu begrenzen oder, etwas subtiler, über eine Zugangsbeschränkung zu den kostenlosen Bildungseinrichtungen (wie Kunstschulen) auf deren langfristige Entwicklung Einfluß zu nehmen. So gibt es in Großbritannien zwischen 4 000 und 5 000 Anwärter auf die 80 Plätze einer Schauspielschule (Hilton 1971). Staatliche Nachfragebeeinflussung kann auch mittels quotaler Programmanforderungen an das Fernsehen und das Radio erfolgen, indem diese einen bestimmten Teil ihrer Sendezeit der Kunst widmen müssen.

Die staatlichen Eingriffe, die auf eine Verbesserung der Künstlereinkommen abzielen, sind freilich nicht immer erfolgreich. Der britische Arts Council beispielsweise erhöhte die Subventionen für die Theater, weil sie „jene, die ihr Leben dem Theater gewidmet haben, beklagenswert unterbezahlen" (Hilton 1971, 32). Das erstrebte Ziel konnte damit aber nicht erreicht werden, da die mit der Intention einer Verbesserung der Schauspielerbezüge gewährten Subventionen zur Deckung sonstiger stark gestiegener Kosten verwendet worden sind. Aufgrund der außergewöhnlich hohen Künstlerarbeitslosigkeit konnten die Theater die Rollen zum damals herrschenden (niedrigen) Lohnsatz besetzen. Ohne ein solches „Dumping" wäre das Überleben der britischen Theater in Frage gestellt gewesen, denn sie hätten

Kapitel 9: Einkommen von Künstlern

sich nicht in der Lage gesehen, die Kosten für den sonstigen Input wie Material und Verwaltungspersonal zu zahlen.

Staatliche Versuche, durch rechtliche Markteintrittsbarrieren für Künstler eine Einkommensverbesserung herbeizuführen, sind ebenfalls häufig erfolglos. Angenommen, der Staat könnte ein lokales Monopol für Maler errichten, unter anderem mit dem Verbot von Ausstellungen auswärtiger Künstler, so würde es diktatorischer Machtfülle bedürfen, die Kunden daran zu hindern, außerhalb der jeweiligen Gemeinde Kunstwerke zu erwerben. Als Erfolg mag sich ein derartiges lokales Monopol allenfalls anrechnen, daß sich einige wenige Nachfrager für einen Kauf bei örtlichen Künstlern (zu einem um die Transportkosten verringerten Preis) entscheiden und daß der gesellschaftliche Kontakt zu ortsansässigen Künstlern nachfragebelebend wirkt. Beide Effekte werden aber in aller Regel eher bescheiden sein. In diesem besonderen Beispiel, aber auch ganz allgemein, sind staatliche Interventionen – bei anpassungsfähigen und mobilen Kunstmärkten – wirkungslos.

In unserer Betrachtung standen bislang die Aspekte der Einkommensverteilung im Vordergrund. Es sollte freilich nicht übersehen werden, daß das Einkommen sowohl die Quantität wie die Qualität künftigen künstlerischen Schaffens beeinflußt. Die bereitgestellten (beziehungsweise fehlenden) materiellen Anreize bestimmen wesentlich die tatsächlich realisierten (oder eben nicht durchgeführten) künstlerischen Aktivitäten. Selbst künstlerische Genies unterliegen dem Einfluß materieller Anreize, wie die folgende Geschichte zu zeigen versucht. Einem Briefwechsel zwischen Schiller, Goethe und deren gemeinsamen Verleger Johann Friedrich Cotta in Tübingen vom März und April 1800 ist zu entnehmen, daß Schiller befürchtete, Goethe werde seinen *Faust*, dem er schon viel Zeit und Arbeit gewidmet hatte, nicht beenden, falls er für die Vollendung des Werkes keine gute Offerte erhalte. Der Verleger bot daraufhin eine in der Tat sehr hohe Summe, so daß der Faust, als das Meisterstück deutscher Dichtung gerühmt, vollendet wurde.

Fünfter Teil
Kunst- und Kulturpolitik

Oftmals wird die These vertreten, daß die Staatsform der Demokratie und das Hervorbringen höchster künstlerischer Leistungen nicht miteinander vereinbar seien. Dies gelte insbesondere für die direkte Demokratie, bei der die Stimmbürger in Sachabstimmungen direkten Einfluß auf die Kunst nehmen können. Um diese Behauptung zu überprüfen, untersuchen wir im zehnten Kapitel eine Reihe von Referenden über den Ankauf von Picassobildern mit öffentlichen Geldern und über die Gewährung staatlicher Subventionen für ein Stadttheater. Darüber hinaus werden die Ergebnisse einer Fülle weiterer Referenden über ausgabenwirksame Entscheidungen (im Kunst- wie im Nichtkunstbereich) daraufhin analysiert, ob die Bevölkerung einer staatlichen Kunst- und Kulturförderung eher befürwortend oder ablehnend gegenübersteht.

Im abschließenden elften Kapitel wird den verschiedenen Ansatzpunkten und Möglichkeiten einer Kunstförderung Rechnung getragen. Dabei unterscheiden wir insbesondere zwischen jenen Maßnahmen, die darauf abzielen, günstige Voraussetzungen für künstlerisches Schaffen herbeizuführen und den verschiedenen Arten von direkten und indirekten Finanzhilfen durch die öffentliche Hand.

Kapitel 10: Kunst und Demokratie

I. Demokratische Entscheidungen über Kunst

Künstlerisches Schaffen ist das Ergebnis individuellen Handelns in einem gegebenen soziokulturellen und institutionellen Rahmen, in dem die Individuen nur über begrenzte materielle Ressourcen verfügen. Diese Überlegung bildet den Kern des ökonomischen Ansatzes zur Analyse der Kunst, der sich wie ein roter Faden durch dieses Buch zieht, und sie führt – auch wenn dies nicht unmittelbar deutlich wird – zu wichtigen Folgerungen für jede Kunst- und Kulturpolitik. Trifft es auch im Bereich der Kunst zu, daß sich die Menschen im großen und ganzen ihrer Interessen bewußt sind, dann ist eine normative Politik, die ihnen anzeigt, wie sie sich verhalten *sollen*, weitgehend fruchtlos. Die Unzulänglichkeit einer solchen rein normativen Politik läßt sich anhand eines praktischen Beispiels aus dem Bereich des Museumsmanagements verdeutlichen. Wenn die Leitung eines Museums – Museumsdirektoren und Kuratoren – automatisch in den Genuß staatlicher Subventionen kommt, wird sie nur geringes Interesse an einer effizienten Betriebsführung haben, obgleich sie sich bewußt ist, daß ihr Management erhebliche Mängel aufweist. Vielmehr wird sie selbst überzeugt sein, sich in der Wahrnehmung eines außerordentlich wichtigen Bildungsauftrags als Wissenschaftler und Erzieher verstehen zu können, anstatt als Verwaltungsbeamter oder Manager, dessen Hauptaufgabe in der Mobilisierung von Geldern liegt. Ein Bericht des Rechnungshofes in Großbritannien (National Audit Office), der sich mit der Führung dreier großer Londoner Museen – dem Victoria & Albert Museum, dem British Museum und der Tate Gallery – befaßt, stellte drei schwerwiegende Managementfehler heraus, die sich nicht mit Geld- oder Personalknappheit rechtfertigen lassen (*The Economist*, 2. April 1988, S. 26):

(1) *Unzureichende Kontrolle des Inventars*: Kein Kurator kann ein Museum effizient führen, ohne einen Überblick über seine Lagerbestände zu haben. Gleichwohl wissen viele Abteilungsleiter nicht, was sich im einzelnen in ihren Sammlungen befindet, so daß Teile davon dauerhaft der Öffentlichkeit vorenthalten werden.

(2) *Neuanschaffungen und Verkäufe*: Die Sammlungen werden laufend größer, was zu ständig steigenden Lagerungs- und Konservierungskosten führt. Eine Möglichkeit zur Abhilfe könnte im Verkauf anderer Objekte liegen, eine Option, die in der Tat allen drei Museen offensteht, vorausgesetzt, sie berühren damit nicht das öffentliche Interesse. Trotzdem ist kein Museum bereit,

sich auch nur von einem seiner Objekte zu trennen, obwohl es sich einerseits um Millionenbeträge und andererseits gelegentlich um Duplikate handelt.

(3) *Lagerung und Konservierung*: Für alle drei Museen gilt, daß mehr als zwei Drittel der Sammlungen unter oft miserablen Bedingungen gelagert werden. Schlechte Lagerbedingungen und der ständige Zuwachs an Objekten haben außerdem zu einem erheblichen Überhang an unerledigten Instandhaltungsarbeiten geführt. Da die Kuratoren Neuanschaffungen höchste Priorität beimessen, werden routinemäßige Instandhaltungsarbeiten eher nachlässig erledigt, was in einigen Fällen dazu geführt hat, daß sich restaurierte Objekte schon bald wieder in ihrem ursprünglichen, restaurierungsbedürftigen Zustand befanden.

Die Forderung von Politikberatern an Direktoren und Kuratoren, ihr Verhalten zu ändern, hat wenig Aussicht auf Erfolg, solange die für die Museen Verantwortlichen ihre Arbeit, die sie als Wahrnehmung eines Bildungsauftrages verstehen und darstellen, zu ihrem eigenen Vorteil betreiben. Ein erfolgversprechender Ansatz würde das Problem in anderer Weise angehen: Es müßte insbesondere versucht werden, die institutionellen Rahmenbedingungen, die den Handlungsspielraum der Museumsleitung einengen, zu ändern. Naheliegende Maßnahmen in dieser Richtung wären zum Beispiel eine teilweise Privatisierung von Museen oder eine Bindung der öffentlichen Subventionszahlungen an die Qualität der Ausstellungen und an die Besucherzahl, um auf diese Weise für die Leitung wirksame Anreize zu schaffen, die zur Verfügung stehenden Ressourcen effizienter einzusetzen.

Die wesentliche Prämisse des von uns vertretenen Politikansatzes lautet, daß, wenn die grundlegenden Regeln, nach denen Anbieter von und Nachfrager nach Kunst handeln, einmal festgelegt sind, das künstlerische Ergebnis weitgehend bestimmt ist. Daher muß sich die Politikberatung darauf konzentrieren, Vorschläge für angemessene institutionelle Rahmenbedingungen oder Regeln zu formulieren (Buchanan 1987; Frey 1981). In verschiedenen Kapiteln dieses Buches haben wir gezeigt, daß ein freier, in seiner Spontaneität ungehinderter Wettbewerbsmarkt im großen und ganzen als durchaus zufriedenstellendes institutionelles Arrangement für den Bereich der Kunst angesehen werden kann. In anderen Kapiteln haben wir den Standpunkt vertreten, daß administrative Maßnahmen und Verhandlungslösungen im Zusammenhang mit staatlichen Eingriffen zwar eine positive Wirkung auf künstlerisches Schaffen haben *können*, daß sie aber unter bestimmten identifizierbaren Bedingungen möglicherweise auch behindern.

Häufig wird der Demokratie – und mit derselben Begründung dem Markt – vorgeworfen, als Mechanismus, Kunst hervorzubringen, untauglich zu sein: Die große Mehrheit der Bürger habe eine zu geringe Wertschätzung der Kunst, woraus sich ableiten lasse, daß demokratische Entscheidungen zu einem geringen Angebot an zumindest ‚ernsthafter' Kunst führen würden. Dieser Vorwurf bewahrheitete sich insbesondere in der direkten Demokratie, in der die Bürger im Rahmen von Sachabstimmungen ihre Entscheidungen treffen. Ein solcher Mechanismus erlaube es den Individuen, ihrer Neigung für, aber auch ihrer Abneigung gegen bestimmte Maßnahmen freien Ausdruck zu verleihen – und staatliche Kunstförderung zählt vermutlich zu den weniger beliebten Maßnahmen. Im Falle repräsentativer Demokratien seien die Befürchtungen weniger gravierend, weil der ‚unkultivierte' Durchschnittsstimmbürger in der Durchsetzung seiner Interessen an der poltischen Elite scheitern kann, der wiederum eine verantwortungsbewußtere Haltung gegenüber der Kunst unterstellt wird.

In diesem Kapitel wollen wir darlegen, daß diese Befürchtungen zumindest fragwürdig, wenn nicht sogar falsch sind. Zu diesem Zweck werden wir zunächst einen Fall erörtern, in dem in einem Referendum über den Erwerb eines Kunstobjekts durch ein öffentliches Museum entschieden worden ist. Im Anschluß daran analysieren wir die Ergebnisse zweier Volksabstimmungen über die öffentliche Unterstützung eines Regietheaters. Zum Schluß befassen wir uns mit einer Reihe von Referenden, die staatliche Ausgaben für die allgemeine Kunstförderung zum Inhalt haben und vergleichen deren Ergebnisse mit dem Ausgang von Referenden über öffentliche Ausgaben für andere, nichtkulturelle Verwendungszwecke.

II. Ein Referendum über Picasso

Das Basler Kunstmuseum ist nicht nur für seine Sammlung alter Meister (wie z.B. Hans Holbein dem Jüngeren) berühmt, sondern ebenso für seine Kollektion von Nach-Impressionisten und Expressionisten (Cézanne, van Gogh und Gauguin). Allerdings sind einige der bedeutendsten Gemälde nicht Eigentum des Museums, sondern Leihgaben einer begüterten Basler Familie. Als ein Mitglied dieser Familie 1967 unter finanziellen Druck geriet, wurden von den 27 Leihgaben vier an das Kunstmuseum verkauft, darunter van Gogh's *Berceuse* für 3,25 Mio. SFr. Die Familie bot dem Museum selbst zwei Gemälde von Picasso, *Les Deux Frères* aus der ‚Rosa Periode' (1905/06) und *Arlequin Assis* (1920) für 8,4 Mio. SFr. zum Kauf an. Daraufhin haben sich Regierung und Parlament des Kantons Basel-Stadt entschieden, sechs Mio. SFr. zum Ankauf der beiden Gemälde beizusteuern, vorausgesetzt, die restlichen 2,4 Mio. SFr. würden von Privatpersonen und Unternehmen aufgebracht. Diese Entscheidung war Gegenstand eines obligatorischen Referendums. Nach einer lebhaften öffentlichen Diskussion über den Wert der Kunst für das Gemeinwesen im allgemeinen und über die Bedeutung moderner Kunst in Form der beiden nicht-abstrakten Picasso-Gemälde im besonderen erfolgte im Oktober 1967 die Volksabstimmung.

Bei Abstimmungen wie dieser wird man davon ausgehen können, daß die Wähler ihre Stimme im Einklang mit ihren eigenen Interessen abgeben. Je

Kapitel 10: Kunst und Demokratie

größer der Nettonutzen ist, den sie dem Verbleib der Gemälde im Basler Kunstmuseum beimessen, desto wahrscheinlicher ist ihre Zustimmung für den Ankauf. Bei dieser Entscheidung spielen folgende Faktoren offensichtlich eine maßgebliche Rolle:

(1) *Einkommen*: Je höher das Einkommen eines Stimmbürgers, desto höher die Wahrscheinlichkeit, daß er einem Ankauf zustimmt, denn Einkommen und Vorliebe für Kunst sind im allgemeinen positiv miteinander korreliert.

(2) *Anfahrtskosten*: Die Wahrscheinlichkeit der Zustimmung wird umso größer sein, je niedriger die Kosten sind, die ein Bürger tragen muß, um zu dem Museum zu gelangen (geographische Nähe).

(3) *Erwartete höhere Steuerbelastung*: Andererseits wird die Wahrscheinlichkeit der Zustimmung umso niedriger sein, je höher die zusätzliche Steuerbelastung, die ein Stimmbürger im Falle des Ankaufs zu erwarten hat, ausfallen wird.

Diese Hypothesen wurden mit Hilfe von Daten aller 21 Stimmbezirke des Kantons Basel-Stadt empirisch getestet. Die Schätzungen finden sich im Anhang zu diesem Kapitel.

Die Ergebnisse bestätigen die erwartete Wirkung der verschiedenen Einflußfaktoren: In Bezirken, deren Bewohner ein höheres durchschnittliches Pro-Kopf-Einkommen oder, wegen der geographischen Nähe zum Kunstmuseum, niedrigere Anfahrtskosten hatten, war die Zustimmung zum Ankauf der beiden Picasso-Gemälde höher. Je höher dagegen die zu erwartende zusätzliche Steuerbelastung ausfiel, desto niedriger erwies sich der Anteil Ja-Stimmen. Allerdings konnten die unterschiedlichen Anteile von Ja- und Nein-Stimmen in den einzelnen Bezirken mit Hilfe der empirischen Analyse nur zu weniger als 50 Prozent (statistisch) erklärt werden.

Die begrenzte Erklärungskraft unserer Analyse ist allerdings nicht sonderlich überraschend. Implizit wird nämlich unterstellt, die Stimmbürger würden den Ankauf der Picasso-Gemälde ausschließlich nach Maßgabe ihres direkten Konsumnutzens beurteilen. In Kapitel 2 haben wir dagegen argumentiert, die Kunst könne beträchtliche Vermächtnis-, Prestige- und Optionswerte beinhalten, die in der Analyse zu berücksichtigen sind.

Der Einfluß des Vermächtniswertes auf die Referendums-Entscheidung kann indirekt über die Kinderzahl (im Alter von 0–15 Jahren) je Stimmbürger erfaßt werden, der des Prestigewertes über den Anteil an Stimmberechtigten, die in Basel geboren wurden, und von daher einen stärkeren Bezug zu Geschichte und Kultur dieser Stadt haben dürften und der des Optionswertes schließlich über den Anteil an Stimmberechtigten, die im Besitz einer Saisonkarte für die beiden öffentlichen Theater der Stadt sind, da sie auf diese Weise ihr Interesse bekunden, sich die Option auf einen Besuch kultureller Institutionen offen zu halten. Alle drei Faktoren führen zu einer größeren Zustimmung zu dem vorgeschlagenen Gemäldekauf. Darüber hinaus lassen sich die nichtmonetären Kosten eines Museumsbesuchs explizit in die Analyse einbeziehen, indem auch das Bildungsniveau, gemessen am Anteil der Stimmberechtigten mit Abitur- oder Hochschulabschluß, berücksichtigt wird. Schließlich kann man auch die Intensität mit einfließen lassen, mit der die Stimmberechtigten der einzelnen Bezirke (anteilsmäßig) ihre Anerkennung für die Qualität des Kunstmuseums offenlegen, indem zwischen Mitgliedern und Nichtmitgliedern des Vereins der ‚Freunde des Kunstmuseums' differenziert wird. Die Schätzergebnisse für diese erweiterte Analyse finden sich ebenfalls im Anhang.

Sobald Vermächtnis-, Prestige- und Optionswert sowie Bildungsniveau und Intensität der Präferenzen berücksichtigt werden, nimmt die Erklärungskraft der geschätzten Beziehung deutlich zu. Die unterschiedlichen Anteile an Ja- und Nein-Stimmen können zu einem erheblich höheren Prozentsatz erklärt werden (nämlich zu 85 anstatt, wie vorher, zu 47 Prozent). Außerdem verdeutlichen die Ergebnisse die Bedeutung jener Faktoren, die über die enge Wahrnehmung direkter, privater Nutzen hinausgehen.

Abbildung 10.1 stellt für die einzelnen Stimmbezirke die Ergebnisse gegenüber, die unter Verwendung der beiden Abstimmungsfunktionen gewonnen wurden. Außerdem enthält sie jeweils die tatsächlichen Abstimmungsergebnisse. Es wird deutlich, daß die ausschließliche Berücksichtigung rein privater Konsumaspekte nur eine unzureichende Erklärung der tatsächlichen Ergebnisse bieten kann. Vielmehr sind sowohl Vermächtnis-, Prestige- und Optionswert als auch nichtmonetäre Kosten und Präferenzintensitäten von großer Bedeutung. Die Ergebnisse auf der Grundlage der erweiterten Abstimmungsfunktion kommen den tatsächlichen Referendumsergebnissen sehr viel näher.[1]

Dieser Schluß wird auch durch das Gesamtergebnis gestützt. Während eine Analyse, die ausschließlich auf direkten Konsumnutzen abstellt, eine Gesamtzustimmung von 46,2 Prozent ‚prognostiziert', sagt der erweiterte Ansatz ein Ergebnis von 52,9 Prozent Ja-Stimmen voraus. Die tatsächliche Zustimmungsrate betrug 53,9 Prozent. Somit können wir mit Hilfe des letztgenannten Ansatzes besser erklären, weshalb die Basler Stimmbürger den Ankauf der beiden Picasso-Gemälde unterstützt haben.

Im Rahmen dieses Referendums wurde vermutlich zum ersten Mal eine Bevölkerung aufgefordert, ihre Meinung über moderne Kunst offenzulegen, und zwar in voller Kenntnis der finanziellen Konsequenzen, die die Entscheidung impliziert. Es bleibt anzumerken, daß der positive Ausgang dieser

---

[1] Die absolute Abweichung zwischen den tatsächlichen Ergebnissen und denjenigen, die wir auf der Grundlage der erweiterten Abstimmungsfunktion ermittelt haben, beträgt im Durchschnitt lediglich 1,3 Prozentpunkte (im Gegensatz zu 6,5 Prozentpunkten, wenn eine Abstimmungsfunktion zugrunde gelegt wird, die nur den direkten Konsumaspekten Rechnung trägt).

Abbildung 10.1: Vergleich der tatsächlichen mit den mit Hilfe der beiden Abstimmungsfunktionen geschätzten Referendumsergebnissen nach Stimmbezirken

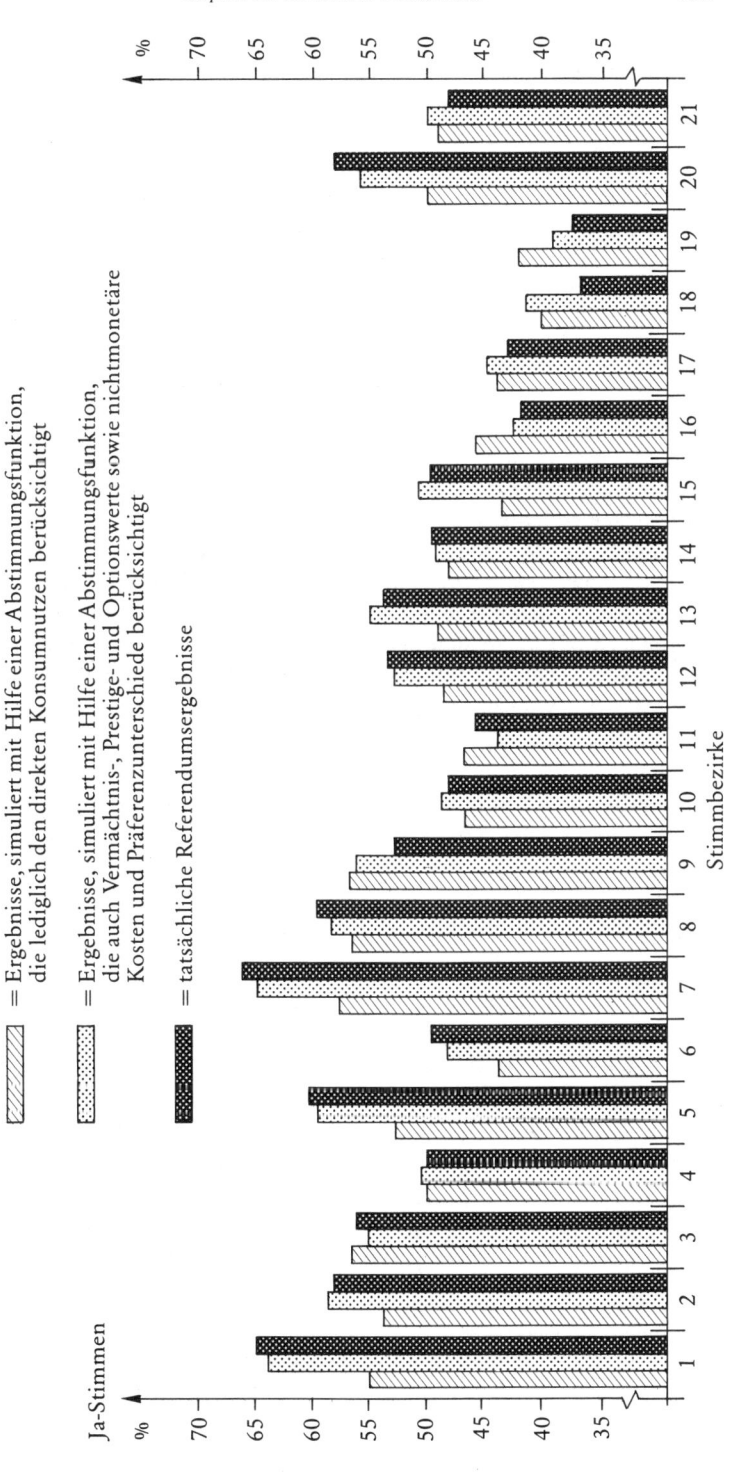

▨ = Ergebnisse, simuliert mit Hilfe einer Abstimmungsfunktion, die lediglich den direkten Konsumnutzen berücksichtigt

▦ = Ergebnisse, simuliert mit Hilfe einer Abstimmungsfunktion, die auch Vermächtnis-, Prestige- und Optionswerte sowie nichtmonetäre Kosten und Präferenzunterschiede berücksichtigt

■ = tatsächliche Referendumsergebnisse

Sachabstimmung zu jener Zeit (1967) keineswegs eine Selbstverständlichkeit war. Im Gegenteil, viele Kunstliebhaber hatten größte Bedenken, eine derartige Entscheidung der ‚ungebildeten' Allgemeinheit zu überlassen. Dementsprechend groß war die Erleichterung, als das Ergebnis eine deutliche Wertschätzung der Kunst offenbarte. Auch Picasso selbst war sich der Bedeutung dieses Ereignisses bewußt. Er war darüber so erfreut, daß er der Bevölkerung von Basel zusätzlich zwei Bilder, namentlich *Vénus et l'amour* und *Le couple*, sowie zwei Zeichnungen, *Homme, femme et enfant* und *Les demoiselles d'Avignon* zum Geschenk machte.[2]

III. Referenda über ein Theater

Auch in unserem zweiten Beispiel war es die Bevölkerung des Kantons Basel-Stadt, die im Wege eines Referendums über Fragen der Kunstförderung zu entscheiden hatte: Im September 1973 sollte über den Vorschlag abgestimmt werden, die öffentlichen Subventionen für das städtische Theater zu erhöhen. Im einzelnen war eine Anhebung der jährlichen Subventionen zu den Betriebskosten von zehn Mio. SFr. auf 13 Mio. SFr. angestrebt worden, was jedoch mit einer Mehrheit von 57 Prozent Nein-Stimmen abgelehnt wurde. Wir wollen das Wahlverhalten der Basler in diesem Fall mit einer ähnlichen Analyse wie im vorangegangenen Abschnitt untersuchen.

Wir versuchen herauszufinden, wie die vorgeschlagene Erhöhung der Subventionierung zu modifizieren wäre, um in einer zweiten Abstimmung, neun Monate später, den Präferenzen der Stimmbürger näher zu kommen und damit eine mehrheitliche Zustimmung zu erreichen. Die Befürworter der Maßnahme waren der Meinung, daß ihr Vorschlag angenommen würde, wenn die erstrebte Anhebung weniger hoch wäre. Deshalb wurden im zweiten Anlauf nur noch zwei Mio. (anstatt drei Mio.) SFr. mehr pro Jahr vorgeschlagen.

Die von uns verwendete Schätzmethode entspricht der, die wir schon im Falle des Picasso-Referendums angewendet haben (die Ergebnisse finden sich wiederum im Anhang). Auch in diesem Fall liefert uns die empirische Analyse zufriedenstellende Ergebnisse. Wie das ökonomische Modell menschlichen Verhaltens erwarten läßt, kommen in dieser Entscheidung die gleichen Einflußfaktoren zum Tragen, die schon das Ergebnis des Picasso-Referendums bestimmten: Je höher Einkommen und Bildungsniveau der Wähler,

---

[2] Ex post stellte sich die Entscheidung der Basler auch unter rein finanziellen Gesichtspunkten als durchaus vernünftig heraus. Die Auktionspreise für Picasso-Gemälde sind (bis 1987) derart stark gestiegen, daß deren Besitzer im (gewichteten) Durchschnitt eine reale Ertragsrate von 13,2 Prozent jährlich realisieren konnten (ermittelt für eine Stichprobe von 16 Arbeiten, darunter *La gommeuse, La belle Hollandaise*, sowie ein Selbstportrait aus dem Jahre 1902). Es ist allerdings fraglich, ob dieser Trend auch in der Zukunft anhalten wird (siehe dazu Kap. 7).

und je wichtiger Options- und Prestigewerte sind, desto größer ist auch die Zustimmung zu höheren Subventionen für das städtische Theater. Das gilt insbesondere für Besitzer von Saisonkarten, die zweifellos eine stärkere Präferenzintensität für das Theater aufweisen. Schließlich ist die Zustimmung, wie im Falle des Picasso-Referendums, umso niedriger, je höher die zu erwartende zusätzliche Steuerbelastung der Stimmbürger und je höher die für einen Besuch des Theaters in Kauf zu nehmenden Anfahrtskosten sind.

Im Rahmen einer empirischen Untersuchung des ersten Referendums (September 1973) läßt sich bestimmen, um wieviel niedriger die vorgeschlagene Anhebung hätte sein müssen, um in der zweiten Abstimmung, die im Juni 1974 stattfand, die mehrheitliche Zustimmung der Wähler zu finden. Die Ergebnisse lassen einen umso höheren Anteil an Ja-Stimmen erwarten, je niedriger die vorgeschlagene Erhöhung ausfällt, da dann auch die voraussichtliche Steuermehrbelastung umso geringer ist. Es läßt sich eine Gleichung schätzen, die uns erlaubt, die Austauschbeziehung zwischen dem Ausmaß der prozen-

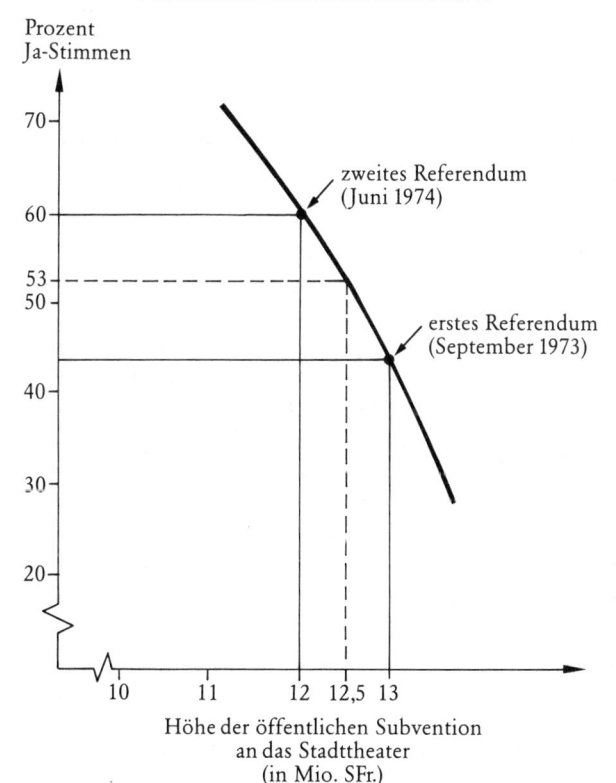

Abbildung 10.2: Austauschbeziehung zwischen Zustimmungsgrad und Höhe der Subventionen an das Stadttheater Basel

tualen Zustimmung und der Höhe der vorgeschlagenen Subventionierung zu berechnen. Abbildung 10.2 verdeutlicht diesen Zusammenhang:

Wenn die im ersten Durchgang abgelehnte Subvention von 13 Mio. SFr. um 0,5 Mio. reduziert wird, steigt der Anteil der Ja-Stimmen auf eine Mehrheit von 53 Prozent. Tatsächlich war die von der Regierung im zweiten Durchgang vorgenommene Kürzung wesentlich höher (nämlich um eine Mio. SFr.). Unsere Analyse läßt für diesen Vorschlag eine Zustimmung von 60 Prozent erwarten. Wie sich zeigt, bewährte sich unser Modell sehr gut, denn das zweite Referendum im Juni 1974 hatte eine Mehrheit von 59,9 Prozent Ja-Stimmen erbracht.[3]

Warum aber nahm die Regierung von Basel-Stadt die von ihr gewünschte Ausgabenerhöhung um so viel mehr zurück, als zum Erreichen einer knappen Mehrheit (nur etwas über 50 Prozent Zustimmung) erforderlich gewesen wäre? Die Antwort ist einfach: In sechs von sieben vorangegangenen Abstimmungen über verschiedene politische Maßnahmen (unter anderem die Erhöhung der Kraftfahrzeugsteuern und die Einführung von Gehältern für die Mitglieder des kantonalen Parlaments) waren die jeweiligen Regierungsvorlagen am Votum der Wähler gescheitert. Angesichts dieser Situation hatten die Politiker offenkundig den Wunsch, eine klare Mehrheit für eine ihrer Vorlagen zu erhalten.

IV. Kann Kultur in der direkten Demokratie überleben?

Indem die Basler Bürger die Abstimmungsvorlagen über Picasso und die Theatersubventionen unterstützten, gaben sie ein klares Votum für die Kunst ab. Spiegelt dieses Ergebnis nun eine Besonderheit des Kantons Basel-Stadt wider, oder lassen sich daraus allgemeine Schlüsse für die direkte Demokratie ziehen? Um dieser Frage nachzugehen, untersuchen wir eine große Zahl von Abstimmungen, bei denen die Stimmberechtigten mehrerer Schweizer Städte über Ausgaben im Kulturbereich entscheiden mußten, und vergleichen deren Ergebnisse mit denjenigen der Abstimmungen über alle anderen Ausgabenbereiche. Des weitern läßt sich untersuchen, wie sich diese Ergebnisse im Zeitablauf verändert haben. Tabelle 10.1 enthält für die neun größten Schweizer Städte (mit direkter Demokratie) jeweils die Zahl der Abstimmungen über Kunst- und Kulturausgaben nach dem Zweiten Weltkrieg, ferner die Häufigkeit, mit der die entsprechenden Vorlagen mehrheitlich angenommen wurde, und zum Vergleich die entsprechenden Angaben für Abstimmungen über alle sonstigen öffentlichen Ausgabenvorhaben.

---

[3] Darüber hinaus weichen auch die Voraussagen für die einzelnen Bezirke kaum von den tatsächlichen Ergebnissen ab. Die absolute Abweichung beträgt im Durchschnitt lediglich 1,7 Prozentpunkte.

Kapitel 10: Kunst und Demokratie   199

Tabelle 10.1: Ergebnisse von Volksabstimmungen über öffentliche Ausgaben für Kunst und Kultur sowie für alle sonstigen Ausgabenvorhaben; alle größeren Schweizer Städte (mit direkter Demokratie), 1950–1983[a]

Städte	Referenden über öffentliche Ausgaben für Kunst und Kultur		Referenden über alle anderen öffentlichen Ausgabenvorhaben	
	Anzahl	Anteil Referenden, die mehrheitlich befürwortet wurden (in %)	Anzahl	Anteil Referenden, die mehrheitlich befürwortet wurden (in %)
Basel	9	55,5	54	57,4
Biel	5	60,0	132	90,1
Luzern	6	66,7	143	88,8
Chur	7	71,4	74	79,7
Zürich	24	83,3	415	91,6
St. Gallen	17	88,2	145	86,9
Winterthur	20	90,0	311	86,2
Bern	15	93,3	280	96,8
Thun	5	100,0	147	95,2
Insgesamt, 1950–1980 (gewichtetes Mittel)	108	82,4	1701	89,5
Teilperioden:				
1950–1964	51	78,4	881	92,8
1965–1973	29	82,8	537	90,1
1974–1983	28	85,7	283	77,0

[a] Es wurden jene Städte ausgewählt, in denen im betrachteten Zeitraum über mindestens fünf Kunst- und Kulturvorlagen durch das Volk entschieden wurde.

Quelle: Eigene Berechnungen anhand der offiziellen Abstimmungsstatistiken.

Es zeigt sich, daß gerade in Basel – jener Stadt, von der in den beiden vorangegangenen Abschnitten die Rede war – zusätzliche Ausgaben für Kunst und Kultur vergleichsweise selten die Zustimmung der Stimmberechtigten fanden, obwohl auch hier mehr als die Hälfte der entsprechenden Vorlagen angenommen wurde. In anderen Städten, wie Zürich oder Bern, erhielten annähernd 90 Prozent der entsprechenden Regierungsvorlagen eine befürwortende Mehrheit. Insgesamt wurden 89 von 108 (82 Prozent) Vorlagen zu kulturellen Ausgaben angenommen. Von den über 1700 Referenda, die andere Ausgabenbereiche zum Inhalt hatten, fand ein etwas höherer Anteil (90 Prozent) eine Mehrheit. Dabei ergeben sich für einzelne Städte – abgesehen von Luzern und Biel – keine signifikanten Unterschiede zwischen dem Verhältnis von angenommenen zu abgelehnten Vorlagen im kulturellen und im nichtkulturellen Bereich. Die häufig vorgebrachte Behauptung, die Kulturförderung komme zwangsläufig zu kurz, wenn der Bevölkerung eine direkte Entscheidung über die entsprechenden Ausgaben ermöglicht würde, wird durch diese Ergebnisse nicht bestätigt.[4]

Der untere Teil von Tabelle 10.1 gibt an, wie sich der Anteil angenommener Referenden im Zeitablauf entwickelt hat. Insgesamt fanden zwischen 1950 und 1983 immer weniger Regierungsvorlagen über nichtkulturelle Staatsausgaben eine Mehrheit unter den Stimmberechtigten: Waren es zwischen 1959 und 1964 noch 93 Prozent, so wurden zwischen 1977 und 1983 nur noch 77 Prozent der entsprechenden Vorlagen angenommen. Bei Ausgabenentscheidungen im Kulturbereich verlief die Entwicklung dagegen umgekehrt: Der Anteil angenommener Vorschläge stieg von 78 Prozent (1950 bis 1964) auf 86 Prozent (1974 bis 1983), was sich übrigens nicht darauf zurückführen läßt, daß relativ weniger über Kulturausgaben abgestimmt wurde. Vielmehr war das Gegenteil der Fall.

Die Tatsache, daß Abstimmungsvorlagen zu kulturellen Fragen immer häufiger Mehrheiten fanden, spiegelt sich auch in der Entwicklung der kommunalen Kulturausgaben als Anteil an den Gesamtausgaben der Städte wider (Tabelle 10.2). Während zwischen 1965 und 1973 3,3 Prozent der gesamten Haushaltsmittel für kulturelle Zwecke aufgewendet wurden, waren es im Zeitraum 1974 bis 1983 4,9 Prozent. Dabei werden zunächst nur die eigenen Aufwendungen der Kommunen betrachtet; schließt man die Zuschüsse von anderen Regierungsebenen (im wesentlichen Kantone) mit ein, so läßt sich zwar ein gewisser Substitutionseffekt beobachten, d.h. die städtischen Regierungen ersetzten in bestimmtem Umfang eigene Aufwendungen durch

---

[4] Natürlich könnte man darin auch eine Besonderheit der Schweiz vermuten, wobei allerdings nicht ohne weiteres einzusehen ist, warum gerade die Schweizer bezüglich ihrer kulturellen Präferenzen eine Ausnahme darstellen sollten (wenn schon, dann gelten sie eher als besonders materialistisch, und damit als weniger kunstbeflissen).

Tabelle 10.2: Anteil der Kulturausgaben an den Gesamtausgaben der Städte[a], größere Schweizer Städte, 1965–1983[b]

Perioden	ohne Transfers von anderen Gebietskörperschaften	inklusive Transfers von anderen Gebietskörperschaften
1965–1973	3,3%	2,6%
1974–1983	4,9%	3,6%

[a] Städtische Kulturausgaben umfassen die Ausgaben für Büchereien, Museen, Theater und Konzerte, Denkmäler, historische Gebäude, Medien und sonstige kulturellen Dienste.
[b] Gleiche Städte wie in Tabelle 10.1.
Quelle: Eigene Berechnungen anhand unveröffentlichter Daten des Eidgenössischen Statistischen Amtes; für die Periode 1950 bis 1964 stehen keine Angaben zur Verfügung.

Mittel aus den kantonalen Haushalten. Gleichwohl ist eine Steigerung des Anteils der Kulturausgaben im Zeitablauf zu verzeichnen.

In einer demokratischen Gesellschaft gibt es eine Vielzahl von Entscheidungsmechanismen und Institutionen, die sich mit der Verwendung von staatlichen Haushaltsmitteln befassen. In einigen Ländern, wie zum Beispiel in Frankreich, disponieren die Bildungs- und Finanzministerien direkt über die Kuluretats. In anderen – insbesondere in angelsächsischen Ländern wie Großbritannien, aber auch Irland, Kanada, Australien oder den Vereinigten Staaten – finden sich spezielle Institutionen ('Arts Councils', 'National Endowment for the Arts'), deren Aufgabe darin besteht, zwischen der Regierung und den Empfängern der entsprechenden Fördergelder zu vermitteln. In deutschsprachigen Ländern (der Bundesrepublik Deutschland, Österreich sowie Teilen der Schweiz) entscheiden die Regierungen und Parlamente der verschiedenen föderalen Ebenen (insbesondere der Gemeinden) über die finanzielle Unterstützung der Kunst.

Im Mittelpunkt dieses Kapitels stand das direkte Referendum in seiner Eigenschaft als demokratischer Entscheidungsmechanismus. Für die häufig geäußerte Befürchtung, daß es ohne Interventionen einer kulturellen Elite um die Unterstützung der Kunst schlecht bestellt sei, fanden wir jedoch keine Evidenz: Kunst und direkte Demokratie sind *nicht* unvereinbar.

Anhang

Referendum über Picasso

Die statistisch zu erklärende Größe ist das Abstimmungsergebnis, und zwar der Anteil Ja-Stimmen an der Gesamtheit gültiger abgegebener Stimmen. Weil diese Variable auf den Bereich zwischen null und 100 Prozent beschränkt ist, stellt die Logittechnik (an Stelle der Methode der kleinsten Quadrate) das geeignete Verfahren dar.[5] Infolgedessen besteht die abhängige Variable im Logarithmus des Anteils der Ja-Stimmen zu dem der Nein-Stimmen (jeweils an den gesamten Stimmen). Die geschätzte Abstimmungsfunktion lautet:

$$\ln\left[\frac{\% \text{Ja} - \text{Stimmen}}{\% \text{Nein} - \text{Stimmen}}\right] = \begin{array}{ll} 0{,}17 & \text{Konstantglied} \\ 0{,}01^{**} & \text{steuerbares Einkommen} \\ (2{,}92) & \\ -0{,}10^{**} & \text{erwartete Steuermehrbelastung} \\ (-2{,}78) & \\ -0{,}01^{*} & \text{Fahrtkosten} \\ (-2{,}19) & \end{array}$$

$\overline{R}^2 = 0{,}47$, F-Wert = 11,4, F.G. = 17.

Die Klammern unter den geschätzten Koeffizienten enthalten die t-Werte. Zwei Sterne zeigen an, daß der entsprechende Parameter auf dem 99 Prozent-, ein Stern (in Klammern), daß er auf dem 95 Prozent- (90 Prozent-) Signifikanzniveau statistisch gesichert ist (bei einem zweiseitigen Test). $\overline{R}^2$ ist das multiple Bestimmtheitsmaß, korrigiert um die Anzahl Freiheitsgrade (F.G.). Der F-Wert gibt an, ob die erklärenden Variablen insgesamt einen statistisch signifikanten Einfluß auf die zu erklärende Größe haben.

Die Ergebnisse der Schätzungen für die weiter gefaßte Abstimmungsfunktion sind:

$$\ln\left[\frac{\% \text{Ja} - \text{Stimmen}}{\% \text{Nein} - \text{Stimmen}}\right] = \begin{array}{ll} -1{,}09 & \text{Konstantglied} \\ 0{,}02^{*} & \text{steuerbares Einkommen} \\ (2{,}37) & \\ -0{,}10^{**} & \text{erwartete Steuermehrbelastung} \\ (-2{,}69) & \\ -0{,}01 & \text{Fahrtkosten} \\ (-1{,}52) & \\ 0{,}03^{*} & \text{Vermächtniswert} \\ (2{,}02) & \\ 0{,}13^{*} & \text{Prestigewert} \\ (2{,}52) & \\ 0{,}05^{*} & \text{Optionswert} \\ (2{,}34) & \end{array}$$

---

[5] Für eine allgemeine Darstellung der ökonometrischen Modellierung von Sachabstimmungen siehe McFadden (1976), Rubinfeld (1977) und Pommerehne (1987, Kap. 7).

0,02*	schulische Bildung
(2,02)	
0,01*	Präferenzintensität
(2,14)	

$\overline{R}^2 = 0{,}85$, F-Wert = 12,2, F. G. = 12.

Referendum über Theatersubventionen

$$\ln\left[\frac{\%\,\text{Ja} - \text{Stimmen}}{\%\,\text{Nein} - \text{Stimmen}}\right] =$$

0,08	Konstantglied
0,02**	steuerbares Einkommen
(3,70)	
−0,11**	erwartete Steuermehrbelastung
(−2,91)	
−0,01	Fahrtkosten
(−0,90)	
0,02(*)	Vermächtniswert
(1,79)	
0,12*	Prestigewert
(2,03)	
0,01(*)	schulische Bildung
(1,92)	
0,07**	Präferenzintensität
(2,72)	

$\overline{R}^2 = 0{,}93$, F-Wert = 20,1, F. G. = 13.

Kapitel 11: Staatliche Kunstförderung

Diejenigen, die – sei es auf der Angebots-, sei es auf der Nachfrageseite – in irgendeiner Weise über Kunst entscheiden, verfügen über eine Reihe von Instrumenten, um ihre Ziele zu erreichen. In diesem Kapitel wollen wir einige dieser Instrumente untersuchen, um ihre Funktionsweise besser zu verstehen und herauszufinden, wie sich eine effiziente Kunstpolitik verwirklichen läßt.

Im allgemeinen analysieren Ökonomen Instrumente im Hinblick auf ihre allokativen und distributiven Wirkungen. „Allokation" bezieht sich in diesem Zusammenhang auf die Wahl von Inputfaktoren, auf Produktionsprozesse sowie auf Output in Form von künstlerischen Aktivitäten oder von Kunstobjekten. „Distribution" erstreckt sich dagegen auf Aspekte der relativen Einkommen von Kunstproduzenten und -konsumenten sowie auf die räumliche Verteilung des Kunstangebots – etwa zwischen Regionen oder zwischen Kernstadt und Vororten – und die entsprechende Nutzenverteilung. Mit Ausnahme der geographischen Verteilung des Angebots an Kunst, die an anderer Stelle ausführlich behandelt wird,[1] haben wir derlei allokative und distributive Aspekte in verschiedenen Kapiteln unseres Buches behandelt.[2] Wir haben besonderen Wert darauf gelegt, als Maßstab zur Bewertung der jeweils betrachteten Instrumente nicht den Mythos des „Allgemeinwohls" zu bemühen, da sich der vielzitierte „Nutzen für die Allgemeinheit" – oder, in der Sprache der Ökonomen, die „soziale Wohlfahrtsfunktion" – im allgemeinen nicht bestimmen läßt. Darüber hinaus unterliegt auch kein Entscheidungsträger einem wirksamen Anreiz, sich die Verfolgung des „Allgemeinwohls" zum Ziel zu setzen (Lingle 1992).

In diesem Kapitel wollen wir zwei grundlegende Ansätze für eine Politik der Kulturförderung erörtern: Der erste beinhaltet die Schaffung günstiger Rahmenbedingungen für die Produktion von Kunst, der zweite die Mobilisierung direkter und indirekter staatlicher Finanzhilfen, die sowohl mit den individuellen Präferenzen als auch mit den Handlungsanreizen der wesentlichen Entscheidungsträger vereinbar sind.

---

[1] Vgl. Throsby (1982), Jenkins und Austen-Smith (1982, 1987), Katz (1983), Austen-Smith und Jenkins (1984), Hofferbert und Urice (1985), Blau und Quets (1985), Blau (1986), Schuster (1988, 1989), Heilbrunn (1989), Hummel (1990), Clotfelter (1991) und Netzer (1992).
[2] Es gibt darüber hinaus eine Reihe von Untersuchungen, die sich ausführlich mit den Effizienz-Aspekten bestimmter kulturpolitischer Instrumente beschäftigen; siehe insbesondere Globerman (1980), Austen-Smith (1980, 1984), Gapinski (1985, 1988a).

Zunächst muß jedoch ein immer wieder auftretendes Mißverständnis ausgeräumt werden: Häufig wird eingewendet, daß mit der Festlegung der Instrumente, die den beteiligten Individuen zur Erreichung ihrer Ziele zur Verfügung stehen, auch der *Inhalt* der künstlerischen Produktion vollständig bestimmt werde; insbesondere würde ohne staatliches Eingreifen ausschließlich Kunst minderer Qualität hervorgebracht. Bestimmte Instrumente – namentlich jene, die sich auf den Markt beziehen – werden damit ausschließlich und in unmittelbarem Zusammenhang mit qualitativ minderwertiger Kunst gesehen. Wir haben uns in diesem Buch bemüht, deutlich zu machen, daß eine solche Sichtweise unhaltbar ist. Unter anderem haben wir anhand vieler Beispiele verdeutlicht, daß mit Hilfe des Marktes und unter marktmäßigen Bedingungen Kunst von unbestreitbar höchster Qualität hervorgebracht wurde. Ebenso haben wir gezeigt, daß staatliche Unterstützung *sowohl* hohe *als auch* niedrige Qualität im künstlerischen Schaffen bedingen kann, je nachdem, welche Anreizeffekte im Einzelfall von der Unterstützung ausgehen.

I. Schaffung günstiger Rahmenbedingungen

Eine Vielzahl von Institutionen und Regeln bietet Individuen sowohl die Möglichkeit als auch den Anreiz, sich in der innovativen und unabhängigen Produktion von Kunst zu engagieren. Institutionelle Rahmenbedingungen können die Bildung von funktionsfähigen Märkten erheblich erleichtern, ohne den Beteiligten nennenswerte (finanzielle) Kosten aufzuerlegen. Gleichzeitig haben sie den Vorteil, daß eine qualitative Beurteilung des künstlerischen Schaffens durch staatliche Stellen überflüssig wird. Diesen bleibt vielmehr die Aufgabe, sich um die Verbesserung der Rahmenbedingungen für die Produktion von sowie für den Handel mit Kunst und um einen erleichterten Zugang für potentielle Nachfrager zu kümmern.

Eine der wichtigsten Institutionen in diesem Zusammenhang ist das Copyright, das im Einzelfall spezifiziert und geschützt werden muß und unter anderem auch dazu dient, exzessive Einkommen (etwa wegen zu langen Schutzes) zu verhindern.[3] Dasselbe gilt für Veröffentlichungsrechte, die inter alia Raubdrucke verhindern sollen, ohne jedoch unbegrenzten Schutz zu bieten. Ganz allgemein kann der Staat bei der Schaffung und Durchsetzung von Eigentumsrechten institutionell behilflich sein, denn erst dadurch wird es den Produzenten von Kunst möglich, die finanziellen Früchte ihrer Arbeit zu ernten, was wiederum eine Grundbedingung dafür ist, daß sich überhaupt je-

---

[3] Siehe im einzelnen Filer (1984), Liebowitz (1985), Johnson (1985), Adelstein und Peretz (1986), Novos und Waldman (1987), Pethig (1988), Besen und Kirby (1989), Landes und Posner (1989) sowie Koboldt und Schmidtchen (1990).

mand auf diesem Gebiet engagiert. Bildungsinstitutionen wie Theater, Radio- und Fernsehanstalten oder auch Schallplattenfirmen, die einerseits den Kunstschaffenden Raum für Experimente und für die Entwicklung neuer Ideen und Darstellungsformen lassen, müssen andererseits in der Lage sein, den Nutznießern ihrer Aufführungen und Veröffentlichungen die Zahlung eines Geldpreises abzuverlangen, wenn nötig unter der Androhung, Zahlungsunwillige vom Markt auszuschließen.

Es gibt viele Beispiele für öffentliche *Auflagen* und *Vorschriften*, die von den jeweiligen staatlichen Stellen ursprünglich durchaus gut gemeint waren, sich jedoch schon bald als hinderlich für die Produktion von Kunst erwiesen. Im allgemeinen führt eine übermäßige staatliche Regulierungspolitik dazu, bestehende Strukturen zu verhärten und damit Veränderungen jeglicher Art unverhältnismäßig zu erschweren. Werden zum Beispiel die Arbeitszeiten von Angestellten eines öffentlichen Museums aufgrund staatlicher Vorschriften zu detailliert und rigide festgeschrieben, so wird es der Museumsleitung praktisch unmöglich gemacht, bei den Öffnungszeiten flexibel auf veränderte Bedürfnisse der potentiellen Besucher zu reagieren. Im dritten Kapitel haben wir ausführlich dargelegt, wie die auf dem europäischen Kontinent vorherrschenden kameralistischen Budgetierungsprinzipien des öffentlichen Sektors ein effizientes Management von Kulturinstitutionen verhindern. Ein Beispiel hierfür ist das Non-Affektations-Prinzip, daß sämtliche von einem Theater oder Museum eingesparten Mittel wieder der allgemeinen Staatskasse zugeführt werden müssen, anstatt sie innerhalb der Institution internalisieren zu können, indem man sie etwa dem Haushalt des folgenden Jahres zuschlägt. Für die betreffende Institution sind eingesparte Mittel damit verloren. Die rationale Antwort auf dieses Budgetierungsprinzip kann daher nur lauten, alles auszugeben und sei es zu völlig unsinnigen Zwecken.

In den letzten Jahrzehnten gab es in den meisten Industrieländern eine Bewegung hin zu politisch festgeschriebenen *Mitbestimmungsregeln*, die auch an Kunst- und Kulturinstitutionen nicht vorbeigegangen ist (Weil 1983). Zweifellos ist eine enge Zusammenarbeit zwischen der Leitung und den Schauspielern in einem Theater oder zwischen Direktoren und Kuratoren in Museen sinnvoll – erfolgreiche Institutionen haben sie zu allen Zeiten praktiziert, ohne daß sie gesetzlich vorgeschrieben gewesen wäre. Anders verhält es sich aber, wenn die auf die Industrie und die Verwaltung zugeschnittenen Mitbestimmungsregeln mechanistisch auf Kulturinstitutionen übertragen werden. Wie kann sich ein Museum flexibel den veränderten Interessen und Bedürfnissen des Publikums anpassen, wenn ein Gremium, das sich aus den Repräsentanten aller Arten von Beschäftigten zusammensetzt, bei jeder wichtigen Entscheidung – einschließlich Neuanschaffung und Ausstellungsplanung – mitbestimmt? Das Problem liegt jedoch nicht so sehr in den Mitspracherechten inkompetenter Personen, sondern vor allem darin, daß bei derartigen Mitbestimmungsregeln an tatsächliche und potentielle Besucher überhaupt nicht gedacht wurde. Jedes private Unternehmen, das im Wettbewerb mit anderen steht, muß sich, wenn es seine Existenz sichern will, in seinem Angebot den Präferenzen der Konsumenten anpassen; für staatlich betriebene Kunstinstitutionen ist dies nicht der Fall. Daraus einen Kollaps jeder künstlerischen Produktion abzuleiten, mag übertrieben sein. Dennoch tendieren staatlich subventionierte Kulturinstitutionen dazu, auf die Nachfrage potentieller Besucher nicht einzugehen, und diejenigen unter ihnen, die dies anstreben, müssen immer mehr Zeit und Energie aufbringen, um überhaupt irgendeine Neuerung durchzusetzen – so daß zumindest die Gefahr besteht, daß die künstlerischen Aufgaben zweitrangig werden.

II. Direkte und indirekte finanzielle Unterstützung

Eine Maßnahme, die den Anbietern von Kunst und Kultur einen größeren Handlungsspielraum verschafft, besteht in der Gewährung von Steuererleichterungen für Privatpersonen und Unternehmen als Gegenleistung für Schenkungen und Spenden an nicht-gewinnorientierte Institutionen, zu denen in den Vereinigten Staaten – neben Kirchen und Wohlfahrtseinrichtungen – auch Kulturinstitutionen zählen. Umfang und Bedeutung derartiger Steuererleichterungen lassen sich nur schwer abschätzen. Dennoch kann man davon ausgehen, daß diese *indirekten* Finanzhilfen im Falle der Vereinigten Staaten ungefähr in der Größenordnung von einem Drittel aller staatlichen Ausgaben für Kunst und Kultur liegen.[4] Allerdings haben die Empfänger dieser Art von Unterstützung – wir nannten sie ‚tax expenditure' oder auch ‚Steuerausgaben' – nur noch geringe Anreize zur Gewinnerzielung, da sie riskieren würden, ihren Status der Gemeinnützigkeit (und damit auch ihre Steuerprivilegien) zu verlieren, mit dem Ergebnis, daß Spenden und Geschenke für die Spender steuerlich nicht mehr abzugsfähig wären.

Finanzielle Unterstützung in Form von Steuerausgaben bedeutet jedoch nicht notwendigerweise, daß deren Empfänger mögliche Überschüsse in Form überhöhter Aufwendungen (Kosten) sinnlos ausgeben. Vielmehr stehen sie unter dem Druck, den tatsächlichen und potentiellen Spendern nach-

---

[4] Weitere nicht oder nicht so leicht aus dem Staatshaushalt ersichtliche Unterstützung erhalten die nicht-gewinnorientierten Institutionen in den Vereinigten Staaten – abgesehen von der Befreiung von der property tax, die bedeutend ist – in Form der Befreiung von der Portopflicht und insbesondere dadurch, daß der Bund als Versicherer von jenen Kunstwerken auftritt, die als Teil von Sonderausstellungen (insbesondere aus dem Ausland) geliehen werden; vgl. im einzelnen Clotfelter (1991).

zuweisen, daß deren Zuwendungen ‚effizient' eingesetzt wurden, das heißt, daß sie tatsächlich ‚erstklassige' Theater- und Opernaufführungen mit bekannten Schauspielern und Sängern oder, im Falle von Museen, ‚herausragende' Neuanschaffungen und ‚außergewöhnliche' Ausstellungen ermöglicht haben. Es ist auch denkbar, daß die Vergabe von Spenden an Bedingungen gebunden wird, die ihrerseits den Handlungsspielraum der Entscheidungsträger in den Kulturinstitutionen einschränken. In den Vereinigten Staaten scheint dem jedoch ein gewisser Wettbewerb zwischen den potentiellen Spendern vorzubeugen. Gleichwohl erscheint es sinnvoll, ausschließlich monetäre Zuwendungen zu gestatten oder zu verfügen, daß im Falle der Schenkung von Objekten eventuelle Bedingungen entweder von vornherein unzulässig sind oder zumindest nach einer gewissen Zeit entfallen (Feld, O'Hare und Schuster 1983).

Ein anderer, nicht ohne weiteres von der Hand zu weisender Einwand gegen Steuererleichterungen besteht darin, daß derartige Steuerabzüge die Bezieher höherer Einkommen, die entsprechend höheren Grenzsteuersätzen unterliegen, bevorzugen. Dieses Problem ließe sich, einem Vorschlag von Peacock (1992) folgend, dadurch lösen, daß die entsprechenden Zuwendungen nur von solchen Steuern abgezogen werden dürfen, die nicht mit der Höhe des Einkommens oder des Vermögens variieren. Sofern diese Steuern von nachrangigen Gebietskörperschaften erhoben werden – als Beispiel sei die neue, inzwischen bereits wieder abgeschaffte lokale Gemeindegebühr in Großbritannien genannt –, könnten die entsprechenden Mindereinnahmen im nachhinein von einer höheren Ebene ausgeglichen werden. Insgesamt unterscheidet sich dieser Vorschlag erheblich von den herkömmlichen Sponsortätigkeiten privater Kunstliebhaber und Firmen, bei denen sich die potentiellen Spender rationalerweise eine Institution ihrer Wahl aussuchen, auf diese Weise aber auch in gewissem Umfang Entscheidungskompetenz erlangen.

Direkte finanzielle Unterstützung seitens des Staates kann sehr unterschiedliche Formen annehmen, dabei aber gleichzeitig auch die verschiedensten Auswirkungen auf Umfang und Qualität des künstlerischen Schaffens, auf Preise und andere einkommenspolitisch relevante Größen, auf die interne Organisation und auch auf die von der jeweiligen Kulturinstitution gewählte „Produktionstechnologie" haben. Die Wirkungen von festen Zuschüssen pro Zuschauer, von Subventionen auf der Grundlage des Kartenerlöses sowie von (negativen) Steuern auf den Kartenabsatz wurden in Kapitel 3 diskutiert. Direkte finanzielle Unterstützungen können aber auch den Besuchern dünn besiedelter Gebiete gegeben werden (so die in Norwegen angestrebte Politik, vgl. Gray 1992) – als Alternative zu der in Frankreich eingeschlagenen Politik der direkten Subventionierung von Kulturinstitutionen, damit diese Tourneen zu den potentiellen Besuchern (außerhalb von Paris) unternehmen.

Kapitel 11: Staatliche Kunstförderung

In der Mehrheit aller Fälle werden staatliche Subventionen jedoch auf ganz andere Weise vergeben, namentlich in Form direkter Zuwendungen, in deren Genuß insbesondere die großen und etablierten Institutionen, vornehmlich Theater, Opernhäuser und Orchester von internationalem Rang und Namen gelangen. Ein beträchtlicher Teil der für derlei Subventionen bereitgestellten Mittel fließt den entsprechenden Institutionen direkt zu, denn sie können – als prestigeträchtige Einrichtung – leicht geltend machen, daß sie einen hohen Bedarf aufweisen, nicht zuletzt wegen ihrer enormen Personalkosten. Oft erhalten das gesamte Personal in Technik und Verwaltung ebenso wie die beschäftigten Künstler schon nach kurzer Zeit eine Beschäftigungsgarantie. Außerdem werden Löhne und Gehälter gewöhnlich entsprechend der aktuellen Steigerung im öffentlichen Dienst angepaßt, womit das gesamte Personal praktisch Beamtenstatus erhält. Im Gegensatz dazu sind kleinere, eher unkonventionelle und mitunter noch in der Gründungsphase befindliche Theater normalerweise in der mißlichen Situation, unter sich aufteilen zu müssen, was von den staatlichen Subventionen nach Abzug der Zuwendungen an die großen und etablierten Institutionen vorhanden ist. Dabei handelt es sich im allgemeinen um bescheidene Beträge. Selbstverständlich fordern auch die etablierten Institutionen immer wieder eine angemessene Unterstützung der kleineren Häuser, fügen jedoch stets hinzu, daß zusätzliche Subventionen auf keinen Fall zu einer Einschränkung der ihnen gewährten Mittel führen dürften, da diese bereits gebunden seien.

Die Vergabe direkter Subventionen kann eine weitere unerwünschte Nebenwirkung haben, denn Regierungen neigen dazu, den Empfängern die Regeln und Richtlinien des öffentlichen Sektors aufzuerlegen. Offiziell wird dies damit begründet, daß so die formale Kontrolle über die Verwendung der betreffenden Mittel gewährleistet sei. Der wahre Grund dürfte jedoch darin bestehen, daß die Verantwortlichen im staatlichen Bereich auf diese Weise die Möglichkeit erhalten, interne Entscheidungsprozesse der bezuschußten Institutionen zu beeinflussen. Selten haben derartige Interventionen wünschenswerte Effekte gezeigt, vielmehr bringen sie eine unnötige Bürokratisierung und beträchtliche Inflexibilität mit sich.

Die Probleme, die sich selbst bei direkten Subventionen (ohne spezifische Auflagen) ergeben, haben zu neuen Vorschlägen für anreizgerechte Unterstützungsformen geführt. Insbesondere wird eine Variante des Systems „gemischter Finanzierung" diskutiert, das in einigen föderativen Ländern derzeit eingesetzt wird, um eine verstärkte Kulturförderung durch die nachgeordnete Gebietskörperschaften zu erreichen. Dieser Vorschlag sieht vor, daß die Ausgaben der unteren Ebene zu einem bestimmten Prozentsatz von der höheren Ebene aufgestockt werden. Entsprechend könnte man zur Förderung von Theatern deren selbständig erwirtschafteten Einkünfte (Kasseneinnahmen, Einkommen aus Programmverkauf usw., private Spenden) aufstocken. Auf diese Weise würden die betreffenden Institutionen ermutigt, sich stärker den Bedürfnissen ihres Publikums anzupassen, was wenigstens einen Teil der Probleme, die im Zusammenhang mit bedingungslos gewährten Subventionen anfallen, lösen könnte. Allerdings ist dieses Subventionssystem ebensowenig wie alle anderen direkten Formen in der Lage, neu hinzukommenden Anbietern den Markteintritt spürbar zu erleichtern. Schließlich bietet es auch keine Lösung des Problems, daß Theater und Museen in Großstädten in ihrem Bemühen, ihre Säle zu füllen und zusätzliche Einkünfte zu erzielen, einen erheblichen Vorsprung vor den Anbietern in dünn besiedelten, ländlichen Gegenden haben.

Grundsätzlich ließen sich diese Probleme durch die Einführung eines Systems lösen, in dem alle, das heißt sowohl die bestehenden als auch die neugeschaffenen Kunstinstitutionen sich gleichberechtigt und miteinander konkurrierend um öffentliche Fördermittel bewerben. Allerdings werden sich die bereits bestehenden Institutionen im Falle der Einführung eines solchen Systems sofort zu einem noch engeren Kartell zusammenschließen, um so Druck auf die verantwortlichen staatlichen Stellen auszuüben, daß an der bestehenden Aufteilung des Kulturetats nicht gerührt wird.

Aus diesem Grund setzen sich Ökonomen mit diesem Problem auf eine andere Weise auseinander. Ihrer Ansicht nach läßt sich der notwendige Wettbewerb zwischen Kunstanbietern nur erreichen, wenn den Konsumenten ein größeres Mitspracherecht eingeräumt wird. Zu diesem Zweck sollten an die potentiellen Nachfrager Kupons oder Gutscheine für verbilligte Eintrittskarten ausgegeben werden.[5] Die einzelnen Institutionen reichen die an ihren Kassen eingelösten Gutscheine an die zuständigen staatlichen Stellen weiter und werden dann entsprechend der Besuchernachfrage subventioniert. Damit würden die staatlichen Kunst- und Kultursubventionen entsprechend den Präferenzen der Konsumenten aufgeteilt, und die anbietenden Institutionen hätten einen stärkeren Anreiz, diese Präferenzen zu berücksichtigen, da sie nun im Wettbewerb um die begrenzten öffentlichen Fördermittel stünden. Schließlich würde auch die staatliche Bürokratie von der leidigen Aufgabe entbunden, eine Bewertung künstlerischer Aktivitäten vornehmen zu müssen, denn sie könnte sich darauf verlassen, daß sich die Anbieter gemäß ihren eigenen Interessen verhalten würden.

Ein maßgeblicher Vorteil des Gutscheinsystems läge darin, daß auch diejenigen Teile der Bevölkerung, die sich bisher gar nicht oder nur wenig für Kunst und Kultur interessiert haben, einen Anreiz erhielten, mehr Engagement zu zeigen. Dies betrifft sowohl untere soziale Schichten als auch ethnische Minderheiten und nicht zuletzt die Bevölkerung in kulturell unterentwickelten Regionen. Die Möglichkeit, mit Hilfe eines Gutscheins verbilligte, wenn nicht kostenlose Karten für kulturelle Veranstaltungen zu erhalten, könnte

---

[5] Siehe Peacock (1969, 1974), Bridges (1977), Baumol (1979), Horlacher (1984), Blaug (1984) und West (1986).

für alle an der Kultur Interessierte ein durchaus reizvolles Angebot darstellen.[6] Außerdem können wir davon ausgehen, daß der (in Kapitel 8 diskutierte) Ausstattungseffekt wirksam wird mit der Folge, daß sich eine verstärkte Nachfrage nach dem Angebot jener Institutionen entfalten wird, die in das Gutscheinprogramm einbezogen sind.

Im Grundsatz könnten die politischen Entscheidungsträger die Gutscheine auf jede ihnen angemessen erscheinende Art und Weise verteilen. So ist sowohl eine gleichmäßige Verteilung über die gesamte Bevölkerung denkbar als auch eine verstärkte Zuweisung an solche Gruppen, deren Teilnahme am kulturellen Leben besonders gefördert werden soll. Es stellt sich allerdings die Frage, ob nur die Empfänger der Gutscheine von diesen Gebrauch machen können, oder ob diese auch weitergegeben oder gar verkauft werden dürfen. Soweit es nur darum geht, den Wettbewerb zwischen den subventionierten Institutionen anzuregen, ist es völlig unbedeutend, wer im Besitz der Gutscheine ist. Wenn dagegen auch die Einbeziehung bisher unbeteiligter Bevölkerungskreise gefördert werden soll, dann müßte der Handel mit den Kupons zumindest begrenzt werden.

Die Frage, *wieviel* eine bestimmte Institution an staatlicher Unterstützung beziehen könnte, würde sich in einem Gutscheinsystem zwar nicht mehr stellen, jedoch müßte nun darüber entschieden werden, *welche* Institutionen in *welchem* Ausmaß in das Programm aufgenommen werden sollten. Man müßte sich beispielsweise darüber Klarheit verschaffen, ob auch eine folkloristische Musikveranstaltung oder ein Oldtimer-Museum berechtigt sein sollten, Karten gegen Gutscheine abzugeben, um auf diese Weise staatliche Subventionen zu beziehen. Weiterhin wäre im einzelnen festzulegen, ob wirklich die gesamte staatliche Kulturförderung oder nur ein Teil davon mit Hilfe des Gutscheinsystems betrieben werden sollte. Leider – zumindest aus Sicht der Ökonomen – ist ein solches System nie in größerem Ausmaß und auf Dauer zur Anwendung gekommen, obwohl man, insbesondere mit Off-Broadway Theatern und einigen Museen in New York (Bridges 1976; Baumol 1979) sowie mit Theatern in Kanada (West 1985) durchaus ermutigende Erfahrungen gemacht hat: Das Gutscheinsystem funktioniert.

Wir haben nun viele Möglichkeiten der Kunstförderung diskutiert – welches Fazit können wir daraus ziehen? Wenn man uns zwänge, den Kulturpolitikern einen einzigen Ratschlag zu geben, so würde er lauten:

Schafft institutionelle Regeln und Rahmenbedingungen, die es einer lebendigen Kunst ermöglichen, sich selbstständig zu entwickeln und zu bestehen!

---

[6] In diesen Fällen (mit einer höheren Preiselastizität der Nachfrage) sind Gutscheine vorteilhafter als direkte Zuwendungen an die Kulturinstitutionen einzuschätzen, da sie eine vergleichsweise stärkere Zunahme von Besuchern hervorrufen dürften; vgl. auch Osculati (1983).

Damit treffen wir weder die vorherrschenden kulturpolitischen Prinzipien des europäischen Kontinents, die sich voll und ganz auf direkte öffentliche Subventionen stützen, noch jene in den Vereinigten Staaten, wo die indirekte Unterstützung über ‚tax expenditures' das hauptsächliche Instrument darstellt. Wir wünschen uns daher, daß in der Zukunft mehr Wert auf die Voraussetzungen für künstlerisches Schaffen gelegt wird, denn wir sind davon überzeugt, daß die Kunst sehr wohl von selbst entsteht und gedeiht, wenn der äußere Rahmen sie nicht behindert.

Literaturverzeichnis

Abbé-Decarroux, François (1990), *La demande de services culturels: une analyse économique*. Dissertation, Universität Genf, Genf.
Abbé-Decarroux, François und Grin, François (1992), Risk, Risk Aversion, and the Demand for Performing Arts. In: Towse und Khakee (1992), 125–140.
Abele, Hanns (1987), The Vienna State Opera: A Case Study in Cultural Demand. In: Grant u. a. (1987), 142–147.
Abele, Hanns und Bauer, Hannes (1984), *Die Bundestheater in der Österreichischen Wirtschaft*. Wien: Österreichischer Bundestheaterverband.
A. C. A. [American Council of the Arts] (1980), *Americans and the Arts: A Survey of Public Opinion*. New York: St. Martin's Press.
A. C. G. B. [Arts Council of Great Britain] (1983), Opera and Dance (Report of the Study Group), Unveröff. Manuskript. A. C. B. G., London.
Adelstein, Richard P. und Peretz, Steven L. (1986), The Competition of Technologies in Markets for Ideas: Copyright and Fair Use in Evolutionary Perspective. *International Review of Law and Economics* 5, 209–238.
Adler, Moshe (1985), Stardom and Talent. *American Economic Review* 75, 208–212.
Akerlof, George A. und Dickens, William T. (1982), The Economic Consequences of Cognitive Dissonance. *American Economic Review* 72, 307–319.
Alchian, Armen A. und Demsetz, Harold (1972), Production, Information Costs, and Economic Organization. *American Economic Review* 62, 777–795.
Amt der Salzburger Landesregierung (1981), *Auswirkungen der Salzburger Festspiele auf Wirtschaft und Arbeitsmarkt*. Salzburg: Amt der Salzburger Landesregierung.
Anderson, Robert C. (1974), Paintings as an Investment. *Economic Inquiry* 12, 13–26.
Anderson, Robert J. und Maltezou, Sonia P. (1977), The Economic Condition of the Live Professional Theater in America. In: N. E. A. [National Endowment for the Arts], *Research in the Arts*. Washington, D. C.: N. E. A., 63–66.
Andreae, Clemens A. [Hrsg.] (1983a), *Kunst und Wirtschaft*. Köln: Bachem.
Andreae, Clemens A. (1983b), Die Salzburger Festspiele aus der Sicht des Ökonomen. In: *Salzburger Festspiele 1983*. Salzburg: Schriftenreihe des Landespressebüros, 100–110.
Andreae, Clemens A. und Smekal, Christian [Hrsg.] (1992), *Kulturförderung in den Alpenländern: Theorie und Praxis*. Innsbruck: Universitätsverlag Wagner.
Andreasen, Alan R. und Belk, Russel W. (1980), Predictors of Attendance at the Performing Arts. *Journal of Consumer Research* 7, 112–120.
Andrée, Otto G. (1956), *Theater-Subventionierung*. Dissertation, Universität Innsbruck, Innsbruck.
Art Trade Press, *Art Price Current*, verschiedene Jahre (seit 1907), London: Art Trade Press.
Ashenfelter, Orley (1989), How Auctions Work for Wine and Art. *Journal of Economic Perspectives* 3, 23–36.
Attali, Jacques (1977), *Bruits: essai sur l'économie politique de la musique*. Paris: Presses Universitaires de France.
Austen-Smith, David (1978), *Skilled Consumption and Political Economy of the Performing Arts*. Dissertation, Kings College, Cambridge.
Austen-Smith, David (1980), On the Impact of Revenue Subsidies on Repertory Theatre Policy. *Journal of Cultural Economics* 4, 9–17.

Austen-Smith, David (1984), Subsidies to the Arts with Multiple Public Donors. *Economic Record, Supplement*, 60, 381–391.
Austen-Smith, David und Jenkins, Stephen (1984), Subsidies to English Provincial Theatre. *ESRC Newsletter* 51, 17–18.
Austen-Smith, David und Jenkins, Stephen (1985), A Multiperiod Model of Nonprofit Enterprises. *Scottish Journal of Political Economy* 32, 119–134.

Bachmann, Asta-Maria und Schweikert, Uwe (1987), Jean Paul. In: Corino (1987), 178–191.
Bahn, Volker (1972), *Das subventionierte Theater der Bundesrepublik*. Dissertation, Freie Universität Berlin, Berlin.
Bajic, Vladimir (1985), Determinants of Theatre-Going: The Effect on the Choice of Residential Location. *Journal of Cultural Economics* 9, 60–70.
Bamossy, Gary (1982), Socializing Experience as Predictors of Performing Arts Patronage Behavior. *Journal of Cultural Economics* 6, 37–44.
Banfield, Edward C. (1984), *The Democratic Muse: Visual Arts and the Public Interest*. New York: Basic Books.
Barsky, Robert B. (1987), The Fisher Hypothesis and the Forecastability and Persistence of Inflation. *Journal of Monetary Economics* 19, 3–24.
Bartholomew, James (1989), Fine Art: High-Quality Earnings. *Far Eastern Economic Review* 145, 44–46.
Bator, Paul M. (1982), An Essay on the International Trade in Art. *Stanford Law Review* 34, 275–384.
Baumeister, Peter (1974), *Die Auktion: Zur Preisbildung für Seltenheitsgüter im Versteigerungsgewerbe*. Dissertation, Universität Mannheim, Mannheim.
Baumol, Hilda und Baumol, William J. [Hrsg.] (1984), *Inflation and the Performing Arts*. New York: New York University Press.
Baumol, Hilda und Baumol, William J. (1985), On the Cost Disease and its True Policy Implications for the Arts. In: David Greenaway und G. K. Shaw [Hrsg.], *Public Choice, Public Finance and Public Policy*. Oxford: Blackwell, 67–77.
Baumol, William J. (1971), Economics of the Athenian Drama: Its Relevance for the Arts in Small Cities Today. *Quarterly Journal of Economics* 85, 365–376.
Baumol, William J. (1979), On Two Experiments in the Pricing of Theatre Tickets. In: Michael J. Boskin [Hrsg.], *Economics of Human Welfare*. New York: Academic Press, 41–58.
Baumol, William J. (1986), Unnatural Value or Art Investment as Floating Crap Game. *American Economic Review, Papers and Proceedings*, 76, 10–16.
Baumol, William J. und Bowen, William G. (1966), *Performing Arts – The Economic Dilemma*. Cambridge, Mass.: Twentieth Century Fund.
Baumol, William J. und Oates, Wallace E. (1988), *Economics, Environmental Policy and the Quality of Life* (2. Aufl.). Englewood Cliffs, N.J.: Prentice-Hall.
Becker, Gary S. (1976), *The Economic Approach to Human Behavior*. Chicago, Ill.: University of Chicago Press.
Becker Gary S. (1981), *A Treatise on the Family*. Cambridge, Mass.: Harvard University Press.
Becker, Gary S. und Landes, William M. [Hrsg.] (1974), *Essays in the Economics of Crime and Punishment*. New York: Columbia University Press.
Becker, Gary S. und Murphy, Kevin M. (1988), A Theory of Rational Addiction. *Journal of Political Economy* 96, 675–700.
Becker, Peter von und Merschmeier, Michael (1989), Alle Welt ist Geld? Was Intendanten und Künstler heute im deutschsprachigen Theater verdienen. *Theater heute* 11, 1–5.

Beer, Valorie (1987), Great Expectations: Do Museums Know What Visitors are Doing? *Curator* 30, 206–215.

Behr, Vera, Gnad, Friedrich und Kunzmann, Klaus R.[Hrsg.] (1989), *Kultur, Wirtschaft, Stadtentwicklung*. Dortmund: Institut für Raumplanung.

Belk, Russell W. und Andreasen, Alan R. (1980), De gustibus non est disputandum: A Study of the Potential for Broadening the Appeal of Performing Arts. In: Jerry C. Olson [Hrsg.], *Advances in Consumer Research* 7. Ann Arbor, Mich.: Association for Consumer Research, 109–113.

Benkert, Wolfgang (1989), Zur Kritik von Umwegsrentabilitätsrechnungen im Kulturbereich. In: Behr, Gnad und Kunzmann (1989), 29–36.

Bergman, Barbara (1986), *The Economic Emergence of Women*. New York: Basic Books.

Bernier, Georges (1977), *L'art et l'argent: le marché de l'art au XXe siècle*. Paris: Laffont.

Bertouille, Gérard [Hrsg.] (1969), *L'oeuvre d'art entre ses disciplines et ses libertés*. Brüssel: Laconti.

Besen, Stanley M. und Kirby, Sheila N. (1989), Private Copying, Appropriability, and Optimal Copying Royalties. *Journal of Law and Economics* 32, 255–280.

Bigley, James D. (1987), Marketing in Museums: Background and Theoretical Foundations. *Museum Studies Journal* (Herbst/Winter), 14–21.

Blanc, Charles (1857/58), *Le trésor de la curiosité, tiré des catalogues de ventes* (2 Bände). Paris: Renouard.

Blattberg, Robert C. und Broderick, Cynthia J. (1991), Marketing the Art Museums. In: Feldstein (1991), 327–346.

Blau, Judith R. (1986), The Elite Arts, More or Less de rigueur: A Comparative Analysis of Metropolitan Culture. *Social Forces* 64, 875–905.

Blau, Judith R., Newman, Laurie und Schwartz, Joseph E. (1986), Internal Economies of Scale in Performing Arts Organizations. *Journal of Cultural Economics* 10, 63–76.

Blau, Judith R. und Quets, Gail A. (1985), The Geography of Arts Participation: Report on the 1982 and 1985 Surveys of Public Participation in the Arts. Unveröff. Manuskript. N. E. A., Washington, D. C.

Blaug, Mark [Hrsg.] (1976), *The Economics of the Arts*. Boulder und London: Westview Press und Martin Robertson.

Blaug, Mark (1978), Why Are Covent Garden Seat Prices so High? *Journal of Cultural Economics* 2, 1–20.

Blaug, Mark (1984), Education Vouchers – It All Depends on What You Mean. In: Julian Le Grand und Ray Robinson [Hrsg.], *Privatisation and the Welfare State*. London: Allen und Unwin, 160–176.

Blaukopf, Kurt (1989), *Beethovens Erben in der Mediamorphose*. Heiden: Niggli.

Blumentritt, Ulrich (1984), *Eine empirisch-theoretische Untersuchung über ein Modell zur ökonomischen Führung von Museen*. Köln: Rheinland Verlag.

Bode, Wilhelm von (1883), *Studien zur Geschichte der Holländischen Malerei*. Braunschweig: Vieweg.

Bode, Wilhelm von (1906), *Rembrandt und seine Zeitgenossen*. Leipzig: Seemann.

Bodo, Carla (1989), The Boom of Cultural Sponsorship in Italy. In: Waits u. a. (1989), 143–148.

Bohn, Volker (1987), Johann Wolfgang von Goethe. In: Corino (1987), 140–150.

Bonato, Leo, Gagliardi, Francesco und Gorelli, Stefano (1990), The Demand for Live Performing Arts in Italy. *Journal of Cultural Economics* 14, 41–52.

Bongard, Willi (1974), Zur Frage des Geschmacks in der Rezeption bildender Kunst der Gegenwart. *Kölner Zeitschrift für Soziologie und Sozialpsychologie* 17 [Sonderheft], 250–264.

Bott, Gerhard [Hrsg.] (1970), *Das Museum der Zukunft*. Köln: DuMont.

Bourdieu, Pierre (1969), *L'amour de l'art: les musées d'art européens et leur public*. Paris: Editions de minuit.
Bourdieu, Pierre und Dardel, Alain (1966), *L'amour de l'art: les musées et leur public*. Paris: Editions de minuit.
Bowden, Christopher (1986), Marketing a Rediscovery: Renoir at the Boston Museum of Fine Arts. *Museum News* 41, 40–45.
Boxer, A. H. (1970), The Art Market. *Economic Papers* 35, 1–7.
Braam, Fred A. van und Romeny, Abter H. [Hrsg.] (1949–1951), *World Collectors' Annuary*, Bd. 1–3. Delft und Amsterdam: Brouwer.
Braden, Su (1978), *Artists and People*. London: Routledge und Kegan.
Bradshaw, Tom (1984), The Examination of the Comparability of the 1970 and 1980 Census Statistics on Artists. In: Hendon, Grant und Shaw (1984), 256–266.
Bredius, Abraham (1935), *Rembrandt Gemälde*. Wien: Phaidon.
Bredius, Abraham (1969), Rembrandt: The Complete Paintings. In: Gerson (1969),
Bridges, Gary (1976), Cultural Vouchers. *Museum News* 54, 21–26.
Bridges, Gary (1977), Citizen Choice in Public Services: Voucher Systems. In: Emanuel S. Savas [Hrsg.], *Alternatives for Delivering Public Services*. Boulder, Col.: Westview Press, 15–109.
Brieger, Lothar (1918), *Das Kunstsammeln: Eine kurze Einführung in seine Theorie und Praxis*. München: Delphin.
Bröker, Josef (1928), *Die Preisgestaltung auf dem modernen Kunstmarkt (mit besonderer Berücksichtigung des Bildes)*. Dissertation, Universität Münster, Münster.
Brosio, Giorgio (1987a), Il contribuente mecenate. *Biblioteca della Libertà* 22, 97–108.
Brosio, Giorgio (1987b), La spesa per l'arte e la cultura. In: Giorgio Brosio [Hrsg.], *La spesa pubblica*. Mailand: Giuffrè, 155–182.
Brosio, Giorgio (1989), Pubblico e privato nel finanziamento dell'arte e della cultura in Italia. *Economia Pubblica* 9/10, 473–480.
Brosio, Giorgio und Santagata, Walter (1992), *Economia delle arti e dello spettacolo*. Turin: Fondazione Agnelli.
Bruce, Alex (1983), A Model of Audience Formation. In: Hendon u. a. (1983b), 109–118.
Buchanan, James M. (1987), *Economics between Predictive Science and Moral Philosophy*. College Station: Texas A&M University Press.
Buchanan, James M., Tollison, Robert D. und Tullock, Gordon [Hrsg.] (1980), *Toward a Theory of the Rent-Seeking Society*. College Station: Texas A&M University Press.
Buchanan, James M. und Tullock, Gordon (1962), *The Calculus of Consent. Logical Foundations of Constitutional Democracy*. Ann Arbor, Mich: University of Michigan Press.
Busson, Alain (1986), *Le théâtre en France: contexte socio-économique et choix esthétiques*. Paris: Documentation Française.
Butler, John (1984), Art as Investment. Unveröff. Manuskript. Economist Intelligence Unit, London.

Cairns, J., Jennett, Nicholas I. und Sloane, Peter J. (1986), The Economics of Professional Team Sports: A Survey of Theory and Evidence. *Journal of Economic Studies* 13, 1–80.
Calhoun, Ann (1985), De-Accessioning: Why Not? *Agmanz News* 16, 12–15.
Cameron, Samuel und Welford, Richard (1992), Problems of Planning Cultural Programs under Endogenous Tastes. In: Towse und Khakee (1992), 31–36.
Cantor, Jay E. (1991), The Museum's Collection. In: Feldstein (1991), 17–23.
Carbonaro, Gianni (1992), Assessing and Financing Cultural Investments. In: Towse und Khakee (1992), 49–60.

Carson, Amy und Mobilia, Pamela (1989), Broadway as an Industry: The Determinants of Broadway Attendance 1975–76 through 1987–88. In: Shaw u.a. (1989), 105–117.

Ca'Zorzi, Antonio (1987), *Administration et financement publics de la culture dans la communauté européenne*. Brüssel: Commission des Communautés Européennes.

Chalendar, Jacques de und Brébisson, Guy [Hrsg.] (1987), *Mécénat en Europe*. Paris: Documentation Française.

Chambers, Marlene (1984), Is Anyone Out There? Audience and Communication. *Museum News* 63, 47–54.

Chanel, Olivier, Gerard-Valet, Louis-A., Ginsburgh, Victor und de Kerchove, Anne-M. (1989), Formation des prix des peintures modernes et contemporaines et rentabilité des placements sur le marché de l'art. Unveröff. Manuskript, Université d'Aix-Marseille II/III, Marseille.

Chatelain, Jean (1975), Mittel zur Bekämpfung des Diebstahls von Kunstwerken und ihres unerlaubten Handels im Europa der Neun. Unveröff. Manuskript. Europäische Gemeinschaft, Brüssel.

Cheskin, Irving W. (1984), The „Taxpaying" Theater: How Has it Fared during Inflation? In: Baumol und Baumol (1984), 71–85.

Christie's, *Christie's Review of the Season*, verschiedene Jahre. London: Hutchinson.

Clark, David E. und Kahn, James R. (1988), The Social Benefits of Urban Cultural Amenities. *Journal of Regional Science* 28, 363–377.

Clarke, Rosemary (1991), Government Policy and Art Museums in the United Kingdom. In: Feldstein (1991), 271–326.

Clarkson, Kenneth W. (1981), Institutional Constraints and Art Museum Management. In: Michelle W. White [Hrsg.], *Nonprofit Firms in a Three Sector Economy*. Washington, D.C.: Urban Institute Press, 35–60.

Clotfelter, Charles T. (1991), Government Policy Toward Art Museums in the United States. In: Feldstein (1991), 237–269.

Clottu, Gaston [unter der Leitung von] (1975), *Beiträge für eine Kulturpolitik in der Schweiz*. Bern: Eidgenössische Drucksachen- und Materialzentrale.

Coco, Paola (1988), *Teoria del falso d'arte*. Rom: Università degli Studi di Roma.

Coffin, Donald A. (1989), The Impact of Historical Districts on Residential Property Values. *Eastern Economic Journal* 15, 221–228.

Coffman, Richard, B. (1991), Art Investment and Asymmetrical Information. *Journal of Cultural Economics* 15, 83–94.

Coggins, Clemency (1969), Illicit Trade of Pre-Columbian Antiquities. *Art Journal* 29, 91–123.

Cole, Sonia M. (1955), *Counterfeit*. London: Murray.

Coleman, James S. (1964), *Introduction to Mathematical Sociology*. New York: Free Press.

Cooley, Thomas F. und LeRoy, Stephen F. (1981), Identification and Estimation of Money Demand. *American Economic Review* 71, 825–844.

Corino, Karl [Hrsg.] (1987), *Genie und Geld. Vom Auskommen deutscher Schriftsteller*. Nördlingen: Greno.

Cornwall, Sally C. (1979), The Social and Working Conditions of Artists. *International Labour Review* 118, 537–556.

Cramer, Ted und Beam, Kenneth (1979), Marketing the Museum. *Museum News* 58, 35–39.

Cummings, Milton C. und Katz, Richard S. [Hrsg.] (1987), *The Patron State: Government and the Arts in Europe, North America and Japan*. New York und Oxford: Oxford University Press.

Cummings, Paul [Hrsg.] (1966, 1971, 1977, 1982, 1988), *Dictionary of Contemporary American Artists*. New York: St. Martin's Press, 5 Bände.

Currim, Imran S., Weinberg, Charles B. und Wittink, D. R. (1981), Design of Subscription Programs for Performing Arts Services. *Journal of Consumer Research* 8, 67–75.

Cwi, David (1985), Changes in the US Audience for the Arts. In: Waits u.a. (1985), 32–42.

Cwi, David und Quine, Michael (1985), Public and Private Arts Support in North America and Europe: Income Data for 32 Cultural Institutions. Unveröff. Manuskript. City University, London.

Daedalus (1986), The Future of the Opera. *Daedalus* [Journal of the American Academy of Arts and Sciences], 115, Sonderheft.

Damrich, N., Honnef, K., König, H.Josef, Madlener, Ch., Weber, I. S. und Wolf, S.[Hrsg.], *Art-Price Annual/Kunstpreisjahrbuch/Les beaux-arts du monde*, verschiedene Jahre, seit 1985. München: Weltkunst.

Darmstädter, Robert (1979), *Reclams Künstlerlexikon*. Stuttgart: Reclam.

Dawson, Eileen (1987), The Art of Art Investment. *Far Eastern Economic Review* 8, 105–106.

De Groot, C.Hofstede (1916), *Catalogue raisonné of the Works of the Dutch Painters*, Band 6. London: Macmillan.

DeGroot, Hans und Pommer, Evert (1989), The Stability of Stated Preferences for Public Goods: Evidence from Recent Budget Games. *Public Choice* 60, 123–132.

Demmert, Henry G.(1973), *The Economics of Professional Team Sports*. Lexington, Mass.: Heath.

Demsetz, Harold (1969), Information and Efficiency: Another Viewpoint. *Journal of Law and Economics* 12 (1969), 1–22.

Deutscher Bühnenverein [Hrsg.], *Theaterstatistik*, verschiedene Jahre (ab 1967). Köln: Deutscher Bühnenverein.

Deutscher Bühnenverein [Hrsg.], *Was spielten die Theater? Werkstatistik*, verschiedene Jahre (ab 1956). Köln: Deutscher Bühnenverein.

Dickenson, Victoria (1989), An Equiry into Museum Management: Balancing on a Shoestring. In: Hillmann-Chartrand u.a. (1989), 161–170.

Dickenson, Victoria (1992), Museum Visitor Surveys: An Overview, 1930–1990. In: Towse und Khakee (1992), 141–150.

DiMaggio, Paul [Hrsg.] (1986), *Nonprofit Enterprise in the Arts*. New York und Oxford: Oxford University Press.

DiMaggio, Paul, Useem, Michael und Brown, Paula (1978), *Audience Studies of Performing Arts and Museum*. Washington, D.C.: N.E.A.

Dobson, Laura, C.und West, Edwin G.(1989), Performing Arts Subsidies and Future Generations. In: Hillmann-Chartrand u.a. (1989), 108–116.

Dorfman, Robert und Dorfman, Nancy [Hrsg.] (1977), *Economics of the Environment*. New York: Norton.

Dorian, Frederick (1964), *Commitment to Culture. Art Partonage in Europe. Its Significance for America*. Pittsburgh: University of Pennsylvania Press.

Dornberg, John (1985), Artists who Fake Fine Art Have Met their Match – in the Laboratory. *Smithonian* 16, 60–69.

Downs, Antony (1957), *An Economic Theory of Democracy*. New York: Harper und Row (übersetzt ins Deutsche: *Ökonomische Theorie der Demokratie*. Tübingen: Mohr, 1968).

Draper, Lee (1987), Partners in Learning: How Social Ties between Visitors Enhance Explorations of Museums Environments, *Western Museum Association Newsletter* H.2, 17–23.

Drey, Paul (1910), *Die wirtschaftlichen Grundlagen der Malkunst. Versuch einer Kunstökonomie.* Stuttgart und Berlin: Cotta.
Dube, Dieter und Schauerte, Günther (1989), Museum für Jedermann? Besucherbezogenes Angebot und bedarfsorientierte Vermittlung von Kunst-, Kultur- und Naturgütern an staatlichen Museen. In: Armin Töpfer und Günther E. Braun [Hrsg.], *Marketing im staatlichen Bereich.* Stuttgart: Bonn Aktuell, 86–104.
DuBoff, Leonard D. (1976), Controlling the Artful Con: Authentication and Regulation. *Hastings Law Journal* 27, 973–1021.
Duffy, Christopher T. (1992), The Rationale for Public Funding of Museums. In: Towse und Khakee (1992), 37–48.
Dupuis, Xavier (1980), *Analyse économique de la production lyrique.* Dissertation, Universität Paris I – Panthéon – Sorbonne, Paris.
Dupuis, Xavier (1983), La surqualité: le spectacle subventionné malade de la bureaucratie? *Revue Economique* 34, 1089–1115.
Dupuis, Xavier (1985), La micro-économie du spectacle vivant. In: Girard (1985), 71–97.
Dupuis, Xavier und Greffe, Xavier (1985), Subsidies to Cultural Employment: The French Experiment. In : Waits u. a. (1985), 164–173.
Dupuis, Xavier und Rouet, François [Hrsg.] (1987), *Economie et culture: les outils de l'économiste à l'épreuve.* Paris: Documentation Française.
Duthy, Robin (1986), *The Successful Investor.* London: Collins.
Dutton, Denis (1979), Artistic Crimes: The Problem of Forgery in the Arts. *British Journal of Law* 19, 302–314.

Eberle, Matthias (1984), *Individuum und Landschaft. Zur Entstehung und Entwicklung der Landschaftsmalerei* (2. Aufl.). Gießen: Anabas.
Edelson, Stephanie D. (1984), Concerted International Effort in the Trade of Cultural Property. *Law and Policy in International Business* 16, 1249–1273.
Ehrlich, Cyril (1985), *The Music Profession in Britain since the Eigtheenth Century: A Social History.* Oxford: Clarendon Press.
Ehrlich, Isaac (1975), The Deterrent Effect of Capital Punishment: A Question of Life or Death. *American Economic Review* 65, 397–417.
Eisenbeis, Manfred (1972), Elements for a Sociology of Museums. *Museum* 24, 110–119.
Elkan, Walter (1986), Collecting for Galleries and Museums. *National Westminster Bank Quarterly Review*, Februar, 26–36.
Elshout, Dos (1992), The Classification of Prices: An International Comparative Inquiry into the Admission Prices for Cultural Events. In: Towse und Khakee (1992), 103–111.
Engelsing, Rolf (1976), Wieviel verdienten die Klassiker? *Neue Rundschau* 86, 124–136.
English Tourist Board (1982), *Visitors to Museum Survey*: London: English Tourist Board.
Epstein, Max (1914), *Theater und Volkswirtschaft.* Berlin: Simion.
Evrard, Yves (1987), The Determinants of Cultural Consumption. In: Shaw u. a. (1987), 192–201.

Faine, Hyman R. (1972), Unions and the Arts. *American Economic Review, Papers and Proceedings*, 62, 70–77.
Faith, Nicholas (1985), *Sold: The Revolution in the Art Market.* London: Hamilton.
Feld, Alan L., O'Hare, Michael und Schuster, J.M. Davidson (1983), *Patrons Despite Themselves: Taxpayers and Art Policy.* New York: New York University Press.

Feldstein, Martin S. [Hrsg.] (1991), *The Economics of Art Museums*. Chicago, Ill. und London: University of Chicago Press.

Felton, Marianne V. (1978), The Economics of the Creative Arts: The Case of the Composer. *Journal of Cultural Economics* 2, 41–61.

Felton, Marianne V. (1980), Policy Implications of a Composer Labor Supply Function. In: Hendon, Shanahan und MacDonald (1980), 186–198.

Felton, Marianne V. (1983), A Comparative Analysis of Public Aid to Musical Creation. In: Shanahan u. a. (1983a), 89–97.

Felton, Marianne V. (1989), Major Influences on the Demand for Opera Tickets. In: Shaw u. a. (1989), 119–128, wiederabgedruckt in: *Journal of Cultural Economics* 13 (1989), 53–64.

Ferber, Marianne A. und Blau, Francine D. (1986), *The Economics of Women, Men and Work*. Englewood Cliffs, N. J.: Prentice-Hall.

Fiedler, Wilfried [Hrsg.] (1991), *Internationaler Kulturgüterschutz und deutsche Frage*. Berlin: Gebr. Mann.

Filer, Randall K. (1984), A Theoretical Analysis of the Economic Impact of Artists' Resale Royalties Legislation. *Journal of Cultural Economics* 8, 1–28.

Filer, Randall K. (1986), The „Starving Artist" – Myth or Reality? Earnings of Artists in the United States. *Journal of Political Economy* 94, 56–75.

Filer, Randall K. (1987), The Price of Failure: Earnings of Former Artists. In: Shaw u. a. (1987), 85–100.

Filer, Randall K. (1989), The Economic Condition of Artists in America. In: Shaw u. a. (1989), 63–76.

Filer, Randall K. (1990), Arts and Academe: The Effect of Education on Earnings of Artists. *Journal of Cultural Economics* 14, 15–38.

Fine, Gary A. (1983), Cheating History: The Rhetorics of Art Forgery. *Empirical Studies of the Arts* 3, 75–93.

Fohrbeck, Karla (1981), *Kunstförderung im internationalen Vergleich*. Köln: DuMont.

Fohrbeck, Karla (1989), *Renaissance der Mäzene? Interessenvielfalt in der privaten Kulturfinanzierung*. Köln: DuMont.

Fohrbeck, Karla und Wiesand, Andreas (1975), *Der Künstler-Report: Musikschaffende, Darsteller/Realisation, Bildende Künstler/Designer*. München und Wien: Hanser.

Frangen, Ute (1983), *Ökonomische Analyse des Marktes für Malerei in der Bundesrepublik Deutschland*. Frankfurt, Bern und New York: Lang.

Franke, Erika (1990), Die Marktbearbeitung von Kunstmuseen. Unveröff. Diplomarbeit. Universität des Saarlandes, Saarbrücken.

Freeman, Arthur und Freeman, Janet I. (1990), *Anatomy of an Auction: Rare Books at Ruxley Lodge*. London: Book Collector.

Frey, Bruno S. (1977), *Moderne politische Ökonomie*. München und Zürich: Piper.

Frey, Bruno S. (1981), *Theorie demokratischer Wirtschaftspolitik*. München: Vahlen.

Frey, Bruno S. (1986a), The Salzburg Festival from the Economic Point of View. *Journal of Cultural Economics* 10, 27–44.

Frey, Bruno S. (1986b), Economists Favour the Price System: Who Else Does? *Kyklos* 39, 537–563.

Frey, Bruno S. (1990), *Ökonomie ist Sozialwissenschaft*. München: Vahlen.

Frey, Bruno S. (1992), For Art's Sake – Open up the Vaults. Unveröff. Manuskript. Universität Zürich, Zürich.

Frey, Bruno S. (1992a), Il ponte dei sospiri: dall'economia all'arte. *Economia pubblica* 7/8, 357–360.

Frey, Bruno S. und Foppa, Klaus (1986), Human Behaviour: Possibilities Explain Action. *Journal of Economic Psychology* 7, 137–160.

Frey, Bruno S. und Pommerehne, Werner W. (1987a) International Trade in Art: Attitudes and Behavior: In: Shaw u. a. (1987), 255–269.
Frey, Bruno S. und Pommerehne, Werner W. (1987b), Ökonomie der Kunst – Stand der Forschung und Entwicklungsperspektiven. In: Robert Bosch Stiftung [Hrsg.], *Kunstförderung – Steuerstaat und Ökonomie*. Gerlingen: Bleicher, 81–104.
Frey, Bruno S. und Pommerehne, Werner W. (1987c), Le commerce international des oeuvres d'art. In: Dupuit und Rouet (1987), 57–74.
Frey, Bruno S. und Pommerehne, Werner W. (1987d), L'art pour l'art: Behavioral Effects of Performing Arts Organizations. *Empirical Studies for the Arts* 5, 59–78.
Frey, Bruno S. und Pommerehne, Werner W., (1993), On the Fairness of Pricing – An Empirical Survey among the General Population. *Journal of Economic Behavior and Organization*, erscheint demnächst.
Frey, René L. und Neugebauer, Gregory (1976), *Theater und Ökonomie*. Basel: Universität Basel.
Fronville, Claire L. (1985), Marketing for Museums: For-Profit Techniques in the Non-Profit World. *Curator* 28, 169–182.
Fullerton, Don (1991), Tax Policy Toward Art Museums. In: Feldstein (1991), 195–235.
Fullerton, Don (1992), On Public Justifications for Public Support of the Arts, *Journal of Cultural Economics* 15, 67–82.
Futuribles [Association Internationale Futuribles] (1987), *L'économie de la culture en Europe: quelques éléments de référence*. Unveröff. Manuskript. Paris: Association International Futuribles.

Gallais-Hamonno, Georges (1972), *Des loisirs: analyse économique de la demande de loisirs en France*. Paris: S. E. D. E. I. S. [Société d'Etudes et de Documentation Economiques, Industrielles et Sociales].
Gapinski, James H. (1979), What Price Patronage Lost? A View from the Input Side. *Journal of Cultural Economics* 3, 62–72.
Gapinski, James H. (1980), The Production of Culture. *Review of Economics and Statistics* 62, 578–586.
Gapinski, James H. (1981), Economics, Demographics, and Attendance at the Symphony. *Journal of Cultural Economics* 5, 79–83.
Gapinski, James H. (1984), The Economics of Performing Shakespeare. *American Economic Review, Papers and Proceedings* 74, 458–466.
Gapinski, James H. (1985), Do the Nonprofit Performing Arts Optimize? The Moral from Shakespeare. *Quarterly Review of Economics and Business* 25, 27–37.
Gapinski, James H. (1986), The Lively Arts as Substitutes for the Lively Arts. *American Economic Review, Papers and Proceedings* 76, 20–25.
Gapinski, James H. (1988a), The Economic Right Triangle of Nonprofit Theater. *Social Science Quarterly* 69, 756–763.
Gapinski, James H. (1988b), Tourism's Contribution to the Demand for London's Lively Arts. *Applied Economics* 20, 957–968.
Garner, Les (1985), Profits and Picasso: Musings on Management. *Museum News* 63, 1–14.
Garvin, David A. (1981), Block Busters: The Economics of Mass Entertainment. *Journal of Cultural Economics* 5, 1–20.
Gassler, Robert S. (1986), *The Economics of Nonprofit Enterprise: A Study in Applied Economic Theory*. Lanham: University Press of America.
Gemerden, L. J. van (1989), A Survey on the Cultural Economics of Opera. In: Waits u. a. (1989), 5–13.
Gerelli, Emilio (1974), *Economia e tutela dell'ambiente*. Bologna: Mulino.
Gerson, Horst (1969), *Rembrandt Gemälde: Gesamtwerk*. Gütersloh: Bertelsmann.

Girard, Augustin [unter der Leitung von] (1980), *Des chiffres pour la culture*. Paris: Documentation Française.
Girard, Augustin [Hrsg.] (1985), *L'économie du spectacle vivant et l'audiovisuel*. Paris: Documentation Française.
Girard, Augustin [Hrsg.] (1988), *Economie et culture: culture en devenir et volonté publique*. Paris: Documentation Française.
Glazer, Nathan (1982), Christo in Central Park – and in Harlem. *Public Interest* 86, 70–77.
Globerman, Steven (1978), Price Awareness in the Performing Arts. *Journal of Cultural Economics* 2, 27–44.
Globerman, Steven (1980), An Exploratory Analysis of the Effects of Public Funding of the Performing Arts. In: Hendon u. a. (1980), 67–78.
Globerman, Steven (1984), *Cultural Regulation in Canada*. Montreal: Institute for Research on Public Policy.
Globerman, Steven (1989), What We Know and Don't Know about the Economics of Culture. In: Hillman-Chartrand u. a. (1989), 3–20.
Globerman, Steven und Book, Sam (1974), Statistical Cost Functions for Performing Arts Organizations. *Southern Economic Journal* 40, 668–671.
Globerman, Steven und Book, Sam (1977), Consumption Efficiency and Spectator Attendance. *Journal of Cultural Economics* 1, 15–34.
Gohlke, Rainer und Hack, Hans (1989), *Die Museen – Besucherorientierung und Wirtschaftlichkeit*. Köln: Kommunale Gemeinschaftsstelle für Verwaltungsvereinfachung der Städte.
Gold, Sonia S.(1980), Determinants of Arts Demand: Some Hypotheses, Evidence and Policy Implications. In: Hendon (1980), 150–160.
Goudriaan, René und de Kam, Cornelis A.(1983), Demand in the Performing Arts and the Effects of Subsidy. In: Hendon u. a. (1983b), 35–43.
Goudriaan, René und Pommer, Evert (1987), Productivity Trends in the Subsidized Performing Arts Companies. In: Grant u. a. (1987), 16–30.
Goudriaan, René und van't Eind, Gerrit J.(1985), To Fee or not to Fee: Some Effects of Introducing Admission Fees in Four Museums in Rotterdam: In: Owen und Hendon (1985), 103–109.
Grampp, William D. (1985), Kunst, Künstler und Kapital: Zur Problematik einer Ökonomie der Bildenden Künste. *Zeitschrift für Wirtschaftspolitik* 34, 203–218.
Grampp, William D.(1989a), Rent-Seeking in Arts Policy. *Public Choice* 60, 113–121.
Grampp, William D.(1989b), *Pricing the Priceless: Art, Artists and Economics*. New York: Basic Books.
Graña, César (1971), *Fact and Symbol. Essays in the Sociology of Art and Literature*. New York: Oxford University Press.
Graner, Walter [Hrsg.] (1976), *Antiquitäten als Kapitalanlage*. München: Heyne.
Grant, Nancy K., Hendon, William S. und Owen, Virginia L.[Hrsg.] (1987), *Economic Efficiency and the Performing Arts*. Akron, Ohio: Akron University Press.
Granziol, Markus und Schelbert, Heidi (1983), Ex ante Real-Zinssätze am Euromarkt. *Zeitschrift für Wirtschafts- und Sozialwissenschaft* 103, 437–459.
Grasskamp, Walter (1981), *Museumsgründer und Museumsstürmer*. München: Beck.
Grauwe, Paul de (1990), *De Nachtwacht in het donker: Over Kunst en Economie*. Tielt: Lannoo.
Gray, Charles M.(1987), The Economics of Arts Labor Markets: An Overview. In: Shaw u. a. (1987), 66–76.
Gray, Charles M.(1992), Arts Costs and Subsidies: The Case of Norwegian Performing Arts. In: Towse und Khakee (1992), 267–273.
Greckel, Fay R.und Felton, Marianne V.(1987), Price and Income Elasticities of Demand: A Case Study of Louisville. In: Grant u. a. (1987), 62–73.

Greffe, Xavier (1985), Le pot de terre et le pot de fer. In: Girard (1985), 18–33.
Greffe, Xavier (1990), *La valeur économique du patrimoine*. Paris: Economica.
Grist, Edward T. (1976), Inflation-Cost Problems in the Theatre. *National Westminster Bank Quarterly Review*, Mai, 57–64.
Grossman, Philip J. und Kenyon, Peter (1989), Artists' Subsidy of the Arts: Comment. *Australian Economic Papers* 28, 280–287.
Grossman, Stanley J. und Hart, Oliver D. (1980), Takeover Bids, the Free-Rider Problem, and the Theory of Corporation. *Bell (Rand) Journal of Economics* 11, 42–64.
Grote, Andreas (1984), Eintrittsgeld und Besuchsentwicklung an Museen der Bundesrepublik Deutschland und Berlin *(West)*. Unveröff. Manuskript. Institut für Museumskunde, Berlin.
Guy, Jean-Michel und Mironer, Lucien (1988), *Les publics du théâtre*. Paris: Documentation Française.

Haak, Bob (1976), *Rembrandt. Leben und Werk*. Köln: DuMont.
Haalck, Hans (1921), *Die wirtschaftliche Struktur des deutschen Theaters*. Dissertation, Universität Hamburg, Hamburg.
Hänseroth, Albin (1976), *Elemente einer integrierten empirischen Theaterforschung*. Frankfurt: Haag und Herchen.
Hamlen, William A. (1991), Superstardom in Popular Music: Empirical Evidence. *Review of Economics and Statistics* 73, 729–733.
Hammer, Armand (1987), *Hammer*. New York: Putnam's.
Hansmann, Henry B. (1980), The Role of Nonprofit Enterprise. *Yale Law Review* 89, 835–901.
Hansmann, Henry B. (1981), Nonprofit Enterprise in the Performing Arts. *Bell (Rand) Journal of Economics* 12, 341–361, wiederabgedruckt in DiMaggio (1986), 17–40.
Hansmann, Henry B. (1987), Economic Theories of Nonprofit Organization. In: Walter W. Powell [Hrsg.], *The Nonprofit Sector: A Research Handbook*. New Haven und London: Yale University Press, 27–42.
Harris, Richard (1961), The Forgery of Art. *New Yorker* 37, 112–145.
Harth, Hans-A. (1982), *Publikum und Finanzen der Theater*. Thun und Frankfurt: Deutsch.
Hartley, Peter und Trengove, Chris (1986), Who Benefits from Public Utilities? *Economic Record* 62, 163–179.
Haskell, Francis (1963), *Patrons and Painters: A Study in the Relations between Italian Art and Society in the Age of the Baroque*. London: Chatto and Windus.
Haskell, Francis (1976), *Rediscoveries in Art*. New York und Ithaca: Phaidon
Hauser, Arnold (1953), *Sozialgeschichte der Kunst und Literatur*. München: Beck.
Hautemanière, Luc (1990), L'art, valeur de placement. Unveröff. Manuskript. Ecole de Commerce, Solvay.
Hellbrunn, James (1989), The Distribution of Arts Activity among U. S. Metropolitan Areas. In: Shaw u. a. (1989), 33–40.
Helmstädter, Ernst (1992), Die Wirkungen der Ausgaben für Kunst und Kultur auf den Wirtschaftskreislauf. In: Andreae und Smekal (1992), 117–125.
Hendon, Mary A., Richardson, James F. und Hendon, William S. [Hrsg.] (1985), *Bach and the Box: The Impact of Television on the Live Arts* [Sonderheft des *Journal of Cultural Economics*]. Akron, Ohio: Association for Cultural Economics.
Hendon, William S. (1979), *Analyzing an Art Museum*. New York: Praeger.
Hendon, William S. (1983), Admission Income and Historic Houses: Higher Revenue is Associated with Price Policy, More Services and Less Education. *American Journal of Economics and Sociology* 42, 473–482.

Hendon, William S. (1990), The General Public's Participation in Art Museums: Visitors Differ from Non-Visitors, But Not as Markedly as Case Studies Have Indicated. *American Journal of Economics and Sociology* 49, 439–458.

Hendon, William S. und Costa, Frank J. (1988), *Economics and the Akron Art Museum: An Economic Impact and Benefit Cost Analysis.* Akron, Ohio: University of Akron.

Hendon, William S., Costa, Frank J. und Rosenberg, Robert A. (1989), The General Public and the Art Museum: Case Studies of Visitors to Several Institutions Identify Characteristics of their Public. *American Journal of Economics and Sociology* 48, 231–243.

Hendon, William S., Grant, Nancy K. und Shaw, Douglas V. [Hrsg.] (1984), *The Economics of Cultural Industries.* Akron, Ohio: Association for Cultural Economics.

Hendon, William S., Hillman-Chartrand, Harry und Horowitz, Harold [Hrsg.] (1987), *Paying for the Arts.* Akron, Ohio: Akron University Press.

Hendon, William S. und Shanahan, James L. [Hrsg.] (1983), *Economics of Cultural Decisions.* Cambridge, Mass.: Abt.

Hendon, William S., Shanahan, James L., Hilhorst, Izaak Th. H. und van Straalen, Jaap [Hrsg.] (1983a), *Economics and Historic Preservation.* Akron, Ohio: Akron Universiy Press.

Hendon, William S., Shanahan, James L., Hilhorst, Izaak Th. H. und van Straalen, Jaap [Hrsg.] (1983b), *Economic Research in the Performing Arts.* Akron, Ohio: Akron University Press.

Hendon, William S., Shanahan, James L. und MacDonald, Alice [Hrsg.] (1980), *Economic Policy for the Arts.* Cambridge, Mass.: Abt.

Hennion, Antoine und Vignolle, Jean-Pierre (1978), *L'économie du disque en France.* Paris: Documentation Française.

Henry, Claude (1970), Indivisibilités dans une économie d'échanges. *Econometrica* 38, 542–558.

Herterich, Fritz (1937), *Theater und Volkswirtschaft.* München und Leipzig: Duncker und Humblot.

Hilger, Harald (1985), *Marketing für öffentliche Theaterbetriebe.* Frankfurt, Bern und New York: Lang.

Hillman-Chartrand, Harry (1984), An Economic Impact Assessment of the Canadian Fine Arts. In: Hendon u. a. (1984), 53–65.

Hillman-Chartrand, Harry, McCaughey, Claire und Hendon, William S. [Hrsg.] (1989), *Cultural Economics 88: A Canadian Perspective.* Akron, Ohio: Akron University Press.

Hilton, Anthony (1971), The Economics of the Theatre. *Lloyds Bank Review* 101, 26–38.

Hirsch, Fred (1977), *The Social Limits to Growth.* Cambridge, Mass.: Harvard University Press.

Hirshleifer, Jack (1985), The Expanding Domain of Economics. *American Economic Review* 75, 53–68.

Hjorth-Andersen, Christopher (1992), Thaliametrics – A Case Study of Copenhagen Theatre. In: Towse und Khakee (1992), 257–265.

Hofecker, Franz-O. (1985), *Ökonomische Aspekte staatlicher Kulturförderung.* Dissertation, Universität Wien, Wien.

Hofferbert, Richard I. und Urice, John K. (1985), Small-Scale Policy: The Federal Stimulus versus Competing Explanations for State Funding for the Arts. *American Journal of Political Science* 29, 308–329.

Hohenemser, Peter (1984), *Verteilungswirkungen staatlicher Theaterfinanzierung. Ein Beitrag zur Theorie der Ausgabeninzidenz.* Frankfurt, Bern und New York: Lang.

Holub, Hans W. und Tappeiner, Gottfried (1992), Möglichkeiten und Probleme einer Ökonomik der bildenden Kunst aus empirischer Sicht. In: Andreae und Smekal (1992), 83–92.

Homer, Sidney (1977), *A History of Interest Rates* (2.Aufl.). New Brunswick, N.J.: Rutgers University Press.

Honnef, K., Honnef-Harling, G., von Kern, G., Kliesch-Groh, G., König, H.Josef, Madlener, Ch. und Wolf, S.[Hrsg.] (1987), *Art-Price Annual/Kunstpreisjahrbuch/Les beaux-arts du monde*. München: Weltkunst.

Honnef, K., König, H.Josef, Madlener, Ch., Weber, I.S. und Wolf, S. [Hrsg.] (1984), *Art-Price Annual/Kunstpreisjahrbuch/Les beaux-arts du monde*. München: Weltkunst.

Honolka, Kurt (1986), *Die Oper ist tot – die Oper lebt: Kritische Bilanz des deutschen Musiktheaters*. Stuttgart: Deutsche Verlags-Anstalt.

Hood, Marily G. (1983), Staying Away: Why People Choose Not to Visit Museums. *Museum News* 62, 50–57.

Horlacher, Felix (1984), *Kultursubventionen*. Frankfurt, Bern und New York: Lang.

Horowitz, Harold (1983), Work and Earnings of Artists in the Media Fields. *Journal of Cultural Economics* 7, 69–89.

Horowitz, Harold und Bradshaw, Thomas F. (1984), Observations about Inflation and the Performing Artist. In: Baumol und Baumol (1984), 139–159.

Houthakker, Hendrik S. und Taylor, Lester D. (1970), *Consumer Demand in the United States 1929–1970: Analysis and Projection* (2.Aufl.). Cambridge, Mass.: Harvard University Press.

Howe, Elizabeth (1984), The Market for Contemporary Art. Unveröff. Manuskript. Harvard University, Cambridge, Mass.

Hughes, Gordon (1989), Measuring the Economic Value of the Arts. *Policy Studies* 9, 33–45.

Hummel, Marlies (1988), Wie brotlos ist die Kunst: Zur Beschäftigungs- und Einkommenssituation der Künstler. *Der Bürger im Staat* 38, 266–269.

Hummel, Marlies (1990), Zur wirtschaftlichen Situation der Künstler und Publizisten. *ifo-Schnelldienst* 34, 11–17.

Hummel, Marlies und Berger, Manfred (1988), *Die volkswirtschaftliche Bedeutung von Kunst und Kultur*. München: ifo-Institut für Wirtschaftsforschung.

Hummel, Marlies und Brodbeck, Karl-H. (1991), *Wechselwirkungen zwischen wirtschaftlicher und kultureller Entwicklung*. München: ifo-Institut für Wirtschaftsforschung.

Hummel, Marlies und Waldkircher, Cornelia (1990), Kulturfinanzierung in Bundesländern und Großstädten – Das Beispiel Bremen. *ifo-Schnelldienst* 32, 2–15.

Hutter, Michael (1983), Innovationen in der Tafelbildindustrie. In: Andreae (1983a), 82–113.

Hutter, Michael (1986), Kunst als Quelle wirtschaftlichen Wachstums. *Zeitschrift für Ästhetik und Allgemeine Kunstwissenschaft* 31, 231–245.

Hutter, Michael (1987), Music as a Source of Economic Growth. In: Grant u. a. (1987), 100–117.

Hutter, Michael (1992), Kann der Staat Kunst fördern? Wirtschafts- und systemtheoretische Überlegungen zur Kulturpolitik. In: Andreae und Smekal (1992), 45–59.

I.M.F. [International Monetary Fund], verschiedene Jahre, *International Financial Statistics*, seit 1948, Washington, D.C.: I.M.F.

I.M.F., verschiedene Jahre, *Supplement on Price Statistics*, seit 1975. Washington, D.C.: I.M.F.

Institut für Museumskunde (1988), Erhebung der Besucherzahlen an den Museen der Bundesrepublik Deutschland, samt Berlin-West für das Jahr 1987. Unveröff. Manuskript. Institut für Museumskunde, Berlin.

I. R. E. S. [Istituto Ricerche Economico-Sociali del Piemonte] (1989), *Mercurio e le muse*. Turin: Rosenberg und Sellier.

Jackson, Ray (1988), A Museum Cost Function. *Journal of Cultural Economics* 12, 41–50.

Jaklitsch, Hans (1982), Verzeichnis der Werke und der Künstler des Theaters und der Musik bei den Salzburger Festspielen 1926–1981. In: Kaut (1982), 241–469.

Jaquet, Christian (1962), *Werte und Preise auf dem Weltmarkt neuzeitlicher Kunst*. Winterthur: Keller.

Jelavich, Peter (1979), Art and Mammon in Wilhelmine Germany: The Case of Frank Wedekind. *Central European History* 12, 203–236.

Jenkins, Stephen und Austen-Smith, David (1982), Grant-Giving by the Arts Council of Great Britain to Provincial Repertory Theatres. *Journal of Cultural Economics* 6, 57–76.

Jenkins, Stephen und Austen-Smith, David (1987), Interdependent Decision-Making in Nonprofit Industries: A Simultaneous Equation Analysis of English Provincial Theatres, *International Journal of Industrial Organization* 5, 149–174.

Jensen, Michael C. (1972), Capital Markets: Theory and Evidence. *Rand* (Bell) *Journal of Economics* 3, 357–398.

Jensen, Michael C. und Meckling, William H. (1979), Rights and Production Functions: An Application to Labor-Managed Firms and Codetermination. *Journal of Business* 52, 469–506.

Johnson, William R. (1985), The Economics of Copying. *Journal of Political Economy* 93, 158–174.

Jonas, Lutz (1972), *Die Finanzierung der öffentlichen Theater in der Bundesrepublik Deutschland*. Dissertation, Universität Mainz, Mainz.

Joyce, Michael S. (1981), The National Endowments for the Humanities and the Arts. In: Charles L. Heatherly und Edwin J. Feulner [Hrsg.], *Mandate for Leadership*. Washington, D. C.: Heritage Foundation, 1039–1056.

Kahlert, Helmut (1988a), Ökonomische Aspekte des Museums. In: Peter A. Döring [Hrsg.], *Bildung in sozialökonomischer Sicht*. Frankfurt: Deutsches Institut für internationale pädagogische Forschung, 173–192.

Kahlert, Helmut (1988b), Museen als Unternehmen. *Zeitschrift für öffentliche und gemeinnützige Unternehmen* 11, 30–42.

Kahneman, Daniel, Slovic, Paul und Tversky, Amos (1982), *Judgement under Uncertainty: Heuristics and Biases*. Cambridge, Mass.: Cambridge University Press.

Kahneman, Daniel und Tversky, Amos (1979), Prospect Theory, an Analysis of Decision Under Risk. *Econometrica* 47, 263–291.

Kamerman, Jack B. und Martorella, Rosanne [Hrsg.] (1983), *Performers and Performances: The Social Organization of Artistic Work*. New York: Praeger.

Karthaus, Ulrich (1987), Friedrich Schiller. In: Corino (1987), 151–164.

Katz, Jonathan (1983), Decentralization and the Arts: Principles, Practice, and Policy. *Journal of Arts Management and Law* 13, 109–120.

Kaut, Josef [Hrsg.] (1982), *Die Salzburger Festspiele 1920–1981*. Salzburg und Wien: Residenz Verlag.

Kavanagh, Gaynor [Hrsg.] (1991), *The Museums Profession: Internal and External Relations*. Leicester, London und New York: Leicester University Press.

Keen, Geraldine (1971), *The Sale of Works of Art: A Study Based on the Times-Sotheby Index*. London: Nelson.

Kelejian, Harry H. und Lawrence, William J. (1980), Estimating the Demand for Broadway Theatres: A Preliminary Inquiry. In: Hendon u. a. (1980), 333–346.

Keller, Edward B. (1984), The Public and the Arts. In: McFate (1984), 34–44.

Kelman, Steven (1981), *What Price Incentives? Economists and the Environment*. Boston: Auburn House.

Kesten, Myles (1992), The Canada – U.S. Free Trade Agreement: Provisions Directly and Indirectly Affecting Trade in Cultural Products. In: Towse und Khakee (1992), 163–171.

Khakee, Abdul und Nilson, Goran (1980), Is the Supply of Cultural Events an Indicator of Their Demand? Music and Theatre in Sweden. In: Hendon u. a. (1980), 272–282.

Kindermann, Carl (1903), *Volkswirtschaft und Kunst*. Jena: Fischer.

Kingston, Paul, Cole, Jonathan R. und Merton, Robert K. (1981), The Columbia Economic Survey of American Authors: A Summary of the Findings. Unveröff. Manuskript, Columbia University Center for Social Research, New York.

Kirchgässner, Gebhard (1990), Briefmarken Sammeln: Ein schönes Hobby, aber auch eine interessante Kapitalanlage? Unveröff. Manuskript. Universität Osnabrück, Osnabrück.

Kirchgässner, Gebhard (1991), *Homo oeconomicus. Das ökonomische Modell individuellen Verhaltens und seine Anwendung in den Wirtschafts- und Sozialwissenschaften*. Tübingen: Mohr.

Klein, Hans-Joachim (1978), *Barrieren des Zugangs zu öffentlichen kulturellen Einrichtungen*. Karlsruhe: Universität Karlsruhe.

Klein, Hans-Joachim und Bachmayer, Monika (1981), *Museum und Öffentlichkeit: Fakten und Daten – Motive und Barrieren*. Berlin: Mann.

Kneese, Allen V. und Schultze, Charles L. (1975), *Pollution, Prices, and Public Policy*. Washington, D. C.: Resources for the Future.

Koboldt, Christian und Schmidtchen, Dieter (1990), Copyrights: A und O in Literatur und Musik. Unveröff. Manuskript. Universität des Saarlandes, Saarbrücken.

Koch, Georg F. (1967), *Die Kunstausstellung: Ihre Geschichte von den Anfängen bis zum Ausgang des 18. Jahrhunderts*. Berlin: DeGruyter.

Koch, Guenther (1915), *Kunstwerke und Bücher am Markt. Auktion – Fälschungen – Preise und was sie lehren*. Esslingen: Neff.

Koch, Klaus D. (1983), Ist der Opernspielplan besser als sein Ruf? Oper 3, 78–88.

Köhler, Franz H. (1968), *Die Struktur der Spielpläne deutschsprachiger Opernbühnen von 1896 bis 1966*. Koblenz: Statistisches Amt der Stadt Koblenz.

Kolator, Franz (1980), Das Management der Salzburger Festspiele. *Wirtschaftspolitische Blätter* 27, 77–82.

Kornai, János (1986), The Soft Budget Constraint. *Kyklos* 39, 3–30.

Krebs, Susanne und Pommerehne, Werner W. (1992), Modeling and Testing Politico-Economic Interactions: The Case of the Performing Arts. Unveröff. Manuskript, Universität des Saarlandes, Saarbrücken.

Krieg, Walter (1953), *Materialien zu einer Entwicklungsgeschichte der Bücher-Preise und des Autoren-Honorars vom 15. bis zum 20. Jahrhundert*. Wien und Zürich: Stubenrauch.

Kyrer, Alfred (1987), *Der wirtschaftliche Nutzen von Festspielen, Fachmessen und Flughäfen am Beispiel der Region Salzburg*, 2 Bände. Regensburg: Transfer.

Laczniak, Gene R. und Murphy, Patrick E. (1977), Marketing the Performing Arts. *Atlanta Economic Review* 27, 4–9.

Landes, William M. und Posner, Richard A. (1989), An Economic Analysis of Copyright Law. *Journal of Legal Studies* 18, 325–363.

Lang, Paul H. (1979), *Georg Friedrich Händel: Sein Leben, sein Stil und seine Stellung im englischen Geistes- und Kulturleben*. Basel: Bärenreiter.
Lange, Mark D., Bullard, James, Luksetich, William A. und Jacobs, Philip (1985), Cost Functions for Symphony Orchestras. *Journal of Cultural Economics* 9, 71–85.
Lange, Mark D. und Luksetich, William A. (1984), Demand Elasticities for Symphony Orchestras. *Journal of Cultural Economics* 8, 29–47.
Lauterbach, Ulrich (1987), Gerhart Hauptmann. In: Corino (1987), 291–316.
Lawrence, William J. (1989), Fraudulent and Fake Arts: The Sleeping Giant Looking for a Place to Wake up. In: Shaw u. a. (1989), 81–87.
Lawrence, William J., Bachmann, Laurie M. und von Stumm, Michael (1987), The Market for Stolen Art: An International and Institutional Perspective. In: Shaw u. a. (1987), 270–273.
Lawrence, William J., Bachmann, Laurie M. und von Stumm, Michael (1988), Trakking Recent Trends in the International Market for Art Theft. *Journal of Cultural Economics* 12, 51–71.
Lee, Sherman E. [Hrsg.] (1975), *On Understanding Art Museums*. Englewood Cliffs, N. J.: Prentice-Hall.
Le Pen, Claude (1982), L'analyse microéconomique de la production dramatique et l'effet des subventions publiques. *Revue Economique* 33, 639–674.
Leroy, Dominique (1980), *Economie des arts du spectacle vivant: essai sur la relation entre l'économie et l'esthétique*. Paris: Economica.
Liebowitz, Stan J. (1985), Copying and Indirect Appropriability: Photocopying of Journals. *Journal of Political Economy* 93, 945–957.
Limbach, Adelheid (1965), *Die Ruhrfestspiele: Eine Darstellung ihrer Geschichte bis zur Eröffnung des neuen Festspielhauses 1965*. Bamberg: Rodenbusch.
Lindenberg, Siegwart (1983), Utility and Morality. *Kyklos* 36, 450–468.
Lingle, Christopher (1992), Public Choice and Public Funding of the Arts. In: Towse und Khakee (1992), 21–30.
Lips, Thomas (1982), *Das Angebot und die Nachfrage nach Infrastrukturleistungen: Eine regionalökonomische Analyse des Kulturangebots*. Frankfurt, Bern und New York: Lang.
Liu, Ben-C. (1975), Differential Net Migration Rates and the Quality of Life. *Review of Economics and Statistics* 57, 329–337.
L. Ö. B. [Landeskulturreferentenkonferenz der österreichischen Bundesländer] (1984), *Künstler in Österreich: Die soziale Lage der Komponisten, bildenden Künstler und Schriftsteller*. Salzburg und Wien: L. Ö. B.
Long, Patrick T. und Perdue, Richard R. (1990), The Economic Impact of Rural Festivals and Special Events: Assessing the Spatial Distributions of Expenditures. *Journal of Travel Research* 28, 10–14.
Lord, Barry, Lord, Gail D. und Nicks, John (1989), *The Cost of Collecting: Collection Management in U. K. Museums*. London: Her Majesty's Stationary Office.
Louargand, M. A. und McDaniel, J. R. (1991), Price Efficiency in the Art Auction Market. *Journal of Cultural Economics* 15, 53–65.
Lowry, W. McNeil [Hrsg.] (1984), *The Arts and Public Policy in the United States*. Englewood Cliffs, N. J.: Prentice-Hall.
Lucie-Smith, Edward (1980), *Art in the Seventies*. London: Phaidon Press.
Lucie-Smith, Edward (1981), *Art Today*. London: St. James Press.
Luksetich, William A., Jacobs, Philip und Lange, Mark D. (1984), Managerial Economics and Museum Management. Unveröff. Manuskript. St. Cloud und Columbia: St. Cloud State University und University of South Carolina.
Luksetich, William A., Lange, Mark D. und Jacobs, Philip (1985), The Productivity of Symphony Orchestra Campaign Expenditures. In: Waits u. a. (1985), 214–224.

Luksetich, William A., Lange, Mark D. und Jacobs, Philip (1987), The Effectiveness of Museum Fund-Raising Efforts. In: Hendon u. a. (1987), 187–197.
Lux, Joseph A. (1906), *Volkswirtschaft des Talents: Grundsätze einer Volkswirtschaftslehre der Kunst.* Leipzig: Voigtländer.

MacDonald, Glenn M. (1988), The Economics of Rising Stars. *American Economic Review* 78, 155–166.
MacFadyen, Allen G. und MacFadyen, Heather W. [Hrsg.] (1986), *Economic Psychology: Intersections in Theory and Application.* Amsterdam: North-Holland.
Majocchi, Alberto (1974), Beni culturali. In: Giuseppe Bognetti und Emilio Gerelli [Hrsg.], *Beni pubblici: problemi theoretici e di gestione.* Mailand: Angelli, 151–179.
Malraux, André (1947), *Le musée imaginaire.* Paris: Gallimard (übersetzt ins Deutsche: *Das imaginäre Museum.* Baden-Baden: Klein, 1961, 2. Aufl.).
Mann, Peter H. (1975), *The Audience for Orchestral Concerts.* London: Arts Council of Great Britain.
Manzl, Franz (1956), *Eine Untersuchung über die Preisbildung im Kunsthandel.* Dissertation, Universität Wien, Wien.
Marggraff, Robert (1922), *Organisation und Betrieb städtischer Theater unter besonderer Berücksichtigung ihrer finanziellen Verhältnisse.* Dissertation, Universität zu Köln, Köln.
Martens, Wolfgang (1975), *Lyrik kommerziell: Das Kartell lyrischer Autoren 1902–1933.* München: Fink.
Martorella, Rosanne (1977), The Relationship between Box Office and Repertoire: A Case Study of Opera. *Sociological Quarterly* 18, 354–366.
Mazzocchi, Giancarlo (1971), *La crisi economico-finanziaria dell'attività teatrale: alcuni spunti interpretativi.* Mailand: Vita e Pensiero.
McCain, Roger A. (1979), Reflections on the Cultivation of Taste. *Journal of Cultural Economics* 3, 30–52.
McCain, Roger A. (1981), Cultivation of Taste, Catastrophe Theory and the Demand for Works of Art. *American Economic Review* 71, 332–335.
McCain, Roger A. (1982), Optimal Subzidies in a Shortsighted World. *Journal of Cultural Economics* 6, 15–32.
McCain, Roger A. (1987), Optimal Contingent Pricing of Performances in the Arts and Sports. *Journal of Cultural Economics* 11, 1–21.
McDonnell, John S. (1988), *Public Attitudes to the Arts.* Sidney: Australia Council.
McFadden, Daniel L. (1976), Quantal Choice Analysis: A Survey. *Annals of Economic and Social Measurement* 5, 363–390.
McFate, Patricia A. (1981), The Effects of Inflation on the Arts. *Annals of the American Academy of Political and Social Sciences* 456, 70–87.
McFate, Patricia A. [Hrsg.] (1984), *Paying for Culture.* Sonderheft von *Annals of the American Academy of Political and Social Sciences*, 471.
McHugh, A. (1980), Strategic Planning for Museums. *Museum News* 58, 23–29.
McKenzie, Richard B. und Tullock, Gordon (1975), *The New World of Economics.* Homewood, Ill.: Irwin.
McLain, James J. (1978), The Income of Visual Artists in New Orleans. *Journal of Cultural Economics* 2, 63–76.
McNertney, Edward M. und Waits, C. Richard (1989), The Incomes of Cultural Providers: A Review of Current Research. In: Shaw u. a. (1989), 41–49.
Menger, Pierre-M. (1980), *The Serious Contemporary Music Market, the Conditions of the Composers and Aid for Composers in Europe.* Straßburg: Council for Cultural Co-operation, Cultural Affairs.

Menger, Pierre-M. (1983), *Le paradoxe du musicien; le compositeur, le mélomane et l'Etat dans la société contemporaine.* Paris: Flammarion.

Mercillon, Henri (1977), Les musées: institutions à but non lucratif dans l'économie marchande. *Revue d'Economie Politique* 87, 630–641.

Mercillon, Henri (1983), Sur l'économie de l'art. *Problèmes Economiques* Nr. 1.816, 2–8.

Merriman, Nick (1989), Museum Visiting as a Cultural Phenomenon. In: Peter Vergo [Hrsg.], *The New Museology.* London: Reaction Books, 149–171.

Meyer, Christian (1979), *Grundlagen einer ökonomischen Theorie des Marktes für bildende Kunst.* Dissertation, Universität Wien, Wien.

Meyer, Enrique, *Annuaire international des ventes: peinture – sculpture,* verschiedene Jahre (seit 1963). Paris: Meyer.

Meyer, Karl E. (1973), *The Plundered Past.* London: Hamilton.

Meyer, Karl E. (1979), *The Art Museum – Power, Money, Ethics.* New York: William Morrow.

Miège, Bernard (1974), *Les comités d'entreprises, les loisirs et l'action culturelle.* Paris: Cujas.

Milgrom, Paul R. und Weber, Robert J. (1982), A Theory of Auctions and Competitive Bidding. *Econometrica* 50, 1089–1122.

Milo, Daniel (1986), Le phénix culturel: de la résurrection dans l'histoire de l'art; l'exemple des peintres français (1650–1750). *Revue Française de Sociologie* 27, 481–503.

Ministère de la Culture et de la Communication [Hrsg.], *Développement culturel.* Bulletin du Département des Etudes et de la Prospective. Paris: Ministère de la Culture et de la Communication.

Mitchell, Clare J. A. und Wall, Geoffrey (1989), The Arts and Employment: A Case Study of the Stratford Festival. *Growth & Change* 20, 31–40.

Mitchell, Ritva und Karttunen, Sari (1992), Why and How to Define an Artist? Types of Definitions and their Implications for Empirical Research Results. In: Towse und Khakee (1992), 175–185.

Mokwa, Michael P., Dawson, William M. und Prieve, E. Arthur [Hrsg.] (1980), *Marketing the Arts.* New York: Praeger.

Montias, J. Michael (1973), Are Museums Betraying the Public's Trust? *Museum News* 51, 25–31.

Montias, J. Michael (1982), *Artists and Artisans in Delft: A Socio-Economic Study of the Seventeenth Century.* Princeton: Princeton University Press.

Montias, J. Michael (1986), Public Support for the Performing Arts in Europe and the United States. In: DiMaggio (1986), 287–319.

Moore, Thomas G. (1966), The Demand for Broadway Theatre Tickets. *Review of Economics and Statistics* 48, 79–87.

Moore, Thomas G. (1968), *The Economics of American Theatre.* Durham, N.C.: Duke University Press.

Moore, Thomas G. (1978), Quantitative Analyses of the Performing Arts. In: Samuel J. Bernstein und W. Giles Mellon [Hrsg.], *Selected Readings in Quantitative Urban Analysis.* Oxford: Pergamon Press, 219–235.

Moosa, S. A. (1986), Inflation, Non-Neutral Growth, Equity-Yields and the Fisher Hypothesis. *Applied Economics* 18, 237–247.

Morrison, William G. und West, Edwin G. (1986a), Subsidies for the Performing Arts: Evidence on Voter Preference. *Journal of Behavioral Economics* 15, 57–72.

Morrison, William G. und West, Edwin G. (1986b), Child Exposure to the Performing Arts. The Implications for Adult Demand. *Journal of Cultural Economics* 10, 17–24.

Mossetto, Gianfranco (1992), A Cultural Good Called Venice. In: Towse und Khakee (1992), 247–256.

Mossetto, Gianfranco (1992a), Value Formation and Behaviour of Cultural Institutions. Unveröff. Manuskript. Università degli Studi, Ca'Foscari, Venedig.

Moulin, Raymonde (1967), *Le marché de la peinture en France*. Paris: Editions du minuit.

Moulin, Raymonde (1986), Le marché et le musée: la constitution des valeurs artistiques contemporaines. *Revue Française de la Sociologie* 27, 369–395.

Mühsam, Kurt (1923), *Die Kunstauktion*. Berlin: Verlag für Kunstwissenschaft.

Mühsam, Kurt (1925), *Internationales Lexikon der Preise von Gemälden und Handzeichnungen aller Schulen und Länder*. Berlin: Reiss.

Mueller, Dennis C. (1989), *Public Choice II*. Cambridge, Mass.: Harvard University Press.

Müller-Mehlis, Reinhard (1967), *Kunst und Antiquitäten als Geldanlage*. München: Moderne Industrie.

Mulcahy, Kevin V. und Swaim, C. Richard [Hrsg.] (1982), *Public Policy and the Arts*. Boulder, Colo.: Westview Press.

Muthesius, Volkmar (1961), *Geld und Geist*. Frankfurt: Knapp.

Myerscough, John [Hrsg.] (1984), *Funding for the Arts in Europe*. London: Policy Studies Institute.

Myerscough, John (1986), *Facts about the Arts 2*. London: Policy Studies Institute.

Myerscough, John (1988), *The Economic Importance of the Arts in Britain*. London: Policy Studies Institute.

Naylor, Colin und P'Orridge, Genesis (1977), *Contemporary Artists*. London: St. James Press.

N. E. A. [National Endowments for the Arts] (1985), Artist Employment in 1983. Revised Occupational Classification System Now in Use. *Journal of Cultural Economics* 9, 86–90.

N. E. A. (1988), Artist Employment in 1986. *Journal of Cultural Economics* 12, 81–86.

Netzer, Dick (1978), *The Subsidized Muse: Public Support for the Arts in the United States*. Cambridge: Cambridge University Press.

Netzer, Dick (1986), Dance in New York: Market and Subsidy Changes. *American Economic Review, Papers and Proceedings* 76, 15–19.

Netzer, Dick (1992), Cultural Policy in an Era of Budgetary Stringency and Fiscal Decentralization: The U.S. Experience. In: Towse und Khakee (1992), 237–245.

Nielsen, Richard P., McQueen, Charles M. und Nielsen, Angela B. (1976), Public Policy and Attitudes on Tax Support for Live Artistics Media. *American Journal of Economics and Sociology* 35, 149–160.

Nissel, Mauriel (1983), *Facts about the Arts: A Summary of Available Statistics*. London: Policy Studies Institute.

Noble, Joseph V. (1986), The Megashows are Coming. *Curator* 30, 5–10.

Noll, Roger G. [Hrsg.] (1974), *Governments and the Sports Business*. Washington, D.C.: Brookings.

Novos, Ian F. und Waldman, Michael (1987), The Emergence of Copying Technologies: What Have We Learned? *Contemporary Policy Issues* 5, 34–43.

N. R. C. A. [National Research Center of the Arts] (1981), *Museum USA: A Survey Report*. New York: American Council for the Arts.

O'Hagan, John W. (1992), The Wexford Opera Festival: A Case for Public Funding? In: Towse und Khakee (1992), 61–66.

O'Hagan, John W. und Duffy, Christopher T. (1987), *The Performing Arts and the Public Purse: An Economic Analysis*. Dublin: Irish Arts Council.

O'Hagan, John W. und Duffy, Christopher T. (1989), Tax Concessions to the Arts: Importance and Impact. In: Waits u. a. (1989), 97–102.
O'Hare, Michael (1974a), The Audience of the Museum of Fine Arts. *Curator* 17, 126–158.
O'Hare, Michael (1974b), The Public's Use of Art: Visitor Behavior in an Art Museum. *Curator* 18, 309–320.
O'Hare, Michael (1975), Why Do People Go to Museums? The Effects of Prices and Hours on Museum Utilization. *Museum* 27, 134–146.
O'Hare, Michael (1980), The Malthusian Nightmare of the Composer and his Audience. In: Hendon u. a. (1980), 114–120.
O'Hare, Michael (1982), Copyright and the Protection of Economic Rights. *Journal of Cultural Economics* 6, 33–48 und 88–90.
O'Hare, Michael und Feld, Alan L. (1975), Is Museum Speculation in Art Immoral, Illegal and Insufficiently Fattening? *Museum News* 53, 24–26, 52.
O'Hare, Michael und Feld, Alan L. (1984), Indirect Aid to the Arts. In: McFate (1984), 132–143.
Olson, Mancur (1965), *The Logic of Collective Action: Public Goods and the Theory of Groups*. Cambridge, Mass.: Harvard University Press (übersetzt ins Deutsche: *Die Logik des kollektiven Handelns*. Tübingen: Mohr, 1968).
Opp, Karl-Dieter (1979), Das „ökonomische Programm" in der Soziologie. In: Hans Albert und Kurt H. Stapf [Hrsg.], *Theorie und Erfahrung*. Stuttgart: Klett-Cotta, 313–353.
Osculati, Franco (1983), Sussidi alla domanda e all'offerta nel settore artistico e culturale. *Economia Pubblica* 3, 87–95.
Oteri, Mario und Trimarchi, Michele (1990), Public Subsidies and Cultural Habits: An Empirical Test of Drama Attendance. *Rivista di Diritto Finanziario e Scienza delle Finanze* 49, 524–537.
Owen, Virginia L. (1983), Technological Change and Opera Quality. In: Hendon und Shanahan (1983), 57–64.
Owen, Virginia L. und Hendon, William S. [Hrsg.] (1985), *Managerial Economics for the Arts*. Akron, Ohio: Association for Cultural Economics.

Panasuk, Christine (1974), *An Analysis of Selected Performing Arts Occupations*. Ottawa: Canada Council for the Select Committee on Manpower and Immigration.
Pape, Helmut (1987), Friedrich Gottlieb Klopstock. In: Corino (1987), 72–86.
Pappermann, Ernst (1988), Museen – Ein Wirtschaftsfaktor? *Museumskunde* 53, 74–80.
Park, Gregory S. (1985), De-Accessioning. *Agmanz Journal* 16, 12–14.
Parkhurst, Charles (1975), Art Museums – Kinds, Organization, Procedures and Financing. In: Lee (1975), 68–97.
Pasquier, Dominique (1987), L'image statistique de l'artiste. In: Dupuis und Rouet, (1987), 211–224.
Peacock, Alan T. (1968), Public Patronage and Music: An Economist's View. *Three Banks Review* 77, 18–36.
Peacock, Alan T. (1969), Welfare Economics and Public Subsidy to the Arts. *Manchester School of Economics and Social Studies* 37, 323–335.
Peacock, Alan T. (1973), The Economic Value of Musical Composition. In: Bernhard Külp und Wolfgang Stützel [Hrsg.], *Beiträge zu einer Theorie der Sozialpolitik*. Berlin: Duncker und Humblot, 11–27.
Peacock, Alan T. (1974), The Problems of the Performing Arts and Economic Analysis. In: Yung-P. Chen [Hrsg.], *Understanding Economics*. Boston, Mass.: Little, Brown und Cie., 99–110.

Peacock, Alan T. (1978), Preserving the Past: An International Economic Dilemma. In: Pio Caroni, Bernard Dafflon und Georges Enderle [Hrsg.], *Nur Ökonomie ist keine Ökonomie*. Bern: Haupt, 305–312.
Peacock, Alan T. (1979), Public Policy and Copyright in Music: An Economic Analysis. In: Alan T. Peacock [Hrsg.], *Economic Analysis of Government*. Oxford: Robertson, 137–152.
Peacock, Alan T. (1984), Economics, Inflation, and the Performing Arts. In: Baumol und Baumol (1984), 71–85.
Peacock, Alan T. (1988), Cultural Economics and the Finance of the Arts. Unveröff. Manuskript. Heriot-Watts University, Edinburgh.
Peacock, Alan T. (1992), Economics, Cultural Values and Cultural Policies. In: Towse und Khakee (1992), 9–20.
Peacock, Alan T. und Godfrey, Christine (1974), The Economics of Museums and Galleries. *Lloyds Bank Review* 111, 17–28.
Peacock, Alan T., Shoesmith, Eddie und Millner, Geoffrey (1983), *Inflation and the Performing Arts*. London: Arts Council of Great Britain.
Peacock, Alan T. und Weir, Ronald (1975), *The Composer in the Market Place*. London: Faber Music.
Pearson, Lynn S. (1986), Current Trends in Art Theft, the I.F.A.R. Report. *Art and Auction Magazine* Mai, 98–100.
Penn, Robert E. (1980), The Economics of the Market in Modern Prints, *Portfolio Management* 7, 309–320.
Pennisi, Giuseppe (1986), Valutazione economica dei beni culturali ed ambientali. *Rivista di Politica Economica* 76, 547–567.
Pesando, James E. (1990), Arts as an Investment: The Market for Modern Prints. Unveröff. Manuskript. University of Toronto, Toronto.
Pethig, Rüdiger (1988), Copyrights and Copying Costs: A New Price-Theoretic Approach. *Journal of Institutional and Theoretical Economics* 144, 462–495.
Phelps-Brown, E. Henry und Hopkins, Sheila (1956), Seven Centuries of the Prices of Consumables, Compared with Builders Wage-Rates. *Economica* 23, 296–314.
Piles, Roger de (1708), *Cours de peinture par principes*. Paris: Jacques Estienne.
Piquet, Silvère (1985), *Sponsoring et mécénat: la communication par l'événement*. Paris: Vuibert.
Poggi, Jack (1968), *Theatre in America: The Impact of Economic Forces 1870–1967*. Ithaca, N.Y.: Cornell University Press.
Pommerehne, Werner W. (1982), Steuern, Staatsausgaben und Stimmbürgerverhalten: Eine empirische Untersuchung am Beispiel der öffentlichen Subventionierung des Theaters. *Jahrbücher für Nationalökonomie und Statistik* 197, 437–462.
Pommerehne, Werner W. (1987), *Präferenzen für öffentliche Güter: Ansätze zu ihrer Erfassung*. Tübingen: Mohr.
Pommerehne, Werner W. (1992), Opernfestspiele – Ein Fall für öffentliche Subventionen? *Homo oeconomicus* 9, 229–262.
Pommerehne, Werner W. und Frey, Bruno S. [Hrsg.] (1979), *Ökonomische Theorie der Politik*. Heidelberg und New York: Springer.
Pommerehne, Werner W. und Frey, Bruno S. (1980a), The Museum from an Economist's Perspective. *International Social Science Journal* 32, 323–339.
Pommerehne, Werner W. und Frey, Bruno S. (1980b), Kunst zwischen Freiheit und Demokratie. *Wirtschaftspolitische Blätter* 27, 27–37.
Pommerehne, Werner W. und Frey, Bruno S. (1985), Kunst: Was sagt der Ökonom dazu? *Schweizerische Zeitschrift für Volkswirtschaft und Statistik* 121, 139–167.
Pommerehne, Werner W. und Frey, Bruno S. (1987), Staatliche Förderung von Kunst und Kultur: Eine ökonomische Betrachtung. *Jahrbuch für Sozialwissenschaft* 38, 259–275.

Pommerehne, Werner W. und Frey, Bruno S. (1989), Le placement en peinture: une étude empirique sur 350 ans (1635–1987). *Journal de la Société de Statistique de Paris* 130, 171–186.
Pommerehne, Werner W. und Frey, Bruno S. (1990), Public Promotion of the Arts: A Survey of the Means. *Journal of Cultural Economics* 14, 73–95.
Pommerehne, Werner W. und Frey, Bruno S. (1992), Tax Morale and Income Tax Compliance in Democracies: An Empirical Study for Switzerland. Unveröff. Manuskript. Universität des Saarlandes, Saarbrücken.
Pommerehne, Werner W. und Kirchgässner, Gebhard (1987), The Decline of Conventional Culture: The Impact of Television on the Demand for Cinema and Theatre Performances. In: Grant u. a. (1987), 44–61.
Pommerehne, Werner W. und Krebs, Susanne (1992), Cosi fan tutte oder die Monotonie des Wiedersehens: Ökonomische Analyse der Opernnachfrage. Unveröff. Manuskript. Universität des Saarlandes, Saarbrücken.
Pommerehne, Werner W. und Schneider, Friedrich (1983), Warum bloß ist ein Rauschenberg so teuer? In: Andreae (1983a), 50–81.
Posner, Richard A. (1973), *Economic Analysis of Law*. Boston: Little, Brown and Cie.
Pride, L. C., Dirocco, L. und Lewis, J. D. (1981), *Museum Program Survey 1979*. Washington, D. C.: National Center for Educational Statistics.
Puffelen, Frank van (1986), *More than One Billion Guilders: The Economic Significance of the Professional Arts in Amsterdam*. Amsterdam: Boekmanstichting.
Putterman, Louis (1984), On Some Recent Explanations of Why Capital Hires Labor. *Economic Inquiry* 22, 171–187.

Radich, Anthony J. [Hrsg.] (1987), *Economic Impact of the Arts*. Washington, D. C.: National Conference of State Legislation.
Radspieler, Hans (1987), Christoph Martin Wieland. In: Corino (1987), 165–177.
Raymond, Thomas J. C. und Greyser, Stephen A. (1978), The Business of Managing the Arts. *Harvard Business Review* 56, 123–133.
Raynor, Henry (1976), *Music and Society since 1815*. London: Barrie und Jenkins.
Reichhardt, Robert (1962), *Die Schallplatte als kulturelles und ökonomisches Phänomen*. Zürich: Polygraphischer Verlag.
Reineccius, Richard (1984), Inflation, Public Support, and the Far-Off Broadway Theater. In: Baumol und Baumol (1984), 71–85.
Reiss, Stephen (1981), Investing in Pictures: The Rewards and Pitfalls. *Accountancy*, Oktober, 38–46.
Reitlinger, Gerald (1961), *The Economics of Taste, Vol. I: The Rise and Fall of Picture Prices 1760–1960*. London: Barrie und Rockliff.
Reitlinger, Gerald (1970), *The Economics of Taste, Vol. III: The Art Market in the 1960s*. London: Barrie und Rockliff.
Reusch, Hans (1922), *Die deutschen Theater in volkswirtschaftlicher Beleuchtung*. Dissertation, Universität zu Köln, Köln.
RH [Rechnungshof] (1984), *Bericht über die Wahrnehmung hinsichtlich der Gebarung des Bundes mit Mitteln der Kunst- und Sportförderung* (Rechnungshof ZI 800-Pr/84). Wien: Österreichische Staatsdruckerei.
Rheims, Maurice (1959), *La vie étrange des objets*. Paris: Plon.
Rheims, Maurice (1981), *Les collectionneurs*. Paris: Ramsay.
Ricerche Economiche (1992), Arts and Economics: New Challenging Applications [Dipartimento di Scienze Economiche, Università degli Studi Ca'Foscari, Venedig], 46, H. 1/2.
Rieu, Alain M. (1988), *Les visiteurs et leurs musées*. Paris: Documentation Française.

Riker, William H. und Ordeshook, Peter C. (1973), *An Introduction to Positive Political Theory*. Englewood Cliffs, N.J.: Prentice-Hall.
Ritschard, Rolf (1990), Kultur als Wirtschaftsfaktor. *Die Volkswirtschaft*, November, 18–24.
Robbins, Lionel C. (1963), Art and the State. In: Lionel C. Robbins [Hrsg.], *Politics and Economics: Essays in Political Economy*. London: Macmillan, 53–72.
Robbins, Lionel C. (1971), Unsettled Questions in the Political Economy of the Arts. *Three Banks Review* 91, 3–19.
Robinson, John P. (1987), The Arts in America. *American Demographics* 9, 42–45, 50.
Rosen, Sherwin (1981), The Economics of Superstars. *American Economic Review* 71, 845–858.
Rosenberg, Jacob (1964), *Rembrandt. Life and Work*. London: Phaidon.
Rosett, Richard N. (1991), Art Museums in the United States: A Financial Portrait. In: Feldstein (1991), 129–177.
Ross, Myron und Zondervan, Scott (1989), Capital Gains and the Rate of Return on a Stradivarius *Economic Inquiry* 27, 529–540.
Rouet, François (1988), *Des aides à la culture*. Brüssel: Mardaga.
Rouet, François [Hrsg.] (1989), *Economie et culture: industries culturelles*. Paris: Documentation Française.
Rouget, Bernard, Sagot-Duvauroux, Dominique und Pflieger, Sylvie (1991), *Le marché de l'art contemporain en France*. Paris: Documentation Française.
Rubinfeld, Daniel L. (1977), Voting in a Local School Election: A Micro Analysis. *Review of Economics and Statistics* 59, 30–42.
Rush, Richard (1961), *Art as an Investment*. Englewood Cliffs, N.J.: Prentice-Hall.
Russell, Milton (1980), Comments on Arts Subsidies: Distribution Effects and the Public Purse. *Journal of Cultural Economics* 4, 75–79.

Sagot-Duvauroux, Dominique (1985), *Structure de financement et organisation d'un système: l'exemple du théâtre*. Dissertation, Universität Paris I – Pantheon – Sorbonne, Paris.
Sagot-Duvauroux, Dominique, Pflieger, Sylvie und Rouget, Bernard (1992), Price Making on the Contemporary Art Market. In: Towse und Khakee (1992), 91–102.
Salamon, Martin (1992), Auction of Works of Art. In: Towse und Khakee (1992), 85–89.
Santos, Frank P. (1976), Risk, Uncertainty, and the Performing Artist. In: Blaug (1976), 243–259
Sauberzweig, Dieter, Brühl, Hasso, Göschel, Albrecht, Heuer, Hans, Kunert-Schroth, Heidrun und Lemhofer, Claudia (1989), *Gutachten: Ruhrfestspiele Recklinghausen*. Berlin: Deutsches Institut für Urbanistik.
Savage, George (1969), *The Market in Art*. London: Institute of Economic Affairs.
Scanlon, Rosemary und Longley, Robert (1984), The Arts as an Industry: Their Economic Importance to the New York-New Jersey Metropolitan Region. In: Hendon u.a. (1984), 93–100.
Schenker, Philipp (1990), *Ökonomie und Management von Kunstinstitutionen*. Basel: Helbing und Lichtenhahn.
Schmidjell, Richard und Gaubinger, Bernd (1980), Quantifizierung der externen Effekte des Kunstsektors am Beispiel der Salzburger Festspiele. *Wirtschaftspolitische Blätter* 27, 89–97.
Schröter, Klaus (1987), Thomas Mann. In: Corino (1987), 411–423.
Schuck-Wersig, Petra und Wersig, Gernot (1988), Museen und Marketing I: Museumskonzeptionen amerikanischer Großstadtmuseen als Anregung und Herausforderung. Unveröff. Manuskript. Institut für Museumskunde, Berlin.

Schuck-Wersig, Petra und Wersig, Gernot (1991), Museen und Marketing II: Großstädtische Museen in Frankreich zwischen Administration und Innovation. Unveröff. Manuskript. Institut für Museumskunde, Berlin.

Schuck-Wersig, Petra und Wersig, Gernot (1992a), Museen und Marketing III: Der Aufbruch in die Marktwirtschaft – Museen und Marketing in Großbritannien. Unveröff. Manuskript. Institut für Museumskunde, Berlin.

Schuck-Wersig, Petra und Wersig, Gernot (1992b), Museen und Marketing IV: Der Faktor X – Explorationen in der Bundesrepublik Deutschland. Unveröff. Manuskript. Institut für Museumskunde, Berlin.

Schumpeter, Joseph A. (1946), *Kapitalismus, Sozialismus und Demokratie*, 2. Aufl. Bern: Francke.

Schuster, J. M. Davidson (1985), *Supporting the Arts: An International Comparative Study*. Cambridge, Mass.: Massachusetts Institute of Technology.

Schuster, J. M. Davidson (1986), Tax Incentives as Arts Policy in Western Europe. In: DiMaggio (1986), 320–360.

Schuster, J. M. Davidson (1987), Making Compromises to Make Comparisons in Cross-National Arts Policy Research. *Journal of Cultural Economics* 11, 1–36.

Schuster, J. M. Davidson (1988), Perspectives on the American Audience for Art Museums. Unveröff. Manuskript. Cambridge, Mass.: Massachusetts Institute of Technology.

Schuster, J. M. Davidson (1989), Determinants and Correlates of Arts Support by States. In: Shaw u. a. (1989), 211–224.

Schuwerack, Leopold (1987), Bertold Brecht. In: Corino (1987), 360–373.

Scitovsky, Tibor (1976), *The Joyless Economy: An Inquiry into Human Satisfaction and Consumer Dissatisfaction*. Oxford: Oxford University Press.

Seaman, Bruce A. (1980), Economic Models and Support for the Arts. In: Hendon u. a. (1980), 80–95.

Seaman, Bruce A. (1981), Economic Theory and The Positive Economics of Arts Financing. *American Economic Review, Papers and Proceedings* 71, 335–340.

Seaman, Bruce A. (1985), Price Discrimination in the Arts. In: Owen und Hendon (1985), 47–60.

Seaman, Bruce A. (1992), Considerations in Adapting Industrial Organization Theory to the International Trade in Cultural Goods. In: Towse und Khakee (1992), 153–161.

Seelig, Ludwig (1914), *Geschäftstheater oder Kulturtheater?* Berlin: Genossenschaft Deutscher Bühnen-Angehöriger.

Semenik, Richard J. (1983), Season Ticket Proneness among Art Attenders. In: Hendon u. a. (1983b), 125–132.

Semenik, Richard J. und Bamossy, Gary (1985), Methodological Issues in Arts Marketing Research. In: Owen und Hendon (1985), 23–33.

Semenik, Richard J. und Young, Clifford E. (1980), Correlates of Season Ticket Subscription Behavior. In: Jerry C. Olson [Hrsg.], *Advances in Consumer Research*, Vol. 7. Ann Arbor, Mich.: Association for Consumer Research, 114–120.

Sen, Amartya (1970), *Collective Choice and Social Welfare*. Edinburgh und London: Oliver und Boyd.

Shanahan, James L., Hendon, William S., Hilhorst, Izaak Th. H. und van Straalen, Jaap, [Hrsg.] (1983a), *Economic Support for the Arts*. Akron, Ohio: Akron University Press.

Shanahan, James L., Hendon, William S., Hilhorst, Izaak Th. H. und van Straalen, Jaap, [Hrsg.] (1983b), *Market for the Arts*. Akron, Ohio: Akron University Press.

Shaw, Douglas V., Hendon, William S. und Owen, Virginia L. [Hrsg.] (1989), *Cultural Economics 88: An American Perspective*. Akron: Akron University Press.

Shaw, Douglas V., Hendon, William S. und Waits, C. Richard [Hrsg.] (1987), *Artists and Cultural Economics*. Akron, Ohio: Akron University Press.

Sherman, Daniel J. (1989), *Worthy Monuments: Art Museums and the Politics of Culture in Nineteenth Century France*. Cambridge, Mass.: Harvard University Press.

Siede-Hiller, Claudia (1981), *Zwischen Kunstfreiheit und Kontrolle: Strukturprobleme öffentlicher Theater am Beispiel eines Staatstheaters*. Frankfurt, Bern und New York: Lang.

Silbermann, Alphons (1973), *Empirische Kunstsoziologie. Eine Einführung mit kommentierter Bibliographie*. Stuttgart: Enke.

Simon, Herbert A. (1957), *Models of Man*. New York: Wiley.

Sinden, John A. (1982), Application of Quality of Life Indicators to Socioeconomic Problems: An Extension of Liu's Method to Evaluate Policies. *American Journal of Economics and Sociology* 41, 401–420.

Singer, Leslie P. (1978), Microeconomics of the Art Market. *Journal of Cultural Economics* 2, 21–40.

Singer, Leslie P. (1981), Supply Decisions of Professional Artists. *American Economic Review, Papers and Proceedings*, 71, 341–346.

Singer, Leslie P. (1982), Secondary Art Markets and the Theory of Syndicats, Unveröff Manuskript. Temple University, Philadelphia.

Singer, Leslie P. (1985), Nationalism and Art Markets: A Theory of Unearned Increments. In: Waits u. a. (1985), 233–243.

Singer, Leslie P. (1987), Factor-Improving Technology and Product-Improving Technology: Theory of Quality and Cultural Programming. In: Grant u. a. (1987), 2–9.

Singer, Leslie P. (1990), The Utility of Art versus Fair Bets in the Investment Market. *Journal of Cultural Economics* 14, 1–13.

Singer, Leslie P. (1992), Some Unanswered Questions in the Economics of Art. In: Towse und Khakee (1992), 77–83.

Singer, Leslie P. und Lynch, Gary (1989), The Wealth Effect in the Consumption of Art. In: Shaw u. a. (1989), 97–103.

Smith, John (1829–42), *Catalogue raisonné of the Works of the Most Eminent Dutch, Flemish and French Painters* (9 Bände). London: Smith.

Smith, William (1948), *Concerning Handel. His Life and Work*. London: Cassell.

Smolensky, Eugene (1986), Municipal Financing of the U. S. Fine Art Museum: A Historical Rationale. *Journal of Economic History* 46, 757–768.

Snooks, Gerald D. (1983), Determinants of Earning Inequality among Australian Artists. *Australian Economic Papers* 22, 322–332.

Sotheby's und Parke-Bernet, *Art at Auction*, verschiedene Jahre. London und New York: Macmillan.

Stanford, Jon D. (1989), The Economics of the Market for Contemporary Visual Arts. In: Waits u. a. (1989), 157–167.

Stein, John P. (1977), The Monetary Appreciation of Paintings, *Journal of Political Economy* 85, 1021–1035.

Steinberg, Richard (1986), The Revealed Objective Function of Nonprofit Firms. *Rand (Bell) Journal of Economics* 17, 508–526.

Stevens, Dana (1985), The Social Efficiency of Arts Addiction. In: Waits u. a. (1985), 43–53.

Stewart, Ian (1985), Funding for the Arts and Libraries. *Three Banks Review* 146, 20–27.

Stigler, George J. und Becker, Gary S. (1977), De gustibus non est disputandum. *American Economic Review* 67, 76–90.

Stoller, Michael A. (1984), The Economics of Collectible Goods. *Journal of Cultural Economics* 8, 91–104.

Summers, Lawrence H. (1983), The Nonadjustment of Nominal Interest Rates: A Study of the Fisher Effect. In: James Tobin [Hrsg.], *Macroeconomics, Prices on Quantities*. Oxford: Blackwell, 201–234.

Temin, Peter (1991), An Economic History of American Art Museum. In: Feldstein (1991), 179–193.

Thaler, Alwin (1918), Shakspere's Income. *Studies in Philosophy* 15, 82–96.

Thaler, Richard (1980), Towards a Positive Theory of Consumer Choice. *Journal of Economic Behavior and Organization* 1, 39–60.

Thomas, Karin und De Vries, Gerd (1977), *DuMont's Künsterlexikon von 1945 bis zur Gegenwart*. Wien: DuMont.

Throsby, C. David (1977), Production and Cost Relationships in the Supply of Performing Arts Services. In: K. A. Tucker [Hrsg.], *Economics of the Australian Service Sector*. London: Croom-Helm, 414–432.

Throsby, C. David (1982), Social and Economic Benefits from Regional Investment in Arts Facilities: Theory and Application. *Journal of Cultural Economics* 6, 1–13.

Throsby, C. David (1983), Perception of Quality in Demand for the Theatre. In: Shanahan u. a. (1983b), 6–18; wiederabgedruckt in Hendon und Shanahan (1983), 162–176.

Throsby, C. David (1984), The Measurement of Willingness-to-Pay for Mixed Goods. *Oxford Bulletin of Economics and Statistics* 46, 279–289.

Throsby, C. David (1985), Intervention Strategies in Art Markets. In: Waits u. a. (1985), 16–28.

Throsby, C. David (1992), Artists as Workers. In: Towse und Khakee (1992), 201–208.

Throsby, C. David und Nielsen, E. (1980), Product Quality Decisions in Nonprofit Performing Arts Services. Unveröff. Manuskript. Macquarie University, Sydney.

Throsby, C. David und Withers, Glenn A. (1979). *The Economics of the Performing Arts*. London und Melbourne: Arnold.

Throsby, C. David und Withers, Glenn A. (1983), Measuring the Demand for the Arts as a Public Good: Theory and Empirical Results. In: Hendon und Shanahan (1983), 177–191.

Throsby, C. David und Withers, Glenn A. (1985), What Price Culture? *Journal of Cultural Economics* 9, 1–34.

Throsby, C. David und Withers, Glenn A. (1986), Strategic Bias and Demand for Public Goods: Theory and an Application to the Arts. *Journal of Public Economics* 31, 307–327.

Thurn, Hans [unter Mitarbeit von Klaus Gärtner, Sabine Lingner und Gabriele Schaper] (1985), *Künstler in der Gesellschaft*. Opladen: Westdeutscher Verlag.

Tiepelmann, Klaus (1992), Ökonomische Denkansätze zur Denkmalspflege. *Homo oeconomicus* 9, 263–301.

Tietzel, Manfred (1992), Goethe – ein homo oeconomicus. *Homo oeconomicus* 9, 303–355.

Toffler, Alvin (1973), *The Culture Consumer: A Study of Art and Affluence in America* (2. Aufl.). New York: Random House.

Touchstone, Susan K. (1980), The Effects of Contributions on Price and Attendance in the Lively Arts. *Journal of Cultural Economics* 4, 33–46.

Towse, Ruth (1987), Recent Trends in Cultural Expenditures in Austria, France, Germany, Great Britain, Italy, the Netherlands and Sweden. Unveröff. Manuskript. Policy Studies Institute, London.

Towse, Ruth (1991a), Venice as a Superstar. Unveröff. Manuskript. University of Exeter, Exeter.

Towse, Ruth (1991b), The Labour Factor in the Arts. Unveröff. Manuskript. University of Exeter, Exeter.

Towse, Ruth (1992), The Earnings of Singers: An Economic Analysis. In: Towse und Khakee (1992), 209–217.
Towse, Ruth und Khakee, Abdul [Hrsg.] (1992), *Cultural Economics*. Berlin, Heidelberg und New York: Springer.
Treinen, Heiner (1973), Ansätze zu einer Soziologie des Museumswesens. In: Günter Albrecht, Hansjürgen Daheim und Fritz Sack [Hrsg.], *Soziologie*. Opladen: Westdeutscher Verlag, 336–353.
Trimarchi, Michele (1985), Il finanziamento pubblico degli spettacoli. *Economia delle Scelte Pubbliche* 3, 37–54.
Trimarchi, Michele (1986), La domanda di performing arts: una analisi preliminare. *Atti dell'Accademia Peloritana dei Pericolanti* 53/54, 373–396.
Trimarchi, Michele (1990a), Informazione, fiducia e reputazione nella struttura e nel finanziamento delle istituzioni culturali. In: Giadina, Emilio [Hrsg.], *Impresa pubblica, privatizzazione e regolamentazione*. Mailand: Angelli, 229–263.
Trimarchi, Michele (1990b), Arts and the State: The State of the Art. Unveröff. Manuskript. Universität Buckingham, Buckingham.

United States (1985), *Economic Report of the President*. Washington, D.C.: U.S. Government Printing Office.
Usher, Dan (1987), Theft as a Paradigm for Departures from Efficiency. *Oxford Economic Papers* 39, 235–252.

Valentiner, Wilhelm R. (1921), *Rembrandt: Wiedergefundene Gemälde 1910–1920*. Stuttgart und Berlin: Deutsche Verlags-Anstalt.
Vandell, Kerry D. und O'Hare, Michael (1979), Indirect Government Aid to the Arts: The Tax Expenditure in Charitable Contributions. *Public Finance Quarterly* 7, 162–181.
Vasari, Giorgio (1568), *Le vite de più eccelenti architetti, pittori e scultori italiani* (2. Aufl.). Florenz: Giuntini.
Vaughan, David R. (1980), Does a Festival Pay? In: Hendon u. a. (1980), 319–332.
Vaughan, David R. (1984), The Cultural Heritage: An Approach to Analysing Income and Employment Effects. *Journal of Cultural Economics* 8, 1–36.
Vessilier, Michèle (1973), *La crise du théâtre privé*. Paris: Presses Universitaires de France.
Villani, Andrea (1978), *L'economia dell'arte*. Mailand: Vita e Pensiero.
Villani, Andrea (1988), *Economia e politica dell'arte e dei beni culturali*. Mailand: Vita e Pensiero.
Vornetti, Patricia (1989), La demande culturelle: l'opicacité des préférences individuelles. Ronéo, Universität Paris I-Panthéon-Sorbonne, Paris.

Wagenführ, Horst (1965), *Kunst als Kapitalanlage*. Stuttgart: Forkel.
Wahl-Zieger, Erika (1978), *Theater und Orchester zwischen Marktkräften und Marktkorrektur*. Göttingen: Vandenhoek und Ruprecht.
Waits, C. Richard, Hendon, William S. und Horowitz, Harold [Hrsg.] (1985), *Governments and Culture*. Akron, Ohio: Akron University Press.
Waits, C. Richard, Hendon, William S. und Schuster, J. M. Davidson [Hrsg.] (1989), *Cultural Economics 88: A European Perspective*. Akron, Ohio: Akron University Press.
Waits, C. Richard und McNertney, Erward M. (1980), Uncertainty and Investment in Human Capital in the Arts. In: Hendon, Shanahan and MacDonald (1980), 200–207.
Waits, C. Richard und McNertney, Edward M. (1983), Income Incentives and Selection of Artistic Careers. In: Shanahan u. a. (1983b), 118–125.
Waits, C. Richard und McNertney, Edward M. (1984), An Economic Model of Artistic Behaviour. *Journal of Cultural Economics* 8, 49–60.

Walker, John A. (1975), *Art since Pop*. London: Thames and Hudson.
Walker, John A. (1977), *Glossary of Art, Architecture and Design since 1945*. London und Hamden: Bingley und Linnert.
Wall, Geoffrey und Roberts, Colleen (1984), The Economic Impact of the Tutankhamun and van Gogh Exhibitions. In: Hendon u. a. (1984), 66–77.
Walsh, Richard N. (1991), Art Museums in the United States: A Financial Portrait. In: Feldstein (1991), 129–177.
Warnke, Martin (1985), *Hofkünstler. Zur Vorgeschichte des modernen Künstlers*. Köln: DuMont.
Wassall, Gregory H. und Alper, Neil O. (1984), Determinants of Artists' Earnings. In: Hendon u. a. (1984), 213–230.
Wassall, Gregory H. und Alper, Neil O. (1985), Occupational Characteristics of Artists: A Statistical Analysis. *Journal of Cultural Economics* 9, 13–34.
Wassall, Gregory H. und Alper, Neil O. (1992), Toward a Unified Theory of the Determinants of the Earnings of Artists. In: Towse und Khakee (1992), 187–200.
Webb, Louis R. (1970), Price Formation in the Art Market. *Economics Papers* 35, 8–19.
Weil, Stephen E. (1983), *The Beauty and the Beasts: On Museums, Art, the Law, and the Market*. Washington, D.C.: Smithonian Institute Press.
Weil, Stephen E. (1987), De-Accessioning Practices in American Museums. *Museum News* 65, 44–50.
Weinberg, Charles B. und Shachmut, Kenneth M. (1978), Arts Plan: A Model Based System for Use in Planning a Performing Arts Series. *Management Science* 24, 654–664.
Weiser, Alfred (1938), *Der Theaterbetrieb, seine Besonderheiten und seine Verbindungen mit anderen Einzelwirtschaften*. Dissertation, Universität Wien, Wien.
Wellensiek, Hertha und Keyszelitz, Robert [Hrsg.], *Art-Price Annual/Kunstpreisjahrbuch/Les beaux-arts du monde*, verschiedene Jahre (seit 1945). München: Kunst und Technik.
Wellensiek, Hertha, König, H. Josef und Wolf, S. [Hrsg.], *Art-Price Annual/Kunstpreisjahrbuch/Les beaux-arts du monde*, verschiedene Jahre (seit 1982). München: Weltkunst.
West, Edwin G. (1985). *Subsidizing the Performing Arts*. Toronto: Ontario Economic Council.
West, Edwin G. (1986), Arts Vouchers to Replace Grants. *Economic Affairs* 6, 9–11, 16.
West, Edwin G. (1987), Nonprofit versus Profit Firms in the Performing Arts. *Journal of Cultural Economics* 11, 37–47.
West, Edwin G. (1988), Government Grants to Nonprofit Firms: Still Searching for the Rationale. *Journal of Cultural Economics* 12, 93–96.
Wezel, Wolf D. (1964), *Das subventionierte öffentliche Theater: seine Struktur und seine Problematik*. Dissertation, Universität München, München.
White, Harrison C. und White, Cynthia A. (1965), *Canvasses and Careers: Institutional Change in the French Painting World*. New York: Wiley.
Wiesand, Andreas J. (1979), 20 Fragen zum Berufsfeld Bildende Kunst. In: Rainer Wick and Astrid Wick-Kmoch [Hrsg.], *Kunstsoziologie, Bildende Kunst und Gesellschaft*. Köln: DuMont, 157–190.
Williamson, Oliver E. (1975), *Markets and Hierarchies: Analysis and Anti-Trust Implications*. New York: Free Press.
Williamson, Oliver E. (1980), The Organization of Work: A Comparative Institutional Assessment. *Journal of Economic Behavior and Organization* 1, 5–38.
Wilm, Hubert (1930), *Kunstsammler und Kunstmarkt*. München: Schmid.
Wimberger, Gerhard (1983), Salzburger Festspiele – heute und morgen. In: *Salzburger Festspiele 1983*. Salzburg: Schriftenreihe des Landespressebüros, 111–119.

Withers, Glenn A. (1979), Private Demand for Public Subsidies: An Econometric Study of Cultural Support in Australia. *Journal of Cultural Economics* 3, 53–64.

Withers, Glenn A. (1980), Unbalanced Growth and the Demand for Performing Arts: An Econometric Analysis. *Southern Economic Journal* 46, 735–742.

Withers, Glenn A. (1985), Artists' Subsidy of the Arts. In: Waits u. a. (1985), 154–163.

Wolf, Charles J. (1970), The Present Value of the Past. *Journal of Political Economy* 28, 783–792.

Wolff, Janet (1981), *The Social Production of Art*. London: Macmillan.

Wyszomirski, Margaret J. (1982), Controversies in Arts Policymaking. In: Mulcahy und Swaim (1982), 11–31.

Yorke, David und Jones, P.R. (1987), Museums and Marketing Techniques. *Management Decisions* 25, 25–32.

Zuzaneck, Jiri (1983), Recent Trends in Arts Participation and Cultural Spending. In: Shanahan u. a. (1983a), 108–121.

Personenregister

Abbé-Decarroux, François 11, 12, 29, 38, 67
Abele, Hanns 3, 30, 60
Acconci, Vito 88
Adelstein, Richard P. 205
Adler, Moshe 41, 180, 181
Aischylos 37
Akerlof, George A. 4
Albers, Josef 87, 104
Alchian, Armen A. 35
Alexander, Jolas 86
Alma-Tadema, Sir Lawrence 117, 121
Alper, Neil O. 164, 171, 178
Anderson, Robert C. 129
Anderson, Robert J. 42
André, Carl 88
Andreae, Clemens A. 3, 60, 62
Andreasen, Alan R 11, 38
Andrée, Otto G. 3
Antes, Horst 88
Aristophanes 37
Arman, Armand 88
Armstrong, Louis 18
Ashenfelter, Orley 78
Attali, Jacques 3
Austen-Smith, David 3, 40, 45, 204

Bach, Johann Sebastian 156
Bachmann, Asta-Maria 156
Bachmann, Laurie M. 116, 133
Bachmayer, Monika 65
Bacon, Francis 104
Bahn, Volker 3
Bajic, Vladimir 10
Baldessari, John 93, 101
Bamossy, Gary 4, 11, 67
Banfield, Edward C. 136, 137
Barbarolli, Sir John 170
Barsky, Robert B. 126
Bartholomew, James 111
Bartók, Béla 28
Bator, Paul M. 133, 134, 135, 136, 141, 143
Bauer, Hannes 3, 30, 60
Baumeister, Peter 131

Baumol, Hilda 2, 3, 11
Baumol, William J. 2, 3, 4, 11, 37, 41, 43, 113, 129, 135, 172, 210, 211
Beam, Kenneth 4
Becker, Gary S. 4, 5, 11, 42
Beer, Valorie 65, 81
Beethoven, Ludwig van 27, 63, 157
Behr, Vera 3, 30
Belk, Russell W. 11, 38
Benkert, Wolfgang 58
Berchem, Nicolas 125
Berg, Alban 28
Berger, Manfred 30
Bergman, Barbara 4
Bergman, Ingmar 18
Bernier, Georges 3
Bernstein, Leonard 152
Bertouille, Gérard 3
Besen, Stanley M. 205
Beuys, Joseph 19, 88, 91, 92, 100, 102, 161, 162
Bigley, James D. 69
Bill, Max 104
Bizet, Georges 27
Blanc, Charles 131
Blattberg, Robert C. 4
Blau, Francine D. 4
Blau, Judith R. 42, 204
Blaug, Mark 3, 38, 210
Blaukopf, Kurt 3
Blumentritt, Ulrich 4
Bode, Wilhelm von 114
Bodo, Carla 3
Bohn, Volker 154
Boltanski, Christian 88
Bonato, Leo 11
Bongard, Willi 89, 93, 101, 103, 104
Bonheur, Rosa 121
Bonington, Richard Parkes 115
Book, Sam 11, 41, 67
Bott, Gerhard 65
Bourdieu, Pierre 65
Bowden, Christopher 4
Bowen, William G. 2, 41, 172
Boxer, A. H. 96

Braam, Fred A. van 105, 131
Braden, Su 105
Bradshaw, Thomas F. 41, 164
Brébisson, Guy 46
Brecht, Berthold 156
Bredius, Abraham 114
Bridges, Gary 210, 211
Brieger, Lothar 131
Britten, Benjamin 28
Brodbeck, Karl-H. 30
Broderick, Cynthia J. 4
Bröker, Josef 2, 131
Brosio, Giorgio 3
Brown, Paula 3, 65, 66
Bruce, Alex 11
Buchanan, James M. 4, 26, 191
Bullard, James 41
Buren, Daniel 88
Bury, Pol 87
Busson, Alain 3

Cairns, J. 4
Calhoun, Ann 79
Cameron, Samuel 11
Cantor, Jay E. 144
Caravaggio, Michelangelo da 170
Carbonaro, Gianni 142
Caro, Anthony 88, 91, 93, 101
Carreras, José 158
Carson, Amy 11
Castelli, Leo 18, 86, 98, 105
Cavaliere, Emilio 63
Ca'Zorzi, Antonio 22, 23
Cesar, Baldaccini 88
Cézanne, Paul 73, 121, 192
Chagall, Marc 161
Chalendar, Jacques de 46
Chaliapin, Fedor 158
Chambers, Marlene 66, 81
Chanel, Olivier 129
Chatelain, Jean 134
Cheskin, Irving W. 43
Christie, Agatha 38
Christie's 18, 105, 110, 112, 113, 114, 117, 121, 131, 144
Christo, Javacheff 19, 31, 88, 91, 92, 100, 102
Clark, David E. 8
Clarke, Rosemary 65
Clarkson, Kenneth W. 4
Close, Chuck 88
Clotfelter, Charles T. 70, 72, 204, 207
Clottu, Gaston 74

Coco, Paola 115
Coffin, Donald A. 8
Coffman, Richard B. 122
Coggins, Clemency 133
Cole, Jonathan R. 164
Cole, Sonia M. 115, 137
Coleman, James S. 5
Cooley, Thomas F. 94
Cornwall, Sally C. 171
Corot, Camille 115
Costa, Frank J. 3, 66
Cotta, Johann F. 153, 154, 187
Cramer, Ted 4
Cranach, Lucas 159, 170
Crivelli, Carlo 121
Cummings, Milton C. 3, 23
Cummings, Paul 105
Currim, Imran S. 4, 11
Cwi, David 11, 24, 73

Dali, Salvador 6
Damrich, N. 131
Darboven, Hanne 88
Dardel, Alain 65
Darmstädter, Robert 87, 105
David, Jacques Louis 125
Davis, Miles 18
Dawson, Eileen 113
Dawson, William M. 4
De Groot, C. Hofstede 114
DeGroot, Hans 26
De Maria, Walter 88, 93, 101
Demmert, Henry G. 4
Demsetz, Harold 5, 35
De Vries, Gerd 105
Dibbets, Jan 88
Dickens, Charles 155
Dickens, William T. 4
Dickenson, Victoria 4, 65, 66
DiMaggio, Paul 3, 65, 66
Dirocco, L. 76
Dobson, Laura C. 11
Domingo, Placido 152, 158, 180
Donizetti, Gaetano 27
Dorfman, Nancy 4
Dorfman, Robert 4
Dorian, Frederick 52
Dornberg, John 115
Downs, Antony 4
Draper, Lee 65
Drey, Paul 2
Dube, Dieter 4, 69
DuBoff, Leonard D. 115

Dubuffet, Jean 104
Duffy, Christopher T. 3, 20, 68
Dumas, Alexandre 155
Dupuis, Xavier 2, 3, 12, 45, 48
Durand-Ruel 13
Dürer, Albrecht 114, 159
Duthy, Robin 111, 116
Dutton, Denis 137
Dyck, Sir Anton van 115, 170

Eberle, Matthias 160
Edelson, Stephanie D. 135
Egk, Werner 28
Ehrlich, Cyril 14
Ehrlich, Isaac 4
Eind, Gerrit J. van't 12, 66
Eisenbeis, Manfred 65
Elkan, Walter 68, 69
Elshout, Dos 68
Engelsing, Rolf 152, 154, 155, 157
Epstein, Max 3
Etty, William 121
Euripides 37
Evrard, Yves 11
Eyck, Jan van 114

Faine, Hyman R. 185
Faith, Nicholas 111
Feininger, Lyonel 96
Feld, Alan L. 70, 79, 144, 208
Feldstein, Martin S. 3, 79
Fellini, Federico 18
Felton, Marianne V. 9, 11, 164
Ferber, Marianne A. 4
Ferrari 36
Fiedler, Wilfried 134
Filer, Randall K. 172, 173, 176, 177, 178, 180, 205
Fine, Gary A. 137
Fohrbeck, Karla 13, 46, 152, 164, 169, 170, 173, 182
Fontana, Lucio 87, 96, 104
Foppa, Klaus 5, 182
Fragonard, Jean 73
Frangen, Ute 3
Franke, Erika 69
Frankenthaler, Helen 87
Freeman, Arthur 128
Freeman, Janet I. 126
Frey, Bruno S. 4, 5, 20, 79, 142, 182, 191
Frey, René L. 3
Fronville, Claire L. 4
Fullerton, Don 46, 65, 70

Gagliardi, Francesco 11
Gallais-Hamonno, Georges 3
Gapinski, James H. 11, 41, 204
Garner, Les 4
Garvin, David A. 69, 143
Gassler, Robert S. 3
Gaubinger, Bernd 30, 58
Gauguin, Paul 111, 121, 161, 185, 192
Gay, John 39
Gemerden, L.J. van 29
Gerard-Valet, Louis-A. 129
Gerelli, Emilio 3
Gershwin, George 28
Gerson, Horst 114
Gielgud, Sir John 170
Gigli, Benjamino 158
Ginsburgh, Victor 129
Girard, Augustin 2, 3, 23
Glazer, Nathan 19
Globerman, Steven 3, 11, 41, 67, 204
Gnad, Friedrich 3, 30
Godfrey, Christine 37
Goethe, Johann Wolfgang 153, 154, 155, 156, 187
Gogh, Vincent van 110, 111, 121, 161, 185, 192
Gohlke, Rainer 65, 81
Gold, Sonia S. 66
Gorelli, Stefano 11
Goudriaan, René 11, 12, 66
Gounod, Charles 27
Goya, Francisco 73, 146
Graham, Dan 93, 101
Grampp, William D. 26, 135
Graña, César 66
Graner, Walter 115
Grant, Nancy K. 2
Granziol, Markus 126
Grasskamp, Walter 65
Grauwe, Paul de 3
Gray, Charles M. 41, 164, 174, 178, 208
Greckel, Fay R. 11
Greco, El 124, 143
Greffo, Xavier 3
Greyser, Stephen A. 4
Grin, François 11
Grist, Edward T. 42
Grossman, Philip J. 182
Grossman, Stanley J. 36
Grote, Andreas 68
Grumiaux, Arthur 170
Gründgens, Gustav 38

Personenregister

Guiness, Sir Alec 170
Guy, Jean-Michel 3

Haak, Bob 160
Haalck, Hans 2
Hack, Hans 65, 81
Hals, Frans 113, 121, 160
Hamlen, William A. 181
Hammer, Armand 123
Händel, Georg Friedrich 13, 36, 156
Hänseroth, Albin 3
Hansmann, Henry B. 45, 47
Harris, Richard 115
Hart, Oliver D. 36
Harth, Hans-A. 3
Hartley, Peter 45
Hartung, Hans 104
Haskell, Francis 14, 125
Hauptmann, Gerhart 156
Hauser, Arnold 158, 159
Hautemanière, Luc 115, 129
Haydn, Joseph 157
Heilbrunn, James 204
Heller, André 19, 31
Helmstädter, Ernst 58
Hendon, Mary A. 3
Hendon, William S. 2, 3, 12, 66
Hennion, Antoine 3
Henry, Claude 125
Henze, Hans W. 28
Herterich, Fritz 3
Hilger, Harald 4
Hilhorst, Izaak Th. H. 2
Hillman-Chartrand, Harry 2, 30
Hilton, Anthony 186
Hindemith, Paul 28
Hirsch, Fred 142
Hirshleifer, Jack 5
Hjorth-Andersen, Christopher 41
Hobbema, Jan 159
Hockney, David 87, 102
Hofecker, Franz-O. 3
Hofferbert, Richard I. 204
Hoffmannsthal, Hugo von 14, 52
Hohenemser, Peter 3
Holbein, Hans 192
Homer, Sidney 118, 119
Honnef, K. 131
Honolka, Kurt 27, 51
Hooch, Pieter de 137, 160
Hood, Marily G. 66
Hopkins, Sheila 119
Hoppner, John 121

Horlacher, Felix 3, 210
Horowitz, Harold 2, 41, 164, 181
Houthakker, Hendrik S. 11
Howe, Elizabeth 96
Hughes, Gordon 58
Hugo, Victor 155
Hummel, Marlies 23, 30, 164, 165, 167, 168, 175 176, 204
Humperdinck, Engelbert 27
Hunt, William H. 121
Hutter, Michael 3

Ingres, Jean Dominique 125
Israel, Joseph 121

Jackson, Ray 37
Jacobs, Philip 4, 41, 76
Jaklitsch, Hans 52
Janis, Sydney 105
Jacquet, Christian 3, 131
Jelavich, Peter 152
Jenkins, Stephen 40, 45, 204
Jennett, Nicholas I. 4
Jensen, Michael C. 36, 116
Johns, Jasper 87, 91, 92, 100, 102, 111, 180
Johnson, William R. 205
Jonas, Lutz 3, 43
Jones, P. R. 69
Jordaens, Jakob 114
Judd, Donald 88, 91, 92, 100

Kahlert, Helmut 65, 66, 76
Kahn, James R. 8
Kahneman, Daniel 117, 140
Kahnweiler, Daniel-Henry 18
Kam, Cornelis A. de 11
Kamerman, Jack B. 2
Karajan, Herbert von 152
Karthaus, Ulrich 155
Karttunen, Sari 163
Katz, Jonathan 204
Katz, Richard S. 3, 23, 204
Kaut, Josef 52, 60
Kavanagh, Gaynor 3
Keen, Geraldine 111, 119
Kelejian, Harry H. 11
Keller, Edward B. 43
Keller, Gottfried 156
Kelly, Ellsworth 87, 92, 100, 102
Kelman, Steven 142
Kenyon, Peter 182
Kesten, Myles 149

Keyszelitz, Robert 105, 131
Khakee, Abdul 2, 11
Kienholz, Edward 88
Kindermann, Carl 2
Kingston, Paul 164
Kipling, Rudyard 155
Kirby, Sheila N. 205
Kirchgässner, Gebhard 5, 11, 12, 129
Klapheck, Kurt 88
Klein, Hans-Joachim 65
Klein, Yves 88, 91, 92, 100, 102
Klimt, Gustav 94
Kline, Franz 96
Klopstock, Friedrich Gottlieb 155
Kneese, Allen V. 4
Koboldt, Christian 13, 205
Koch, Guenther 131, 160
Koch, Klaus D. 27
Köhler, Franz H. 28
Kolator, Franz 52
König, H. Josef 105, 131
Kooning, Willem de 104
Kornai, János 54
Kounellis, Iannis 88
Krebs, Susanne 11, 29, 40, 45
Krieg, Walter 153, 154, 155, 157, 158
Kunzmann, Klaus R. 3, 30
Kyrer, Alfred 30

Laczniak, Gene R. 4
Landes, William M. 4, 205
Landseer, Sir Edwin 121
Lang, Paul H. 13, 156
Lange, Mark D. 4, 11, 41, 76
La Tour, Georges de 131
Lauterbach, Ulrich 156
Lawrence, William J. 11, 116, 133, 137
Lebel, Robert 182
Lee, Shermann E. 3
Leighton, Frederick Lord 121
Le Nain, Antoine 131
Le Nain, Louis 131
Le Nain, Mathieu 131
Lenbach, Franz von 160
Leparc, Julio 87
Le Pen, Claude 12, 45
Leroy, Dominique 3, 11
LeRoy, Stephen F. 94
Leslie, Charles R. 125
Lewis, J. D. 76
LeWitt, Sol 88, 91, 92, 100
Lichtenstein, Roy 19, 87, 91, 92, 100, 102
Liebowitz, Stan J. 205

Liliencron, Detlev von 14
Limbach, Adelheid 64
Lindenberg, Siegwart 5
Lindner, Richard 104
Lingle, Christopher 26, 204
Lippi, Filippino 159
Lippi, Filippo 73
Lips, Thomas 3
Liu, Ben-C. 8
Long, Edwin 125
Long, Patrick T. 58
Longley, Robert 30
Lord, Barry 79
Lord, Gail D. 79
Lortzing, Albert 27, 28
Louargand, M. A. 126
Louis, Morris 87, 93, 101
Lowry, W. McNeil 3
Lucie-Smith, Edward 105
Luksetich, William A. 4, 11, 41, 76
Lux, Joseph A. 2

MacDonald, Alice 2
MacDonald, Glenn M. 41, 181, 183
MacFadyen, Allen G. 4
MacFadyen, Heather W. 4
Mack, Heinz 87, 93, 101
Madlener, Ch. 131
Majocchi, A. 3
Malraux, André 136
Maltezou, Sonia P. 42
Manet, Edouard 73, 121
Mann, Peter H. 3, 11
Mann, Thomas 156
Mantegna, Andrea 110, 111, 159, 170
Manzl, Franz 3, 131
Manzoni, Piero 88, 93, 101
Marden, Brice 87, 93, 101
Marggraff, Robert 3
Mariner, Sir Neville 170
Martens, Wolfgang 14, 152, 186
Martin, Agnes 88, 102
Martin, John 121
Martorella, Rosanne 2, 27
Matisse, Henri 121, 141
Mazzocchi, Giancarlo 3
McCaughey, Claire 2
McDaniel, J. R. 126
McDonnell, John S. 9
McFadden, Daniel L. 202
McFate, Patricia A. 2, 42
McHugh, A. 4
McKenzie, Richard B. 5

McLain, James J. 164
McNertney, Edward M. 13, 164, 171
McQueen, Charles M. 9, 38
Meckling, William H. 36
Meegeren, Henri van 137
Menger, Pierre-M. 3, 185
Menotti, Gian-Carlo 28
Mercillon, Henri 3, 76
Merriman, Nick 65, 66
Merton, Robert K. 164
Merz, Mario 88, 91, 92, 100
Meyer, Christian 98
Meyer, Enrique 105, 131
Meyer, Karl E. 135
Michelangelo, Buonarroti 137, 159
Miège, Bernard 3
Milgrom, Paul R. 99
Millais, Sir John Everett 121, 125, 160
Millner, Geoffrey 3, 42
Milo, Daniel 131
Mironer, Lucien 3
Mitchell, Clare J. A. 30
Mitchell, Ritva 163
Mobilia, Pamela 11
Mokwa, Michael P. 4
Molière (Poquelin), Jean-Baptiste 35, 155
Monet, Claude 73, 111, 121
Monte, Toti dal 158
Montias, J. Michael 23, 28, 44, 74, 79, 159, 169
Moore, Henry 104
Moore, Thomas G. 3, 11, 40
Moosa, S. A. 126
Morellet, François 87
Morrison, William G. 11, 21, 25, 67
Mossetto, Gianfranco 180
Moulin, Raymonde 3, 14, 18, 96
Mozart, Wolfgang Amadeus 27, 63, 157
Mühsam, Kurt 131
Mueller, Dennis C. 4
Müller-Mehlis, Reinhard 131
Mulcahy, Kevin V. 2
Mulready, William 125
Murphy, Kevin M. 11
Murphy, Patrick E. 4
Muthesius, Volkmar 154
Myerscough, John 23, 30

Nattier, Jean Marc 121
Naumann, Bruce 88, 91, 92, 100
Naylor, Colin 105
Netzer, Dick 3, 11, 39, 41, 204

Neugebauer, Gregory 3
Newman, Laurie 42
Nicks, John 79
Nielsen, Angela B. 9, 38
Nielsen, E. 12
Nielsen, Richard P. 9, 38
Nietzsche, Friedrich 155
Nilson, Goran 11
Nissel, Mauriel 23
Noble, Joseph V. 69, 143
Noland, Kenneth 87
Noll, Roger G. 4
Novos, Ian E. 205

Oates, Wallace E. 4
O'Hagan, John W. 3, 30
O'Hare, Michael 13, 66, 68, 70, 79, 144, 208
Oldenburg, Claes 87, 91, 92, 100, 102
Olitzki, Jules 87
Olivier, Sir Lawrence 170
Olson, Mancur 4
Opp, Karl-Dieter 5
Orchardson, Sir William Quiller 125, 160
Ordeshook, Peter C. 5
Orff, Carl 28
Osculati, Franco 3, 45, 211
Ostade, Adriaen van 125
Ostade, Isaac van 125
Oteri, Mario 3, 11
Owen, Virginia L. 2, 42

Panasuk, Christine 169
Paolo, Giovanni di 80
Pape, Helmut 155
Pappermann, Ernst 30, 70
Park, Gregory S. 79
Parkhurst, Charles 72, 75
Pasquier, Dominique 163
Paul, Jean 155
Pavarotti, Luciano 152, 158, 180
Peacock, Alan T. 2, 3, 13, 37, 42, 82, 208, 210
Pearson, Lynn S. 116
Penn, Robert E. 96
Pennisi, Giuseppe 3
Perdue, Richard R. 58
Peretz, Steven L. 205
Pesando, James E. 129
Pethig, Rüdiger 13, 205
Pfahler, Karl Georg 87
Pflieger, Sylvie 96

Phelps-Brown, E. Henry 119
Picasso, Pablo Ruiz 18, 25, 73, 110, 111, 117, 121, 142, 160, 180, 189, 192, 193, 194, 196, 197, 198, 201
Piene, Otto 87
Piles, Roger de 130
Piquet, Silvère 46
Pissarro, Camille 73
Pistoletto, Michelangelo 86, 88, 93, 97, 98, 99, 101
Poe, Egar Allan 156
Poggi, Jack 3
Pollock, Jackson 96, 104
Pommer, Evert 26
Pommerehne, Werner W. 4, 5, 8, 11, 12, 20, 25, 29, 40, 45, 58, 86, 142, 202
Pontormo (da Carucci), Jocopo 111
Poons, Larry 87
P'Orridge, Genesis 105
Posner, Richard A. 4, 205
Pride, L. C. 76
Prieve, E. Arthur 4
Puccini, Giacomo 19, 27, 152
Puffelen, Frank van 30
Putterman, Louis 35

Quets, Gail A. 204
Quine, Michael 24, 73

Racine, Jean 155
Radich, Anthony J. 30
Radspieler, Hans 155
Raeburn, Sir Henry 121
Raffael (Santi, Raffaelo) 159
Rauschenberg, Robert 18, 19, 86, 87, 91, 92, 97, 98, 100, 102
Raymond, Thomas J. C. 4
Raynor, Henry 3
Reichhardt, Robert 3
Reineccius, Richard 42
Reiss, Stephen 111
Reitlinger, Gerald 112, 129, 131
Rembrandt (Rembrandt Harmensz van Rijn) 111, 114, 160
Renée, Denise 105
Renoir, Pierre-Auguste 73, 111, 121
Reusch, Hans 2
Reynolds, Sir Joshua 121, 170
Rheims, Maurice 131, 182
Richardson, James F. 3
Richter, Gerhard 88, 92, 100
Rieu, Alain M. 65
Riker, William H. 5

Rinke, Klaus 88, 93, 101
Ritschard, Rolf 30
Rivers, Larry 87, 93, 101
Robbia, Luca della 13
Robbins, Lionel C. 2
Roberts, Colleen 30
Roberts, David 121
Robinson, John P. 11, 67
Romeny, Abter H. 105, 131
Romney, George 125
Rosen, Sherwin 41, 180
Rosenberg, Jacob 160
Rosenberg, Robert A. 66
Rosett, Richard N. 65, 75
Ross, Myron 129
Rossetti, Dante Gabriel 125
Rossini, Gioacchino 19, 27, 63
Rothko, Mark 104
Rouet, François 2, 23
Rouget, Bernard 96
Rousseau, Henri 185
Rousseau, Jean-Jacques 156
Rubens, Sir Peter Paul 73, 114, 143, 160, 170
Rubinfeld, Daniel L. 202
Rückriem, Ulrich 93, 101
Ruisdael, Jacob van 160
Rush, Richard 111, 119, 137
Russell, Milton 64

Sagot-Duvauroux, Dominique 3, 96
Saint-Phalle, Niki de 88
Salamon, Martin 78, 112
Santagata, Walter 3
Santos, Frank P. 164
Sargent, John Singer 121
Sauberzweig, Dieter 64
Savage, George 96
Scanlon, Rosemary 30
Schauerte, Günther 4, 69
Schelbert, Heidi 126
Schenker, Philipp 4
Schiller, Friedrich 152, 153, 154, 155, 156, 187
Schipa, Tito 158
Schmidjell, Richard 30, 58
Schmidtchen, Dieter 13, 205
Schneider, Friedrich 86
Schröter, Klaus 156
Schubert, Franz 157
Schuck-Wersig, Petra 4, 69, 70
Schultze, Charles L. 4
Schumpeter, Joseph A. 18

Schuster, J. M. Davidson 2, 23, 46, 66, 204, 208
Schuwerack, Leopold 156
Schwartz, Joseph E. 42
Schweikert, Uwe 156
Schwitters, Kurt 96
Scitovsky, Tibor 4
Scott, Sir Walter 155
Seaman, Bruce A. 25, 37, 149
Seelig, Ludwig 2
Segal, George 87
Semenik, Richard J. 4, 11
Serra, Richard 88, 91, 92, 100
Shachmut, Kenneth M. 4
Shakespeare, William 34, 38, 41, 153, 156
Shanahan, James L. 2
Shaw, Douglas V. 2
Shoesmith, Eddie 3, 42
Siede-Hiller, Claudia 3
Silbermann, Alphons 14
Simon, Herbert A. 4
Sinden, John A. 8
Singer, Leslie P. 13, 18, 42, 96, 103, 129, 142
Sloane, Peter J. 4
Slovic, Paul 117
Smekal, Christian 3
Smith, John 131
Smith, William 156
Smithson, Robert 88
Smolensky, Eugene 70, 136
Snooks, Gerald D. 178
Sonnier, Keith 93, 101
Sotheby's (und Parke-Bernet) 18, 105, 110, 112, 113, 115, 121, 125, 142
Sperone, Gian Enzo 86
Spitzweg, Karl 152
Spoerri, Daniel 88
Stanford, Jon D. 103
Steen, Jan 160
Stein, John P. 98, 116, 129
Steinberg, Richard 45
Stella, Frank 87, 92, 100, 102
Stevens, Dana 11
Stigler, George J. 5, 42
Stoller, Michael A. 122
Straalen, Jaap van 2
Stradivarius, Antonio 129
Strauss, Richard 27, 63
Strawinsky, Igor F. 28
Stuck, Franz von 160
Stumm, Michael von 116, 133

Summers, Lawrence H. 126
Sutton, Denys 133
Swaim, C. Richard 2

Takis, Vassilakis 87
Tàpiez, Antonia 104
Taylor, Lester D. 11
Temin, Peter 70
Thaler, Alwin 153
Thaler, Richard 140
Thomas, Karin 105
Throsby, C. David 3, 12, 21, 26, 40, 41, 103, 204
Thurn, Hans 164
Tietzel, Manfred 154
Tinguely, Jean 86, 88, 91, 92, 97, 98, 99, 100
Tizian (Tiziano Vecellio) 143, 159, 170
Tobey, Mark 104
Toffler, Alvin 14
Tollison, Robert D. 26
Tolstoi, Leo 155
Touchstone, Susan K. 11, 29
Towse, Ruth 2, 23, 164, 180, 183
Treinen, Heiner 77
Trengove, Chris 45
Trimarchi, Michele 3, 11
Troyon, Constantin 121
Tullock, Gordon 4, 5, 26
Turner, Joseph 110, 124, 125
Tversky, Amos 117, 140
Twist, Oliver 155
Twombly, Cy 87, 92, 101, 102

Uecker, Günther 87, 93, 101
Urice, John K. 204
Useem, Michael 3, 65, 66
Usher, Dan 135
Utrillo, Maurice 115

Valentiner, Wilhelm R. 114
Vandell, Kerry D. 70
Vasarely, Viktor de 104
Vasari, Giorgio 13, 131
Vaughan, David R. 30
Velasquez, Diego 117
Velde, Aert van der 160
Verdi, Giuseppe 19, 27, 28, 63, 157
Vermeer, Jan 125, 137, 160
Vessilier, Michèle 3
Vignolle, Jean-Pierre 3
Villani, Andrea 3
Vinci, Leonardo da 138, 154

Personenregister

Vornetti, Patricia 20
Vostell, Wolf 88

Wagenführ, Horst 3, 131
Wagner, Richard 19, 27, 157
Wahl-Zieger, Erika 3, 21, 43
Waits, C. Richard 2, 13, 164, 171
Waldkircher, Cornelia 23
Waldman, Michael 205
Walker, John A. 105
Wall, Geoffrey 30
Walsh, Richard N. 70
Walther, Franz Erhad 88, 93, 101
Warhol, Andy 19, 87, 91, 92, 100
Warnke, Martin 160, 169, 170
Wassall, Gregory H. 164, 171, 178
Watts, Frederick William 125
Watts, Georg Frederick 160
Webb, Louis R. 96
Weber, Carl Maria 28
Weber, I. S. 131
Weber, Robert J. 99
Wedekind, Frank 152
Weil, Stephen E. 79, 206
Weill, Kurt 28
Weinberg, Charles B. 4, 11
Weir, Roland 3
Weiser, Alfred 2

Welford, Richard 11
Wellensiek, Hertha 105, 131
Wersig, Gernot 4, 69, 70
Wesselmann, Tom 87
West, Edwin G. 3, 11, 21, 25, 67, 210, 211
Wezel, Wolf D. 3
White, Cynthia A. 14, 183
White, Harrison C. 14, 183
Wieland, Christoph Martin 155
Wiesand, Andreas J. 152, 164, 169, 170, 173, 182
Williamson, Oliver E. 35
Wilm, Hubert 131
Wimberger, Gerhard 30, 52, 57, 58
Withers, Glenn A. 3, 15, 21, 25, 26, 41, 182
Wittink, D. R. 4, 11
Wolf, Charles J. 71
Wolf, S. 107, 131
Wolff, Janet 14
Wouverman, Philip 125
Wyszomirski, Margaret J. 70

Yorke, David 69
Young, Clifford E. 10

Zondervan, Scott 129
Zuzaneck, Jiri 23

Sachregister

Abstimmungen 82, 192–203
Abstrakte Kunst 87
Administrative Einschränkungen 56, 74–75
Akademiker 183–185
Allgemeinwohl 30
Anbetung der Könige 110–111
Angebot 12–14, 71–81, 94–95, 102–103
Ankaufsmittel 144–145, 190–191
Arbeitslosigkeit 163, 170–171
Armer Poet 153
Arts Council 186
Association of Cultural Economics 2
Ästhetische Bewertung 87–91, 102, 105–107
Auflagen 206
Auktionen 18, 99, 112–113, 130–132
Auktionshäuser 112, 123
Ausgaben für Kunst 22–24
Ausleihe von Kunst 143
Ausstattungseffekt 140–142

Barbier von Sevilla 27
Basler Kunstmuseum 192
Basler Städtische Theater 196
Beeinflussung des Einkommens 183–187
Beggars Opera 39
Berner Kunsthalle 102
Beschränkungen 5, 12, 53–56, 72–76
Bilderpreise 91–102
Bildungsniveau 67–68
Bildungswert 20–21
Block-Buster-Ausstellung 143
Boulevard-Theater 39
British Museum 190
Broadway 38–40, 43, 211
Budgetrestriktion 54, 146
Burgtheater 30, 43

Comédie Francaise 12
Carmen 27
Copyright 154, 205–206

Daniel in der Löwengrube 114
Definition der Kunst 7–8

Defizitdeckung 48–50, 54, 57
Demokratische Entscheidungen 190–192
Determinanten des Einkommens 177–187
Diebstahl 116, 135–136
Direkte Demokratie 198–201
Direktoren 15, 57–63

Eigentumsrechte 13, 205–206
Einkommen 13, 17–18, 60–64
Einkommensquellen 168–170
Einschränkungen 5, 12, 53–56, 72–76
Eintrittspreise 58–60, 68–69
Endowment Effect 140–142
Entführung aus dem Serail 27
Ertragsraten (Gemälde) 116–132
Erwerbstätigkeit 164–168
Evangeliar Heinrich des Löwen 142
Existenzwert 20–21
Experten 82, 97–102, 125
Externe Effekte 20–21, 26, 29, 31, 135–138

Faktorsubstitution 41–42
Fälschungen 115, 136–137
Faust 38
Faust 187
Fernsehen 12, 38
Festspiele 30
Fidelio 27
Film 37, 38
Finanzmarkt 113, 118, 122, 125
Finding of Moses 117
Fixkosten 37
Frauen 166–168
Freihandel 149–150
Freischütz 27
Frick Collection 133

Galerien 18, 96
Gemäldesammlungen 122–123
Gesellschaftsvertrag 150
Getty Museum 133, 138

Sachregister

Gewinnorientierte Theater 36–43
Gran Canal Venice 115
Gutscheine 210–212

Hamlet 38
Hänsel und Gretel 27
Hermann und Dorothea 154
Hochzeit des Figaro 27

Ich, Picasso 111–112
Indirekte Finanzhilfe 207, 212
Individuelles Handeln 7–9
Individuen 5, 7
Industrielle Kunst 17
Ineffizienz 62–63
Inflation 117–118
Institutionen 5–6
International Foundation of Art Research 115
Intrinsische Motivation 13
Investitionen 19

Journal of Cultural Economics 2
Jedermann 52

Kabarett 17
Kartelle 14, 186
Kino 12
Knappheit 7–9
Kommerzialisierung 10, 17, 77, 142–143, 148
Kommerzialisierungseffekt 142–143
Kommerzielles Theater 12, 36–43
Komponisten 26–28, 157
König Philip IV. 117
Konservierung 191
Konstitutionelle Ebene 82–83, 150
Konzeptkunst 88
Kooperatives Theater 34–36
Kopien 136–137
Koupons 210–212
Kulturpolitik 81–83
Kunstförderung 25–29
Kunsthandel 147
Kunsthändler 18
Kunsthaus Zürich 74–75, 80
Kunsthistoriker 69–70
Kunstkompass 89, 103–104
Künstler (Definition) 161–162
Künstler-Report 164
Kunstliebhaber 69–70
Kunstmarketing 4
Kunstökonomik 2–3, 15

Kunstpreise 169
Kuratoren 12

La Bohème 27
Laufzeiten 39–40
Leiden des jungen Werther 153
Louvre 137
Luna-Luna-Park 19
Lyric Opera 19
Lyriker 14, 186

Madame Butterfly 27
Maler 158–161
Mann in Schwarz 121
Markt 17–21
Marktversagen 20, 29
Mäusefalle 38
Mäzenatentum 169
Metropolitan Museum of Art 12, 114, 133
Metropolitan Opera 19, 26–27
Mitbestimmung 206–207
Moderne Kunst 19
Modeströmungen 125
Mona Lisa 137
Monopole 135–138, 187
Musée Picasso 73
Museum of Modern Art 12, 17, 43, 74–75, 78–80
Museumsdirektoren 15, 72–81, 144–145
Museumsmanagement 190–191
Museumsverkäufe 78–79
Musiker 156–158

Nachfrage 10–12, 15–16, 66–71, 95–103
Nationales Erbe 141
Negativ-Subventionen 48
Neuer Realismus 88
Non-Affektationsprinzip 48

Öffentliche Güter 20–21
Öffentliche Kunstausgaben 22–24
Öffentliche Verwaltung 31, 56, 74–75
Öffentlicher Dienst 209
Öffentlichkeit 66–69
Ökonomik der Kunst 2–6
Ökonomik des Sports 4
Ökonomische Analyse der Kunst 2–6, 15
Ökonomische Theorie der Familie 4
Ökonomische Theorie der Politik 4
Ökonomische Theorie des Rechts 4

Sachregister

Ökonomischer Ansatz 5–7
Ökonomischer Ansatz der Psychologie 4
Ökonomisches Kalkül 6, 9
Op(tical) Art 87
Opéra de Paris 12, 43
Opern 27–28
Opernhäuser 26–29
Opernsänger 158
Opportunitätskosten 9, 10, 16, 67, 140
Optionsfixierung 154
Optionswert 20–21, 193–194, 202–203

Patrimoine national 141–142
Paysage au soleil levant 110
Persönliche Interessen 30–31, 77
Pinacoteca di Siena 80
Politiker 70–71, 145–147
Politikwissenschaft 5
Politische Restriktionen 54–56
Pont Neuf 19, 102
Pop Art 87
Porgy and Bess 27
Präferenzen 5, 7–9
Präkolumbianische Kunst 133–134
Preisdiskriminierung 37–38, 43
Preise für Bilder 91–102, 107–109
Prestigewert 20–21, 194, 202–203
Private Galeries 18, 96
Private Museen 76
Produktionstechnologie (Theater) 40–42, 208
Profitorientiertes Theater 36–43
Public Choice 4

Qualität 17, 40, 50–51

Radio 38
Rahmenbedingungen 205–207, 211–212
Raubdrucke 205
Referenden 82, 192–203
Regierung 145–147
Rendite (Gemälde) 112–114, 116–132
Repräsentativumfragen 24–25
Reproduktionen 136–137
Rigoletto 27
Risiko (Künstler) 180–183
Running Fence 102

Salon des Refusés 183
Sammlungen 122–123, 138–139
San Virgilio 121
Saskia als Minerva 114

Scala di Milano 43
Schnellmaler 153
Schriftsteller 153–156
Schwarzmarkt 134
Schwertlilien 110–111
Seascape at Folkestone 110
Sonnenblumen 110–111
Soziologie 5, 14–15, 65
Spenden 46–48, 76, 82–83
Sponsoring 19, 46–48
Staat 21–29, 43–50, 76–77, 145–147
Staatsversagen 26, 29
Steuerabzüge 46–48, 207–208
Steuerzahler 24–25, 146, 193
Stimmbürger 25, 192–203
Subventionen 43–51, 72–74, 186–187, 196–198, 208–212
Sucht 11, 42
Superstar 41, 180–183

Tantiemen 13
Tate Gallery 190
Teuerste Gemälde 110–111
Theaterdirektoren 15, 57–63
Tosca 27
Tournee-Theater 39
Traviata 27
Troubadour 27

Umfragen 8–9, 24–25
Umweltökonomie 4

Verdienstfunktion 177–180
Vergleichender Institutionalismus 5–6, 29–32
Verhaltensbeobachtung 25
Verhandlungsmacht 185–186
Verkäufe 78, 190–191
Verlagshäuser 13, 19, 153–154
Vermächtniswert 20, 193–194, 202–203
Veröffentlichungsrechte 205–206
Verschwendung 62–63
Versicherung 116, 136
Verteilung der Einkommen 63–64, 138–140
Victoria & Albert Museum 190
Video 38, 181
Vorschriften 206
Vouchers 210–212

Wertpapiermacht 113, 118, 122, 125
Wertschätzung 7–9

Wiener Staatsoper 30
Wünsche 7–9

Zahlungsbereitschaft 8–9
Zar und Zimmermann 27

Zauberflöte 27
Zirkus 17
Zukünftige Generationen 71
Zuordnungsproblem 114
Zuschauerzahlen 37